JN233354

日本の
博物館史

金山喜昭著

慶友社

序　文

　本書の目的は、21世紀社会の日本の博物館像を展望することである。そのために、「まず博物館とは何か」を究明するうえで、日本の博物館史を検討してその実態を解明する。次に、千葉県野田地方の地域博物館の設立過程を検討することで、地方史の観点から博物館史を補強する。最後に、博物館やそれに関する歴史的検討を踏まえて抽出された今後の博物館の課題について、現代の社会状況の分析に基づき再検討を加えるとともに、地域博物館の実践的な取り組みによる地域博物館論を展開する。その構成は、次の3部からなる。

　第1部は、日本の博物館の歴史を論考する。日本の博物館史は、これまで国家や政府などの「官」主導により実施されてきたことが椎名仙卓氏による『日本博物館発達史』(1988年) などにより指摘されてきた。

　そこで、まず近代以前にみられる「博物館思想」に触れることで、近代化により何が捨てられ、何が採用されたかを明らかにするとともに、「官」主導による明治時代の博物館史を再検討する。その後の日本の博物館史は、明治期に構築された「官」主導の論理による博物館構想が主軸となるが、他方では学術研究などを視座とする民間人による「民」の発想による論理も登場することになる。いわば「官」と「民」の発想をタテ軸としながら、「中央」と「地方」をヨコ軸に設定することで、それらが織りなす博物館の形成過程を検討することで「日本の博物館とは何か」という命題を解明する。

　その結果、「官」主導の博物館づくりは、国家政策の装置として機能したことが理解できる。博覧会は殖産興業を目的とし、廃仏毀釈から古器旧物保護を目的とした文化財保護はナショナリズムの形成に変容した。また、学校教育や通俗教育などにおいても博物館が活用された。こうした「官」主導の博物館政策は、当時の地方自治制度を通じて全国で受容されたが、それは各地の歴史性にもとづき地方色を同時に示した。

　一方、民間人による「民」主導の博物館づくりは注目すべきものがある。戦後教育で標榜されてきた「個」の確立は、人間として自立した「市民」の形成に関わることである。民主主義社会の基盤となる「個」の確立は、戦後50年以

上を経過した今日でもその精神は残念ながら実現されたとはいえない。近年の NPO (Non Profit Organization) 活動は「個」の確立に通じるものであるが、社会的な定着はまだ不透明の状況である。それに比べて、渋沢敬三のアチック・ミューゼアムや柳宗悦の日本民藝館などは、戦前の日本人自身による「個」の確立に通じる博物館活動として注目すべきものである。

21世紀社会の日本の博物館像は、現代社会の諸問題の解決に貢献することが求められる。博物館史の検討により抽出されたその理念は、「民」による博物館づくりにみられる。そのひとつは、NPO活動のように社会貢献を意識した民間人による博物館づくりの方向性である。

その意義は、共同的な活動により、コミュニケーションの促進や社会集団に成長することである。資金のある人は資金を提供し、知識のある人は知識を提供し、体力のある人は汗を流し、それぞれの能力をもち寄りボランティアにより博物館をつくる。アメリカの博物館の多くは、財団法人による経営であるが、その基本的な考え方はそうしたものである。それによって参加者はコミュニケーションや知識を得たり、ボランタリー精神を養う。あるいは、博物館を通して市民が社会的な発言力をもつようになる。

もうひとつは、直接民意を反映した内容や話題を扱うことである。それは、博物館が「事実」としての情報公開をすることである。一見すると、博物館は情報公開の場と思われている。しかし、その情報には非公開の意味を含めた「情報操作」もある。たとえば、博物館は環境破壊の実態を示さない、人権をテーマに扱いながらも人権が侵害されている実態を示さない、戦争をテーマにして平和祈念を目的にしながらも被害者の立場からの情報提供に終始して加害者としての情報を示さないなど、博物館の情報は偏向的になっているのが実情である。これからは、「官」や第三者からの制約を受けることなく、「民」として社会の実情に即応した情報を提供する、情報公開社会の実現に博物館としても参加していくことである。

つまり、今後の博物館は、「官」に依存する体質を改めて、民意を反映する博物館づくりを試行していくことである。「民」による博物館が成長することは、「個」の確立につながる。それは民意を反映した政治家を選ぶことになり、政治が変われば行政も変わり、それがまた「民」に循環するのである。こうし

た循環機構が機能すれば、博物館としても現代社会の諸問題を改善する一助となるはずである。

　第2部は、千葉県野田地方における社会教育史と地域博物館の設立を系統的に論じる。野田市郷土博物館は昭和34年（1959）4月に開館した。それは、住民の文化運動が母体になった。そこで明治時代以降の社会教育史を辿ることで、その歴史的環境を確認し、戦後における「民」としての博物館づくりの一つの形態を示す。

　野田地方は、醬油産業を地場産業とすることから、戦前まで産業資本家としての醬油醸造家は、雇用安定化などのために積極的な社会教化活動を推進していた。それは国家政策としての国民教化にも重なるものであった。日本弘道会野田支部・至徳会・財団法人興風会などはその一例である。しかし、その一方では地元の青年有志による社会・教育・文化活動も一時期行われた。野田戊申会は自ら簡易図書館づくりをしたり、その後野田町に移管された図書館で関根智三郎がはじめた「砂丘」という文学サークルは、まさに「個」の自覚を意識した活動であった。

　戦後、昭和23年（1948）に住民たちは野田地方文化団体協議会（以後、文協と略す）が結成した。それは、当時30団体余りの住民の文化サークルを結集して、集団となることで力をあせて新しい日本の再建につなげるために、地域の文化的な「まちづくり」を「民」主導で取り組もうとするものであった。その活動の一つとして、「郷土博物館」の建設がかかげられた。文協は、建設を行政に要望する一方、國學院大學の樋口清之の指導により自らで基本構想を作成し、資料収集・調査などを行った。こうして野田市郷土博物館は完成したが、その背景には住民の活動を支えた興風会や野田醬油株式会社（現キッコーマン株式会社）による建設費などの支援があった。ここに住民活動を母体としながらも、行政・財団法人・企業の連携の一例をみることができる。

　第3部は、地域博物館の社会的使命や役割などを論じ、近年の野田市郷土博物館における実践活動を通じた地域博物館論を展開する。これは、博物館学（Museum Science）を科学の領域に引き上げようとする加藤有次博士による『博物館学総論』（雄山閣出版・1996年）の論理を発展的に継承するために必要な論理性・客観性・実証性などの要件を満たす路線上に位置する。これまでの博

物館論は、主に管理論や施設論などに重きがおかれることが多く、博物館学を科学として発展させる視座に乏しいものであった。そこで、加藤博士による博物館学（Museum Science）を構成するMuseologyとMuseographyを双方向的に検討することで、博物館学の科学としての自立化をめざす。

　21世紀の地方分権社会において、博物館は住民の「個」の確立を意識した活動が期待される。そのためには、「まちづくり」を射程にいれた博物館活動という、これまでの地域博物館のパラダイムを転換することが必要である。しかし、その前提はあくまでも「個人」であり、その次に「家族」「地域」「国家」というように移行するものであり、はじめから「地域」や「国家」のためという発想ではないことに留意しなければならない。よって、「まちづくり」に博物館が関わる意義は、それを媒介にすることで住民それぞれが「個」を確立することである。

　調査研究論は、勝文斎（かつぶんさい）の押絵行燈（おしえあんどん）を実例にして博物館機能論を検証する。その結論としては、調査研究は博物館機能の主要機能であるとともに、その成果によっては教育普及に移行することができるし、さらに新たな関連資料の収集、整理・保管、調査研究につながり、再び教育普及に循環することが判明した。それは、かつて鶴田総一郎が提出した博物館機能の循環機能の仮説を実証するもので、「博物館機能循環論」と定義できる。

　また、今後の地域博物館の実験的な取り組みの一例として、それまで野田地方に埋もれていた山中直治（やまなかなおじ）という逸名の童謡作曲家を題材とし、コトラー（P. Kotler）らによるソーシャル・マーケティング理論を特別展に応用して、その童謡の普及に取り組んだ。その発想は、特別展を従来の一般的なそれのように一過性のものとせず、直治の童謡を地域の人たちに普及する、それを契機にしてコミュニケーションや、住民に参加意識をもたせ、「個」の確立につなげていこうとするものである。

　その結果、特別展後に住民サークルができたり、学校教育にその童謡が導入されるなど、様々なかたちで住民に受け入れられ、博物館・行政・住民の連携が継続的に行われるようになった。

　これからの地域博物館は、博物館法第三条「博物館の事業」に規定される諸業務以外にも、「まちづくり」を射程にいれるなど、住民のコミュニケーショ

ンをはかり、「民」による博物館づくりの発想を兼ね備えることが求められる。
　近年の社会情勢に照らしあわせると、これからは学芸員が社会状況を理解せず、自己満足的に調査研究するだけの博物館は必要とされなくなる。今後、行財政改革は国から地方に及ぶ。博物館は、情報を限定したり、住民と協力関係をもたなければ、行政や住民からも支持を得られなくなる。地域博物館のパラダイムの転換は、学芸員をはじめとする博物館職員による新たな認識が、まず第一歩だといえる。

　　2001年5月5日

　　　　　　　　　　　　　　　　　　　　　　　　　　金山　喜昭

目　　次

序　文

第1部　日本の博物館史

第1章　近代以前における博物館思想の萌芽 ──────── 16
第1節　同好者たちの物産会 ………………………………… 16
第2節　日本と西洋の博物学 ………………………………… 18
第3節　シーボルトの来日と日本人による博物学の進歩 …… 21
　　1．近代科学の導入　　21
　　2．博物図の質的向上　　22
　　3．シーボルトと伊藤圭介　　23
　　4．伊藤圭介の物産学に対する再評価　　24
第4節　古器旧物への関心と理解 …………………………… 28
第5節　見世物と大衆文化 …………………………………… 30

第2章　「官」による博物館の形成 ──────────── 34
第1節　明治政府の物産会と博覧会 ………………………… 34
　　1．大学南校の物産会　　34
　　2．文部省博物局の博覧会　　38
第2節　近代博物館の基本構想 ……………………………… 44
　　1．「博物学之所務」による博物館構想　　46
　　2．町田久成による博物館構想　　48
第3節　古器旧物の保護政策 ………………………………… 49
　　1．「集古館建設の議」と「古器旧物保存ノ布告」　　49
　　2．宝物調査の実施　　50
第4節　ウィーン万国博覧会への参加と博物館構想の転換 … 52
　　1．ウィーン万国博覧会への参加　　53
　　2．町田久成による山下門内博物館の博覧会　　55

第5節　岩倉使節団による欧米博物館の見聞 …………………57
　　　1．岩倉使節団が見聞したイギリスの博物館　57
　　　2．留守政府による文部省博物局と博覧会事務局の合併　60
　第6節　博物館と殖産興業政策 ……………………………………61
　　　1．博覧会事務局の"博物館"改称と内務省への移管　61
　　　2．山下門内博物館と行幸　63
　　　3．山下門内博物館の列品分類の変遷　64
　第7節　内国勧業博覧会の目的とその変容 ………………………67
　　　1．内国勧業博覧会の開催　68
　　　2．博覧会の変容　70
　　　3．国家主導による博覧会の終焉　73
　第8節　古器旧物保護からナショナリズムへの変容 ……………75
　　　1．町田久成の辞任と九鬼隆一の登場　75
　　　2．フェノロサの進言　78
　　　3．戦利品の収蔵と公開　81
　第9節　学校教育と博物館 …………………………………………83
　　　1．田中不二麿による教育博物館の再興　83
　　　2．手島精一の教育博物館像　85
　　　3．東京教育博物館の廃止　87
　　　4．棚橋源太郎と東京高等師範学校付属東京教育博物館　89
　第10節　科学教育と通俗博物館 ……………………………………90
　　　1．棚橋源太郎の理科教育観　90
　　　2．直観教授と郷土科の提唱　92
　　　3．通俗博物館と科学思想の普及　96

第3章　博物館政策の地方への波及 ───────────109
　第1節　地方における古器旧物保護の状況 ………………………109
　　　1．古器旧物を公開した地方博覧会　109
　　　2．宝物館の設置　112

第2節　地方における博覧会の展開……………………………113
　　　　1．京都の博覧会　113
　　　　2．ウィーン万国博覧会の参加にともなう地方博覧会　116
　　　　3．内国勧業博覧会の影響による地方博覧会　117
　　　　4．地方博物館から物産陳列所への変容　120
　　第3節　教育系博物館の地方への波及……………………………123
　　　　1．地方の学校教育博物館　123
　　　　2．通俗教育と地方博物館　126
　　第4節　地方における記念館の設置………………………………131
　　　　1．日露戦争の戦勝記念館　131
　　　　2．大典記念事業と記念館　134
　　　　3．偉人の記念館　136
　　第5節　郷土博物館の成立と展開…………………………………137
　　　　1．小田内通敏による郷土博物館設立の意見書　137
　　　　2．郷土教育論にもとづく2系統の郷土室　138
　　　　3．文部省による郷土教育施設の充実化政策　143
　　　　4．博物館事業促進会の答申
　　　　　　「本邦郷土博物館施設促進ノ最適切ナル方策」　144
　　　　5．棚橋源太郎の郷土博物館観　148
　　　　6．柳田国男の郷土博物館観　152
　　　　7．後藤守一の郷土博物館観　153
　　　　8．郷土博物館の展開　156

第4章　「民」の発想による博物館づくり ──────────167
　　第1節　鈴木重男と遠野郷土館……………………………………167
　　　　1．郷土館の理念　167
　　　　2．伊能嘉矩と高木敏雄の影響　170
　　　　3．郷土館の焼失　172
　　第2節　渋沢敬三とアチック・ミューゼアム……………………173
　　　　1．アチック・ミューゼアムの概要　173

　　　　2．民具の収集　　174
　　　　3．民具の調査研究　　177
　　　　4．パトロネージュの発想　　181
　　第3節　柳宗悦と日本民藝館…………………………………183
　　　　1．民藝運動　　183
　　　　2．日本民藝館の理念　　187
　　　　3．柳宗悦の美術館観　　188
　　第4節　「民」としての博物館づくり……………………………192

第5章　戦後の地域博物館史 ——————————— 199
　　第1節　行政主導の博物館…………………………………199
　　　　1．個人資産を保護する財団法人博物館　　199
　　　　2．行政による博物館の設立　　201
　　　　3．地方公共団体の記念事業と博物館　　202
　　　　4．文化財保護と歴史民俗資料館　　204
　　第2節　民間主導の博物館…………………………………206
　　　　1．研究者や住民らの主導による博物館建設　　206
　　　　2．住民参加型の博物館　　208
　　　　3．NPO活動としての博物館　　209

第6章　博物館史にもとづく21世紀の博物館像 ——————216

第2部　千葉県野田地方の社会教育史と地域博物館づくり

第1章　戦前の社会教育の基盤 ——————————— 222
　　第1節　明治時代の社会教化運動…………………………223
　　　　1．日本弘道会野田支部　　223
　　　　2．至徳会　　224
　　第2節　政府による社会教化政策と青年団体の結成…………226
　　　　1．内務省と文部省による青年団結成の通達　　226
　　　　2．野田地方の青年団体　　228

　　　　3．野田町青年団　　229
　　　　4．野田町処女会　　231
　　第3節　戊申詔書の発布と地方改良運動 ………………………232
　　　　1．野田戊申会　　234
　　　　2．野田戊申会簡易図書館　　236
　　第4節　野田町立図書館と機関誌「砂丘」 ………………………238
　　　　1．町立図書館の活動　　238
　　　　2．機関誌「砂丘」の刊行　　239
　　第5節　興風会の設立と国民教化運動 ……………………………241
　　　　1．政府による国民教化の方針と展開　　241
　　　　2．興風会の設立　　248
　　　　3．興風会の事業とその評価　　250
　　　　4．興風会図書館の新設　　257

　第2章　戦後の住民による文化運動と地域博物館づくり————263
　　第1節　民主主義国家と住民による文化運動 ……………………263
　　　　1．興風会図書館による「野田文化協会」設立の動き　　263
　　　　2．野田地方文化団体協議会の発足　　266
　　　　3．野田地方文化団体協議会の文化運動による
　　　　　　　　　　　　　　　「まちづくり」　　270
　　第2節　住民による「郷土博物館」の建設運動 …………………277
　　　　1．郷土博物館建設の陳情と博物館構想の作成　　278
　　　　2．郷土博物館の建設準備と完成　　283

第3部　現代地域博物館論

　第1章　地方分権社会における地域博物館の現状と課題————290
　　第1節　地域博物館の登録博物館離れ現象 ………………………290
　　第2節　地域博物館の現状 …………………………………………293
　　第3節　パラダイムの転換 …………………………………………294
　　　　1．地域博物館と「まちづくり」　　295

2．戦前の郷土博物館との違い　299
　　　3．戦後の社会教育の変質　300
　第4節　「個」の確立にむけて……………………………………………301

第2章　「まちづくり」と市民意識の形成に関する
　　　　　　　　　　　　　地域博物館の可能性―――――304
　第1節　市民とは…………………………………………………………304
　第2節　「まちづくり」とは……………………………………………304
　　　1．「まちづくり」に関する見解　304
　　　2．「まちづくり」像　306
　第3節　地域博物館の基本理念…………………………………………308
　　　1．地域を理解する　309
　　　2．住民同士のコミュニケーションづくり　311
　　　3．地域の文化や生活を保護・育成する　315
　第4節　地域博物館の可能性……………………………………………320
　　　1．滋賀県国友町と鉄砲の里資料館の活動　320
　　　2．展　望　322

第3章　資料調査研究論――――――――――――――――326
　第1節　人文系博物館の調査研究活動…………………………………326
　第2節　押絵行燈の収集と保管…………………………………………327
　第3節　押絵行燈の調査研究……………………………………………328
　　　1．勝文斎に関する調査　328
　　　2．押絵行燈の調査　336
　　　3．押絵行燈の絹絵の調査　337
　第4節　調査研究にもとづく教育普及活動……………………………338
　　　1．特別展「華ひらく押絵の新世界（勝文斎の偉業）」　338
　　　2．博物館セミナー　339
　第5節　収集・整理保管・調査研究・教育普及の循環機構…………339
　　　1．収集　339

2．整理保管　　340
　　3．調査研究　　341
　　4．教育普及　　342
　第6節　博物館機能論における調査研究の位置づけ……………343
第4章　ソーシャル・マーケティング理論による
　　　　　　　　　　地域博物館の戦略────346
　第1節　ソーシャル・マーケティング理論とは……………………346
　第2節　特別展とソーシャル・マーケティング理論の応用………348
　　1．社会変革としての博物館理念　　348
　　2．住民の要求と必要性　　350
　　3．特別展のためのマネジメント技法　　352
　　4．社会的プロダクトと対象者の
　　　　　適合的組み合わせの再検討　　357
　第3節　特別展の実施……………………………………………359
　　1．特別展『よみがえる　山中直治　童謡の世界』　　359
　　2．社会的プロダクトの採用の開始　　368
　第4節　地域社会への普及………………………………………371
　　1．特別展以後の博物館の活動　　371
　　2．社会的プロダクトの学校教育への導入　　378
　　3．社会的プロダクトの行政への影響　　380
　　4．影響集団の分析　　383
　第5節　博物館・住民・行政の参加と連携……………………386
　第6節　地域博物館のソーシャル・マーケティング戦略…………393
　　1．ソーシャル・マーケティングの留意点　　393
　　2．社会的プロダクトの達成に関する評価　　397
　　3．新しい市民社会の誕生をめざして　　400
　第7節　これからの地域博物館の方向性………………………406

14 目次

あとがき……………………………………………409
索　　引……………………………………………413
　　事項索引　413
　　人名索引　421

扉・カバーカット／博覧会図式
（東京国立博物館提供）

第1部　日本の博物館史

第1章　近代以前における博物館思想の萌芽

第1節　同好者たちの物産会

　物産会は、薬品会・本草会ともいわれ、江戸後期に開かれた物産・動植物・鉱物などの展示会である。本草学は、元来古代中国に始まった動植物・鉱物などの天産物の薬用を研究する学問であり、物産会はその普及にも貢献した。

　一般には、宝暦7年（1757）、田村藍水（らんすい）が江戸・湯島天神で開いた物産会が知られる。その後、明和3年（1766）5月に開かれた京都東山の道斎物産会は、毎年5月18日を定例の開催日としていた。明和5年（1768）4月の近江八幡の善住寺でも物産会が開かれている。また、田村に師事した平賀源内が、宝暦12年（1762）に江戸の湯島で開いた東都薬品会では、主催者の出品物以外に全国からも出品物を集めている。その際に、それまでの出品物を整理した目録として『物類品隲』（ぶつるいひんしつ）を著している。また、京都では儒医で本草学者の山本亡羊（ぼうよう）が、文化7年（1810）から約50年間にわたり自邸を会場にして40数回も物産会を開き、家塾を開いて医書・本草書・経書を通じて本草学の一般普及に務めた。このように物産会は、江戸以外にも京都・大阪・名古屋・近江などの各地で開かれた。

　それらは、会主といわれる主催者が中心となり、同好の者たちが動植物や鉱物などの天産物を互いに持ち寄って陳列して、各自が品評をしたり啓発をする。席上で品物を交換したり、雑話や飲酒は禁じられるといった、ストイック（禁欲的）で学際的な場であった。席上では、それぞれ必ず出品物を模写したり、品評をする担当者が決められていた(註1)。物産会は、いわば同好のサークル活動ともいうべきもので、会員相互の「知」の研鑽の場であったといえる。会主は、物産学者（博物学者）であることが多く、弟子に限らず部外者でも興味関心をもつ者ならば会に参加できた。

　そのなかには、石を採集して整理し、刊行物を出すような好事家の集まりも

流行した。寛政年間（1789-1800）を中心に活躍した、近江の木内石亭は、公卿・武家・僧侶など各階層の人たちを募り「奇石会」をつくり、互いに珍石を持ち寄り品評会を開いた。石亭は田村藍水の教えを受けているし、平賀源内とも交流があったといわれる。石亭は、当時江戸の物産会に参加していたが、次第に石に関心を示すようになり、その後に奇石会を発足させた。奇石の種類は、各種岩石・鉱物のほかに化石・サンゴや石鏃・石斧・車輪石などの古代遺物も含まれている。石亭の交流は幅広いが、今日に伝わる石亭の画幅や書状から、近江で油商売を営むかたわら趣味として奇石を集めていた服部未石亭（1706-1772）や、同地の西遊寺の住職鳳嶺（1763-1819）などとの交流を注目することができる(註2)。

大坂の木村蒹葭堂（1736-1802）は、酒造業を家業としながらも、和学・漢学・博物学などを嗜み、かつ古書・金石・博物を大量に収集し公開して、自宅は当時大坂で最大の学芸サロンとなった。そこには、上方の学者・文人や大坂を経由する知識人が立ち寄った。武家では、大名の松浦静山から高山彦九郎のような人物までいたといわれる(註3)。現在、大阪市立博物館には、蒹葭堂が集めた貝類と鉱物の標本箱が保管されている。箱は漆塗りの外箱に納まり、手提げがついて持ち運びができるもので、漆塗りの蓋に描かれた貝殻の象眼が美しく印象的である。

江戸時代の物産会は、多くの社会的階級の人たちに開かれたものであった。会の内部では、師弟関係があったとはいえ、それは教えを受ける意味のものである。また、役割分担が決められて会の運営が行われた。会によっては、出品物を広範囲から集めて、一般公開がはかられた。

今日では、物産会は博物館の原形として扱われる。それはモノを集めて、公開するという点による。さらに、出品物を記録したり刊行物を出すことも、今日の博物館事業と重なる部分である。

博物館史上から見過ごすことのできない点は、日本の近代博物館が官僚主導によるものであったことと対比すると、ここでは一部の特権的な階級の人たちの主導ではなく、横並びの同好のサークルという意識を読み取ることができる。それをもう少し体系的に言い直せば、上田穣が指摘するように「非科学的要素をもってはいるものの、注目すべきことは同好の仲間で資料・情報の相互

交換をし、定期的に展示会を催し品評会をしている。そこには、ものを展示して人に見せるということと資料情報交換センターとして、日本の博物館のルーツを認めることができる」(註4)ということになる。

第2節　日本と西洋の博物学

　博物学とは、18世紀〜19世紀に世界的に広まった動物・植物・鉱物の種類・性質・分布などの記載と、それらを整理分類する学問である。その本質は"驚異"であるといってもよい。そこには好奇心や学術的興味に先行するものが伏流している。とはいえ、それは科学的な関心によるもので、近代科学が成立することによって、それぞれの学問分野（医学・動物・植物など）に分化・発展していく。

　ヨーロッパでは、18世紀のジェームス・クック（James Cook）の世界周航をはじめとする冒険航海に同行した博物学者たちは、「地球に生存する生きものたち」の完璧なカタログを作りたいという夢をもち、帰国してからは、それを博物図鑑として世間に公開することにより、19世紀の博物ブームの火付け役となった(註5)。

　これに比べて、日本の場合は中国伝来の本草学などにみられるように、実用のために全国に分布する動・植・鉱物の種類、性質を究明して薬としての利用法などを研究するものであったが、次第に博物学的に形態や生態などを記載する知的好奇心を求める方面に変質するようになり、コレクションや博物図譜を出版するなど公開がはかられていく。

　日本の博物学は、一般的に19世紀初頭のシーボルトの来日を契機に発展したといわれる。しかし、それまでの日本人は、中国伝来の本草学を応用して日本なりの本草学を樹立しようとしていた。貝原益軒・稲生若水・松岡玄達・小野蘭山・田村藍水・平賀源内などがその中心人物だといえる。それは、本草学の根本精神を理解して「親験目睹」（親しく実験し、直接自分の目で確かめる）という科学的態度や実証的方法により、日本の自然を対象にすることであった(註6)。それが次第に、自然そのものを対象とする博物学に視点が移り変わるようになる。文政6年（1823）にシーボルトが来日する以前の国内の博物学の状況は、およそ次の通りであった。

まず、「収集」するという作業がある。たとえば、江戸時代の貝類書については、磯野直秀が詳細に論考している（註7）。それによれば、17世紀末に『五百介図』を著した吉文字屋浄貞は、収集という点で、まず特筆される。浄貞は京都の商人で、『五百介図』は浄貞が集めて天皇に献上した貝類の図譜と伝えられている。18世紀初頭に海に面する各藩から幕府に提出された産物帳には、貝類の平均がおよそ40記載されていることに比べると、圧倒的に多くの貝類を集めて識別したことに驚く。その後、文化5年（1808）以前に『六百介図』が出されて、さらに数の上で充実化がはかられた。

　それに関連して、科学としての博物図が日本に登場するのは18世紀といわれる。それは、長崎奉行の招きで来日した中国の清の沈南蘋が伝えた漢画をめざす南蘋派や、シーボルトの絵師となった川原慶賀等を通じて普及した長崎蘭画である。ともに自然を精密に模写する画法である。また、平賀源内は西洋の写生法である透視画を秋田の小田野直武に伝えて秋田蘭画もできた（註8）。予楽院近衛家熙（1667-1736）による『花木真写』は125種類の博物図譜である。これは、日本で最初の"花の肖像画"ともいうべき植物図で、「葉は、主要な葉脈を含め、外形・色彩・縁や先端・基部の形まで、正確にその植物の持つ形状が描かれ、花では花序の形、配列から、オドリコソウのように見にくい萼や苞葉まで正確に描き込まれている」（註9）というように精密に描かれている。小野蘭山（1729-1810）が同門の島田充房と著した『花彙』全8巻（1765年）は200種類の植物について図と解説が入った植物図鑑である。これらは、あるがままを正確に描いた写実的なものである。それらは、作者の観察眼が凝縮されたもので、写真を越えた存在感をもつものである。

　また、「分類」についての試みも行われた。分類することは、当時の人たちの考え方や価値観を反映している。人間は、生活に身近な存在物があれば、まず最初に名称を付ける。名称は、人に伝達するための道具でもある。博物図とは、いわば名称とモノとの関係の共通理解を一般に普及するためのものであった。

　当時の分類の代表例としては、大枝流芳が宝暦元年（1751）に著した『貝尽浦の錦』（刊本）をあげることができる。流芳は、摂津の人で煎茶家・香道家であった。ここで流芳は、貝類を蚌（縦長・横長の二枚貝）・蛤（丸い二枚

貝）・螺（巻貝）・無対（アワビなど）・異形（ウニやフジツボなど）・貝（宝貝）の6品に分けた分類基準を示しており、それは以後の貝類の分類にも継承されることになり、貝類の形態的な分類の先駆的なものとなった (註10)。

　また、この頃には現代のナチュラリストに匹敵する野外観察者たちも登場した。なかでも本草学者の小野蘭山（1729-1810）は、主著『本草綱目啓蒙』のなかに国内の動植物や鉱物などを記載している。採薬のために各地の植物採集に出かけたが、それは同行の門弟に対する野外教授であり、各地で薬草の効用、栽培法などを普及するものであった (註11)。あるいは、岩崎灌園（かんえん）（1786-1842）が著した『武江産物志（ぶこう）』からは、灌園が現在の東京東部・埼玉南部・千葉西部・神奈川東北部一部の一帯を歩き、動植物や有用物を記載する野外観察の記録者であったことがわかる。その一部に、鶴（本所、品川）、紅鶴（千住）（とき）・鷗（隅田川）（かもめ）などように、各地で観察した鳥名を記録している点が興味深い (註12)。また、灌園は画才もあったことから、野外の植物だけでも2,000点以上を描き、それを『本草図譜』（1828年）として集大成した。それは、それまでの植物図譜が実物を知らないために生じた誤りや勝手な想像で描き伝えられてきたことを正すものであった (註13)。博物学は、野外での観察や採集を通じて実物から得られる知識を体系化していくが、日本では、こうして蘭山や灌園などからその萌芽を認めることができる。

　ヨーロッパでは、この「博物学」的態度がギルバート・ホワイトの『セルボーンの博物誌』（1789年）あたりから認められる。ホワイトは自分で観察した所見と、古来の文献や伝承から得た知識とを明確に区別して、前者の方に多くの信頼を寄せている。これはフィールドワークの重視と呼んでもよく、博物学の基本というべきものである。これに対して、それまでの博物学者は、一般に「キャビネット・ナチュラリスト」と呼ばれるように、自分で野外観察をせずに、所蔵標本をもとに研究していた。1870年代でさえ、大英博物館のJ・E・グレーのように自然界に生息する動物より館内の標本の方を信頼していた例があるといわれる (註14)。

　このように、18世紀〜19世紀に普及した日本の博物学は、西洋のそれとは経緯が異なるものの、日本人なりにその風土に適応する独自の博物学が展開したのである。

第3節　シーボルトの来日と日本人による博物学の進歩
1. 近代科学の導入

　幕府は鎖国政策をとっていたが、オランダとの交流は行われていた。江戸時代に来日した外国人としては、ケンペル（E. Kaempfer）・ツンベルグ（C. P. Thunberg）などがいるが、なかでも文政6年（1823）7月にオランダ東インド会社の出島商館付き医師として来日したシーボルト（P. F. Siebold）は、日本人にヨーロッパの近代科学全般を普及した人物として知られる。

　シーボルト（1796-1866）は、医者であるばかりでなく、植物・物理・地理などに精通した博物学者でもあった。享保5年（1720）、八代将軍吉宗が洋書輸入を解禁してから、西洋の博物図鑑も国内に流入するようになったが、それはまだ一部に限定されていた。本格的に輸入されるようになったのは、シーボルトの来日以降といわれる。

　シーボルトが文政8年（1825）12月2日付でヨーロッパとバタビアから受理した舶載書物には、動物学関係40点、博物学関係10点とあり、動物学ではキュヴィエ『動物界』（初版）、フンボルト・ボンプラン『動物学精義』、ラマルク『無脊椎動物体系』、ラセペード『四足爬虫類』・『自然史』、キュヴィエ『比較解剖学』などのように、いずれも1800年前後の画期的な博物学書がわずか20年後に日本に渡来した(註15)。

　これらの博物書は、分類学の父と呼ばれるリンネ（1707-1778）の研究成果を踏まえたものである。『植物の種』（1753年）などの著作により、リンネの功績は大きく3つに要約できる。①学名の確立、②種の範囲の輪郭づけ、③分類体系の樹立。最終的には①学名の確立を達成する。それは学名を「属」と「種」の二名法で表記する方法である。しかし、その前提として、②と③が必要になる。すなわち、生物の形態に基づき、「界」→「門」→「綱」→「目」→「科」→「属」→「種」のそれぞれの該当項目を確認することが前提となる。また、異なった生物に同じ名称を付ける"異物同名"(註16)や、同じ生物に異なった名称を付ける"同物異名"(註17)などの名称の混乱を訂正しておくことも前提となる。

　リンネによってうち立てられた分類学は、大枝流芳が宝暦元年（1751）に著

した『貝尽浦の錦』で示した貝類の分類とは、異質の思想によるものであった。リンネは、人類をオランウータンと同じ「目」に含め、分類学上はオランウータンを「属レベルの差（例えばライオンとイヌ）しかない兄弟同士」と定義づけている。リンネの分類学により、人を「動物学」の対象に含んだことは、歴史の大転換であった(註18)。その後、リンネの分類学は、ダーウィンの『種の起源』(1859年)にみられる進化論に継承され、近代生物学において系統学の誕生をみることになる。

　当時の日本の博物学者の大半は、リンネの分類学については門外漢であった。しかし、なかでも尾張本草学界は全国でも高いレベルをもち、先進的な発想をもつ人たちがいたといわれる。文政9年(1826)、尾張の第一人者である水谷豊文(ほうぶん)(1779-1833)は伊藤圭介(けいすけ)らを従えて、シーボルトが江戸参府で宮(みや)(現名古屋市熱田区)を通過する際に教えを受けている。この時、豊文は既にリンネの分類法を参考にしながら独学で植物の学名を決めており、その正確さをシーボルトは絶賛している(註19)。また圭介は、それが機縁となり、長崎のシーボルトのもとで遊学する機会を得ることになる。

2. 博物図の質的向上

　シーボルトの影響が端的にみられるのは、日本人の博物図やその記載の精度が飛躍的に向上したことである。たとえば、シーボルトに雇われた絵師として知られる川原慶賀(1786-1860以降)は、その図がシーボルトの『日本植物誌』(1835-42年)に掲載されている。写生の腕前は、「"ミョウガ"では茎上に描かれた花序が、あたかも実物の花序をそっと画に添えたと思えるほど真に迫るものがある」(註20)というようにリアリズムに徹したものであった。あるいは慶賀自身も、実際に花を解剖した形を図にした『慶賀写真草』(けいがしゃしんぐさ)(1736年)などを著している。

　あるいは江戸時代屈指の動植物図譜といわれる『梅園画譜』(ばいえんがふ)全24帖(1839-1849年)も、やはりシーボルトの影響によって完成したものとみてよい。作者の梅園毛利元寿(もとひさ)は、旗本で御書院番を勤めた本草家である。そのほとんどは、他人の図譜からの転載が少なく、自らが観察して写生し、写生年月日・産地・由来などを綿密に記載している。

　武蔵石寿(むさしせきじゅ)(1768-1860)の著した『目八譜』(もくはちふ)(15巻)は、1,000点近い貝類を収

録する。図は服部雪斎の筆による彩色図譜である。貝類は、外形ごとに分類され、かつ採集した各地の地名が国別に記載され、貝の解説も充実している。たとえば、巻1蛤蚌では、①濱栗、②胡麻蛤、③小人蛤、④碁石蛤、⑤油介、⑥白介、⑦朝鮮蛤、⑧黄蛤、⑨鳶蛤…というように、それぞれについて図と解説が付けられている。色彩や大きさなどにバラエティーがある場合には、複数描いている。凡例には貝種ごとに各部位の名称を示すが、貝ごとにその部位名を用いて解説するという緻密さである。磯野直秀によれば、「江戸時代介類図譜の最高峰の評価は動かぬ」(註21)といわれる。そのほかに、栗本瑞見(丹州)(1756-1834)の『皇和魚譜』や、高木春山(?-1852)の『本草図説』などは科学性と芸術性を備えたものである。

3．シーボルトと伊藤圭介

シーボルトは、文政7年(1824)に、長崎郊外の鳴滝に日本人通詞の名義で土地や家屋を購入して校舎として診療所をおき、生徒に医学・薬学・万有学を教えるために鳴滝塾を開校した。日本造りの母屋2棟、別屋3棟からなり、周囲を生け垣で囲んだ。母屋はシーボルトの読書室または研究室で多彩な研究材料や和洋図書が置かれたり、塾生の教養所や診療所にあてられ、建物の周囲や裏手の丘には九州各地はもとよりオランダからもってきた草木を研究用に植えた。シーボルトの元には全国から医者や知識人が塾生として集まり、そこに伊藤圭介(1803-1901)も含まれていた(註22)。

また、シーボルトは、出島の宿舎近くの空き地に植物園を設置している。ここではシーボルトが帰国する天保元年(1830)までに1,400種以上の植物が栽培された(註23)。一町四方ほどの土地に左右均等の花壇を作り、和洋の植物を培養したり、塾生と共に研究した。植物園の隣には狼・鹿・猪・猿を飼育する檻もあったという。一般に出島への人や物資の出入りは、門番の厳しい検閲を受けることになっており、植物標本を携出することは塾生といえどもできなかったが、伊藤圭介だけはシーボルトから特別に許されていたという(註24)。

それは、シーボルトが伊藤圭介を一目おいていたからである。シーボルトは伊藤から、国内の植物に関する様々な情報を入手した。それは、川原慶賀らが描いた植物図などについて、実際の植物との対応関係・特徴・和名・文献・用途などを知ることであった。それに対して、圭介はシーボルトから西洋の知識

や情報を得ることができたし、特に実証研究の大切さを学んだ成果は大きい(註25)。

伊藤圭介が、その後の日本の博物学のなかで自らの立場を大きくリードしていく契機となったのが、『泰西本草名疏(たいせいほんぞうめいそ)』の出版である。それは、圭介がシーボルトから贈られたツンベルクの『フロラ・ヤポニカ（日本植物誌）』(Flora Japonica) を解読したものである。本書は、かつてケンペルが日本で採集した植物標本（当時大英博物館所蔵）をリンネの分類体系に従って分類し、学名と和名を対照したものである。これにより、圭介は全ての動・植物に学名が付けられていることを認識する。同時に、それはリンネの雌雄に基づく「二十四綱分類体系」を知ることにもなった。こうして、圭介の『泰西本草名疏』は、植物の属・種概念による二名法を日本に本格的に紹介することになった。

4．伊藤圭介の物産学に対する再評価

江戸時代中期、幕府は物産学を利用して殖産興業の方策を博物学者たちに研究させた。そのために彼らは植物栽培、動物の養殖・飼育、鉱山開発や、各地の産物帳・産物絵図の作成などを行った。ところが、幕府は、嘉永6年(1853) 6月、ペリーの浦賀来航による対外的な危機感から、これまでの蘭学をはじめとする断片的な海外の学問導入ではなく、西洋科学を組織的体系的に導入して研究と人材養成をする必要性を痛感した。また国力増強のために殖産興業が不可欠であることも認識し、その方策の向上をめざした。

蕃書調所は、そうした対外政策により安政3年（1856）に設立されたもので、現代的には特定の目的をもつ政府直轄調査研究機関に酷似している(註26)。また、当初の職務は翻訳中心であったが、次第に蘭語・英語・仏語・精練学（化学）・器械・画学（製図）などと共に、物産方という教科が設置された(註27)。また、物産方という部門も、安政6年（1859）に開港と関連して開設した。設置の理由は、貿易の開始により国内外の物資が輸入・輸出されるようになると、国内外の動植鉱石類の調査や、交易品となる国内物産の品質調査が緊急課題となったことによる(註28)。物産方は物産学を学問基盤としている。物産学とは、本草学などをもとに薬用を含めて天産物の名称や形状、その効用や応用などを研究する学問である。物産方は、その後洋書調所（1862年）や開成所（1863年）にも引き継がれていく。

文久元年（1861）、蕃書調所の頭取の古賀謹一郎と勝麟太郎は、物産学に精通した人材の採用を幕府に建議した。その理由は(註29)、

　　　物産学之儀者必用之学科にて国家経済之根本に御座候処（中略）追々外国へ交易御差許相成候に付ては、別而御国地内の物産調方不行届候而者御支に相成候に付、動植金石類夫々見本取之其品之善悪高下等明白に見極為致申度、依而者其学巧者成者両三人出役被仰付被下候様仕度

というように、物産学は国家経済の根本としながら、開国による海外との貿易にそなえて国内の物産を調査することを目的としたからである。それを受けて、殖産興業による富国策として、蕃書調所の物産方に尾張藩から伊藤圭介が出役を命じられ、門弟の田中芳男も物産方手伝として出役した。

　伊藤圭介が物産方に出役を命じられた理由は、当時本草学の大家として知られた存在であり、幕末の医学上重要な種痘研究などを手がける医師としても活躍し、尾張藩では尾張洋学研究所の総裁として洋学教育にも力をいれていたことによる。また、再来日（1859～1862年）したシーボルトに対して、幕府はかつての門下生であった圭介が将来の政策をシーボルトから引き出す適任者と判断したことも一因であった(註30)。

　ところで、これまで伊藤圭介は本草学者（博物学者）として卓越した能力のもち主だと評価されてきたが、近代国家建設との具体的な関わりについてはあまり注目されてこなかった。それは圭介の弟子の田中芳男が、田中自身の『経歴談』(註31)で幕末の物産所と伊藤圭介について次のように述べていることから窺い知られる。

　　　物産所を建てましたが、教育することは第二であって、殖産興業の途を研究させるといふのが主でありました。ところが伊藤圭介先生は博物学の大家ではあるけれども、殖産興業といふ方は得意ではない。それはあの先生ばかりではない。あの頃の先生方は百姓や植木抔のことはして居らるるものの、格別研究といふことはして居られぬ。（中略）又百姓が耕作した人生の日用の品物を調べるといふことは存外迂闊である。殖産興業の方は先生は極く適当といふ方ではなかった。

というように、田中芳男は伊藤圭介が殖産興業には不向きであったが、江戸時代の博物学者として有能であったことを述べている。

それに関連して近年、大場秀章は次のような見解を示している。大場秀章によれば伊藤圭介はシーボルトからの影響を受けて、独自の物産学を確立したという。それは、伊藤圭介が59歳になった文久元年（1861）に幕府から、蕃書調所へ出役を命ぜられた時点からはじまる。圭介は、それまでの植物採集などのフィールドワークを通じて博物の資源性を認識するようになり、国富増進の手段として彼なりの物産学を構築しようとした。それは国内の博物を殖産に利用する以前に、博物の全国調査を行い、実態を把握することを先決とするものであった。その成果が明治新政府になってから刊行された『日本産物志』（一部未刊）であるという。大場は、「圭介は物産学には荷担できても殖産学に荷担する気持になれなかった」とし、その功績として「江戸時代の博物学を近代科学としての博物学へと繋ぐ橋渡しの役目を果たした」(註32)と評価する。さらに大場は、伊藤圭介の物産学が果たす現代的意義と田中芳男の果たした役割について、次のように述べている(註33)。

　　彼（圭介）の考え方の基盤とは、いまの言葉でいえば、地球という有限の循環系の中での人と自然との共生を基本とするものであり、多様な資源を持続可能な方策をもって人間が生きるためのさまざまな"糧"として利用することにあった、といえる。それが圭介の理解する物産学の立脚点である。

　　これに対して、富国強兵策を根幹に自然からの形振り構わぬ収奪を実施に移していった明治政府の政策は、明らかに圭介とは相反するものであった。これに組みしたのが弟子の田中芳男が手を貸した殖産であった。殖産の考え方と施策は農水省、通産省に引き継がれ、いまにいたっている。

また、もうひとつは土井康弘による見解である。土井は、伊藤圭介と田中芳男を物産学という同じ延長線上でとらえたうえで、伊藤が果たせなかった物産学の構想を、田中が全て実現したとする(註34)。

土井が提示する資料は、「物産学ニ付存寄之趣申上候書付」である。それは、物産方の当時の状況に対する伊藤圭介による改善策を示したものである。当初、物産方での伊藤圭介の仕事は、海外との貿易や交流のために、外国辞書中の物産名を学問的に確定することや、舶来物品の鑑定をすることであった。しかし、物産方にはそれに必要な基礎的な情報が不足していることから、「物産

学ニ付存寄之趣申上候書付」により、幕府に物産学の振興をはかることを進言している。その内容は、①欧米の物産関係書籍の収集、②標本としての動物・植物・鉱物等の収集、③日本各地の物産調査、④栽培植物所の確保、⑤動物の剝製収集と飼育場の確保、⑥物産会や博覧会の定期開催、⑦蝦夷地物産の収集と蓄積、⑧小笠原物産の収集と蓄積、⑨諸外国の収集と蓄積などである。

　それらは、これまで全国各地で多くの博物学者などの知識人が手掛けてきた博物情報を体系的にまとめようとするものであった。また、海外情報を組織的に収集して、国内情報とあわせて、物産学の"情報センター"をつくろうとしたものである。そこに貫かれる基本的な考え方は、徹底的な博物情報の収集ということである。それは大場秀章による先述の指摘を裏付けるものである。

　しかし、大場と土井の見解は異なる。大場は、伊藤圭介について「圭介は物産学には荷担できても殖産学に荷担する気持ちになれなかった」という。ところが土井は、伊藤圭介が果たせなかった物産学の構想を田中芳男が全て実現したとする。両者の見解の食い違いは、おそらく「物産学」の概念の認識の違いによるものであろう。大場は物産学を博物学の延長にとらえ、殖産興業を前提とする天産物のカタログづくりまでをいい、殖産興業を受け入れた段階からは殖産学として、物産学概念の識別をはかっている。これに対して、土井は、大場のような識別をせずに、両者を含めて物産学を称しているからである。明治政府に出仕してからの伊藤圭介の活動をみても、確かに殖産事業に積極的に携わった様子はみられない。大場の指摘のように『日本産物志』が伊藤の物産学の成果であったと考えられる。

　元来、田中芳男も伊藤圭介の助手として、同じように物産学をみていたと考えられる。ところが田中は、ウィーン万国博覧会の参加などを契機として殖産事業を射程にいれた物産学へと認識の拡大がなされたとみられる。

　先述の田中の経歴談は大正2年（1913）のものである。明治維新以来、50年も経たずに近代国家として国際的にも先進国となった当時の状況からすれば、明治政府の殖産興業政策は成功したということになる。田中芳男にしてみれば、技術官僚として明治時代を駆け抜けてきたという、それまでの人生に自負心もある。それが経歴談の端々に見え隠れしている。先述した田中芳男による伊藤圭介の評価はその一例といえる。

第4節　古器旧物への関心と理解

　原始・古代遺跡や遺物に対する日本人の関心は奈良時代に遡ることができる。『常陸国風土記』(713年) には、大櫛の地のある貝塚は、かつて巨人が丘の上で生活をしていたが、その巨人が貝を採集して食べたものが堆積して丘となったことが述べられている (註35)。貝塚に関するこのような伝承は、各地に残されているが、それはまだ神話的な物語の世界観であった。同じように、『続日本後記』承和6年 (839) 10月17日の条には、出羽国田川郡西浜で雷雨の後に隕石のように天から降ってきた鏃や鋒に似た石 (石鏃) が多数発見されたことが記されている。石鏃を認識している現代人にとっては笑い話のようであるが、成因が不明の当時の人々にとっては、異変を示す出来事であった (註36)。すなわち、遺跡や遺物は当時の人たちにとっては理解することのできない驚異的な対象物であった。

　その後、延宝4年 (1676) に下野国那須郡で那須国造碑が発見されると、元禄5年 (1692) に徳川光圀は、その被葬者を究明するために上車塚と下車塚 (現上・下侍塚古墳) を佐々宗淳に命じて、宗淳の指導により大金重貞らが発掘調査した。那須国造碑に関する遺物は何も発見されなかったが、この調査は歴史の究明を目的とした発掘調査として初めてのことであった。それを契機として、以後陵墓をはじめとする遺跡や遺物に対する関心が高まり、遺物は、それまでの神話や俗信的な解釈から、人為物とする見解が示されるようになる。

　正徳5年 (1715) には、井沢長秀は石鏃を奇形石の一種で天然石の一種としたうえで、それは地中から雷雨により洗われて露出したものとして、それまでの「石器天降説」を否定した。翌年の享保元年 (1716)、新井白石は古文献研究に基づき、石鏃は人工品で粛慎国からもたらされた「石器人工説」を初めて唱えた。それをさらに石器人工説として定着させたのは木内石亭 (1724-1808) である。

　石亭は、近江の滋賀郡下坂本村の出身である。茶道を習い、本草学者の津島如蘭や、のちに田村藍水に入門する。子ども時分から、石に関心をもち、その収集に没頭するが、30～50歳に全国各地を訪れたり、奇石会を組織して各地の愛好家との情報交換や石の品評を行なった。石亭は「石の長者」と呼ばれた

が、それは単に石の愛好家に長じた者という意味ではなく、『雲根誌』や『曲玉問答』などの著作にみるように、石亭はそれまでの固定観念を打ち破り「石器人工説」の普及に大きく貢献した。

『雲根誌』(1773-1801) は、彼のライフワークの集大成ともいうべきものである。斎藤忠は、その三篇中の荒木田久老による次に示す序文、「かくまでもひろくものせるは、もの好める徒のもてあそびのみならず。世に益あるわざにして、且いにしへを明らむるたとへともありなむものを」を引用して、「(石亭にとって石は) 単なる愛玩物でなく、これらを通して古を明らかにする材料になることを述べていることは、まことに卓見であった」(註37)というように、石亭は単なる好事家ではなく、科学的な視座をもった研究者であったとしている。

また、斎藤忠は清野謙次著『日本考古学人類学史』上巻の中に掲載する『石亭諸考』を石亭の著述と認定した上で、そこに記された「石器人工説」を次のように紹介する (註38)。

　　余往年奥州会津ニテ多ク得ル。其出ル処二十二ヶ所アリ。何レモ出ル処皆圃中ニテ、其地ノ名ヲ社寺・古寺ナド、如何ニモ古名ナリ。其処ニ至リ先之ヲ作リタル種々ノ余屑アルヲ見テ尋レバ、一所ニテ種々ノ品ヲ得ルアリ。其余屑多クアレドモ、素焼ノ土器ノ破片ナキ時ハ、必シモ石鏃有ル事ナシ。又其余屑モ他所ニテ嘗テ見当ラザル珍石ナリ。余、拾イ来テ試ニ石鏃ヲ作リ見ルニ、中々鉄鎚ニテ打缺テ、能ク其形ヲ彷彿タル事ヲナサズ。其余屑中ニ形ヲ作ラント欲テ、未ダ全ク成ラザル者アリ。因是観之、上代ノ人造ノモノニ疑ナシ余按ニ上代此製造ノ法有テ之ヲ能ク造成卜見ヘタリ。

これは、奥州会津地方で石器が出土する場所は、古来の地名が付けられていること、石器以外にも石片が出土するし、土器も伴出することなどが述べられている。また、自ら実際に石を打撃して石鏃の製作を試みたところ、遺跡から出土するものに類似する石片が得られたことなどから、石器は人工物に疑いないとしている。まさに、現代の実験考古学に相当する実証的な見解だといえる。

また『雲根誌』によれば、石亭は石鏃だけでも1,000点余りを収蔵していたことがわかる。それらを分類整理し、その出土状況や地名とも照らし合わせ

て、自らの観察眼により、石鏃を上代の人工物とする結論を導いた。『曲玉問答』(1783年) では、勾玉(まがたま)は国産品であり、埋葬者が生前に使用していたものを土中に埋めた副葬品とする見解を示している。

　こうした石亭の見解は、伊藤圭介を通じてシーボルトの『日本』(1832-1851年) 所収の「勾玉」(原題：考古学－古代日本島住民の宝物である勾玉) (註39)として紹介されている。そこにはシーボルトの日本の原始古代についての見解が次のように述べられている。しかし、その根拠は古代遺物にも関心のあった伊藤圭介が石亭の知見をもとに『勾玉考』をオランダ語でまとめてシーボルトに提出ものである。その一文は次の通りである (註40)。

　　　日本列島の最古の住民や、恐らく神武天皇によって日本帝国が創建されるより一千年も前にこの列島に住み、狩猟漁撈の生活をしていた種族の由来を知る手掛かりとなる痕跡については、まったく謎に包まれている。日本のこの最古の住民の時代に、勾玉が作られたことは疑いない。勾玉は彼らの遺跡のなかに残っている。

　石亭のはたらきは、古器旧物に対するこれまでの好事家の基本的な考え方を大きく変えた。それは、ただ「好む」ものから「事実を知る」ことへの転換であった。このように彼らの古器旧物に関する認識は、物理的な「物」を愛玩することから、「もの」としての歴史的な由来を解明することで、愛着をもつように変質していくことになる。

第5節　見世物と大衆文化

　今では、あまり「見世物」という言葉を聞く機会が少なくなった。確かに興業形態の上からいう見世物の種類や数は限られるようになった (註41)。しかし、その本質は案外変わることなく現代まで生き続けている。

　かつて見世物は、朝倉無声が『見世物研究』で述べているように、"伎術""天然奇物""細工"という内容に区別され、伎術は軽業・曲芸、天然奇物は国内や舶来の動物などを見せるもの、細工は人形・竹・皿・花などを使い一種のパノラマをつくるものといったように多彩であった (註42)。天然奇物のなかでも文久3年 (1863) 春、江戸の西両国広小路で行われたインド象の見世物は江戸中の評判となり、象の錦絵も大いに売れたという。

見世物の場所は、盛り場や祭礼・縁日・開帳などにあわせて臨時に設定された。江戸では、なんといっても両国や浅草がその中心地であった。大田南畝の『半日閑話』には、明和期頃の浅草奥山（浅草寺境内の本堂の両側）で、盲と女相撲・盲の角力・竹田内匠からくり・子供角力・子供狂言・北浜の力持・早川虎市力持軽業・春山歌之助かる業・難波珍蔵が腹の曲・蟹娘・大蛾幕・嵐八重次軽業・反魂丹の居合ぬき・胡弓の歌祭文・燈籠造り物など行われていたことが列挙されている。当時の見世物の様子を理解することができる。すなわち、見世物とは、視覚的で直感に訴えかける娯楽であり、それは驚異さを兼ね備えたものであった。そこは非日常的な空間が広がる異次元の世界である。見る者にとっては、その空間に浸ることで"癒し"ともなり、また多分に大衆の"物見遊山"的な心理が働く場でもあった。

ところが、明治新政府による「文明開化」という近代化政策により、それまでの江戸の大衆文化としての見世物は西欧人に対して「恥ずべきもの」として抹殺される運命を辿る。とりわけ、芝居や見世物の怪奇趣味・残酷趣味・性的表現などは、明治政府による厳しい取締りの対象となった。西洋諸国に対する引け目を意識した政府は、西洋におもねる政策を打ち出していく。明治6年（1873）1月15日、太政官は各府県に西洋式の公園の候補地を選定するように指示しているが、これに対して東京府は浅草寺など5ヶ所を選んでいる。あるいは、公衆の面前で裸体になることを禁止することもその一環といえるが、究極的には明治16年（1883）に完成した鹿鳴館に象徴される欧化主義である。こうして見世物の中でも日本人独自のリアリズムともいえる怪奇趣味・残酷趣味・性的表現などは、排除されていく（註43）。

見世物の本領ともいうべき主要な部分が欠落すると、大衆文化としての見世物の魅力も薄れていくように思われるが、見世物としての要素は形や種類を変えることによって、その後も生き続ける。国家の政策により排除されても、それは明治時代の博覧会のなかにしっかりと息づいていく。明治4年（1871）5月、東京・九段招魂社境内における大学南校物産局主催の物産会は、「見る側」の民衆からすれば天然奇物の見世物であったといえる。翌5年3月に開かれた文部省博物局による湯島聖堂での博覧会では、名古屋城の金鯱を出品するなどして、見世物的要素に配慮して入場者の動員をはかっている。博覧会は評判と

なり錦絵にもなった。昇斎一景筆「元昌平坂博覧会」は、陳列された金鯱に驚いて腰をぬかす人たちの場面を描いている。あるいは「博覧会諸人群衆之図」のように、陳列ケースをのぞき込む黒山の人だかりの様子は、まさに見世物といってもよいぐらいである。あるいは、明治新政府が初めて参加したオーストリアのウィーン万国博覧会には、オーストリア公使シーボルトの進言に従い、西洋人が関心をもつ物品として、鎌倉大仏の張子、東京・谷中の五重塔の大型模型などを目玉として出品したが、これもまさに日本文化の見世物化にほかならないものであった。こうして、明治政府は江戸の見世物文化を排除しながらも、近代化政策のなかにおいて自らをアピールする手段として見世物的な発想を巧みに取り入れていくのである。

註
（1）　上田穣1979『ルーツ日本の博物館〜物産会から博覧会へ〜』大阪市立博物館、p2
（2）　註1、p9
（3）　足立巻一1978「木村蒹葭堂の博物標本」博物館研究第13巻第4号、1-13
（4）　上田穣1980「"ルーツ・日本の博物館"展の企画と構成」博物館研究第15巻第4号、p5
（5）　荒俣宏1984『図鑑の博物誌』リブロポート、p64-69
（6）　杉本つとむ1985『江戸の博物学者たち』青土社、p20-30
（7）　磯野直秀1996「江戸時代介類書考」慶應義塾大学日吉紀要（自然科学）No.20、p1-42
（8）　註5、p289
（9）　大場秀章1996『植物学と植物画』八坂書房、p216
（10）　註7、p14
（11）　註6、p124-128
（12）　註6、p12-13
（13）　註9、p223-224
（14）　註5、p252-255
（15）　註5、p285-286
（16）　昔の文献は記載や図が不完全であったり、発行部数が少なく入手が困難などの理由から、他の生物に付けられている名称と知らずに更に命名することがあった。

(17) ある生物にすでに名称が付けられていることを知らずに新種として命名する。
(18) 註5、p70-71
(19) 大場秀章1997「伊藤圭介」『学問のアルケオロジー』東京大学、p67
(20) 註9、p254
(21) 註7、p32
(22) 呉秀三1967『シーボルト先生1』東洋文庫、平凡社、p.88-105（原本は呉秀三1926『シーボルト先生其生涯及功績』吐鳳堂）
(23) 宮永孝1986『阿蘭陀商館物語』筑摩書房、p24
(24) 註22, p.106
(25) 註19、p70-71
(26) 宮地正人1997「混沌の中の開成所」『学問のアルケオロジー』東京大学、p20
(27) 廣政直彦1993「西洋科学技術の導入と研究教育機関」『洋学事始』文化書房博文社、p159-165
(28) 註26、p27-28
(29) 東京国立博物館1973『東京国立博物館百年史』東京国立博物館、p21
(30) 土井康弘1996「蕃所調所の物産研究と伊藤圭介との関係」法政大学大学院紀要第36号、p172
(31) 田中芳男1913「田中芳男君の経歴談」『田中芳男君七六展覧會記念誌』大日本山林會、p11
(32) 註19、p72-83
(33) 註19、p82
(34) 註30、p147-174
(35) 秋本吉郎校注1958「常陸国風土記」『風土記』日本古典文学体系2、岩波書店、p78-79
(36) 黒板勝美・國史体系編修會編1966「續日本後記」『國史体系』3、吉川弘文館、p93
(37) 斎藤忠1974『日本考古学史』吉川弘文館、p43
(38) 斎藤忠1962『木内石亭』吉川弘文館、p224-226
(39) 中井晶夫・妹尾守雄・末木文美士・石山禎一1978『シーボルト 日本』第4巻、雄松堂書店、p3-11
(40) 註39、p9
(41) 上島敏昭1999「見世物小屋の現状」『見世物小屋の文化誌』新宿書房、p14-23
(42) 朝倉無声1928『見世物研究』春陽堂（再版、思文閣出版1977）
(43) 木下直之1993『美術という見世物』平凡社（ちくま学芸文庫1999に再録、p20-135）

第2章 「官」による博物館の形成

第1節　明治政府の物産会と博覧会

　明治新政府による近代国家の建設がはじまると、江戸時代以来の大衆文化や博物学などの学術文化は近代化の枠組みの中に取り込まれて、あるものは生かされるが、あるものは排除される。またあるものは変質化していくことになる。

　本草学は本来の薬効植物などの調査研究から、自然界全体を構成する動植物などに関心が向けられるようになってから、博物学と呼ぶべきものに変わったが、他方では国家や政府などの「官」による殖産興業を意識した博物調査を行う物産学や、明治時代になると物産学そのものが殖産興業と一体化していくことになる。

1．大学南校の物産会

　田中芳男（1838-1916）は、信州飯田の幕府直轄領の傳木山支配の代官陣屋で生まれた。漢方医の父親から洋学を学び、安政3年（1856）19歳の時に名古屋に出て、翌年伊藤圭介に入門して医術・蘭学・本草学などを学んでいる。その頃、伊藤圭介の別宅には薬草園があり、「嘗百社（しょうひゃくしゃ）」という博物会を毎年開いていたことから、田中は物品を一堂に陳列することを理解している。文久元年（1861）に伊藤に従い江戸に入り、伊藤の助手として蕃書調所物産方出役となっている。

　慶応2年（1866）12月、田中は、幕府として徳川昭武（あきたけ）の一行がパリの第二回万国博覧会（1867）に参加する準備のためにパリに派遣された[註1]。パリでは、

　　（博覧会場では）日本の知識の狭い人がそういう所に出会わしたので、見るもの聞くものに驚くばかりであった…、お陰で博覧会がどんなものである、仏蘭西巴里の都はどういう有様ということを知りました、そこで博覧

> 会の仕事は一時かたつきましたので暇があれば博物館場を巡覧し又博物館や動物園に行き、市街にも行って見ました。

というように(註2)、精力的にパリ市内の博物館などを見学している。

翌慶応3年に帰国すると、田中は明治元年（1868）6月に新政府の開成所御用掛となり、7月に開成所の理・化二学科の施設を大坂に移転して舎蜜局(せいみ)を設置するのに伴い大坂に異動した。その辺の事情を田中芳男は『経歴談』で次のように述べている(註3)。

> 慶応4年の戊辰は即ち明治元年と改った年で、世の中はなかなか喧ましかったけれども、自分は引き受けた仕事をして居れば宜いので、矢張り物産所に関係した殖産興業の事を研究したり、植物の栽培をやったりして、一向世間の事に携わらなかった、其年5月上野で戦争が始まった、其時なども外に出れば危険であるというので教授先生と共に物見で見て居った様な事であった。上野の戦争も済んで茲に江戸の様子も一変しました。私は6月18日に官命を以て開成所の御用掛になりました。開成所もそのまま新政府で継続してやることに成りましたから、我々職員も開成所掛となりました。新政府の方から出役を命ぜられた大阪に出張しました。（中略）そこで大阪の管轄であった舎密局を建設する事業を引き受けました。此舎密局というものは今日でいえば化学局というべきもので舎密の文字は宇田川先生が初めて用い充てられたもので「セミス」が「セイミ」となって出来たのである。

その後、明治3年（1870）に田中は東京に異動となり大学南校少教授となった。大学南校とは、明治2年6月に大学校の設立にともない旧開成所を開成校とし、同年12月に大学南校と改めた教育機関である。後世の東京大学法・理・文学部の前身となる。

そこで、田中は物産学に根拠をおいた博覧会を企画することになる。やはり『経歴談』で、田中は明治3年3月に大学に出仕した際のことを次のように述べている(註4)。

> 是から殖産興業の途を開かねばならぬから、其方をやれということであった。それに付いては一つ博覧会というようなものを開こうということになりました。ところがこれという品物もない、併其頃開成所の方に他か

ら引き継がれた物もあり、又西洋から来た物もある、又私が持って居た物もあるから、それらを合わせて博覧会というようなものを開こうと云うことになりました、そこで4年5月に九段坂上の招魂社の祭りの時に物産会を開設しました。

　この博覧会は、大学南校が明治4年（1871）3月に弁官宛に提出した「大学南校上申書」に次のように趣旨が説明されている。なお、ここでは博覧会となっているが、開会時には物産会に名称を変更している（註5）。

　　博覧会ノ主意ハ宇内ノ産物ヲ一場ニ蒐集シテ其名称ヲ正シ其ノ有用ヲ弁シ或ハ以テ博識ノ資トナシ或ハ以テ證徴ノ用ニ供シ人ヲシテ其知見ヲ拡充セシメ寡聞固陋ノ弊ヲ除カントスルニ在リ、然レトモ国従来此挙アラサルニヨリ其物品モ亦随テ豊贍ナラス故ニ今者此会ヲ創設シテ百聞ヲ一見ニ易ヘシメント欲スルトイヘトモ顧ミルニ隆盛ノ挙ニ至ツテハ之ヲ異日ニ待サルヲ得サルモノアリ因テ姑ク現今官庫ノ蔵スル所及ヒ自余ノ物品若干ヲ駢列シテ暫ク人ノ来館ヲ許シ以テ其開端トナス自今爾後毎歳一次其会期ヲ定メ日ヲ逐ヒ月ヲ累ネテ漸々宇内ノ珍品奇物ヲ網羅シ人ヲシテ遠ク万里ノ外ニ遊フヲ用ヒス座シテ全地球ノ万物ヲ縦覧セシメンコトヲ期ス。

　この文面から判断すると、この博覧会は、これまで江戸時代の物産会が同好の人たちによる内輪の小規模な知的なイベントであったのに対して、広く国民を対象とする大規模な知的イベントであった。内容的には物産会や博物会のそれを延長上したものといってよいが、これまでの限定的な内輪のサークルの催し物から国家規模になったという点で、規模が飛躍的に拡大した。同時に、それは国家的な意図によるものであった。まず、国民の知的レベルを高めることで殖産興業につなげるという発想を、この博覧会で実践していくことになる。

　そのため、大学南校は、開催に先立ち資料収集を国民にも呼び掛けている（註6）。

　　当今官品未タ完足セス故ニ金石ノ属草木ノ類ヨリ鳥獣魚介虫豸等ニイタル迄総テ天造ニ属セシ物又諸器械奇品古物及ヒ漢洋舶載ノ諸品等総テ博識ノ資トナスヘキ人造ノ物ヲ所蔵シ展観ニ供セント欲スル有志ノ輩ハ会前ニ之ヲ当館ニ携ヘ来ルヘシ且ツ最寄ノ物品ヲ出セシ輩ニハ褒賞ヲ賜フヘキ事。

第2章 「官」による博物館の形成

　こうして、(大学南校)物産会は、明治4年5月14日から7日間にわたり、東京・九段の招魂社(現靖国神社)で開かれた。その後は宮内省もこの物産会に関心をもち5月29日に天覧された。

　出品物は、「明治辛未物産会目録」によると、総数2,347件となる(註7)。それは木下直之が指摘するように、そのうち鉱物関連が全体の三分の一を占めて、江戸幕府以来の殖産興業政策を反映している。国内では、19世紀になり海防対策が急がれるようになると、武器生産の需要が高まるが、その前提となる鉱山開発が物産学に求められていた。その事情は明治になってから、むしろ一段と緊迫した。それは、木下が指摘するように、「明治四年の大学南校物産会とはそうした日本の近代化を標榜した場なのだから、鉱物の展示に大きなスペースが割かれて然るべきであった」というものである(註8)。

　それに比べて、動植物部門は、鉱物も含めて江戸時代以来の物産学の範疇となり、全体に天産物を主体とした。古器旧物などの歴史遺物は脇役に押しやられた。しかし、新たに注目すべき物品として、測量究理器械や内外医科器械が独立した項目で出品目録に掲載されている。前者は測量家望遠鏡・摩擦エレキ・地球衛星運転雛形など13件、後者は人身内景模造・眼球や胎児などの模造・解剖器械・顕微鏡・男女頭骨・西洋人頭骨など22件である。「器械は、物産会の新顔としてその枠組みを広げさえすれ、破壊するものではなかった。むしろ、明治時代初期の博覧会や博物館において、もっとも正統的な展示物だったといえるかもしれない」(註9)と、木下が指摘するように、器械類はその後の殖産興業の推進役になっていく。

　この物産会は江戸時代以来の物産会の延長線上にあるものとはいえ、明らかに近代化を意識した新たなカテゴリーとして登場した。

　その一方、主催者側は来場者を動員するための仕掛けを忘れなかった。それは、見世物的な発想をうまく活用することにあった。まず、招魂社の祭礼日に会期を重ねたことである。会場となった招魂社は周知のように、戊辰戦争の官軍の戦死者を祀るために明治政府が設置したものである。5月15日は上野の戦い、同月18日は箱館の降伏による祭礼日となっている。会期5月14日から7日間は両方にまたがることから、人出を見込めるという判断がはたらき、「五月一五日と一八日は接近していたから連日花火あり競馬ありで、こちらも"群集

ある事夥し"かったはずだ」(註10)といわれる盛況ぶりであった。

また、物産品を一堂に集めたことは、民衆にとって"驚異"といえる出来事であった。それまでの同好者による内輪のサークル的な物産会に比べれば、民衆はその数や種類の多さに圧倒されたはずである。民衆にとっては、それまで見たこともないような品々が目白押しであり、そこはまさに異次元の空間が演出されていた。

なかでも、内外医科器械に属する人身内景模造・眼球や胎児などの模造・男女頭骨・西洋人頭骨などは好奇のまなざしが注がれただろう。模造は、ほかに男子陰部・睾丸・茎・女子陰部・卵巣や胎内十月を示す模型妊娠之最初・初月・第二ヶ月・第三ヶ月・第四ヶ月・第九ヶ月なども出品された。これらは医学の名のもとに出品されたものの、見る側にとっては人体の神秘や怖いもの見たさの好奇心をそそる見世物以外の何ものでもなかった。胎内十月は、宝暦8年（1757）から見世物の題材になり、安永年間（1772-1778）には浅草奥山で生人形による懐妊した女性の腹内を開いた見世物となっている(註11)が、明治になってからも見世物的要素は物産会に医学普及の場として継承された。

2．文部省博物局の博覧会

明治4年（1871）7月に大学が廃止されて、文部省となり、初代文部大輔は江藤新平が就任した。そのため、大学南校も文部省の直轄となり「南校」と称された。また、文部省に博物局が設置されたことから、田中芳男は博物局掛となる。それに伴い、大学南校物産局の物産は博物局に移管された。

明治4年に大学南校が上申した物産会の趣旨のように、以後毎年博覧会を開いて物産についての知識の啓発をはかろうとする意向を受けて、翌年3月に文部省博物局は東京・湯島聖堂の大成殿を展覧場とする（文部省）博覧会を開催した。

これは、前年の物産会に比べて、次のような付加価値があった。ひとつは、明治6年（1873）にオーストリアで開かれるウィーン万国博覧会に参加するために国内の物産品を全国から広く集めること。もうひとつは、古器旧物保護の思想を普及するためであった。前年の物産会の主意に加えて、その布達は次の通りである(註12)。

就中古器旧物ニ至テハ時世ノ推遷制度ノ沿革ヲ追徴ス可キ要物ナルニ因リ

嚮者御布告ノ意ニ原ツキ周ク之ヲ羅列シテ世人ノ放観ニ供セント欲ス

古器旧物の保護の普及を意図していることが分かる。文中の「御布告」とは、前年の明治4年5月に太政官から出された「古器旧物保存ノ布告」のことである。そこには、町田久成(1838-1897)の意向が強くはたらいたとみられる。

町田は、天保9年(1838)に薩摩藩日置郡石谷で1,750石を領する武家に生まれ、曽祖父は島津家の家老職をつとめ、祖父は大番頭となった名門である。久成は、江戸の昌平黌で儒学と国学を学び、大目付、薩摩開成所学頭を歴任する。慶応元年(1865)には、英国薩摩留学生派遣の使節兼監督として渡欧した。これは幕府の禁令を犯したものであったが、ロンドン滞在2年の後にパリの万国博覧会を見学して帰国した。美術・歴史遺物に見識や鑑識眼をそなえていたといわれる。維新後は、参与外国事務掛から外国大丞になるが、その後大学大丞から文部省創設に伴い文部大丞となった。

(文部省)博覧会は明治5年(1872)3月10日から4月30日まで一般公開した。3月14日は行幸日となった。太政大臣三条実美・参議西郷隆盛・同大隈重信・同板垣退助・宮内卿徳大寺実則・侍従長河瀬真孝らの見学に町田久成や田中芳男が案内した。当時の関係者の記念写真は、町田や田中のほかに、小野職慤(もとよし)・久保弘道・織田信徳・伊藤圭介・谷森真男・内田政雄・服部雪斎・蜷川式胤(ながわたねのり)・広瀬真水・田中房種がおさまっている。また柏木政矩(まさのり)・辻新次・植村千之助らの名も連なっている。この時、伊藤圭介は幕末に尾張へ帰郷していたが、明治3年に新政府から大学への出仕を命じられて物産会にあわせるように上京していた。内田政雄は新政府部内の文教畑の重鎮で教育行政に明るく、開成所頭取などを歴任する。服部雪斎は蕃書調所画学局に関係して博物画を手掛ける。蜷川式胤(1838-1882)は明治2年(1869)に新政府の制度局調査掛となり兵制・民法・商法・農法・工法・刑法・税法・華族法などの各種制度について調査するが、明治5年(1872)に文部省博物局御用掛となり、町田や内田らと共に正倉院の宝物調査などにも関わり、古器旧物の保護行政に携わる。柏木政矩は古器旧物の収集家で、幕末には小普請方棟梁をつとめ、特に古銭の収集に定評があった。

出品物は、「出品目録草稿」(註13)によると、御物をはじめ水戸徳川家からの献納品・古代遺物・書画・銅製品・武器武具・調度品・日用雑器・楽器・衣服

衣装などの古器旧物類や鉱物や化石などの天産物など、およそ600点を数えた。古器旧物類の博覧会ともいえるくらいに、大半が古器旧物であった。前年の物産会に登場した器械類はほとんどみられない。あれほど多くの鉱物標本や動植物標本にしても皆無に近い。その理由は、前年に太政官から出された「古器旧物保存ノ布告」を目に見える形で普及する場にしようという町田久成の思惑があったようである。なかでも大成殿の庭でガラスケースに入れて陳列した名古屋城の金鯱は人気を集めた。

　また、古器旧物の逸品としては、福岡・志賀島から出土した「漢委奴国王」の金印が、所蔵者の黒田家から出品された。それは以前、所蔵者の福岡の黒田旧藩主が町田のもとに持参したところ、町田はそれを見て歴史資料として高い評価を下し、その保護を要請する一方、模造製作を篆刻家の益田香遠とはかり完成させ宮中に献上している(註14)ことに関連している。金印については、江戸時代に藤貞幹・青柳種信・伴信友らが「委奴」を「いと」となし怡土と同じとして『魏志』倭人伝に記載された伊都国と推定している(註15)。

　町田久成は、「昔漢帝カ入唐ノ某僧ニ贈リタル有名ノ倭土ノ金印ヲ示サレ久成大ニ驚キ之レ日本無二ノ宝物ニシテ小官ハ漢書ニ載スルヲ見テ知ル」という認識をもち、「九州第一流ノ大藩名族ノ御家ニアルハ誠ニ幸トスル所ナリ願クハ国家万世ト長ナヘニ厳重ノ御保存アラン」と保護の必要性を説いている(註16)。

　ちなみに博覧会の列品分類は、次の通りである(註17)。

　　天造物
　　　植物門
　　　　第一　博物園ニ培養スルノ品
　　　　　　食用之草木　居家必要之草木　救荒草木　薬用草木　有毒草木
　　　　　　果樹草木
　　　　　　欣賞草木
　　　　第二　博物館ニ陳列スルノ品
　　　　　　食用之品（穀類・茎類・菌類・海藻・菓実・茶類・乾菜・珈琲・辛料等）
　　　　　　薬用之品（植物ノ葉茎根皮花実ナドノ仁並漢品洋品南海及印度諸

国之品）
　　　工匠所用之品（木材類・舶来良材・竹類等）
　　　繊維ヲ用ル品（麻・亜麻・苧麻・草綿・木綿・草パンヤ等）
　　　紙料之品（黄瑞香皮・菜花・ノリノキ・トロロ等）
　　　油漆蠟ヲ製スル品（胡麻・亜麻仁・菜種・油桐・ロウノキ・漆樹等）
　　　染料之品（藍葉・茜根・紅花・紫根・山杷子等）
　　　縄席等ヲ製スル品（燈草等）
　　　日用諸品（各種ノ炭・燈心・火奴・烟草・火口）
　　　雑用諸品
動物門
　第一　博物園ニ圏養スルノ品（獣類・禽類・爬虫類・介類・虫類等）
　第二　博物館ニ陳列スルノ品（剝製全形・毛皮・骨格・歯牙・毛羽・介殻・乾虫・酒浸并各国人物之肖像・照影・骸骨等）
鉱物門
　第一　火石質類（水晶・石英・火燧石・馬脳・玉髄・舎利石・石榴石・合玉石・試金石・此外堅硬ナル石類）
　第二　粘膩土質石（雲母・長石・漆石・石脂・白堊・活石・蠟石・葡萄石・陶土・浮石等）
　第三　石灰土質類（石灰鉱・方解石・寒水石・鍾乳石・雲石・五色石英・石膏等）
　第四　塩類（石塩・硝石・青塩等）
　第五　燃質類（石炭・褐炭・硫黄・琥珀・石墨等）
　第六　酸化鉱類（磁鉄・緑青・鉛丹・石青等）
　第七　鉱類（金・銀・銅・鉄・鉛・錫・白金・水銀等）
　第八　混合鉱類（黄銅・青銅・赤銅・紫金等）
化石門
　動物之化石
　植物之化石
　動物之骨角並ニ介殻等

人造物
　一、祭器之部（神祭ニ用ル楯矛其他諸器物等）
　一、古玉宝玉之部（曲玉・管玉・水晶等）
　一、石砮雷斧之部（石砮・雷斧・天狗ノ飯匙等）
　一、古鏡古鈴之部（和漢和鏡・古鈴等）
　一、銅器之部（鼎・爵其他諸銅器類）
　一、古瓦之部（名物并名物ナラズト雖古キ品）
　一、武器之部（刀剣・弓矢・甲冑・馬具・大小砲銃・弾丸・戦鼓・盾等及古代并外国ノ武器・武器類古図等）
　一、扁額之部（神社仏閣ノ扁額并諸名家書画肖像等ノ額）
　一、楽器之部（笛・笙・太鼓・鐘鼓・和琴・箏・琵琶・猿楽田楽ノ諸器并仮面・三絃・胡弓・尺八・一節切・清朝楽器・外国楽器其他歌舞ニ属スル諸品等）
　一、鐘銘碑銘墨本之部（名物并ニ名物ナラズト雖ドモ古キ品）
　一、印章之部（古代ノ印章類）
　一、文房諸具之部（机案・硯・墨・筆・筆架・硯屏之類・各種之紙類）
　一、農具之部（鋤・鍬・鎌等諸国ノ用品并古代ノ品・外国ノ農具等及園丁所用之具）
　一、工匠器之部（鍛冶・大工・泥工・旋匠・冶匠・石工等所用ノ具等）
　一、刑罰具之部（笞・杖・鉗・械・絞柱・懸錘等）
　一、築造雛形之部（宮殿・楼閣・堂塔・寺院・城郭・橋梁等）
　一、防火諸具之部（竜吐水・梯子・ゲンバ桶・篭吊瓶・鳶口棒・高張提灯等）
　一、車輿之部（車・輿・火輪車諸器械・馬車・自転車・役車・馬具・水車・風車等多クハ模形又ハ図面ヲ以テス）
　一、船舶之部（船舶ノ模形及図并船舶中需要ノ諸具）
　一、漁猟具之部（網・竿・鈎・捕鳥具・畜鷹具其他遊猟ノ諸具）
　一、医科用器之部（内外科所用ノ器械・解剖器械・模型人身等）

一、屋内諸具之部（房室家具・屏障類・燈燭類・庖厨諸具・飲食器皿・烟具類等）
一、食物飲料之部（塩・糖・味噌・醬油・酒・焼酎等の諸品并烟草及ビ植物ヲ以テ製造スル者、鳥獣魚介乾腊塩蔵スル者・製造品等）
一、紡織具之部（機・杼・筬・紡車并裁縫諸具等）
一、紡織料之部（綿・麻・苧・蚕・山繭・羊毛等）
一、布帛之部（綿布・麻布・絹・葛布・紙布等并和漢古代ノ金襴布片類）
一、衣装装飾之部（官服・常服・山民ノ服・婦女服飾・櫛簪之類・傘笠・雨衣等）
一、皮革之部（各種ノ皮革并古革之図）
一、貨幣之部（古今金銀銅鉄等貨幣楮幣古銭・并万国古今ノ貨幣等）
一、諸金製造器之部（銅・黄銅等其他金属ヲ以テ製造セル諸器等）
一、玻璃之部（各色玻璃并製造器什）
一、陶磁器之部（古今各国陶磁器并舶来品等）
一、漆器之部（蒔絵・青具・堆朱等ノ諸器物）
一、理学化学器械之部（排気鐘等大気ノ学ニ関スル器・電気器械・伝信機・化学諸器械・寒暖計・晴雨計等）
一、鏡類之部（望遠鏡・顕微鏡・鏡・日顕微鏡・三稜玻璃并光学ノ諸器械）
一、照像之部（照像ニ属スル諸具并照像類）
一、時計之部（各自鳴鐘・沙漏等）
一、測量器械之部（測量ノ諸器・天球儀・地球儀并天象地理之図）
一、度量権衡之部（秤・天平・尺・斗・升・算盤并古代ノ用品）
一、茶器香具花器之部（風炉・涼炉・釜・茶碗等ノ茶器・香盒・香炉等ノ香具・花瓶・花台等之花器）
一、遊戯具之部（碁・将棋・雙六・蹴鞠・八道行成・投壺・楊弓・投扇・歌骨牌等）
一、雛幟等偶人并児玩之部（這子・天児・雛人形・幟人形・木偶・土偶・其他児童女児玩弄之諸品）

図1　内務省・文部省系博物館の変遷 (椎名仙卓1993『図解博物館史』雄山閣を一部改変)

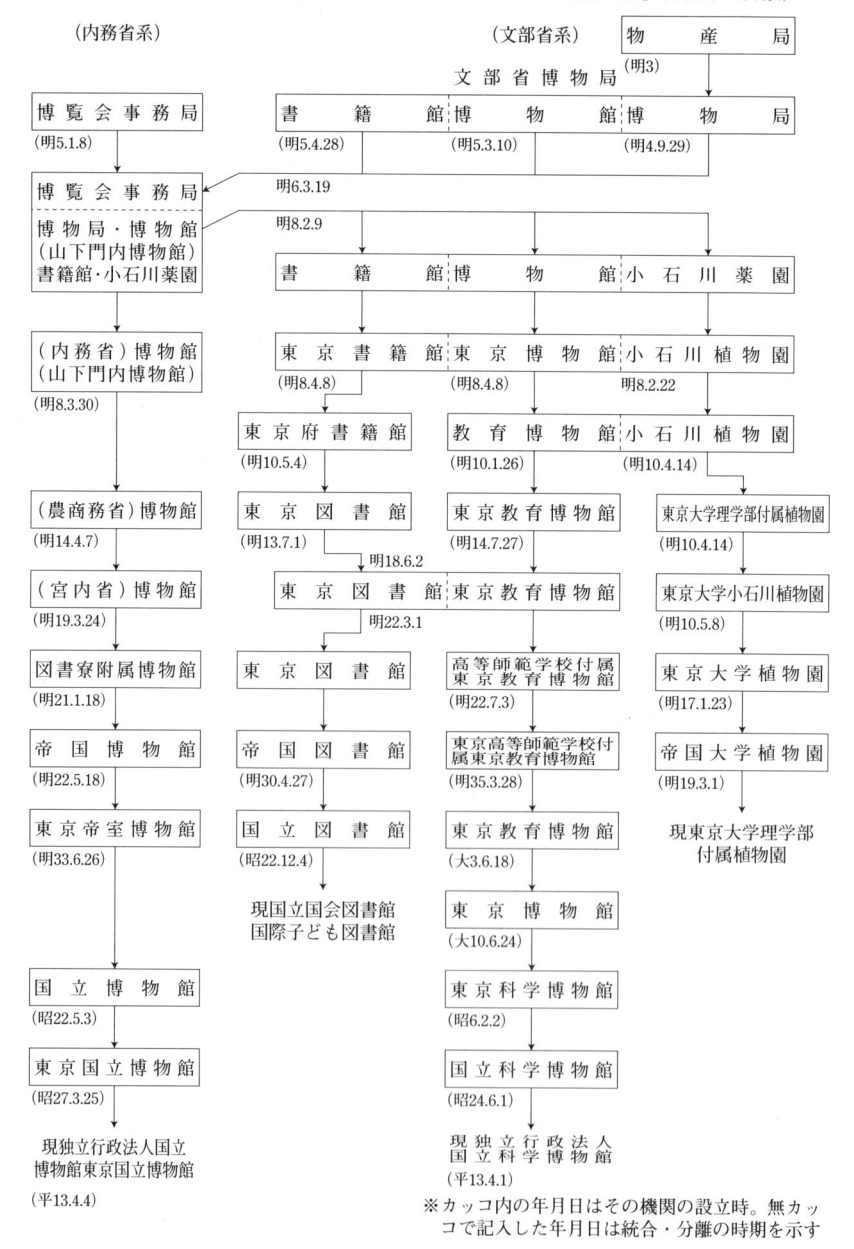

（内務省系）　　　　　　　　　（文部省系）　　　物　産　局
　　　　　　　　　　　　文部省博物局　　　　　　（明3）

博覧会事務局　　　　書　籍　館　｜　博　物　館　｜　博　物　局
（明5.1.8）　　　　　（明5.4.28）　　（明5.3.10）　　（明4.9.29）

博覧会事務局　　　　　明6.3.19
博物局・博物館　　　　明8.2.9
（山下門内博物館）
書籍館・小石川薬園　　書　籍　館　｜　博　物　館　｜　小　石　川　薬　園

（内務省）博物館　　　東京書籍館　｜　東京博物館　｜　小石川植物園
（山下門内博物館）　　（明8.4.8）　　（明8.4.8）　　（明8.2.22）
（明8.3.30）

　　　　　　　　　　東京府書籍館　　教育博物館　　小石川植物園
　　　　　　　　　　（明10.5.4）　　（明10.1.26）　（明10.4.14）

（農商務省）博物館　　東京図書館　　東京教育博物館　東京大学理学部付属植物園
（明14.4.7）　　　　　（明13.7.1）　　（明14.7.27）　　（明10.4.14）
　　　　　　　　　　　　明18.6.2
（宮内省）博物館　　　東京図書館　東京教育博物館　東京大学小石川植物園
（明19.3.24）　　　　　　明22.3.1　　　　　　　　　　（明10.5.8）

図書寮附属博物館　　　東京図書館　　高等師範学校付属　東京大学植物園
（明21.1.18）　　　　　　　　　　　　東京教育博物館　　（明17.1.23）
　　　　　　　　　　　　　　　　　　（明22.7.3）
帝国博物館　　　　　　帝国図書館　　東京高等師範学校付　帝国大学植物園
（明22.5.18）　　　　　（明30.4.27）　属東京教育博物館　　（明19.3.1）
　　　　　　　　　　　　　　　　　　（明35.3.28）
東京帝室博物館　　　　国立図書館　　東京教育博物館　　現東京大学理学部
（明33.6.26）　　　　　（昭22.12.4）　（大3.6.18）　　　付属植物園

　　　　　　　　　　　現国立国会図書館　東京博物館
　　　　　　　　　　　国際子ども図書館　（大10.6.24）

国立博物館　　　　　　　　　　　　　　東京科学博物館
（昭22.5.3）　　　　　　　　　　　　　（昭6.2.2）

東京国立博物館　　　　　　　　　　　　国立科学博物館
（昭27.3.25）　　　　　　　　　　　　（昭24.6.1）

現独立行政法人国立　　　　　　　　　現独立行政法人
博物館東京国立博物館　　　　　　　　国立科学博物館
（平13.4.4）　　　　　　　　　　　　（平13.4.1）

※カッコ内の年月日はその機関の設立時。無カッコで記入した年月日は統合・分離の時期を示す

一、北海道并伊豆諸島琉球之産物類
　一、諸雑物及未詳之品物

　この（文部省）博覧会に対する世間の反響はどうだったのだろうか。博覧会の会期は、当初3月10日から20日間を予定していたが、好評により会期を延期して4月30日に終了した。一般公開は48日間で総入場者数は192,878人と盛況であった。1日平均約4,000人。博覧会の予算は1,000両に対して、会期なかばの観覧料や目録の売り上げ代などを含めて2,000両の収入があり、博覧会を契機として、その経済効果が認識されるようになった(註18)。

　一方、民衆は戸惑いながらも好奇のまなざしをもって来場した。一曜斎国輝筆「古今珍物集覧」、河鍋暁斎筆「今昔珍物集」などのように、当時出された錦絵に描かれた出品物は珍物として扱われている。その極みが、昇斎一景筆「元昌平坂博覧会」のように、陳列された金鯱に驚き腰をぬかす人たちの場面である。あるいは「博覧会諸人群衆之図」のように、陳列ケースをのぞき込む黒山の人だかりの様子は、まさに物見遊山である。主催者は、殖産興業を意識して国民の知的レベルの向上をめざす、あるいは古器旧物の保存思想を普及するものであった。しかし、来場者のこうした反応は主催者側の意向との「行き違い」現象を垣間見ることができる。

　博覧会終了後、旧湯島聖堂の大成殿は、文部省博物局の博物館（陳列場）として、毎月1と6のつく日に一般開館した。文部省博物局の博物館は明治6年（1873）3月に書籍館とともに太政官正院に属する「墺国博覧会事務局」に併合された。なお、今日の東京国立博物館は、この明治5年の（文部省）博覧会の開催をもって創立時としている（図1）。

第2節　近代博物館の基本構想

　明治5年（1872）の（文部省）博覧会は前年の大学南校の物産会の出品物とは異なる内容になっている。それは必ずしも物産会の主意を否定するものではなく、むしろ両者を合わせて体系化をはかっていくための一つの段階でもあった。その根底には、町田久成も田中芳男も共に学問や関心の領域を異にしながらも、かつて彼らがヨーロッパで見聞した学術研究やその社会普及を目的とした博物館を設立するという共通した目標があったからである。

1.「博物学之所務」による博物館構想

博覧会が終了する4月28日に文部省内で文部卿大木喬任(たかとう)(1832-1899)の決裁を得た「博物局・博物館・博物園・書籍館建設之案」は、パリのジャルダン・デ・プランテを模範とした博物館構想の実現を目的にしたものであった。それは文部省博物局の田中芳男、内田正雄、星野寿平らがまとめたもので、町田久成・長荚(三洲)・福岡孝弟(たかちか)らの上司が目を通して押印したものである(註19)。その構想中には、かつて町田久成がイギリスに留学した際に実見した大英博物館の図書館をモデルとした書籍館を含めている。その中核をなす「博物学之所務」は次のような内容である(註20)。

　博物学之所務

　　動物植物鉱物三科之学ヲ研究シテ、其品物ヲ陳列シ人一見シテ其知識ヲ拡充スルノ益アラシメ、兼テ其書ヲ編輯又翻訳シ普ク人ニ示シ、又有志輩ヲ教導スルコトヲ努ム。外ニ人工物ノ沿革ヲ示シ、人工ノ日新、粗ヨリ精ニ入ルノ理ヲ論シ、又書籍館ヲ開キテ有志ノ者ニ珍書奇書ヲ放観セシムル等ノ務アリ。今其管スル所ノ個目ハ

　　博物館　天造物　動物植物鉱物化石等総テ天産ニ属スル諸品ヲ陳列シ、或ハ又稍人工ヲ加ヘテ各種ノ用ヲナスベキコトヲ示ス

　　　　　　人工物　新古内外ノ品物各其部門ヲ分チ之ヲ区別シテ、其沿革ト人工ノ進歩且旧器ノ迂闊ナルヲ折衷シテ簡易ノ器ヲ製作スル等ノコトヲ示ス

　　博物園　一般植物ノ分科竝各種有用ノ品ヲ植ヘ、又生活セル動物ヲ圏養シ其名実ト用トヲ知ラシム

　　　　　　又別ニ一個ノ園圃ヲ設ケ各種有益ノ植物ヲ繁殖セシメ、広ク世ニ施シテ国家経済ノ資トナシ兼テ培養法ノ試験ヲナス

　　書籍館　古今和漢洋ノ書籍ヲ各其部門ヲ分チ之ヲ陳列シ有志輩ノ来観ヲ許シ、寒生ヲシテ珍書ヲ観ルコトヲ得シム

　　博物局　博物館、博物園、書籍館等ヲ総括シテ天造物ヲ記載シ、博物学ノ書ヲ編輯翻訳シ物産ノ広用アルコトヲ一般ニ示シ、又動植ヲ剝製乾枯スル等総テ貯蔵スルノ工作ヲナシ又一般ノ会計ヲ主宰ス

第2章 「官」による博物館の形成　47

　ジャルダン・デ・プランテ（Jardin des Plantes）は、1635年にルイ13世の侍医が王室の薬草園として医学・薬学の研究とその普及の場として創設された。フランス革命後の1793年にそのなかに国立自然史博物館（Muséum National d'Histoire Naturelle）が置かれ、植物・動物・地質・鉱物・解剖・古生物・人類学などに関する展示や動物園などを併設した。

　福沢諭吉（1834-1901）は、文久2年（1862）翻訳方として遣欧使節主席竹内下野守保徳に従いパリを訪れている。慶応2年（1866）に著わした『西洋事情』は、その見聞から「博物館」については、次のように述べている(註21)。

　　博物館は世界中の物産・古物・珍物を集めて人に示し、見聞を博くするために設くるものなり。ミネラロジカル・ミュヂエムと言えるは礦品を集むる館なり。およそ世界中、金石の種類はことごとくこれを集め、おのおのその名を記して人に示す。ゾーロジカル・ミュヂエムと言えるは禽獣魚虫の種類を集むるところなり。禽獣は皮を取り、皮中に物を塡めてその形を保ち、魚虫は薬品を用いてそのまま干し固め、みな生物を見ゆるがごとし。小魚虫は火酒に浸せるものもあり。

　　また動物園、植物園なるものあり。動物園には生きながら禽獣魚虫を養えり。獅子・犀・象・虎・豹・熊・羆（ひぐま）・狐・狸・猿・兎・駝鳥（だちょう）・鷲・鷹・鴨・雁・燕・雀・大蛇・蛙蟇（がま）、すべて世界中の珍禽奇獣みなこの園内にあらざるものなし。これを養うにはおのおのその性に従いて食物を与え、寒風湿燥の備えをなす。海魚も玻璃器に入れ、ときどき新鮮の海水を与えて生きな貯えたり。植物園にも全世界の樹木草花水草の種類を植え、暖国の草木を養うには、大なる玻璃室を造り、内に鉄管を横たえ、管内に蒸気を通じて温を取る。ゆえにこの玻璃室は厳冬も常に八十度の温気ありて、熱帯諸国の草木にてもよく繁殖す。

　　メヂカル・ミュヂエムとは、もっぱら医術に属する博物館にて、人体解剖して、あるいは骸骨を集め、あるいは胎子を取り、あるいは異病にて死する者あればその病の部を切り取り、経験を遺して後日のためにす。この博物館は多く病院の内にあり。

　福沢が述べているメヂカル・ミュヂエムを除く、ミネラロジカル・ミュヂエム、ゾーロジカル・ミュヂエム、動物園、植物園は、パリのジャルダン・デ・

プランテの見聞が基になっているといわれる (註22)。

田中芳男も第二回万国博覧会の準備のためにパリを訪れた際に、やはりジャルダン・デ・プランテなどの博物館を見学して高い関心を示している。その見聞が、「博物学之所務」にも込められている。

すなわち、これは日本人による近代博物館の最初の基本構想ともいえるものであるが、その内容は人文・自然・産業を合わせた総合博物館と、動植物園や図書館を備え、それらを管理する機関として博物局を設置した。また、博物局では博物学の図書を刊行したり標本を製作する業務も含まれている (註23)。

2．町田久成による博物館構想

明治6年（1873）3月に文部省博物局は太政官正院の博覧会事務局に吸収合併された。同年6月、局長の町田久成は太政官史官に次のような建言を提出した (註24)。

> 英国"ブリチシ"博物館ハ"スロヲン"ト云人ノ集聚品及ヒ古書籍古文書等、千七百五十三年官ニ収メシヲ始祖トシテ、其後尚古家及富饒家等ヨリノ寄附献納ノ物ヲ合併シ、終ニ今日ノ盛大ヲ致スニ至レリ。此館千七百八十六年ノ火災ニ罹リシガ、"ロートハリヘクス"と云人ノ再興シテヨリ、連々又盛大ニ至リ、第二世ヂョルヂ帝ノ時、八世ヘンリ帝以来奕世集貯古書籍等不残寄附相成候テ、且往々新鐫ノ書籍ハ各一本ツツ必可収ノ旨決定アリ、方今猶厚ク政府ニテ保全シ、宇内諸洲ノ書籍禽獣金石及ヒ古器古文書等其他ノ物資金ヲ給シテ是ヲ集聚シ、或ハ有志ノ輩献納シテ其欠ヲ補フ事ニ有之、館ノ建築ハ漸次ニ補築シ、漸ク百年ノ後今日ニ至リテ全備セシトナリ。又同国"ケンシングトン"博物館ハ其年月不詳ナレトモ、遙カニ後ニ創建アリテ、専ラ今日実用ノ事ヲ旨トスルノ由。此ノ両館ノ体裁ヲ基本トシテ前途ノ目的相定申度、即別紙相添相伺候間、御評議次第御沙汰御座候様仕度候也。
>
> 　　六月五日　　　　　　　　　　　　　　　　従五位町田久成
> 　　　史官御中

これは、イギリスの大英博物館の沿革にはじまり、博物館は国内外の各種資料を収集し、それに図書館を付属させて義務献本させる制度をつくり、篤志家からの寄附をあおいでいる。それにサウス・ケンジントン博物館では、美術工

芸品や産業機器を展示して、国内産業の育成に役立つような博物館もある。町田は日本でも両館をあわせたような博物館を構想している。建設地は、博覧会事務局の内山下町では狭いことから、上野公園を適地としている。

町田は、殖産興業を標榜する政府の博覧会事務局長という立場上、殖産興業に貢献する事業を博物館構想のなかに位置づけているが、主要な関心はむしろ大英博物館の世界的規模を誇る古美術部門や図書館の充実ぶりであった。町田が渡英した1865～68年当時の大英博物館は、館長アントニオ・パニッツィによって、図書館は楽譜・地図・新聞・パンフレットなど、それまで収集の対象外であった幅広い資料を収集したり、蔵書を増やすなどの改革が進み名実共に大図書館となった頃であった(註25)。サウス・ケンジントン博物館を引き合いに出しながらも、町田の本心は大英博物館のような博物館を日本でもつくろうとしていた。

しかし、こうした近代博物館の構想は、明治政府がオーストリアのウィーン万国博覧会に参加したことによって、決定的に路線の変更を強いられることになる。それは、近代化のための殖産興業を推進することであった。

第3節　古器旧物の保護政策

明治元年（1868）3月、明治新政府は神仏分離令を布告した。これは神仏習合の寺社から神と仏を峻別して、神道を国教化することを目的としたものであった。そのため全国的に廃仏毀釈が行われ、仏教関係の古文化財が破壊されたり、あるいは西洋化の時代風潮のなかで古器旧物が散逸する事態となった。

1．「集古館建設の議」と「古器旧物保存ノ布告」

慶応元年（1865）に薩摩藩の留学生としてロンドンの大英博物館など見聞した経験をもつ町田久成は、田中芳男と共に古器旧物類が散逸する事態に危惧を抱いた。町田は大学大丞、田中は大学南校物産局掛であった。町田らは、明治4年（1871）4月25日に"大学"名で「集古館建設の議」を太政官に献言した。その内容は、欧州には古器旧物を保存する集古館があり、国家の成り立ちや、その制度文物の考証などに役立っていることなどを記したものである。日本でも早急に集古館を建てること、それが不可能であれば全国に古器旧物の保存をはかる布告を出すこと、また専任者を任命して古器物の模写や保存をはか

ることなどを提案した。
　それを受けて、太政官は直ちに同年5月23日に、「古器旧物保存ノ布告」を出した。その内容は、集古館を建設するまでには至らなかったが、次のような古器旧物を保護するための処置がなされた。その文面は次の通りである(註26)。
　　　　古器旧物之類ハ古今時勢之変遷制度風俗之沿革ヲ考証シ候為メ其裨益不少候処自然厭旧競新候流弊ヨリ追々遺質毀壊ニ及候テハ実ニ可愛惜事ニ候条各地方ニ於テ歴世蔵貯致居候古器旧物類別紙品目之通細大ヲ不論厚ク保全可致事
その品目は、祭器・古玉宝石・石弩雷斧・古鏡古鈴・銅器・古瓦・武器・古書画・古書籍幷古経文・扁額・楽器・鐘銘碑銘墨本・印章・文房諸具・農具・工匠器機・車輿・屋内諸具・布帛・衣服装飾・皮革・貨幣・諸金製造器・陶磁器・漆器・度量権衡・茶器香具花器・遊戯具・雛等偶人児玩・古仏像幷仏具・化石の31部門である。
　すなわち、太政官は、古器旧物の保存については今後別紙の品目について調査しその保護につとめていく方針を表明した。それは、「厭旧競新」の時代に失われる文化財を「古今時勢之変遷、制度風俗之沿革ヲ考証」するものというように、過去と現在のむすびつきを得るために保護することを目的とするものであった。
　これまで古器旧物は、ほとんど一括りに近い形の分類項目として扱われていたが、ここで初めて古器旧物の体系的な分類が試みられることになる。その主導者は町田久成である。ほぼ同時に行われた大学南校の物産会の目録では、古器旧物の出品物は少数で、分類も一括りとなっていた。それは古器旧物の分類をあらかじめ意図的に「古器旧物保存ノ布告」の方に回したためであろう。町田は物産会の責任者の立場でありながらも、大学南校物産会は実質的に伊藤圭介や田中芳男らの博物学者に一任したものと考えられる。
　町田は、むしろ古器旧物保護に重大な関心を払っていた。『町田久成略伝』(註27)によれば、「久成ハ書ヲ能クシ、天性画技ニ長シ、且ツ鑑識ニ富ミ篆刻ハ天才デ、造詣深ク模造模写ヲ巧ミニス」とあるように、町田は古器旧物に造詣の深かったことが理解できる。

2．宝物調査の実施

文部省は、「古器旧物保存」の太政官布告を受けて、古社寺などの古器旧物について調査や保護の措置をとるようになる。その経緯は次の通りである（註28・29）。

明治4年5月23日		太政官より地方に令して時勢風俗を徴考するため古器旧物を調査保存させる（太政官布達、官令沿革表）
同年	11月	各地方諸学校その他所蔵の書籍並古器物等を調査開申せしめ併模本を頒つ（文部省布達）
明治5年3月		官庫、社寺四民貯蔵の宝物を調査せしむ（内務省布達88号）
同年	4月9日	博覧場設立により華族の者の所有品の銘書を調査せしむ（太政官日誌・憲法類典13冊120）
同年	5月7日	東大寺宝庫をはじめ社寺宝物調査（太政官日誌）
同年	5月18日	古器物保全に付諸県へ通達し、文部省官員を各地方に派遣して古器物を調査（太政官日誌）
同年	8月	正倉院宝庫を開封す
明治6年9月18日		地方に命じて古典籍古文書の考証に資するものを検して書籍館に申告せしむ（太政官日誌）
同年	10月	官国幣社所蔵の古文書宝物什器類を申告させる（教部省布達、官令沿革表）
明治8年3月10日		東大寺正倉院其他各寺院に保存する勅封宝物を内務省所轄とし永世保護の途を講ぜしめる（内務省布達）
同年	7月14日	京都・大阪・奈良・愛知・和歌山・広島・滋賀二府五県の社寺古器類調査させる（博物館員を派遣する）
同年	12月25日	内務卿大久保利通、京都・大阪・奈良・愛知・和歌山・広島・滋賀・岐阜二府六県知事に命じて宝物保護を講せしむ（博物館記録）
明治10年8月10日		発掘埋蔵物の処分につき建議す（内務卿大久保利通）
同年	9月27日	埋蔵物発掘の節内務省へ届出検査をうけしむべく布達す（内務省布達）
明治12年5月		河礼之（図書局長）・町田久成（博物局長）・桜井能監（社寺

		局長）社寺永世の議を上申す
同年	5月19日	社寺宝物古文書等取調書式を定め開申せしむ（内務省布達）
明治14年11月		奈良十輪院の校倉を博物館にて買上る（博物館台帳記録）

　以上のように、古社寺の調査は太政官布告の直後から行われた。明治5年5月町田久成らは、文部省として壬申検査と呼ばれる古社寺調査を開始するが、「大和国東大寺倉庫始社寺宝物検査ノ儀被仰付候ニ付テハ右巡行ノ者出張先ノ心得方別紙ノ通奉伺候也」の「巡行ノ者出張心得」にある通り、太政官の裁可により古器旧物を保護するために次のような具体的な目的を定めた(註30)。

　それは、まず現物を確認して目録をつくり登録し、封印して散逸を防ぐことであった。また、宝物は現地保存を旨とするが、同品が複数ある場合には博物館でも保存・公開して普及をはかること。社寺以外の個人所有の宝物についても、もしそれを売買する場合には博物館に照会させること。また、大阪や京都にも博物館を建設し、奈良でも「古物館」を設置して古器旧物の保護をはかることなどとなっている。調査は、町田とともに内田正雄・蜷川式胤らを中心として行われたもので、蜷川は正倉院の器物の目録を『奈良の筋道』という日記に記録している。

　これが近代日本の文化財保護行政の最初の姿であった。町田久成らの後には、フェノロサや九鬼隆一らが文化財保護行政を継承していくことになるが、これは後述するようにナショナリズムの形成を関与させたものとは、歴史的な意味合いを区別しておかなければならない。

第4節　ウィーン万国博覧会への参加と博物館構想の転換

　明治6年（1873）に開かれたオーストリアのウィーン万国博覧会の参加は、それまでの近代博物館構想を転換させる重大な出来事であった。吉見俊哉が指摘するように、「ウィーン万博に関与した明治政府の要人たちのなかで、ヨーロッパの万国博が根底に潜ませている権力の技術論を最も鋭敏に見抜いていたのは、このとき出展の準備作業から報告書の作成までをとりしきった佐野常民である」(註31)といわれるように、佐野常民の見識は、その後の日本の近代博

物館構想にも多大な影響を及ぼすことになる。それは、学術や教育に配慮したそれまでの博物館構想から、近代化のために国力を増強する殖産興業の装置としたものに博物館の役割を転換させることを意味した。

1. ウィーン万国博覧会への参加

　ウィーン万国博覧会は、明治政府が初めて参加する国際的な博覧会であった。この博覧会は明治 4 年（1871）初めに政府がオーストリア公使ヘンリー・ガリッチからの参加要請を受け入れたことから、明治 5 年 1 月に太政官正院内に「墺国博覧会事務局」（以後、博覧会事務局とする）が設置されて準備が進められた。博覧会事務局は大隈重信が総裁、佐野常民が副総裁となったが、その実務的な責任者は佐野常民であった。

　佐野は佐賀藩の出身で、大坂の緒方洪庵、江戸の戸塚静海、伊東玄朴らに蘭学を学び、自らも長崎で学んだ。佐賀藩では精練方主任となり、安政 2 年（1855）に日本で初めての蒸気船や蒸気車の模型を製作して、その後蒸気船凌風丸を造る。幕府や薩摩藩が第二回パリ万国博覧会に参加した際に、佐賀藩も参加しているが、その時に佐野はパリに派遣されて博覧会を見聞している。明治政府では、明治 6 年（1873）に兵部少丞となり海軍を創設した。

　博覧会事務局が発足すると、佐野はただちに太政官正院に対して次の 5 つの目的をたてる上申書を明治 5 年 6 月に提出している。それは、博覧会参加の方針を表明するものである。その目的は次の通りである (註32)。

　　　第一目的
　　　御国天産物人造物ヲ採集選択シ其図説ヲ可要モノハ之ヲ述作シ諸列品可成丈精良ヲ尽シ国土之豊饒ト人工之巧妙ヲ以テ御国ノ誉栄ヲ海外ヘ揚候様深ク注意可致事
　　　第二目的
　　　各国之列品ト其著説トヲ詳密点見シ又其品評論説ヲ聞知シ現今西洋各国ノ風土物産ト学芸ノ精妙トヲ看取シ機械妙用ノ工術ヲモ伝習シ勉メテ御国学芸進歩物産蕃殖ノ道ヲ開候様可致事
　　　第三目的
　　　此好機会ヲ以テ御国ニ於テモ学芸進歩ノ為ニ不可欠ノ博物館ヲ創建シ又博覧会ヲ催ス基礎ヲ可整事

第四目的
　　御国産ノ名品製造方勉メテ精良ニ至リ広ク各国ノ称誉ヲ得彼日用ノ要品トナリテ従来輸出ノ数ヲ増加スル様厚ク注意可致事
　第五目的
　　各国製造産出ノ有名品及其原価売価等ヲ探捜査明シ又各国ニ於テ闕乏求需スルノ物品ヲ検知シ後来貿易ノ裨益トナル様注意可致事

　この上申書は、ほぼ原案のまま決裁を得たことにより、日本政府として博覧会に参加する目的が決定された。しかし、このことは、それまで試行錯誤しながら培ってきた田中芳男や町田久成らによる近代博物館構想を大きく路線変更させるものであった。佐野は、博物館は殖産興業に利用する社会装置という認識をもっていたし、その実現化を目指していることが、この上申書からも明らかである。翌明治6年3月に文部省博物局（博物館・書籍館）が博覧会事務局に併合された理由は不明であるが、佐野の上申書が一因であったかもしれない。次に、この上申書の意味を検討する。

　第一の目的は、日本の物産を通じて、海外に日本の資源の豊かさや技術力をアピールすることである。これについては、先のロンドンやパリ万国博覧会の出品により、ジャパネスク・ブームの基盤が出来上がっていた。大学南校のお雇い外国人で博覧会顧問のドイツ人ワグネルの指導により、出品物は京都などから精巧な工芸品が集められた。また、オーストリア公使館員アレキサンドル・ホン・シーボルトの助言に従い、大型品を出品することで、異国趣味を強調し西洋人の注目を集めるために、名古屋城の金鯱、鎌倉大仏の張子、東京・谷中天王寺五重塔の模型、大提灯などを用意した。こうした工夫は、日本文化の見世物化にほかならなかったといえる。だが、日本をアピールするためには、見世物的要素をちらつかせる方が効果的であったと判断したのだろう。

　第二の目的は、各国の出品物を見聞して、風土・物産・学芸を理解して、近代の機械技術を習得し、日本の学芸や殖産興業の進歩をはかることである。それは、先述の伊藤圭介による物産学や、田中芳男らが起案した「博物学之所務」などにみられる博物学の体系化を試みようとする学際的な知の探求を捨て去るものであった。その後の学問は南校・東校から発展改組された東京大学（1877年設立）などが中核となり、西洋の高度に細分化された諸科学分野を個別

に受容することになるが、今日に至るまで日本の学問は総合学という視座を欠き、個別・細分化されたまま進化することになった。

　第三の目的は、この博覧会を契機として、国内に博物館を設置し博覧会を開いて、国内産業を育成するものである。この博物館は「博物学之所務」にみえる、パリのジャルダン・デ・プランデを意識したものではなく、勧業を前提とした博物館のことである。上申書が提出された明治5年6月以前の同年1月、既に田中芳男は博覧会事務局御用掛を命じられて、（文部省）博物局の博覧会準備と並行して、ウィーン万博の準備にも携わっている。同年4月に博覧会が終了してからは、ウィーン万博の専任となることで、田中は殖産興業を意図した博物館づくりの構想に取り込まれる。ウィーン万博には、佐野やワグネルと共に田中も出品取調兼審査官として派遣された。その後、田中芳男が政府の殖産興業政策に組み込まれていく様子は、自身の経歴談において具体的に知ることができる(註33)。

　第四の目的は、日本製品が博覧会で名品として受賞することで、輸出産業につなげることである。国産品として有名な生糸・漆器・陶器などを出品して日本の技術力を海外に宣伝する。政府としては欧米で人気の高い美術工芸品の輸出で国益を上げる狙いがあった。実際、佐野は製茶商松尾儀助と骨董商岩井兼三郎らをウィーン万博に随行させている。帰国後、彼等に会社を組織させ、国内の工芸家を集め工芸品を製作させる一方、明治10年（1877）にはニューヨーク支店、明治11年にはパリ支店を開設して大々的に日本の美術工芸品を輸出している。それに伴い同社に委託された業者が旧家や寺社から古画・刀剣などの古器旧物を買い取り、海外に輸出することが行われ、大小の古美術品輸出を目的とする会社が続出したといわれる(註34)。

　第五の目的は、出品される各国の製品を調査したり、国ごとの製品の需給状況を見聞して、貿易戦略を練る参考にすることである。当時、日本に流入する情報は、提供者に有利となる何らかのバイアスが入ったものが多かった。博覧会に参加することで、バイアスを少なくして情報収集する最適の場にすることが目的であった。

2．町田久成による山下門内博物館の博覧会

　明治6年（1873）3月に文部省博物局は博覧会事務局に吸収合併されること

になり、文部省博物局はそれまでの旧湯島聖堂から博覧会事務局の内山下町(註35)に移転して、「山下門内博物館やましたもんない」と呼ばれることになる。博物館は旧中津藩などの建物を再利用して、陳列施設にあてられた。所管は太政官正院である。

当時の陳列館は次の通りである (註36)。

　　一ノ陳列所（古物館又は古器物列品所）　　　　　　217坪5合
　　二ノ館（動物陳列所又は天造物列品所）　　　　　　56坪
　　三ノ館（植物鉱物陳列所又は天造物列品所）　　　　36坪
　　四ノ館（農業館又は農具類陳列所又は新製諸器列品所）50坪
　　東ノ館（舶来品陳列所又は西洋品陳列場所）　　　　30坪・15坪

これをみると、太政官正院になったとはいえ、殖産興業政策はまだ露骨な形で現れてはいないようである。それは町田久成がその局長であったことからも理解できる。

ちょうど、この明治6年2月25日、佐野常民はワグネルらを伴い、ウィーン万博に参加するため日本を出発したばかりであった (註37)。町田久成は、佐野が不在中に、山下門内博物館で殖産興業の社会的装置とならない、「知の殿堂」ともいうべき近代博物館の復興を試みようとした。先述したように、同年6月に太政官史官に対する「博物館建設の建言」は、町田によるそうした意思表明だといってもよい。また、町田は矢継ぎばやに山下門内博物館において「明治6年・7年の博覧会」を立て続けに開催していく。当時、山下門内博物館は毎月1と6の付く日に開館していたが、これは「常設展示」の公開といえるものであった。それに対して博覧会は「特別展」といえる。町田は、博覧会により、古器旧物などの文化財の普及啓発を政府部内はもとより、一般民衆にも普及をはかろうとした。特に、明治7年の博覧会は町田の手腕が発揮されたものであった。

会期は、当初3月1日から50日間を予定していたが、6月10日までに延期された。会場にはウィーン万博によって交換や購入したものが陳列されたが、主な出品物は古器旧物などの歴史資料であり、関係方面から出品させた。たとえば、京都府へ依頼して、双林寺の国阿上人藤衣、妙法院の朝鮮国王李昭書簡並貢物目録、朝鮮人所用の冠・佩・装・束等、東寺の空海請来目録・羅城釘隠し

金物、仁和寺の細字華厳経八十巻などを借用している (註38)。

これらの出品物は、それまでの全国的な古器旧物調査が布石になっていた。町田は、明治4年（1871）に「集古館建設の議」以来、「古器旧物保存ノ布告」により全国の宝物調査を手掛けてきた。社会情勢が殖産興業に傾斜していくとしても、大英博物館のような古美術や歴史資料を充実させる博物館構想の実現をめざしたのであった。

町田は、その際に山下門内博物館の博覧会を第一会場として、湯島聖堂大成殿で新古書画の展覧会を企画して大成殿を第二会場として5月1日から30日間開催した。町田は書画も造詣が深く、自らの所蔵品も出品している。「聖堂書画大展観目録」によると、古書画だけでも慈照院の足利義持像・相国寺の足利義満像・護国寺の徳川綱吉筆観音像・円華寺の一遍画詞二十巻・高山寺の鳥羽僧正画巻四巻などをはじめ天皇、将軍などの肖像画・武将の書状・短冊などが記録されている (註39)。それは、それまでにない新古書画の大規模な展覧会であった。

しかし、町田による古器旧物保護の普及のためのこうした事業は、既に殖産興業に向けて進み始めていた時代のベクトルを押し戻すことはできなかった。

第5節 岩倉使節団による欧米博物館の見聞

明治政府は、明治4年（1871）11月、岩倉具視を特命全権大使、木戸孝允・大久保利通・伊藤博文らを副使とする、総勢46名からなる「岩倉使節団」を米欧12か国に派遣した。約1年10か月後の明治6年9月に帰国したが、その目的は、明治政府が方針とした開国和親のための親善訪問、それまでの不平等条約の改正、日本の近代化をはかるために文物・制度などを視察・調査をすることであった。条約改正については成功しなかったものの、各国の政治・経済・軍事・産業・教育・文化・宗教などに関する見聞は、その後の日本の近代化政策に次々と生かされることになった。

1．岩倉使節団が見聞したイギリスの博物館

『特命全権大使米欧回覧実記』は、一行の久米邦武が編修した岩倉使節団の見聞記である。ここには、使節団が現地で見聞した内容が克明に記録されているが、なかでもイギリスの見聞 (註40) は、その後の日本の近代化政策に多大な

影響を与えることになった。当時のイギリスは産業革命から100年ほど経ち、工業・貿易立国として、アフリカ・アジアに広大な植民地を領するビクトリア王朝による一大帝国であった。日本と同じ島国でありながら、なぜそれほど繁栄を誇るのかに使節団の関心は向けられた。そこでは、造船所・木綿器械所・製鉄所・紙漉器械所・絹織器械所・毛織物器械所・銀器製作所・麦酒製作所などの工場を巡り、その規模や設備・生産の様子・技術や経営者などについて記述されている。博物館の見学は、産業施設の見聞の一環という側面が強いものであった。その様子は次の通りである(註41)。

ロンドンのサウス・ケンジントン博物館（South Kensington Museum）は、一行が最初に訪れたイギリスの博物館である。ここは世界の美術品や産業機械類を展示する一方で、出品者による実演も行われる産業見本市の色彩をもっていた。一行は、ロンドン滞在中にここを再度訪れて、ことに産業機械の見学に時間をかけている。また、牛や羊の品評会場のイズリントンの農業寮、レディングの種物会社の農業博物場では、同社の改良品種による大物根菜類を見て関心を示している。あるいはロンドン東郊のロタンダ火器博物館（Artillery Museum, Rotunda）では銃、砲などの陸軍の火器を見学したり、1805年のトラファルガー海戦の旗艦であった戦艦ビクトリー号を訪れてネルソン提督の書状やそのコレクションを見て感動している。

これら使節団の公式の見学先は、イギリス政府や受け入れ先の地方自治体によって、あらかじめ用意されていた。その理由を岩本陽児は次のように指摘している(註42)。

> （イギリスにとって日本は）新政権を成立させた友好国であり、これに最先端の武威を見せつけながら、その関係を継続・強化することは、望ましく、また必要なことであった。民間の会社にとっての日本は、多年にわたる鎖国がとけ、新規開拓が期待されるアジア市場の重要な中核であるばかりか、毎年100万ポンドの国債を発行して年利8ないし9パーセントで資金を借りて、しかもその資金で鉄道、灯台や各種の産業プラントといった大口の注文をよこしてくれるまたとない顧客であった。

しかし、使節団は非公式に大英博物館（British Museum）や倫敦禽獣園（動物園）などを見学している(註43)。これらは、公式訪問先に比べれば、人文・自

然科学資料を収集・保管・教育普及する博物館本来の姿を示すものである。ことに大英博物館では、使節団の公式報告書『特命全権大使米欧回覧実記』で編者の久米邦武は次のように述べている(註44)。

> 博物館ニ観レハ、其国開化ノ順序、自ラ心目ニ感触を与フモノナリ、蓋シ国ノ興ルヤ、其理蘊ノ衷を繙クコト、俄爾トシテ然ルモノニアラス、必ス順序アリ、先知ノモノ之ヲ後知ニ伝ヘ、先覚ノモノ後覚ヲ覚シテ、漸ヲ以テ進ム、之ヲ名ツケテ進歩ト云フ、進歩トハ、旧ヲ舎テ、新シキヲ図ルノ謂ニ非ルナリ、故ニ国ノ成立スル、自ラ結習アリ、習ヒニヨリテ其美ヲ研シ出ス、知ノ開明ニ、自ラ源由アリ、由ニヨリテ其善ヲ発成ス、其順序ヲ瞭示スルハ博物館ヨリヨキハナシ、古人云、百聞ハ一見ニ如カスト、寔ニ目視ノ感ハ、耳聴ノ感ヨリ、人ニ入ルコト緊切ナルモノナリ、欧州已ニ諸種ノ史伝言行録アリテ、古来ノ結習源由ヲ教ヘ、分チ育スルニ諸科ノ学ヲ以テシ、其美ヲ研シ、善ヲ発スルノ方ヲ繁クス、猶其感発自奮ニ闕クモノアリ、因テ博物館ヲ立テ、其感触ヲ切ニシ、実益ヲ啓ク、此館ニ入リテ、古拙ノ物ヲミレハ、其時ノ苦心勉強ヲ感シ、精巧ヲ認レハ、今時ノ窳惰自棄ヲ感シ、其進歩ノ序ヲミレハ、今ヨリ後ノ勤勉セラルヘカラサルヲ感ス、感動心ニ動キ、学習ノ念沛然トシテ制スヘカラス。

ここから理解できることは、歴史系博物館に対する使節団の認識の仕方である。進歩とは、古いものを切り捨てて新しいものを求めるのではなく、古いものを生かしながら国の進歩・発展を目指すという姿勢を読み取ることができる。博物館では過去の資料を実際にみることができる。それにより知識を得たり過去に学ぶことができる。欧州には資料が豊富で各学問が成立していることから、それらを活用した諸活動ができ、それによって勤勉・感動・学習の気風が起こることが述べられている。しかしながら、田中彰は、次のように指摘する(註45)。

> 岩倉使節団は、イギリスの視察で様々なものから強烈な刺激を受けながらも、結局は自らの視座による取捨選択するしたたかな姿勢をもっていた。

使節団が最優先した国家目標はイギリスを模範とした工業立国になることであった。博物館は、久米邦武が述べるような目的を本来もつにもかかわらず、

使節団は博物館を殖産興業の装置として利用することを判断したといえる。

2．留守政府による文部省博物局と博覧会事務局の合併

　岩倉使節団の政府要人たちが不在中に、留守政府はウィーン万博の参加や、古器旧物の保存に関する政策を実施していく。その主なメンバーは、太政大臣三条実美のほか、参議として西郷隆盛・大隈重信・板垣退助・江藤新平らであった。明治4年末から6年末までの様子をみると、まず明治5年（1872）1月に「澳洲博覧会事務局」が太政官正院に設置され、大隈重信（参議）・寺島宗則（外務大輔）・井上馨（大蔵大輔）が事務取扱となり、町田久成や田中芳男（文部省）らが御用掛となり出品物を全国から集めるなどの準備をする一方、佐野常民（工部省）や渋沢栄一（大蔵省）らも御用掛となる。彼等は、全員がパリ万博に参加したり見聞した経験をもっていたことから選任された。

　明治5年10月には、大隈重信が博覧会総裁、佐野常民が副総裁となるが、実質的には佐野が職務を掌握する形で、明治6年のウィーン万博に参加している。ここで注目すべきことは、2人とも佐賀藩の出身ということである。岩倉使節団が薩長閥であることからすると、大隈は佐野を登用することで、岩倉使節団に対して、留守政府の実績をあげて、内・外政の権力基盤をつくる意味があったものと考えられる（註46）。

　一方、古器旧物保存については、明治4年5月の「古器旧物保存ノ布告」を受けて、明治5年3月の（文部省）博覧会は、ウィーン万博に参加するための出品物の収集という目的を兼ねて、国内的には古器旧物の保存思想を普及することに重点がおかれた。また、町田久成らを中心に全国的な古社寺の古器旧物調査も実施された。ところが、明治6年3月に、それまでの文部省博物局は太政官の博覧会事務局に吸収合併されて、「山下門内博物館」として合理化されてしまう。その一因には、博覧会事務局副総裁の佐野常民が大隈重信を動かし、博物館を殖産興業のための社会的装置にするという佐野の持論の実現化があったものと推察できる。この動きに対して、博物局長の町田久成といえども大久保利通のように薩摩閥の有力メンバーが外遊中ではどうにも抗することができなかったのではないだろうか。また、（文部省）博覧会をウィーン万博の参加準備に重ね合わせたことも合理化の一因になったのかもしれないが、時代のベクトルは殖産興業に向かっていた。このことは岩倉使節団の帰国後に実施

される近代化政策の中に、博物館が殖産興業の装置として組み込まれる前提となった。

第6節　博物館と殖産興業政策

　岩倉使節団が明治6年（1873）9月に帰国すると、国内は旧佐賀・土佐藩が大勢をしめる「留守政府」が主導権を握り征韓論が巻き起こっていた。しかし、「明治6年10月の政変」で、征韓派の西郷隆盛らが敗れて下野したことにより、大久保利通を頂点とする旧薩摩・長州藩出身者が中心となる新政権が発足した。大久保は同年11月にまず内務省を設置して自ら内務卿となり、大久保が政府の中心となる「大久保政権」が発足した。

　田中彰は、その最大の課題を次のように指摘する (註47)。

　　産業革命を経た資本主義の発展を背景に、近代国家として形成されまた、形成されつつあった欧米の"大国"や"小国"から、何を学び何を捨て、そこからいかにして後進国としての日本の近代国家をつくりあげていくか。

　また、その対外認識は次のようであった (註48)。

　　第一に、欧米文明に対するいわゆる文明信仰があり、第二には、アジアの"未開"、とりわけ東南アジア"野蛮"観があった。この第一と第二とは一体のものであったから、必然的に第三として、日本の文明化は"脱亜"、そして"入欧"によってなされる発想があった。

1. 博覧会事務局の"博物館"改称と内務省への移管

　明治政府が内務省を新設した要点は次の二つである。一つは、イギリスの近代工業に触発されて決心した殖産興業の育成をはかること。もう一つは、ドイツでのビスマルクの演説に刺激されて共感した「力」の政治であった。これは、内政では"上から"そして"中央"から強権をもって支配する国家統治のことである。また、外政においては弱国は強国に倒されないように、国家の主権を守るためには強国となるために「強兵」の道につながる発想でもある。よって、内務省は「日本資本主義の育成と保護、行政警察、地方行政、さらに思想・言論の統制まで広範かつ強力な権限をもち、名実ともに内政の中核的存在」(註49) となった。

大久保利通の政治基盤の特徴は、人脈と組織が一体になっていたことである。大久保利通の足場は自ら長官をつとめる内務省の組織と人脈で、大蔵卿大隈重信と工部卿伊藤博文がそれぞれ大蔵省・工部省の両翼をささえた。大隈や大木喬任は、先述したように「留守政府」の主要メンバーの一員であったが、征韓論に反対して内政優先を唱えたり、財政に通じていたことなどから、大久保らの側につき、新政府の主要閣僚となった。それに寺島宗則・山県有朋・黒田清隆らの参議らとともに「大久保内閣」の主要な閣僚を形成した。また、幕末以来の協力者の岩倉具視は右大臣として、旧公卿・旧藩領主らを組織する華族社会に君臨して押さえ役となった(註50)。

　大隈が大蔵卿、大木が司法卿となり、大久保を支える役割を担うようになったことからも分かるように、新政府はもはや旧来の藩閥に囚われることのない、国家官僚への意識変革をおこないつつ、旧藩とは相対的に独自の立場にたち、政治家でありながら官省庁実務を担当する官僚となっていった(註51)。

　大隈が「大久保内閣」の一翼を担うようになったことで、澳洲博覧会副総裁の佐野常民の官僚としての立場も確保された。佐野常民は、「大久保内閣」が近代化路線をすでにしいた明治8年1月に帰国した。佐野は、農業・道路・鉄道・造船・林業・養蚕・教育・博物館・兵制・貿易など多岐にわたる欧州の国際情勢の調査をもとに、岩倉使節団以後の最新の状況を記した報告書を作成して、太政官正院に提出した。そこには、大久保によって方向づけられた近代化政策に対する具体化な方策が述べられている。

　なかでも、博物館については、

　　博物館ノ主旨ハ眼目ノ教ニヨリテ人ノ智巧技芸ヲ開進セシムルニ在リ夫人心ノ事物ニ触レ其感動識別ヲ生ズルハ眼視ノ力ニ由ル者多ク且大ナリトス国ノ言語相異ナリ人ノ情意相通ゼザル者モ手様ヲ以テスレバ其大概ヲ解知スベク者ノ妍媸美醜ヲ別チテ愛憎好悪ノ情ヲ発スルト其形質体状ニヨリテ製式用法を了解スルト斉ク眼視ノ力ニ頼ラザルナシ古人云フアリ百聞一見ニ如カズト人智ヲ開キ工芸ヲ進マシムルノ最捷径最易方ハ此眼目ノ教ニ在ルノミ是レ即チ近時欧州各国争テ博物館ヲ建設シ宇内万邦ノ珍器要品ヲ展列シ人民ノ縦覧ニ供シテ以テ之ヲ勧導鼓舞スルノ原因タリ

としながらも、イギリスのサウス・ケンジントン博物館のような産業振興や、

それに職業訓練のための伝習所を付属させることを理想としている(註52)。

明治8年3月30日、それまでの博覧会事務局は、内務省に移管されて、(内務省)博物館となった。その背景には、ウィーン万博が終わりその役割を果たしたことや、佐野の報告にもあるように、殖産興業を実施するために博物館を充実させて、将来的に博覧会にもっていく計画が込められていたことなどによる。

2．山下門内博物館と行幸

(内部省)博物館は旧中津藩邸のあった内山下町に所在することから「山下門内博物館」とも呼ばれた。博物館では、これまでの所蔵品に加えて、ウィーン万博や外国からの寄贈による工業や工芸製品などが増加し、西洋の技術を伝習する試験場なども増設されたことから、明治8年7月4日に天皇・皇后・皇太后が行幸した。

当日は、表門で河瀬秀治(大丞)、町田久成(局長)らが迎え、町田が前駆となり、大久保利通(内務卿)が供をして、佐野常民(前副総裁)、田中芳男やワグネルらが案内役となった。行幸当日は次の順序で見学している。第一試業場(英国竜動府キャロック氏家園ノ模築園庭、澳国植物家ホイブレング氏発明樹芸法)→第四列品所(農業ノ部：澳国農具類山林諸科ノ器具食物分析ノ見本等ヲ列ス)→第五・六列品所(工業ノ部：百工ノ未製既製品ノ各種ヲ列ス、美術ノ部：図画彫鏤等ノ美術ニ関スル諸品ヲ列ス、澳国政府ノ賞ニ与リシ者ノ献品本邦出品人ノ維府博覧会ニ於テ賞牌ヲ獲タル者ヨリ献納セル物品各種ヲ列ス、学校ノ部：未タ就学セサル童子ヲ教ル物品及尋常諸学校盲人学校等ニ於テ用ウル雛形器具等ノ各種ヲ列ス)→第二試業場(蚕虫解剖法及各種蚕病雛形、生糸紡法等、織法等)→第三試業場(煉瓦製造機械等、革及家具塗法等、製紙法)などである。なお、時間が余れば、天産物や古器旧物も案内することになっていた(註53)が、行幸の見学目的は明らかに各種工業・産業製品やその技術の見聞にあった。

行幸は、前年の博覧会にも行われたことから、古器旧物類が見学対象から外されたともいえるが、実は佐野の帰国後に政府に提出した「澳洲博覧会報告書」(明治8年5月)などによって、博物館を殖産興業の装置とする動きは急速に高まっていた。

佐々木克によれば、その社会的背景を次のように説明できる。

新政府が何より意図したことは、(中略)民衆の意識からさえも遠く離れてしまった天皇を、民衆の生活感覚のなかに植えつけようということなのであった。宮廷クーデターによって王政復古が成ったとしても、民衆にとっては、それで天皇が日本国家の新しい元首であると意識することは、しょせん無理であった。民衆が自ら天皇に近づいて行くことが不可能ならば、さまざまな演出によってでも、天皇自体を民衆の側に接近させねばならなかった。

といわれるように (註54)、明治政府は天皇を様々な機会に登場させることによって、国家政策の路線を構築することに利用した。明治8年の天皇行幸は、いわば政府が博物館を殖産興業の普及装置とすることを内外に宣伝することを意図したものといえる。

3．山下門内博物館の列品分類の変遷

　明治6年3月に設立した山下門内博物館の列品分類は当初、天産と考証であり、それは天造物と人造物にそれぞれほぼ該当する。この大別は、明治5年の(文部省)博覧会の列品分類の細目が前提となっている。

明治7年5月の列品分類　ウィーン万博から各種産業技術品を持ち帰ると、天産・考証に加えて"工業"が新たな要素として加わり、次のように整理・分類された (註55)。

天産	動物類　植物類　鉱物類
考証物品	図書（文書具類）
	儀式（礼器類）
	軍防（兵器類）
	金石（金器類　宝貨類　玉石類　土器類　調度・神器類　仏具類　居処具類　度量類　楽器類　遊戯具類）
	服装（衣服類　装飾類　布帛類）
	飲食（飲食具類）
	建築（社祠類　堂塔類　城郭類　家宅類　船舶類）
	諸業具（農具類　漁猟具類　木石具類　工具類）
工業物品	鉱石類　銅鉄類　石細工類　諸木見本類　陶七宝類　硝子類　糸類織物類　毛布類　木細工類　竹細工類　塗物類　革類

膠類　油類　工具類　文房具類　写真類　絵図類　教草類（おしえぐさ）　縄編物類　小間物類　紙同細工類　鉄（てつ）木製器械雛形類　貝細工類　角細工類　動物類　画具染織類　製煉品類　植物製品類

　工業物品は、明治5年の（文部省）博覧会の列品分類では天造物や人造物の中に含まれていたものである。天造物は工業製品の原材料になるもの、人造物では当時の同時代製品であるが、産業育成の観点から抽出されて新しいカテゴリーが与えられるようになった。

明治9年11月の列品分類　さらに明治9年（1876）11月になると、再び列品分類が改定される（註56）。前年8年3月には、既に山下門内博物館は太政官の正院から内務省に移管されていた。

　その大分類をあげると、天産部・農業山林部・工芸部・芸術部・史伝部・教育部・法教部・陸海軍部からなる。このうち、天産部は天産、工芸部は工業物品、史伝部は考証物品をそれぞれ継承している。農業山林・芸術・教育・法教・陸海軍部は新たなカテゴリーとして登場した。このうち工芸部はインダストリーとしての産業の意味から工業物品になっている。それらは、明治政府が近代国家の建設をはかるうえで、民衆に普及をはかる必要な項目と見做したもので、（内務省）博物館にその役割をもたせたものである。

　それは、佐野常民やワグネルらが、ウィーン万博の見聞に基づく一連の報告書を政府に提出したことが影響を与えている。佐野は「澳国博覧会報告書」（明治8年5月）で、博物館は殖産興業をはかることを理念として説く一方、ワグネルは「東京博物館創立ノ報告」（明治8年3月）でその具体策を述べている。博物館が取り扱う資料分類は、「農業及ビ山林業ノ部」「百工、工芸学、器械学、土木等ニ使用スベキ9品ノ部」「芸術及ビ百工ニ関スル芸術ノ部」「人民教育ニ使用スル物料ノ部」「万有ノ部」「歴史伝及ビ人類学ノ部」（註57）となっている。新たなカテゴリーとなった、農業山林・芸術・教育は、ワグネルの見解の反映だといってよい。

　列品分類の大分類をみると、たとえば芸術部には、彫刻類・楽器類・刀剣類・蒔絵漆器類・非金属類・陶磁玻璃類・紙及紙細工類・織物類・図書写真類・茶器類がある。このうち彫刻類とは、「彫り刻む」という意味の根付けや

置物などの精巧な細工物のことである。芸術部とは、町田久成がいうように、美術と区別した有用芸術というべきもの(註58)で、殖産興業の見地からみると美術工芸品のようなものだろう。とはいえ、この時期にはまだ「美術」というカテゴリーは登場しない。「美術」が分類基準の一つに採用されるのは、明治22年に「美術部」として登場するが、それは宮内省に移管されてナショナリズムの形成を社会背景としてもつようになってからである。

法教部は、仏像や仏具などである。実は、「古器旧物保存ノ布告」(1871年)には、「古仏像並仏具之部」として保存対象の項目があげられているのに、翌年の(文部省)博覧会の列品項目には、それが含まれていない。この博覧会は、古器旧物保護の普及をはかる目的のもとに、廃仏毀釈の犠牲となった仏像類を保護していくことが必要であったにもかかわらず、博物館行政の枠組みによる古器旧物の保護対象から外されてしまう。ところが、内務省に博物館行政が移管されると、仏像・仏具類は「法教部」という新たなカテゴリーとして再登場する。その背景には、佐野らの「教法利害ノ沿革報告書」(註59)が影響を及ぼしていると考えられる。

それによれば、

> 今ヤ外交益々盛ンニ米ヨリ佛ヨリ英ヨリ魯ヨリ伝教ノ渡航来スル者日一日ヨリ多ク加之朝廷多事教法ノ禁稍々弛ムヲ以テス西教ノ駸々我ニ入ルヤ衆ノ親ク知ル所ナリ臣以為ク廟堂早ク之ヲ処ウルノ定策ヲ決シ予メ事変ニ備フルナクンバ他日或ハ噬臍ノ悔アラン宜ク彼教法ノ沿革ヲ審カニシ之ガ近情ヲ察シ各国之ヲ処スルノ情実方法如何ヲ講究シ以テ国家長久ノ計ヲ建ツベキナリ

ということになり、国民教化のための宗教政策を提言している。明治6年にはそれまで禁制であったキリシタンが解禁されたものの、国家の治安上から油断してはならないという。博物館においては、仏像・仏具が、国民教化のために新たな役割を担わせることになったのである。

教育部の具体的な列品は不明であるが、前年の上申書によれば、童児園・小学校・中学校・職業学校などで用いる教授具などとなっている(註60)。これについては、既に明治5年に留守政府が学制を公布して、全国民が就学することを目的とし、身分・男女の区別なく個人の立身出世のために学問を学ぶ必要性

を説いている。佐野らの「教育普施ノ方案報告書」(註61)によれば、学制が全国一律に小・中・大学校を設置することが地方の経費負担などで実情にそぐわないことなどから、「大中小ノ学校ハ必シモ一定ノ制ヲ以テ之ヲ全国ニ施行スルヲ得ベカラズ」といい、一方では童子園（保育園や幼稚園）や、温習成人学校（補習学校のようなもの）を充実することが緊急としている。童子園については、両親に教養が乏しい場合には、就学前の予備的な教育を与えることができるし、両親が共稼ぎの場合には、子供を預けることで就労に従事できるとしている。温習成人学校では、実用の学問を修めることが強調されている。また、政府は欧米文明の導入をはかりながらも、国民に対する教育は"自国を基本とする"国家主義を主張している。

陸海軍部は、甲冑類・弓銃類・旌幟（せいき）類・軍服・馬具・雑具類となっている。しかし、甲冑類を陸海軍部に入れることの意味は何であろうか。古器旧物として史伝部に含めれば、単なる歴史資料の一部でしかないが、わざわざここに位置付けたのは、近代兵器との比較という意味がある。明治7年の佐賀の乱、9年10月の秋月の乱や萩の乱などのように不平士族の反乱が起こり、翌10年には西南戦争もおこっている。それらは文字通り政府に向けられたものであった。政府としては危機的な事態であった。そのような時に、政府は博物館を巧みに利用している。すなわち甲冑は士族の象徴である。それが近代兵器や軍服などと共に陳列されることは、まさに当時の政府軍と不平士族の戦いを物語るものである。当然、近代兵器は甲冑よりも優位なものとなり、甲冑は明らかに負のイメージとして民衆に伝達されたといえる。

第7節　内国勧業博覧会の目的とその変容

岩倉使節団は、明治6年（1873）6月に開催中のウィーン万博に訪れている。使節団は、その時に各国の出品物をつぶさに見学しているが、そこから田中彰は使節団が得た知見を次のように整理している (註62)。

まず、①自由により文明が次第に発展したこと。国民の総力が結集されてつくられた出品物は感動を与えるということ。②「小国」でも自由と文明を踏まえた国の出品物は「大国」におよばぬほど優秀であるということ。③競い合う原理によって、優秀な生産物が生まれるという資本主義の原理を理解したこと

である。

この3つの見解のなかで、その後明治政府は、③を博覧会に採用していくことになる。

1．内国勧業博覧会の開催

国内での博覧会の実施を提言した佐野常民は、明治8年に政府に提出した「博物館創設ノ報告書」の中で次のような意義を主張した (註63)。

　一、坐シテ天下ノ所産ヲ一場ニ聚致スル
　二、内国ノ人民博覧会ノ挙アルヲ聞キ皆奮然興起シ名誉ヲ博シ冥利ヲ獲ントシテ其技術ヲ研精改良スル
　三、内国ノ人未ダ曾テ見知セザルノ物品ト其利用トヲ検閲会識スルヲ得
　四、内外ノ物品ヲ比較シ互ニ其損失良否ヲ察シ諸職工ヲシテ準式スル所アリテ短ヲ捨テ長ヲ取リ旧ヲ変ジテ新ニ換エ陋ヲ去リ美ニ就キ激励競進シテ止マズ其術ヲ琢磨シ其製ヲ錬熟シ以テ国家ノ利源ニ資益スル
　五、我国欠ク所ニシテ今日ノ必要ノモノ機械ノ術ヲ以テ最トス而シテ外人ノ此会ニ列品スル者必ズ器械ヲ多トスベシ是ニ由テ機械ノ術頓ニ開クノ機ヲ得
　六、外人ヲシテ我国ノ所産ヲ観テ或ハ交換シ或ハ購買シ或ハ他日ニ嘱需シ又互ニ信息ヲ将来ニ通ジ各其利便ヲ謀ル
　七、内国ノ進歩ヲナシ輸出ノ額ヲ増ス
　八、湊聚スル物品中適要ナル者ヲ撰ミ以テ博物本館及支館ノ列品ニ充ツ
　九、各国土壌ノ肥瘠物産ノ異同多寡ヲ知スベキ
　十、風俗ノ美悪ヲ察シ開化ノ優劣ヲ観スベキ

こうした見解は、政府の推進する殖産興業政策に有益だという判断から、内務卿大久保利通の主導により、明治10年8月に第一回内国勧業博覧会が開かれた (註64)。会場は、東京・上野公園内寛永寺本坊の跡のおよそ3万坪の敷地である。会場には、東本館・西本館・美術館・機械館・農業館・園芸館・動物館が建てられた。展示は6区画に分けられ、それらは「鉱業及び冶金術」「製造物」「美術」「機械」「農業」「園芸」からなり、出品者は官庁（勧商局・地理局・衛生局・文部省・博物局・開拓使・海軍省など）や、全国府県からの企業や個人などに琉球藩が加わった。

出品物は、国内産業の育成をはかるものに限定されたことから、それまでの天産物や古器旧物の類いは出品できないことになった。出品物に製造物が最も多く、次いで農業部門や機械、園芸などである。製造物の種類は多く、たとえば薬品、活版・石版に使用する色肉・研墨・彩料、石鹸、香水、陶磁器、漆器、織物、生糸、紙、銅器、植物・動物製品などが全国の手工業者から出品された。官庁からも製造物の出品がみられ、博物局は西洋織物、海軍省は軍艦雛型や船中用具、文部省は教育に関する図書・器械など、衛生局は衛生関係の統計表、勧商局は明治元年から９年までの内外輸出入表とそれに関連する貿易品見本などであった。会場には動物館も設置されて、開拓使・勧農局・青森・秋田・兵庫・神奈川・静岡・群馬・栃木などから集められた牛・馬・羊や家禽などの家畜が出品された。これは畜産上の農業部門の施設であり、動物園をイメージしたものではなかった。

　なお、主催者はあらかじめ"観覧者の心得"を次のように規定している(註65)。

　　内国勧業博覧会の本旨たる工芸の進歩を助け物産貿易の利源を開かしむるにあり徒に戯玩の場を設けて遊覧の具となすにあらざるなり。

　これは内国勧業博覧会事務局の言葉である。すなわち、博覧会を見物する民衆に対して、物見遊山で見物することを戒めている。当時の新聞の論調も同様のものであった。ここでは、あくまでも博覧会は、工芸の進歩や物産貿易による殖産興業の教育普及が強調されている。しかし、それまで博覧会というものをほとんど知らなかった民衆にとって、それは限りなく見世物の対象に近いものであった。

　博覧会は、全国からの品物を一堂に集めることにより、その優劣を比較する一種の実験場となった。まさにウィーン万博などで見聞した"競い合う原理"を導入したのである。主催者は、その比較の要点を説明している。それは、「品物の精粗をよく見極めること」「製造の巧拙を判断する、殊に海外輸出の要品である陶磁器、漆器、銅器などには着眼すること」「所用や作用の便利さをみる」「価格に留意すること」(註66)などである。この要点は、出品物の審査をする留意点と重なるが、見学者に対しても審査官と同じ視線で見学することを促しているのである。

この博覧会には、仏師の高村光雲(こううん)(1852-1934)も出品しているが、光雲は博覧会事務局からの出品要請があった当時のことについて後年、次のように語っている(註67)。

> その博覧会というものが、まだ一般その頃の社会に何のことかサッパリ様子が分らない。実にそれはおかしいほど分らんのである。今日(昭和4年当時)ではおかしい位に知れ渡っているのであるが、当時はさらに何のことか意味が分らん。

という状況であった。つまり、このことは、一般には博覧会というものが、まだ理解されていなかったことを示す。光雲はその後、東京美術学校の彫刻科の教授となり、政府の美術行政の中に組み込まれていくことになるが、本来仏師という職人であった光雲の口から出た博覧会の認識は、国家事業に対するある種の戸惑いを表している。あるいは、光雲は次のようにも語っている。

> (博覧会に)師匠は私にも出せと云うので白衣観音を一生懸命で作り、出品した。会場は上野であった。ある朝、呼出があつて出陳の品に賞がついて、賞牌の授與式があると云ふ。さあその賞と云ふのが師匠にも、自分にも判らない。ともかく、会場へ出て龍紋賞と云ふをもらつた。それがいいのか、悪いのか、又判らない。すると翌日読賣屋が仕事場の下で高々と(中略)よんでいるのでこれが一番良いのかと思った云々。

という具合であった(註68)。受賞したということは、「当時の民衆にとってまったく新しい自己認識の経験」(註69)であったものの、一方ではこれまでの仕事の体系が博覧会によって大きく転換することになった。光雲に限らず、出品した手工業者たちの製品は、市場の原理に一堂にさらされ、本人の意志とは無関係に進められ、一定の方法と尺度に基づく審査により製作者やその製品の選別化が行われると同時に、出品者の技能が相対化されていくことを意味した。それは、これまでの師匠や親方をはじめとする得意先からの評価により注文を受けるというやり方から、国家基準による評価が下されることでもあったのである。

2．博覧会の変容

内国勧業博覧会は、その後も東京で第2・3回(1881・90年)、京都で第4回(1895年)、大阪で第5回(1903年)がそれぞれ開かれて、殖産興業政策の社会的

装置として位置付けられた。回を重ねるたびに規模が大きくなり、極めつけは第五回内国勧業博覧会であった。第1回と5回を比べると、その差は歴然である。敷地・出品点数・出品人員のいずれも第1回を大きく上回っているが、なんといっても入場者数は、第1回が約45万人であったのに比べて、第5回になると約435万人と桁違いであり、明治期最大の博覧会となった（表1）。

第5回の博覧会が開かれた頃は、国内の状況は第1回の博覧会当時（1877年）に比べて大きく変化していた。それまでの殖産興業政策の実施により、資本主義体制が整備され、基幹産業の鉄鋼業は八幡製鉄所が完成していた。対外的には日清戦争後に台湾を新領土にして市場の確保を行い、日本の軍事力を内外に示すことで、近代国家の体裁を整えていた。

博覧会の目的は、特に資本主義の基盤をさらに強化し、工業を発展させ、貿易の伸長をはかることであった。まさにそれは、国家財政や貿易収支が増加し、銀行の資本総額もうなぎ昇りとなり、農・工・商業も進歩する状況のなかで、「その進歩の実績を内外興衆の間に証明するものは、実に今回の大博覧会にありと謂わざるべからず」(註70)と当時の新聞記事にもあるように、日本の資本主義体制をさらに強固にしていくための新たな覚悟が込められていた。また、海外から18か国が参加して、最新の工業製品などが出品されたことから、

> 今回の博覧会は名は内国勧業博覧会と云うといえども、その実は他年本邦において開催さるべき、万国博覧会の端緒を今日に開きたりと称するも不可なきなり

といわれる(註71)ように、明治政府が初めて国際社会を射程に入れた博覧会でもあった。

表1　内国勧業博覧会と東京勧業博覧会一覧

開催年	博覧会名	開催地	入場者数(人)	会場面積(坪)	開催期間(月)	出品者数(人)
明治10(1877)	第1回内国勧業博覧会	東京・上野	45万4千	3万	3.3	1万6千
明治14(1881)	第2回内国勧業博覧会	東京・上野	82万2千	4万3千	4.0	2万8千
明治23(1890)	第3回内国勧業博覧会	東京・上野	102万4千	4万	4.0	7万7千
明治28(1895)	第4回内国勧業博覧会	京都・岡崎	113万7千	5万1千	4.0	7万4千
明治36(1903)	第5回内国勧業博覧会	大阪・天王寺	435万1千	10万5千	5.0	11万8千
明治40(1907)	東京勧業博覧会	東京・上野	680万3千	5万2千	4.3	1万7千

（吉見俊哉1992『博覧会の政治学』を一部改変）

第5回の博覧会の盛況ぶりは、その驚異的な入場者数によって理解できる。それは、政府による殖産興業政策が浸透して民衆に普及が図られた結果だと判断しがちであるが、実は別の理由がある。まず博覧会がそれまでになく大規模であったこと、また東京や京都で実施してきたが、大阪では初めて開くことから「浪速っ子」の衝動を大いに刺激したからにほかならない。

　その後の博覧会にとって牽引力となったものが「博覧会の目玉」であった。それは主に電気製品である。魚肉類用の大型冷蔵庫には、入庫希望者が連日、長蛇の列をなしたといわれる (註72)。あるいは、夜景を彩るイルミネーションには好奇のまなざしが注がれた。それは、会場内の通路や各展示館の外枠を縁どり、高塔噴水と楊柳観音は色彩のもので飾られ、さらに大型サーチライトが場内を照らしだした。その様子について小説家菊池幽芳（1870-1947）は、

　　身はこれ蜃気楼中にあるがごとく、また光明世界の中に立つがごとく、壮絶美絶併せ収めたる場内の光景、日本にあっては実に始めて見る所の偉観に候。

と驚嘆している (註73)。まさしく見世物の要素を容認した新技術の普及を目的にしたものであった。

　そもそも当初から博覧会には見世物的な好奇のまなざしが向けられていた。しかし、主催者は博覧会が見世物となることを許さず、殖産興業のための教育の場という姿勢を崩すことはなかった。では、民衆は政府の方針に従ったかといえば、そうではなく民衆の方は依然として好奇のまなざしをもち続けていた。民衆によるこうした受容の仕方は、江戸時代以来の見世物からの連続によるものであり、容易に断ち切れるものではなかった。つまり、主催者である政府と民衆との間には、博覧会をめぐり「枠組み」の違いが継続していたのである。

　しかし、ここで「枠組み」の違いにある種の変化が現れた。その変化とは、これまで隠されてきた見世物要素の再登場であった。江戸の見世物のように驚異を売り物にするだけではなく、消費を前提とする新しい"消費文化"の誕生を予想させるものであった。冷蔵庫やイルミネーションは、単なる驚異の対象物ではなく、現実にあるものを見る者の生活に取り入れたいという欲望をもたせる、"消費文化"の象徴という役割を潜ませていたのである (註74)。

とはいえ、これまでの博覧会は出品物を商品として販売していた。第1回の博覧会から既に行われ、回を重ねるに従い商行為は活発化した。また、博覧会の終了後に売れ残った品物を売るために設置された勧工場(かんこうば)も登場した。これは常設の商品陳列所というべきもので、明治11年の東京・麹町区永楽町に第一勧工場ができたのを始め、明治40年までに銀座や芝などを中心に25か所にのぼった(註75)。

しかし、それが新しい"消費文化"として日本で誕生するためには、"娯楽"という要件が演出の役割を担うことになる(註76)。娯楽は見世物と重なる意味合いをもつ。見世物は驚異を売り物にするが、娯楽はそれを含めて、人が楽しみ癒すことまで含まれる。もっとも、娯楽的要素は第四回内国勧業博覧会が京都で行われた際のように、茶席・都踊り・能楽・花火大会などのように博覧会には付きものであった(註77)が、大阪のそれは新奇な趣向が凝らされた点で特異であった。大曲馬によるサーカス・ウォーターシュート・花火などは特に民衆に好評であった。こうして"消費文化"が誕生する以前に、ひとまず娯楽的要素が大衆的興味を引きつけていくことになる。博覧会の変容について吉見俊哉は次のように指摘している(註78)。

> (その後の)大正期における博覧会の娯楽化は、博覧会がその頃までに、以前と大きく異なる構造のなかに置かれるようになっていったことを示している。いまや博覧会は、"文明"とは何かを定義し、見物人を教化する装置ではなかった。しかしそれは、博覧会が近代化の装置としての役割を放棄したことを意味するわけではなく、そうした近代化そのものの構造的な変質を意味している。

3．国家主導による博覧会の終焉

その後、政府は明治45年(1912)4月から約半年間、日本博覧会を計画した。それは、日露戦争の戦勝を記念して、国内経済のさらなる発展をはかることを目的にしたものであった。内国勧業博覧会と万国博覧会の折衷により、博覧会長の金子堅太郎(1853-1942)は、「経済的研究」「世界的教育」「国家的祭礼」「外交的会合」などの目標を掲げた。開催地は、交通網などのインフラ整備をはかることを前提として、東京・代々木御料地(現明治神宮)と青山練兵場(現神宮外苑)に決定した。会場の設計は、代々木会場は「人工的都会趣

味」、代々木会場を「天然的田園趣味」として対比をはかることにしていたが、日露戦争後の財政難のなかで、あてにしていたロシアからの賠償金が得られずに、政府は開催予定のおよそ半年前に中止を決定した。これは、国家主導の博覧会の終焉を物語る。したがって大阪での第五回内国勧業博覧会が、殖産興業を目的とした国家主導の博覧会の最後となった。

一方、全国各地では、政府の殖産興業の装置としての博覧会に刺激を受けて、明治前半期から中小規模の博覧会が開かれてきたが、国家主導の博覧会が終焉をむかえた後も、博覧会は各地でそのまま継続して行われた。それらはもはや殖産興業の博覧会から、娯楽の要素を多分にもった"消費文化の普及装置としての博覧会"に変容していくことを意味していた。第五回内国勧業博覧会で娯楽的要素が大きくクローズアップされたのは、人を引きつけるための道具としての役割をもち、盛大さを演出するものであったからである。もはや、博覧会は殖産興業の民衆教育のための装置ではなく、娯楽を呼び水とした消費を促すための博覧会に変容したのである。

そうした現象は、東京府による明治40年の東京勧業博覧会、大正3年(1914)の東京大正博覧会などの規模の大きな博覧会で顕著となり、博覧会は一種の祝祭となっていく (註79)。ちなみに、東京勧業博覧会では空中展望車・ウォーターシュート・自動活動館・不思議館などが設けられ、夜はイルミネーションが会場を包み込む趣向がこらされた。東京大正博覧会でも、ケーブルカーやエスカレーターなどの科学技術を応用した乗物や、照明と鏡を使って水中美人や幽霊美人を見せる美人島旅行館に代表される見世物の興行施設が設けられた (註80)。

それは、「近代化そのものの構造的な変質」を意味している。やはり吉見俊哉の指摘によれば (註81)、

> 大正期以降、全国各地で開かれていく中小の博覧会の主要テーマが、明治前期までとはまったく異なるものになっていったことである。すなわち、"婦人"や"こども"あるいは"家庭"に照準をあわせた博覧会が、この頃から続々と登場しはじめるのだ。博覧会は、その娯楽化の傾向と並行して、次第に生産の場よりも、消費の場に対してモデル的な役割を果たしていくようになるのである。この動きを最も積極的に推進したのは、国

家や府県よりも、むしろ百貨店や電鉄、新聞社のような民間企業であった。

ということになる。すなわち、博覧会の仕掛人がこれまでの国家から民間に移行したのである。地方官庁や地方の博覧会協会によるものもあったが、主体は民間企業によるものとなった。菅原教造は、百貨店の三越が開催した児童博覧会に寄せた一文のなかで次のように述べている(註82)。

 (博覧会について)生産奨励と云ふ要素が少なくなるのではあるまいけれども、消費分配の要素が多くなり、娯楽遊覧と云ふ風になって、博覧会が次第次第に興業的に傾いて来つつあるのは確かな事で、かかる傾向より察すれば、博覧会は政府がするより私人経営として適当な要素を漸次に増して来て居ると云ふ事だけは確かである。

菅原は時代の変化を確実に読みとっている。民間企業が博覧会の経営法を導入することで、消費を促す装置に変換させて経済発展をめざすという、新たな地平が開けることになった。そのスローガンは、"消費文化"という魅惑的な言葉を意味していた。

第8節　古器旧物保護からナショナリズムへの変容

1．町田久成の辞任と九鬼隆一の登場

町田久成は、明治初年以来、古器旧物保護と博物館行政を手掛けてきたが、明治15年10月に(農商務省)博物館長を辞任する。町田にかわり、古器旧物保護行政の実権を掌握した人物が、文部少輔で龍池会副会頭の経歴をもつ九鬼隆一(1852-1931)であった。

九鬼も古器旧物保護行政には深い関わりをもった。明治17年に岡倉天心は九鬼隆一の知遇をえて、恩師のアーネスト・F・フェノロサ(E. F. Fenollosa)らとともに、法隆寺夢殿を開扉して秘仏救世観音を調査している。明治21年9月には九鬼隆一が委員長となり臨時全国宝物取調局が設置された。これにより宮内・文部・内務省の要職者が参画して全国社寺の宝物調査が行われ、明治30年10月までに21万5091点にのぼる古文書・絵画・彫刻・美術工芸・書蹟が調査された(註83)。そして明治30年6月5日には古社寺保存法が公布制定されたことにより、同年10月に臨時全国宝物取調局は廃止された。その辺りの経緯の概要

は次の通りである（註84・85）。

明治17年6月		岡倉天心は文部少輔九鬼隆一の知遇を蒙り、京阪地方へ古美術に関する調査のため出張（天心全集）
明治19年6月9日		発掘古器物の処分手続を博物局と書陵寮との間に協定す
同年 7月		美術品保存の件に関し、京都・大阪（当時奈良県は大阪府管下）・滋賀・和歌山の二府両県へ出張（天心全集）
明治20年10月27日		明治11年9月内務省甲第20号布達埋蔵物処分の件、自今宮内省に届出せしむ
明治21年4月13日・5月24日・6月5日・11日・15日・21日・7月12日・14日・18日・23日・30日・8月2日・6日・9日・13日・18日・29日・30日・9月4日・6日、九鬼図書頭の一行、各地府県社寺及び個人の宝物調査（官報「美術取調ニ関スル報告摘要」）
明治21年9月21日		宮内省に臨時全国宝物取調局を設置、図書頭宮中顧問官九鬼隆一を臨時全国宝物取調委員長に任ず
同年 10月19日		九鬼隆一を宝物取調のため京都・大阪二府・奈良・滋賀・和歌山三県下に差遣す
同年 10月29日		文学博士黒川真頼、東京美術学校幹事岡倉覚三・臨時全国宝物取調局書記山県篤三等博物館学芸委員となる
明治22年5月11日		遊就館取締嘱託今井長賀を臨時全国宝物取調局臨時鑑査掛に嘱託す
同年 7月23日		帝国博物館総長九鬼隆一図書頭兼任を解かれ、臨時全国宝物取調委員長を仰付けらる
同年 7月27日		正倉院宝庫を帝国奈良博物館の付属とす
明治23年7月14日		京都、奈良博物館建設落成の日には京都府及び奈良県下の社寺の宝物を移し、縦覧券料を悉く出品の評価格に応じ各社寺に分配せんとす
明治25年6月10日		正倉院御物整理ならびに明治宝庫創設の件裁可せらる、ついで明治宝物創設委員を定めらる

同年	6月23日	帝国博物館主事久保鼎、臨時全国宝物取調掛となる
明治26年	9月11日	臨時全国宝物取調委員長帝室博物館総長九鬼隆一を宝物取調のため鹿児島・熊本・福岡三県、ついで京都・大阪・奈良の二府一県に派遣す
明治29年	1月31日	高嶺秀夫帝国博物館理事、臨時全国宝物取調委員となる
明治30年	10月31日	臨時全国宝物取調局を廃止し同取調事務局を帝国博物館に引きつぐ

ところで、町田の辞任の理由については、これまで個人経営の英語塾などの負債による金銭問題などという見解がある (註86)。しかし、それよりも彼の真意はもう少し別のところにあったと考えられる。それは、殖産興業政策を邁進する政府部内において、町田が信念としていた古器旧物保護を基盤とした理想の博物館づくりに限界を感じたことではないだろうか。大久保利通が明治11年に暗殺されて、強力な後ろ盾を失ってからは、古器旧物保護はナショナリズムが加味されて、政府の国内統治策に利用されだした。町田は、個人の意志や信念を優先させるほど、政府部内の組織や論理をもって古器旧物保護が異質の方向に進むことに嫌気がさしたのではないか。博物館長を辞任してから、明治18年3月には元老院議官に任命されるが、そのままいけば帝国議会の開設に伴い貴族院の勅選議員となり、官僚として功成り名を遂げたところであった (註87) が、明治23年に浮き世を捨てて剃髪して仏門に入ったこと (註88) は、町田の心境を象徴的に表している。

なお、その後は、九鬼隆一が古器旧物保存の行政上の実権を掌握していくことになる。九鬼も町田に劣らず古器物に知見があったが、『町田久成略伝』には町田が九鬼よりも鑑識眼に優れていた逸話が述べられており興味深い (註89)。

　　井上侯爵某年肥前今里ノ陶土ヲ以テ佛国ノ陶工ニ花瓶ヲ焼カシメ之ヲ石谷ノ鑑セシメ曰ク土ハ日本土ナリ併シ焼ハ日支ニアラス愚僧ニハ分ラントウテ出ル後チ某日九鬼氏ニ鑑セシニ氏曰ク古今里ナリト侯爵嫣然シテ曰ク石谷師ノ鑑ニ土ハ日本ナルモ焼工合ハ日支ニアラス不明ナリ分ラスト云フテ去レリ茲ニ至テハ流石ニ卓越ノ鑑識家ナリ

井上侯爵とは井上馨のことであり、石谷は町田の号である。このように町田

が仏門に入った後に、井上が町田と九鬼に焼物のブラインド・テスト（blind test）を試みた結果、町田に軍配があがっている。

2．フェノロサの進言

田中琢は、明治政府は明治中期から天皇制の基盤の確立に文化財保護を活用する動きが表面化してきたことを指摘する（註90）。それは、明治19年（1886）、（農商務省）博物館の宮内省移管である。内閣制度の発足により、天皇制の基盤を確立するための一方策として、明治政府は天皇家による学芸技芸の奨励を発案し、その施設として博物館をあてることにした。あるいは皇室財産の拡大化路線も影響しているのかもしれない。明治15年右大臣岩倉具視が将来憲法と議会がつくられる際に自由民権運動などの反体制勢力が政府提出の国家予算案を否決しても官僚機構と軍隊を維持できる財力を皇室にもたせる主張をした（註91）という背景もある。九鬼隆一は、明治19年に、それまでの（農商務省）博物館を宮内省に移管し、明治22年には帝国博物館と改名するとともに、京都や奈良にも帝国博物館を建設する役割を果たした。

それに先だつ明治12年には"龍池会"が発足している。これは後に政府主催の美術団体となるが、当初は前澳洲博覧会副総裁の佐野常民らが起こした。その名は、東京・上野不忍池畔の天龍山生池院で初会合を開いたことに因んでつけられた。明治17年には、総裁有栖川宮熾仁親王をおき、佐野常民（会長）・九鬼隆一（副会長）以下、大蔵・内務官僚を主体とする262名の会員を擁する美術団体となっている。最初は殖産興業を目的にしていたが、後にナショナリズムの普及団体に変質していく（註92）。

龍池会は殖産興業のうえから、それまで輸出の目玉であった有田や伊万里などの陶磁器に代わり、日本画を輸出商品として海外に売り込もうとした。そのため、明治16年1月に龍池会の規約の一部を改正している（註93）。

　　年々欧州美術ノ中心タル仏国巴里府ニ本邦美術品ノ縦覧会ヲ開キ我カ長技ヲ公示シ広ク万国人ヲシテ益本邦美術ノ妙味深ヲ感知セシメ愛好ノ情ヲ増進シ以テ美術上ノ工芸品ヲシテ輸出ノ額ヲ増加シ彼レテ利ヲ以テ己レヲ利セントス

また、観古美術会を毎年開いて民衆に「愛古ノ情」を普及するという発想が明治初年以来、再登場した。それは古美術品の保護は民衆にナショナリズムを

形成する装置としていくことを意味した。

　その後、明治16年6月のパリでの展覧会が不評で失敗したこともあり、龍池会はナショナリズムの形成に向けて急速に動きだしていく(註94)。その背景を保坂清は次のように説明している(註95)。

　　この時代、まだ憲法もなく、教育勅語もなかったことである。押し寄せる外国文化、宗教の中で日本文化、日本精神、いうならば日本人のアイデンティティをいかに守り、育てていくかという問題のなかで、差し当たりもっとも有効かつ具体的な手段としては、伝統のある日本美術以外には、何ひとつ見当たらなかったという事実であろう。日本美術こそ、誰にでもわかる日本精神の象徴であり、日本文化の精華にほかならなかった。

　そうした動向に歩調をあわせたのがアーネスト・フェノロサ（1853-1908）であった。フェノロサは、「日本美術の恩人である」と評価される一方、彼は政府の要人たちが模索していたナショナリズムの形成に筋道をつけたといえる。その見返りは、多くのお雇い外国人が離職するなかで、自らの地位の確保を得ることであった。その端緒は、明治15年5月に龍池会の講演会に呼ばれた頃からである。そこで、フェノロサは「美術真説」を講演して、日本製洋画を非難して、日本画の世界的な優位性とその再生を主張した。また、同年の10月に行われた東京大学学位授与式におけるフェノロサの演説は当時の自由民権運動に対する学生の政治活動を戒めるものであった(註96)。

　あるいは、明治18年12月に発足した初代総理大臣伊藤博文による「美術国宝保存問題の全権を握るべき極めて大規模な国立美術館の構想」に対して、次のような草案「日本美術行政に関する提言」(註97)を用意していたことからも窺い知ることができる。それは翌年2月から3月の頃のものといわれる。

　フェノロサはそのなかで、日本美術は質が高いことから、輸出品として高い価値をもっていることを力説する。しかし、それがうまく進まない理由は、これまでの博物館の役人による美術行政が美術を圧迫するものであったからだといい、名指しはしていないが、これまでの町田久成が主導してきた古器旧物保護の行政を批判している。ただしこの時、町田は既に博物館長の職から退いている。フェノロサは続ける。日本美術が殖産興業に貢献することを旨としながら、そのために美術家を養成する学校制度を設置すること、そして公衆の教養

向上のために開く展覧会などの教育を管轄する機構が必要であること。また、これまでの博物館は収蔵庫のようなものでしかなく、学問的に調査研究したり、系統的体系的に整理するという西洋のような本格的な博物館を建設して、早急に国内の貴重な美術品を収集して保護すること。そして、文部省美術局を設置して、それらを一元的に管理することがふさわしく、(農商務省)博物館の美術資料を学校や新しい博物館のためにただちに移管することを進言している。

フェノロサのこうした論理は巧みである。表向きは、殖産興業の路線をとりながらも、美術学校や博物館を設置する必要性を説いている。これまでの殖産興業政策のもとでは、古器旧物をはじめとする美術品は「集古館建設の議」の時点に比べれば肩身の狭い立場に追いやられてきた。フェノロサが述べるように、当時の博物館行政の限界はみえていた。そこで、フェノロサは、殖産興業政策を利用しながら美術行政へのすり替えを試みている。日本美術が貿易振興にどれだけ効果があるかは未知数であったが、伊藤にとってはむしろ次の提言に気を引かれたのであった。フェノロサによる、「日本の公私の名宝を登録する企画はまだありません」に続き、「ここで特に申し上げるのは、日本の愛国的理想の強調、強化に大いに貢献することでしょう。絵画の価値は、宗教や道徳の真実性を主張する上ではかりしれません」(註98)といい、「国宝」制度がナショナリズムの養成に必要であることを進言している。

すなわち、伊藤はナショナリズムという付加価値が日本美術の振興に潜んでいることを受容したのである。ここに、町田久成らが主唱していた古器旧物保護の考え方が、「歴史事実の解明」であったとすれば、フェノロサは、それを"美術品"と読み替えて、ナショナリズムを形成する装置として利用することにより、美術学校や博物館の設置を実現化していこうとしたのである。

明治21年に(宮内省)博物館のなかに臨時全国宝物取調局が設置され、宝物鑑査は全国的な規模で開始した。鑑査した文化財は「国家ノ最大至宝」を最上位として10段階に評価した鑑査状が各々出された。田中琢は、このことを「国家による文化財の認知と差別分類の作業がはじまった」と評価している(註99)。

明治30年6月、古社寺保存法が制定された。この法律は「国宝」を初めて法的に位置付けたものである。第4条は国宝を次のように規定する。

社寺ノ建造物及ビ宝物ニシテ特ニ歴史ノ証徴又ハ美術ノ模範トナルヘキ
モノハ古社寺保存会ニ諮詢シ内務大臣ニ於テ特別保護建造物又ハ国宝ノ資
格アルモノト定ムルコトヲ得

となっている。この法律は、民族の歴史的・文化的財産の保護を目指した本格的な国家政策が明確化したものである(註100)。その前史には、先述のフェノロサによるお膳立てがあったのである。

さらに、古社寺保存法の制定2年後に内務省の訓令「学術技芸若ハ考古ノ資料トナルヘキ埋葬物取扱ニ関スル件」が出された。これは、天皇制の確立を推進することに密接な関係をもった。その内容は、考古学調査などで発掘した古墳関係資料は宮内省に提出を命じるものである。なぜならば、天皇陵といわれる古墳についてそうでないことが判明することを防止するためである。また石器時代のものは東京帝国大学に提出することを命じた。それは当時の神話による歴史教育との矛盾の発覚を予防することにあった。

段木一行は、この訓令を、当時のヨーロッパの文化財行政と比較して、「この訓令はヨーロッパにおいてもすでに破産していた専制君主時代の植民地からの略奪行為を、国内において実行しようとする時代錯誤的発想でしかなかったのである」(註101)と、政府による文化政策の稚拙な発想を指摘している。

九鬼が博物館を退任した明治33年3月のわずか3か月後の6月に、帝国博物館は東京帝室博物館に改名することで、田中琢が指摘するように、国家から天皇家の博物館へと転換する。それにともない、臨時全国宝物取調局は廃止され、全国的な宝物鑑査事業も終わり、「人民」にとって博物館は天皇家の所蔵品を拝観させてもらう場所に変容した(註102)。

3．戦利品の収蔵と公開

帝国博物館は、陸軍省から日清・日露戦争の戦利品の寄贈を受けている。帝国博物館は宮内省所管、すなわち皇室にかかわる博物館という性格のもとで、戦利品を陸軍省から受けている。日清戦争の戦利品は、九鬼隆一が帝国博物館総長として受け入れている。それにともない明治28年11月25日に九鬼から戦利品整理委員長の黒瀬義門に宛てた礼状は次の通りである(註103)。

明治二十七八年戦役戦利品金銀塊等當館ヘ御贈與相成拝候右ニ就テハ
前々ヨリ度々御依頼致置候義モ有之格別御盡力被下候事ト存候本館是レカ

為メ大ニ光彩ヲ添ヘ候義ト深ク陳謝候就テハ前々御依頼致候通帝国京都奈良両博物館ヘモ夫々御交付相成候様希望致候猶金属以外ノ戦利品ハ追テ御交付相成候義トハ存候ヘ共猶此上ナカラ御盡力相成候様希望致候

とある。すなわち、戦利品の寄贈は九鬼の方から申し出ていることが分かる。それは、「歴史ノ参考上裨益不尠モノトス」といいながらも、戦利品を博物館に所蔵することにより富国強兵やナショナリズムを目的としたものと考えられる。戦利品は、銃・弾・剣・弓などの武器、軍服などの衣類・旗・太鼓・喇叭・立札・運搬車など約200点にのぼるが、ほかに金属として金版・金塊・砂金・馬蹄銀・銀塊などもある。後に、東宮からも戦利品が帝国博物館に寄贈されている。

こうした、動向は日露戦争後も同じであった。旅順が陥落した明治38年1月1日から1ヶ月後の2月7日付けで東京帝室博物館総長股野琢から陸軍次官に対して次のような照会がなされている（註104）。

今回ノ戦局ニ関シ戦利品又ハ我カ戦役ニ関スル物品ニテ観感興起ノ資トナルヘキモノモ多々可有之右等ハ當帝室博物館ニ陳列シ普ク公衆ノ縦覧ニ供シ候得ハ啻ニ其見聞ヲ拡ムヘキノミナラス国民ノ志気振策上ニモ頗ル効益可有之義ト存候ニ付其品類中御見計幾分カ當館ヘ御譲與又ハ御附託ヲ得候ヘハ孔幸ノ次第ニ有之候

これに対して、陸軍省は、戦利品は整理中であること、また各地からも同様の依頼があるために、ただちに博物館の申し出に応じることはできないとしている。確かに、千葉県野田町（現野田市）では、同年7月15日から4週間にわたり、至徳会という地元の社会教化団体が主催して「千葉県野田町戦利品展覧会」が行われている（註105）ように、地方でも「戦利品展覧会」が行われていたことが分かる。

そこで東京帝室博物館は、同年の5月1日付けで（註106）、

今回ノ戦局ニ関シ戦利品又ハ我軍ニ於テ使用シタル戦役ニ関スル物品御譲與若クハ御附託ノ義兼テ願置候處今般特別ノ御處分ヲ以テ旅順戦闘ニ於ケル戦利機関砲外拾貳點先ニ御貸付可被下趣ヲ以テ御送付有之陳列時機ニ適スルヲ得公衆ノ観感興起ニ資スルモノ不少御配慮ノ次第深ク奉謝候

というように、博物館で戦利品を収蔵・展示公開することは、国威発揚を目的

とし、国策に合致することを含蓄する。同年5月から東京帝室博物館は、旅順・遼陽・分水嶺などで捕獲したロシア軍の機関砲・速射砲・弾薬車・魚形水雷・水雷発射管・太鼓・喇叭・軍刀・小銃・拳銃などの戦利品を特別陳列し、同年8月には陸海軍省からさらに多くの戦利品が寄贈または出品され、陳列している。明治40年には、戦利品のなかでも屋外に陳列した大形品は構内に陳列所を建設して保管・公開をした(註107)。

第9節　学校教育と博物館
1. 田中不二麿による教育博物館の再興

　明治8年（1875）4月、太政官から文部省に返還された博物館は東京博物館となった(註108)。この辺りの事情は椎名仙卓が詳述しているが、大略は明治6年3月に文部省博物局（博物館・書籍館）が太政官の博覧会事務局に吸収併合されると、文部省はすぐさま田中不二麿らが中心となり博物館がなければ学校教育に支障があることを説明するなど、太政官に対して度重なる返還の要求をおこない、ついには文部卿木戸孝允が太政大臣三条実美に上申するなど、1年8ヶ月にわたる前後7回の上申により、明治8年2月に復帰が実現した。その背景には、田中不二麿にとっては、社会全体が殖産興業に収斂化するなかで、博物館本来の教育性までもが軽視されてしまうことへの危機感があったといえる。明治5年9月に学制が発布されて、近代教育が始まったばかりだというのに、まさに出鼻を挫かれるような事態であったからである。

　田中不二麿（1845-1909）は、慶応3年参与となり、制度事務掛・弁事を経て、明治4年（1871）文部大丞となり、岩倉使節団に随行して欧米を見聞し、明治7年に文部大輔となり、文部行政の最高責任者となっていた。

　返還後の東京博物館は、まず資料収集におわれた。博覧会事務局は、資料は返還しないことを条件としていたために、資料の収集は始めから出直しであった。明治9年、田中不二麿は太政大臣三条実美に対して、湯島聖堂構内の書籍館に同居している施設では手狭なことから、新しい博物館建設の上申をしている。当初、文部省は学術博物館の建設を意図したが、田中は明治10年1月にアメリカのフィラデルフィアで開かれた独立百年記念万国博覧会から帰国すると、「教育博物館」の建設を推進するようになった。

「教育博物館」の創設には、田中と共に、学監デビッド・モルレー（David Murray）の助言に負うところが大きかったといわれる。また、田中は、その動機について、カナダのトロントの教育博物館（Educational Museum in Toronto）を見聞して次のように述べている(註109)。

> 其實際を観察せしに、秩序整備し、規模亦壮大にして、各種教育の論説、學校管理の方法、校舎の設計圖案、諸般の標本、教科書、器具、諸生徒事業成績より、幼稚園児童の遊戯品、玩具等に至るまで、苟も教育に関せる須用の事物は、細大網羅せざるは無く、一度其内に入るや、百般の研究、参考に資すべく、甲乙の良否亦指顧の間に選択するを得べし（中略）是を以て歸朝後東京博物館の規模を改め、十年一大新館を上野公園内に築造し、其竣工するや茲に移り、廣く教育上の公益を圖るを目的として、教育博物館と稱し、殊に教育者の研究に供し、また洽く公衆の縦覧に便せり。

田中は、トロントの教育博物館に感銘を受けて、日本でも教育のために「教育博物館」を創設することを決意している。

明治10年１月に東京博物館は"教育博物館"と名称を変更して、同年８月に上野（現東京芸術大学構内）に完成することになるが、それに先立ち教育資料の収集が急遽行われた。資料は、学校規則類・教科書・椅子・机・教授用の器械などの学校教育関連品と、それまで集めた博物標本からなる。本館は２階建であった。１階は学校用品、物理や化学などの実験器具、生徒の製作品などの教育用具、２階には動物・植物・地学などの博物標本を陳列した。また、書籍室を設置して図書閲覧ができるようにもした。この博物館の特徴は、ものを陳列して見せるだけでなく、館内で理化学器械を製作したり、あるいは監督して業者に製作させ、それを全国の学校に紹介し斡施していたこと、また教材の博物標本を製作して有償で各地の学校へ払い下げたことである(註110)。

それは、学制による教育方法の変革と連動している。全国で学校が発足すると、一斉授業が行なわれた。それまでの寺子屋方式では、個別に手習いを教えていたが、欧米の大衆教育の一斉教授方式を導入した明治政府は、それにあわせた教育方法を採用する必要に迫られていた。明治５年９月、アメリカからお雇い外国人のＭ・Ｍ・スコットを大学南校の教師として招いた。スコットは多くの教材・教具等を持参し教員養成にあたり、そこで教育をうけた人材が全

国各地に赴任して教育に携わっていった。机・椅子・黒板・掛図などは、新しい教育方法のもとでは必要な教育用具であった。あるいは理化学器械も、国内ではそれを製作できる業者が限られていたことから、博物館はその指導をすることで、教育機器や教材の普及をはかることになった。

明治10年8月の開業式において、文部大輔の田中不二麿は官員に対する演説で、その抱負を次のように述べている(註111)。

> 教育いっさいの品を排置し、その得失を比較し、博く世人の選用に供するは、これ教育博物館の主義なり。けだし教育多数の事業を挙げて、親しくこれを実際に施為するは、もとより政府の本意にあらず、ただし世人の模倣演繹すべき中外各標本を公示し、以て指点開引の具となし、各自の需要に随い左右に取りてその源に逢うの地をなすに過ぎざるのみ。故にその標本となすべきものは、精粗を問わず細大を論ぜず一場の下に臚列し、あまねく世人のこの館に就てその標本の良否を査覆し、これを実施に試み文運隆旺の効を呈し、いよいよ教育のその真価あるを証するに至らば、この館を称して緒会の光輝を収蔵する一大宝庫と謂うもまた可ならずや。

ここでは、博物館は学校教育の参考にすることを求めており、特段一定方向に国民を誘導するような姿勢はみられない。多くの教育関連資料を公開することにより、それぞれの教育事情にあわせて採用することで、教育の質を高めていこうとするものである。

2．手島精一の教育博物館像

明治12年9月29日、政府は学制を廃止し教育令を公布した。これは田中不二麿文部大輔を中心として行なわれた。田中は、アメリカの教育行政を視察して、学制により学校教育が民衆に経済的負担が大きく、学校教育は生活に役立たないことが多かったことから、教則の簡素化、在校時間の短縮化、町村の小学校経営の困難や父兄の負担軽減をはかるなど(註112)、学制の全国画一的な中央集権による教育機構を改めて、教育の権限を地方に委ね、地方の実情にあわせる方針をとった(註113)。しかし、それは結果として、就学率低下や校舎建設中断など学校教育の停滞を招いたことから、田中は教育の停滞の責任をとらされ、翌13年3月司法卿に配転させられた。その後、文部卿となった河野敏鎌(1844-1895)は、同年12月に教育令を改正して初等教育における学校の設置、

就学の義務化を強化し、修身を重視するなど教育に対する国家の統制を強化した。

こうして教育博物館は、田中の配転によって、強力な後ろ盾を失うことになる。明治14年7月に東京教育博物館と名称変更し、明治22年7月には湯島の聖堂構内の高等師範学校の付属施設となった。初代館長は東京開成学校教授の矢田部良吉、次いで箕作秋坪が館長となるが、明治22年に廃止されるまで実質的に博物館を経営したのは手島精一（1849-1918）である。手島は明治10年に館長補となり、明治14年に館長となった。

手島は、嘉永2年（1849）に沼津藩士田辺四友の次男として生まれ手島家の養子となる。明治3年に華頂宮随員としてアメリカに渡り、イーストン大学に留学し、岩倉使節団が渡米した際には、使節団の通訳としてアメリカ各地を視察した。明治7年に帰国すると、翌8年には東京開成学校の監事となり、翌9年には同校製作学教場事務取扱兼務となり、工業教育に関わるようになる。米国独立百年記念万国博覧会には、渡米の経験があったことから文部大輔田中不二麿に随行して、帰国後には文部一等属となり、明治10年3月に教育博物館長補となった。明治11年2月にパリ万国博覧会に文部大書記官九鬼隆一に随行したり、イギリスにおいて教育用品を購入するなどの用務を済ませて、翌12年1月に帰国した(註114)。

手島が教育博物館長補となった明治10年に、殖産興業の祭典ともいうべき初めての内国勧業博覧会が開かれた。手島は、一国の発展のためには科学教育を進歩させることが必要であるという発想(註115)のもとに、帰国後文部省に教育博物館の事業計画を提出している。

その前文において、手島は、教育博物館の基本的な方向性を次のように述べている(註116)。

> 普通教育の事業たる、我國に於て、經年、甚だ、淺きを以て、教育用具、學校器械等、多くは、外國の物品を用ひ、其價の廉ならざると、之を輸入するの勞費多きを以て、假令、完全の教育具と認むるも、我國に於て、實用することを、得ざるの憾なきこと能はず。是れ、教育上の一大病害にして、之を醫せずんば、あるべからず。今、之を醫するの術、如何んせば、可ならんか、曰く、他なし、博く、外國製教育品の中に就て、我國

に適切のものを改造し、或は、物品附解目録を編成する等、善良なる教育具の、普く實用するを、謀るに在るべし。且夫れ、教育博物館の職務たる。

つまり、外国の教育用具の中から、日本の教育実情に適合したものを選びだして改良を加えたりするなど、国内の教育具の普及をはかることをめざしている。具体的には、「物品解説目録の編成」「書籍目録の編成」「椅子・卓子の製造」「指物（実物）教授具の製作」「理化学器械の製作」「金石・植物・動物標本の製作」などからなる(註117)。手島は、工業教育を意識することにより、殖産興業の人材育成を学校で行なう前提として、教育博物館が教具の普及をはかるところに、その社会装置としての教育博物館の意義をみいだしている。

あるいは、工業教育の実現化のために、自らも教育博物館で、海外から購入したり交換した機械について、国内の機械製造業者などを集めた講義を開いている(註118)。また、明治17年からは、"学術講習会"により、動物・物理・化学・植物・光・衛生・物性・熱学などの科目について、博物館所蔵の資料を用いて実験を主体にした学習も行っている。

手島は、東京教育博物館の経営者として、工業教育をはじめとする学校教育の充実化をはかるために「教育博物館」を振興した。それは、国内全体を念頭においた活動であったことから、地方の学校教育の理化学器械や標本を提供することで、学校教育の充実化に貢献したのである。

3．東京教育博物館の廃止

明治10年の西南戦争後、自由民権運動は一般民衆の中にも基盤を拡大して、政府に抗して、自由平等・基本的人権の確立を求める国民運動となりつつあった。政府は自由民権運動を抑えるために、明治12年8月に天皇による教学聖旨の提示を実施した。それは、学制以来の教育を批判して、教育方針の転換をねらったものである。

教学聖旨は、五ヵ条の誓文の用語を使い、学制には「陋習を破り智識を世界に広むる」点で意義があったとしながら、その教育が知識才芸の「末」にはしって、人間形成にとっての「本」であるべき徳育をないがしろにしたと批判し、その徳の中心には孔子の教えに由来する仁義忠孝をすえるべきだとしている(註119)。それは、自由民権思想の考え方を小学校の段階で摘み取り、自由な

発想や批判精神を抑えてしまおうとするものであった。それ以後の学校教育は、明治13年に河野敏鎌が文部卿に就任すると、干渉主義を主唱して、学制以来あまり力を入れてこなかった修身を全教科の先頭において重視するようになる。

明治18年、太政官制度にかわって内閣制度が発足すると、森有礼（1847-1889）が初代文部大臣となる。森は、幕末に薩摩藩から町田久成に引率されてイギリスに留学して、西洋の個人主義を学んだ。しかし、新政府の閣僚となり、帝国主義の体制が強化されるにつれて、教育は富国強兵に貢献すべしという考え方に変化する。山住正己は、森有礼の文部行政の方針を次のように指摘する(註120)。

> （森有礼の考え方は）学問と教育とは別であるとの鉄則である。学問をするところとされた大学でも、学問より国策を優先させ、教育を行なう初等教育機関では、学問研究の成果を発達に即して教えるのではなく、学問の成果に反してでも富国強兵のための教育を行なわせるというのが森文政の方針であった。

東京教育博物館は、森有礼の政策的な判断により、新設する東京美術学校に用地や施設を明け渡し、規模を縮小する方向に進んだ。もっとも、その頃になると、全国各地の学校には、理化学器械や理科教材をはじめとする教育用具が次第に普及するようになり、学校教育の制度の確立化や設備も整い、教育博物館の設立当時の意義は次第にうすれていたともいわれる(註121)。しかし、手島の考え方は、教育博物館は教育用品を展示するだけの施設ではなく、学校以外でも民衆に対する一般教育に貢献するものであった(註122)。この一般教育の範疇には、手島が力点をおく工業教育が大きな比重を占めていたことは容易に理解される。

しかし、文部省の判断は、明治21年1月に「列品淘汰の訓令」を東京教育博物館に出すことにより、教育諸用具のみを残し理化学標本や博物標本などを排除せよというものであった。結局、標本の大部分は（宮内省）博物館などに移管されることになり、教育諸用具を残して明治22年7月に湯島の旧聖堂構内の高等師範学校の付属施設となった(註123)。東京教育博物館は、こうして内閣制度の発足による行政の機構改革の影響を直接受けることになった。

4．棚橋源太郎と東京高等師範学校付属東京教育博物館

それ以来、東京教育博物館は大正3年（1914）に再び文部省の所管に復帰するまでは、高等師範学校（明治35年に東京高等師範学校と改名する）の付属として学校教育に関する教育用具の陳列の場となる状態が続いた。

棚橋源太郎（1869-1961）は、明治39年（1906）東京高等師範学校付属東京教育博物館の主事を兼務することになり教育博物館に着任した。棚橋は、明治2年（1869）、岐阜県本巣郡北方村に生まれた。明治22年に岐阜華陽学校師範部を卒業後、同校付属小学校訓導となったが、昆虫学者の名和靖（なわやすし）の謦咳に接して、明治25年に高等師範学校に入学して博物科を専攻した。明治28年卒業後、兵庫県師範学校教諭となるが、翌29年には岐阜県師範学校教諭となった(註124)。明治32年には高等師範学校付属小学校訓導となり、理科教授法などの実践・研究を行い当時の理科教育に多大な貢献を果たしたことから、明治39年に35歳で東京高等師範学校教授となり、校長嘉納治五郎（1860-1938）に嘱望されて、同年に博物館の主事を兼務することになった(註125)。

棚橋が着任する以前、明治36年頃の東京高等師範学校付属東京教育博物館の事情は次の通りである。明治35年当時、収蔵・陳列品は、家庭及び幼稚園玩具・実物教授用具・数学用具・図画標本及び器具・体操遊戯及び身体検査用具・校舎建築図及び模型・内外国学校撮影類・学校用卓子椅子及び寝台・教場用具・生徒用具・賞与品及び卒業証書類・歴史用標本・地学用具・物理学器械及び製造用具・化学器械及び薬品・音楽器械・生理学器械・動物学標本及び器具・植物学標本及び器具・鉱物学標本及び器具・農学標本・手工用具及び成績品・工芸材料及び製品標本・幻燈及び映画・裁縫用具及び標本・諸学校生徒成績品・雑種標本類・図書からなり計16,016点であった。明治32年（1899）からはそれまで有料であったのを無料にして、図書の閲覧を開始したために来館者は年間1万人代から6万人代に増加していた(註126)。

棚橋は、それまで長く放置されていた教育博物館の復興をはかった。その趣旨は、博物館を社会的に認知させることにあった。博物館が社会的使命をもち社会貢献することによってその必要性を社会に主張することで、博物館の発達を目指そうとするものであった。

棚橋の教育博物館像は、教育改善のために教育者を育成することを目的とす

るものであった。そのために、(1)最新の教授用具、家庭・学校における教育上の設備を紹介し推挙する。(2)内外国の教育の過去・現在の状況を容易に知らしめる。(3)教育の理論・実際に関する知識を普及するための事業を行なう。それを具体的に表せば、教育品の収集・展示、教育図書の収集・閲覧、教育家のための講演会などの事業を実施することであった。

　また、有志たちと「教育品研究会」を設立して、事務所を同館におき、学校建築校具教具学用品等の研究を始めた。当時、日露戦争後の不況により、政府は挙国勤倹節約、なかでも外国品の輸入防止・国産奨励をすすめていた。そこで政府のこの経済政策に呼応して学用品の調査をおこない、舶来品と国産品の対照見本を作成してこれを全国の学校に配付して、学用品鑑識力の養成に資したところ、国産愛用の国策に貢献するところとなった。この運動には東京高等工業学校長となった手島精一も共鳴して賛同したといわれる (註127)。さらに、全国各地で開催される教育品展覧会などに、所蔵資料を貸し出して教育品の普及をはかった。資料の貸し出し状況は、明治43年には年間2万点を越えたといわれる (註128)。

第10節　科学教育と通俗博物館

1．棚橋源太郎の理科教育観

　棚橋源太郎の生涯は、科学思想を社会に普及することであった。昭和13年(1938)当時、東京科学博物館長の水野常吉は科学思想の内容を特徴づけるものとして、(1)新しい証明に基づき意志を変えようとする意志、(2)各種の偏見に関わらず全体としての真理を把握すること、(3)原因と結果との関係を認めようとする観念、(4)判断の基礎を事実に置く習慣、などと定義しているが、それに対する棚橋の生涯の前半は理科教授の促進、後半を「眼に訴える教育」(博物館)の実践であったと評価している (註129)。

　棚橋が科学を社会貢献のために意識するようになった原点は、昆虫学者の名和靖(1857-1926)との出会いに遡る。名和は棚橋と同じ岐阜県本巣郡の出身であり、岐阜県尋常師範学校教諭を経て、明治29年に独力で名和昆虫研究所を設立した昆虫学者である。名和の昆虫研究の方向性は、農作物の害虫駆除予防の研究であり、その研究成果は当時の農作物の収穫高に貢献した。棚橋は名和か

ら研究上の手解きを受けたり、名和と活動を共にするうちに、学問の社会貢献を次第に意識するようになったものと思われる。

その後、東京高等師範学校付属小学校訓導として理科教授の実践・研究や東京教育博物館主事などを歴任した。明治42年10月から２年間のドイツ・アメリカ留学を経て、帰国後には東京教育博物館長として社会教育の発想による博物館活動などを通じて、棚橋は科学思想を社会に普及することにつとめた。

ところで、棚橋は明治32年東京高等師範学校付属小学校の訓導となり、主として理科方面諸教科教授法の研究にあたり、樋口勘次郎（1871-1917）と共同の編纂による『小学理科教科書』（1900年）や『理科教授法』（1901年）などを出版した。後者は理科教授に関する海外の研究状況を検討して日本の実際に応用したもので、この種の著書としては当時の日本で最初のものであった。また、棚橋の理科教育観を理解する上で適当なものは、明治35年夏に文部省が主催した「理科教授法講習会」で、全国の視学や師範学校付属小学校の主事などを対象にした講演で、翌36年に出版した『理科教授法講義』(註130)である。

そのなかで棚橋は、理科教育の歴史を次のように整理している。

第１期（明治５～13年）：アメリカなどの海外の翻訳書を読んで知識を伝えるだけのもので教師には理科の知識はなかった。第２期（明治14～23年）：アメリカから導入したペスタロッチ主義が流行したために、子どもの自主性による観察力や直観を重んじ実物標本を教材に用いるようになったが、教師の理科の素養が浅いために方法論のみが先行した。若林虎三郎・白井毅編纂『改正教授術』（1883年）が師範学校の教科書となり小学校教員の教授指針となったが、実物や実験による適切な教授的効果をあげることができなかった。第３期（明治23～33年）：教育内容は、それまでのアメリカ・イギリスの影響から一転してドイツの影響を受けるようになったが、理科を総合的な観点からまとめたものはなかった。第４期（明治34年以降）：すなわち棚橋が活動した時期である。第３期が博物教授の方面で一般に系統的自然分類的教授が全盛を極めていたのに比べて、この時期は生態学的考察を重んじたもので、博物学の各分野を単につなぐだけでなく、有機的に連絡・統合し「理科」としての完全な形を備えたものが完成した(註131)。

棚橋によれば、実際の学校の理科教育は遅れているとしたうえで、その理由

として、教師の知識不足もあるが、それにも増して理科教授の本質や、その教育的価値や方法が十分に理解されていないことをあげている(註132)。すなわち、理科教育は知的方面からは社会の進歩や生活の困難さを克服したり、安全幸福な生活のためにいっそうの知識や技術が必要である。また、感情的方面では自然を一大美術館にたとえて楽しみ、高尚な趣味をもつことも必要であるという(註133)。つまり、「理科教授の目的は被教育者をして自然に関する知識と此れに伴う愛とを養はしめ以て実際の生活に適し人品を高尚ならしむるにあり」(註134)ということである。

2．直観教授と郷土科の提唱

郷土科は、当時の理科教育と切り離せない課題として浮かび上がってくる。それは、明治33年の小学校令の大幅改定にともなう「小学校令施行規則」において、直観教授としての実科（理科・歴史・地理）が教科からはずされたことに起因する。小学校令施行規則は、義務教育を4年と定め、小学校の教育内容をはじめ教科・編成・設備・教員資格などについて、国家が統轄するものであった。

直観教授とは、明治13年頃にアメリカから導入したペスタロッチの影響(註135)からはじまった。主に地理・歴史・理科などに採用され、「生徒をして先ず耳目に達する諸事物を正確に視察せしむ」(註136)といわれるように、それまでの書物を読み教える教育法から実物を観察することに力点をおき、生徒の自発的な能力を養成しようとするものであった。

明治24年の小学校教則大綱には、直観教授の思想が明確に反映し、また「郷土」という言葉も教則中に最初に登場した。それは、歴史・地理・理科などは、郷土にある直観材料から教授を始めることを意図したものであった。しかし実際には教員の誤解や力量不足(註137)、明治33年の小学校令の改正などにより、郷土的事物による直観教授の思想は地理・歴史・理科の郷土教授（実科）の廃止により消滅した。

これに対して、当時棚橋は次のように反発している(註138)。

> 小学校現在の教育に対し、吾は尚種々の点に於て満足ができないのである。が、就中その教授が余りに実世間から遠ざかり、活社会から離れて居つて実際的でない。適切を欠いて居ることは、其重なる一である。思ふ

に、これは従来の心理派教育学者の、心意諸方面の調和的発達、個人としての道徳円満な品性の陶冶といふ様な主張が、一時我が教育社会を風靡して、極端まで実行せられた結果ではあるまいか。彼の一旦普ねく我が小学校に採用せられた手工科家事科の如きも、擯斥して殆ど顧みざるに至り、又理科の如きすら、如何して之の道徳的品性陶冶の上に資せしむべきかという様な点ばかりが考えられるように至つた。そして一方では其反対に、国語科修身科歴史科という様な教科が甚だしく重んぜられて、歴史教授の如きも、之に依て現在の開化を理解させ、社会に処して十分な活動をするに必要な性格を養ふという様な方面は一向に顧られないで、却て之を道徳教育の上に利用するとばかりに力められて居たのである。

棚橋は、当時の教育が訓育教育に偏向していることを批判し、教科指導本来の目的がゆがめられていることを指摘している。それは明治22年2月の大日本帝国憲法の発布をうける形で徳育教育が強化されたことによる (註139)。

棚橋はさらに続けて、歴史教授は多くの教師が愛国心の養成を目的としているが、その本来は社会全般を知るために有用なもので、各自が国家との関係や責任を理解することが大切であるという。地理教授は、地名などの暗記ではなく、「現社会の制度文物を理解させ、一公民として世に処するに必要な知識を与えることである」といい、地理の独自性は内外国の経済・商工事情の知識を国家の一員として必要な知識とする。理科教授は、自然物の性状や自然を支配する法則の知識よりも、むしろ応用的な知識や技術を理解すること。たとえば、馬鈴薯(ばれいしょ)の学習では、花や葉の構造がナス科に属するという知識よりも、その栽培法や、地下茎が食用になること、澱粉からアルコールをとる知識の方が有用である。よって、書物だけでなく実際に飼育・栽培する。教室の内外で観察・実験し、次の段階は鉱業・農業・水産・林業・鉱業や家事などの社会的な場面でそれが応用されていることを紹介して、社会とのつながりをもたせることが大切であるとしている (註140)。

よって、棚橋は、東京高等師範学校付属小学校において実科の必要性を主張して、そこでの実践を通じて、独自に「郷土科」を提唱するようになる。それ以前に同校では、ペスタロッチの直観教授のうえに、ドイツの教育界から導入したハイマート・クンデの影響もあり、明治20年代末より低学年に地理科をお

き、第3学年より郷土的事物に即する地理・歴史の初歩教授を実施していた。明治34年には新しく「郷土科」を特設した。当時の東京高等師範学校付属小学校では、実際の研究成果に基づき、直観教育や郷土科授業の実践を行っていたが、棚橋が所属する付属小学校の第一部では、文部省の教則に囚われず比較的自由な教育実践ができたからである。

　そこで棚橋は、『理科教授法』(1901年)で郷土科(Heimatkunde)を新設する理由について、次のように述べている (註141)。①全国の小学校では初年級から地理・歴史・理科を教えず、国語科の読本で触れる程度なので、一般に誤解が多い、よって国語科から独立して、地理・理科・歴史を実物・実地の観察をする。そのために郷土の土地、気象、動・植・鉱物、生業、物産、建築物、史談などを対象として、児童に基本的観念を得させる。②国家発展のために生産・貿易などの知識が必要であるにもかかわらず、それが不十分な状態を改善する。

　棚橋は、郷土科の新設により、児童は身辺の自然や人事上のことを考察・理解し、地理・歴史・理科に関する基本的観念を得ることになり、またそうした理解から愛郷心を養い、同時に談話や観察の修練をすると述べている (註142)。さらに棚橋は、『尋常小学に於ける實科教授法』(1903年)において郷土科教授を体系化するが、郷土科は「地理歴史理科等実科諸分科に対する共通的基礎教授」というように、地理・歴史・理科の各々を学習するうえでの基礎的な「総合学」だとも位置づけている (註143)。

　このようにみると、棚橋の郷土科教授の目的は、次のようにまとめることができる。まず、児童に科学思想を普及することである。先述したように、水野常吉が整理した科学思想を養う手段を郷土科教授に込めていたともいえる。次は、国家に役立つ国民を育成することである。生産力や貿易額などの経済力が欧米におよばない当時の状況において、郷土科を地理・歴史・理科などの実科の基礎と位置づけて、実科は産業の知的基盤づくりに不可欠になるということである。また、そのような学習を前提にして愛郷心や愛国心を養成することである。

　棚橋のこのような考え方は、それ以前の訓育教育などにみられるような、国家権力が民衆に愛郷心や愛国心を妄信的に強要するものではなく、ひとりの人

間として知的教養を備えたうえで、国民としての自覚を自発的にもつことを意味している。

　とはいえ、「吾人が愛郷土心の養成を以て、郷土科教授の一目的たらしめんと欲する所以は、もと郷土に対する愛は、道徳的意識の一要素にして、之れを拡張するときは、則ち本国の愛たらしむことを得べく」(註144)というように、その発想には道徳的要素が介在していることも留意する。なお、この点については、棚橋は愛国心をもたせることで、産業振興によって国力を増し国民が豊かになる構図を描いたもので社会批判の視点を欠いていたという指摘もある (註145)。

　郷土科の主張は、棚橋以外にも明治30年代から40年代にみられた (註146) が、大正期になると、牧口常三郎が著した『教授の統合中心としての郷土科研究』(1912年)により、それまでの直観教授を前提にした郷土科教授が大きく転換して、愛郷心の養成という側面が前面に押し出されるようになる (註147)。牧口常三郎の結論は次の通りである (註148)。

　　（郷土科は）基礎観念を与えるのみならず、普通の学科に於て習ふた結果を郷土の日常生活に応用して自分等の将来の生計を授け、又は郷土に於ける不充分な点を改良せんとする見識と趣味とを養成するに資する処が多かろうと信じます。果たして然らば近来各町村に普く研究されて居ります町村調査上にも小供相当の考へを以て為す事が出来、成長の後町村に於ける一公民となつて、公共の為めに尽す場合にも、如何にして自己の町村を改良進歩せしむるかと云ふ様な問題に対しても相当の見識を有せしむる事となるだらうと信じます。元来立憲国の国民たる者は今や如何なる階級の人でも国家の運命を自覚し、夫れに対して自己の生活を調和せしめ国家と運命を共にしていかなければなりません。修身も地理も歴史も将た国語も是の意味から云へば、皆立憲国民の素養を付けるためだと云つて差支ないのであります。吾々は国家に尽くす前に先づ直接に利害関係を持ち直接に其の恩恵を受けて居る町村に対して何にかの貢献をしなければならぬ。夫れでありますから児童にも学校教育の結果は第一に町村に対して恰も自己の一身自己の一家庭に於けるが如く自分の事として研究し、是に貢献すると云ふ趣味と見識を持たせる事を勉めなければなりません。是れに対して

郷土科は実に立憲的国民の生きたる教科であらねばなりません。

これは、直観教授による郷土科を各教科の総合学と位置づけながらも、その目的は、ここに述べているように立憲国家の国民として国家に貢献する人材育成である。郷土に相当する町村のことを学び、不充分な点を改良するなどの貢献をはたし、その上で国家に尽くすことを強調している。

また、大正時代初期から登場した「教育郷土化」の思想は、都市の一極集中を避けて、農村の衰退を救済しようというものであるが、その精神的基盤は愛郷心の養成を目的にするものであった。これは、それまでのペスタロッチの直観教育のうえに、ドイツのハイマート・クンデの影響を強く受けて、「教育を郷土に立脚せしめ、児童に郷土観念を付与し郷土愛を覚醒せしむべきこと」(註149)を主張している。そのための具体的な手法が修身・国語・算術・理科・地理・歴史・体操・唱歌・手工・農業・商業・工業などの教授であった。よって郷土訓話・郊外教授・学芸会の実施や、郷土室も設置された(註150)。

すなわち、直観教育により感動や知的教養を生徒が自発的に身につけることで郷土に親しむというこれまでの棚橋などの考え方から、大正初期から愛国心や愛郷心を養い郷土を発展的に改良する人材を養成するための教育へというように、ここで郷土愛（愛郷心）の意味が変質化すると同時に、目的と手段が入れ替わっていく。博物館史上からいえば、それ以後、学校の郷土室や郷土館などが各地に設置されるようになるが、それは後者の意味あいを含んだものとなっていく。

3．通俗博物館と科学思想の普及

日露戦争（1904-1905）後、日露講和条約に不満をもった民衆は日比谷焼討事件などを引き起こして世情は混乱するが、政府がなによりも危惧したことは社会主義などの反体制的な思想や活動の普及であった。明治39年に文部省は学生思想・風紀の振粛の訓令を出した。それは、教員生徒が建国の精神を忘れ、社会の秩序を乱すような危険思想が教育界にひろがることに懸念を表明したものである。政府は学校教育ばかりでなく、全国民を射程にいれることで、政権基盤の安定化をはかろうとした。こうして明治41年天皇の詔書として戊申詔書(ぼしんしょうしょ)が発布された。これは国民に道徳を教化し、上下一致、勤倹力行して国富増強することを強調したものである。政府は明治維新直後に大教宣布(たいきょうせんぷ)の詔(みことのり)

(1870年)を発布しているが、国民教化のために学校外の教育に強い関心をもって取り組み始めるのは日露戦争後からである(註151)。

文部省では、明治44年5月、普通学務局に通俗教育調査委員会を設置して、図書、幻灯・活動写真、講演会などにより、「思想悪化」傾向に対処する「思想善導」活動を開始した(註152)とはいえ、通俗教育調査委員会の事業方針の基本路線は、復古的な徳育主義をもちながらも、部分的には欧米の学術文化を踏まえた知識啓発の面を併せもつものであった(註153)。

この動向は博物館にも影響を及ぼした。文部省は校具や教具の研究改良を使命とする「教育博物館」よりも、通俗教育普及のための博物館に関心を示すようになった。文部省は、大正元年8月、通俗教育調査委員の決議により、東京高等師範学校長に対して同校の附属東京教育博物館内に、そのための施設を設置することを要請している(註154)。そこで、帰国したばかりの棚橋源太郎が準備に携わり、大正元年11月、東京高等師範学校付属東京教育博物館に「通俗教育館」が開館した。

通俗教育調査委員会のなかでは、博物館の通俗教育の事業を具体的に検討することはなかった。棚橋は、博物館の通俗教育を思想善導や道徳教育というものよりも、知識啓発の面から科学思想の普及を目的とした。また、同時に博物館が社会教育のうえで必要であることを当局に認めさせ、1日も早く東京高等師範学校の附属を離れて文部省の所管に移し、将来拡張の基礎を築くことを目的にしたといわれる(註155)。

通俗教育館は、自然科学やその応用に関する器械・標本・模型・絵画・写真などを陳列したり、通俗図書の公開を事業とした。陳列区分は、「天産」「重要商品製造順序標品」「理学器械及び器械模型」「天文地理」「衛生」からなる。天産は、動物の飼育・生態展示・分類展示。重要商品製造順序標品は、ガラス・セルロイド・セメントなどの工業製品について原料から製品に至るまでの工程標本や解説をする。理学器械及び器械模型は、電気・音響・光学などの器械や旋盤やミシンなどについても観覧者が自ら操作できる体験型展示をする。天文地理は、地理に関する模型や天文学の器械や写真類、それに幻灯を併用して展示する。衛生は、保健衛生知識の普及をはかるために、人体模型、主な食料品の成分分析標本、有用動植物の標本、飲料水の供給法などを展示する(註

156)。通俗教育館は、日常生活における理科の知識の普及をはかろうとするものであった。

　棚橋の視点は、展示品の解説文や用語にまで、次のように細心の注意をはらった。その一例を示す(註157)。

　　此水族器にゐる動物(ドウブツ)は
　　黒(クロ)い甲(カウ)　　　　　　　　ゲンゴラウ
　　体(カラダ)の大(オホ)きくて扁(ヒラ)平(ラ)たい　　タガメ（又はカツパムシ）
　　カマキリのやうな　　　　　ミヅカマキリ
　　水(スイ)面(メン)を舞(マ)ふ　　　　　　ミズスマシ
である。何(ド)れも淡(マミ)水(ヅ)にゐて小さな動(ドウブツ)物を食(タ)べる。精(クワ)しいことは裏(ウラ)の圖書(トショ)室で昆(シツ)虫(コンチウ)生(セイ)体(タイ)学(ガク)を御(ゴ)覧(ラン)なさい

　理科の教員であった棚橋ならではの解説文だといえる。展示品を見て好奇心をもった者は、別棟の図書室で調べることができるし、また講演会を開催する三位一体の事業であった。今日では普通の教育普及の方式であるが、当時としては画期的なことであった。

　大正3年6月に教育博物館は、東京高等師範学校から独立して文部省の普通学務局に所管替えとなることで、東京教育博物館と改称した。棚橋は東京高等師範学校教授のまま館長事務取扱となった。この時点で、棚橋が当初意図した文部省への移管は実現した。次は博物館の基盤を強固にしていくために、社会的な認知を当局から得ることにあった。

　大正6年11月に東京教育博物館は、東京大正博覧会などの陳列品のなかから自然科学教育の資料の寄贈をうけた。博物館本館の展示資料の分類は、それまでの学校教育品が姿を消し、新たに産業部門が加わり次のように整理された。①砿礦物・岩石・地質・鉱業・古生物、②人類学及び土俗学、③動物及び植物、④物理・数学・天文・気象、⑤化学及び化学工業、⑥土木建築・運輸交通、⑦農芸・林業・水産業、⑧製作工業・機械工業及び機械、⑨衛生である。東京教育博物館は、この頃から科学知識の普及と啓蒙を目的とする科学博物館へ実質的に移行しはじめた(註158)。

　そして、棚橋は博物館が社会的な認知を得るための新たな事業として、大正5年から「通俗展覧会」(註159)を開催した（表2）。その内容が意味する特徴は、

表2　大正5～10年の通俗展覧会一覧

名　　　称	会　　　期	備　　　考
虎列拉病予防通俗展覧会	大正5年9月下旬～11月中旬	40,000人
大戦と科学展覧会	〃 6年11月17日～12月16日	40,000
食物衛生経済展覧会	〃 7年3月2日～3月31日	17,000
天然痘予防展覧会	〃 〃 3月12日～4月11日	23,000
廃物利用展覧会	〃 〃 6月22日～8月31日	67,000
家事科学展覧会	〃 〃 11月2日～8年1月15日	50,000
災害防止展覧会	〃 8年5月4日～7月10日	183,605
生活改善展覧会	〃 〃 11月30日～9年2月1日	107,670
「時」展覧会	〃 9年5月16日～　　7月4日	222,845
鉱物文明展覧会	〃 10年3月21日～5月22日	117,437
児童衛生展覧会	〃 〃 10月24日～12月12日	内務省主催

(国立科学博物館1997『国立科学博物館百年史』より)

国家政策の路線に沿うものとして、国民教化的な色彩を反映したことである(註160)。たとえば、「大戦と科学展覧会」(1917年11月17日～12月16日)はその一例である。大正3年に第一次世界大戦が始まり、日本の科学技術の遅れを痛感した棚橋は、「大戦と科学展覧会」を企画開催することで、大戦で初めて使用された兵器の模型、開戦後に登場した科学応用品、大戦に関連した戦乱写真などを展示することで、戦争によって科学技術が進歩することを示し、科学技術の必要性を普及した。

これに関連して、千野陽は、大正時代の生活改善運動は近代化・合理化という側面をもつ一方、本質的には日露戦争後の恐慌切抜策としての思想善導運動という色彩をもった官製運動であると指摘する(註161)。「生活改善展覧会」(1919年11月30日～9年2月1日)は、通俗教育本来の方針を最も忠実に実践したものといえる。その開催趣旨は次の通りである(註162)。

　　　　本邦の家庭社会に於ける生活法か頗る頻雑不合理を極め欧米の真摯簡便なるに若かさる事は何人も認むる処にして之れか為め徒に国民の能率を減退し国運の発展を阻碍する事実に測る可からす。而して其の因て来たる処を察するに吾国に科学の素養行き亘らす経済思想の乏しき事其一なり。(中略)欧風生活法か未た本邦固有のものと調和するに至らず徒に二重生活を営ますさるを得さるの多き事其の三なり。今や大戦の成果に顧み各国民競うて改造進取に鋭意すべきの秋に際し国民の生活法を根本的に改善して無駄を省き能率を進め以て国運の発展に貢献する事は洵の刻下の一大急務

とす。之れ本館か今回特に生活改善に関する参考品を収集陳列して民衆の啓発に資する所あらんとするに至りたる所以なり。

それを契機にして各種団体が発足して社会運動に発展した。その後、官民有志が発起人となり「生活改善同盟会」が発足して教育博物館内に事務所を置き、棚橋が常任理事となっている。また各地で生活改善に関する博覧会・講演会・講習会なども盛んに行われた(註163)。棚橋のこうした主張は昭和初期にも継続する(註164)。

展覧会の基底には、各種の科学知識を啓発することで日常生活を改善する「生活の科学化」という発想がある。山本珠美は、棚橋がそれを提唱した意味について、棚橋の当時の発言を検討したうえで、その目的は個々人の生活を念頭に置いたものではなく、あくまで国家富強の源泉として、「生産の能率向上」「国運の発展」であり、一般の女性たちが国力の増進に寄与するために想定されたものだと指摘している(註165)。こうした通俗教育館の事業は、通俗博物館事業の模範として全国各地に影響を与えることにつながった(註166)。

ちなみに棚橋自身は、展覧会を次のように評価している(註167)。

　　一般民衆の科学思想を普及向上せしむる上に甚大なる効果あるばかりでなく一面博物館の事業を社会に周知せしめ、以て本館拡張の機運を促進する有力な動機を作る上に於ても亦極めて適切有効なる事業の一つである。
　　（中略）此の事業によりて世人の覚醒を促し社会教化団体の創設を見又斯種展覧会が盛んに地方に開催さるる等、全国に及ぼしたる影響は実に顕著なるものがあつた。

さらに、棚橋による「生活の科学化」の発想は、昭和初年には「日常生活の合理化」という見解にも表される。棚橋は(註168)、

　　生活改善は実は我が邦が開国進取の国是を定めて世界の激しい競争場裡へ乗出した当時に於て、諸制度の改革と共に断行すべきであった。

としたうえで、留学の経験を踏まえて自らの通俗教育観を次のように述べている(註169)。

　　ヨーロッパに遊んだものは誰れしも経験する通り、彼地では生活の様式が如何にも簡短(ママ)で、我が国のような無駄な面倒が少ない。それは畢竟列国が境を接して国際間の競争が激しく、これまで幾回となく国の運命を賭し

て戦はなければならぬような国難に遭遇して居るからである。そして其の都度国民の精神を極度に緊張させ戦敗国は領土を割き莫大な償金を課せられ、戦勝国は益軍備の拡張をした。そのため冗費を省いた生活を緊縮する。ヨーロッパは生活改善の余地が少ないのはその為。しかし、我国民は幸か不幸か、未だ戦敗国としての苦痛の経験なし。

　我が邦今日の経済的困難の如きも、実を云へば欧州大戦中の好景気が□したものである。僅かばかりの輸出超過に国民は有頂天になり、奢侈の風を馴致した。其の間関東大震災に見舞はれて我国民在来の生活に幾多の欠陥のあることを暴露し、生活改善の必要を裏書きした。吾々は大震災に依って少からぬ犠牲者を出し、且つ物質的に大損害を蒙ったけれども同時にまた国民を覚醒して、精神上得る所が少くなかった。

　然し健忘性の我が国民は僅か七・八年後の今日既に当時のことを大半忘却して終わった観がある。殊に近年の不景気は深刻を極め我が国民は稀に見る難局に遭遇しつつあるに拘らず、国民の大多数は案外平気で依然として無駄の多い生活を続け簡短で済むべきことを態（ママ）と複雑にして、毫も改めようとしないのは果たして何と云うものであるか。我が邦今日の生活様式は大体徳川三百年間泰平に打ち続いて、華美遊惰の風漸く盛となった時代に発達したものだから、万事頗る悠長で複雑を極め、今日の時勢に適さないことが多い。故に此際大決心を以て多年の国勢を打破し、一切の無駄を除き虚飾を去って、生活を出来るだけ単純にしなければならぬ。

棚橋によれば、日本人は日々の食事や宴会にも無駄が多く、衣類も不要のものが多く、家屋や庭園も同様であり、ことに社交は盆暮の贈答、吉凶の儀礼など如何にも複雑でほとんど堪えないもので、そうしたものは物資や時間の浪費であるばかりでなく、国民の活動能率を減じ、国運の発展を妨げるとしている。

　通俗教育という用語は、大正10年になると「社会教育」と再び改称されるので、この見解が出されたのは昭和6年であるから、これは棚橋の当時の社会教育観といえるものである。

　棚橋が、このように国民教化の方向を積極的に提唱するようになった理由は何であろうか。当然、時代背景があるにしても、ひとつには「社会貢献」とい

う認識が「社会教化」に転化したことがあげられる。社会貢献の認識は、少年期に名和靖の昆虫博物館で培われたものであり、それは通俗教育館において「虎列拉病予防通俗展覧会」(1916年)のような形で実践される。

しかし、社会貢献を意識すればするほど社会教化に変化することになった。また、棚橋は東京教育博物館を大正10年に東京博物館と改名して科学博物館として充実化をはかるが、その前提は社会教化を踏まえた科学知識の普及であったからではないだろうか。東京博物館は、そのような社会的役割を担うことで充実化が約束されたともいえる。

註
（1） 長沼雅子1997「田中芳男博覧会日記　全（一）」伊那第45巻第3号、p 3 -18
（2） 田中芳男1913「田中芳男君の経歴談」『田中芳男君七六展覧會記念誌』大日本山林會、p18
（3） 註2、p19
（4） 註2、p21
（5） 東京国立博物館1973『東京国立博物館百年史（資料集）』東京国立博物館、p572
（6） 註5、p572
（7） 註5、p574-604
（8） 木下直之1997「大学南校物産会について」『学問のアルケオロジー』東京大学、p88-90
（9） 註8、p93
（10） 註8、p86
（11） 木下直之1999『美術という見世物』ちくま文庫、p122（原本は平凡社1993）
（12） 註5、p147
（13） 註5、p150
（14） 『町田久成略伝』（実弟の記憶による話を記録したもの。東京大学史料編纂所所蔵）
（15） 斎藤忠1963『日本の考古学』東京大学出版会、p60
（16） 註14
（17） 註5、p221-222
（18） 椎名仙卓1989『明治博物館事始め』思文閣出版、p.63-65
（19） 註18、p72

(20) 東京国立博物館1978『東京国立博物館百年史』東京国立博物館、p63-64
(21) 福沢諭吉1866『西洋事情』(1984日本の名著『福沢諭吉』中央公論社、p376所収)
(22) 註18、p32
(23) 註20、p63-69
(24) 註5、p6-7
(25) 藤野幸雄1975『大英博物館』岩波新書、p.114-125
(26) 註5、p606
(27) 註14
(28) 日本博物館協会編1963「博物館発達史年表稿」『わが国の近代博物館施設発達資料の集成とその研究（明治編1）』日本博物館協会
(29) 樋口秀雄1964「増補博物館発達史年表稿」『わが国の近代博物館施設発達資料の集成とその研究（明治編2・補遺）』日本博物館協会、p5-22
(30) 註20、p73-76
(31) 吉見俊哉1992『博覧会の政治学』中公新書、p118
(32) 註20、p70-71
(33) 註2
(34) 松山巖1993「"国宝"という物語」『国宝』とんぼの本、新潮社、p180
(35) 現東京都千代田区内幸町一丁目一番地、帝国ホテルを含めた一帯
(36) 註20、p88
(37) 註20、p88
(38) 註20、p92
(39) 註20、p93
(40) 久米邦武編（田中彰校注）1978『米欧回覧実記（二）』岩波文庫
(41) 岩本陽児1998「岩倉使節団の米欧博物館見学―イギリスを中心に―（下）」博物館学雑誌第24巻第2号、p1-18
(42) 註41、p15
(43) 註41、p9
(44) 註40、p114-115
(45) 田中彰1978「解説　岩倉使節団とアメリカ・イギリス」『特命全権大使米欧回覧実記』（二）岩波文庫、p433
(46) 留守政府は、使節団が外遊中は内政の新たな改革や人事を行わないなどを取り決めた「約定十二ヵ条」があったにもかかわらず、封建的な身分制度の撤廃をするなかで、学制の公布・裁判制度の整備・太陽暦の採用・徴兵制の公布・地租改

正などを実施した。また江藤新平は初代司法卿に就任している。
(47) 田中彰1984『「脱亜」の明治維新』NHKブックス、p213-214
(48) 註47、p214
(49) 田中彰1977『岩倉使節団』講談社、p189
(50) 佐々木克2000『志士と官僚』講談社学術文庫、p284-285（原本はミネルヴァ書房1984）
(51) 註50、p105
(52) 田中芳男・平山成信編輯1897『澳国博覧会参同紀要』森山春雄、p 4 - 5（本書に掲載する各報告書は明治8年（1875）に博覧会事務局の出版により副総裁の佐野常民が太政官正院に提出したものである）
(53) 註20、p129-131
(54) 註50、p81-82
(55) 註 5 、p222
(56) 註 5 、p222（「明治八年十一月」の項目は「明治九年十一月」の誤り）
(57) 日本博物館協会編1963「ドクトル、ワグネル氏東京博物館創立ノ報告」（『わが国の近代博物館施設発達資料の集成とその研究』日本博物館協会、p140-163に所収）
(58) 註20、p630-631
(59) 註52、p74-75
(60) 註20、p144-145
(61) 註52、p41-46
(62) 註47、p177-179
(63) 註52、p 8 - 9
(64) 内国勧業博覧会事務局1877『内国勧業博覧会会場案内』内国勧業博覧会事務局、p19-39
(65) 註64、p 1
(66) 註64、p 2 - 4
(67) 高村光雲1995『幕末維新懐古談』岩波文庫、p123（原本は『光雲懐古談』所収の「昔ばなし」万里閣書房、1929.1）
(68) 中沢岊夫1937「博覧会物語」『明治大正史談』第3輯、p12
(69) 註31、p128
(70) 大阪毎日新聞1903.3.1「大阪で第五回内国勧業博覧会開く」（明治ニュース事典編纂委員会編1986『明治ニュース事典』毎日コミュニケーションズ、p397に所収）
(71) 註70

(72) 大阪毎日新聞1903.4.23「冷蔵庫の観覧に人気」(明治ニュース事典編纂委員会編1986『明治ニュース事典』毎日コミュニケーションズ、p397に所収)
(73) 大阪毎日新聞1903.5.5「夜会の美観と盛観－菊池幽芳の報告」(明治ニュース事典編纂委員会編1986『明治ニュース事典』毎日コミュニケーションズ、p398に所収)
(74) 註31、p146-172
(75) 東京市1907『東京案内』上、東京市
(76) 註31、p164
(77) 吉田光邦1985『万国博覧会〜その役割と歴史〜』NHK市民大学、p103
(78) 註31、p151-152
(79) 小林純子1993「東京における博覧会の変容とその影響」『博覧都市江戸東京』財団法人江戸東京博物館、p154-155
(80) 江戸東京博物館1993『博覧都市江戸東京』財団法人江戸東京博物館
(81) 註31、p152-153
(82) 菅原教造1909「児童博覧会感想」みつこしタイムス臨時増刊第7巻8号、p141
(83) 註20、p298
(84) 註28
(85) 註29、p22-34
(86) 椎名仙卓1990「博物館創設の功労者町田久成職を辞す」博物館研究第25巻第5号、p16-17
(87) 大久保利謙1971「本邦博物館事業創業史考」MOUSEION No.17、p23
(88) 註14
(89) 註14
(90) 田中琢1993『考古学の散歩道』岩波新書、p194-196
(91) 井上清1986『天皇・天皇制の歴史』明石書店、p57
(92) 保坂清1989『フェノロサ』河出書房新社、p155-156
(93) 龍池会1883『龍池会報告』第壹號、p24
(94) 註92、p155-164
(95) 註92、p162
(96) 註92、p142-161
(97) 村形明子1982『フェノロサ資料Ⅰ』ミュージアム出版、p54-61
(98) 註97、P61-62
(99) 註90、p194-196
(100) 段木一行1999「文化財保護法制定以前―文化財の共通理解のために―」法政史

学第52号、p 8
(101)　註100、p 9
(102)　註90、p194-196
(103)　『明治廿七八年及同・卅七八年戦役戦利品目録並書類』（東京国立博物館所蔵）
(104)　註103
(105)　山口頼定1905『野田盛況史』p45-46
(106)　註103
(107)　註20、p340
(108)　椎名仙卓1988『日本博物館発達史』雄山閣出版、p42-44
(109)　国立科学博物館1977『国立科学博物館百年史』国立科学博物館、p62
(110)　註18、p220-221
(111)　東京日日新聞　明治10年8月23日「教育博物館開館式の田中文部大輔の演説」（明治ニュース事典編纂委員会1983『明治ニュース事典』第1巻、毎日コミュニケーションズ、p564に所収）
(112)　山住正己1987『日本教育小史』岩波新書、p37（例えば学齢8年中、就学は最低16ヶ月でよいことなども規定される）
(113)　小沢周三1979「明治期の小学校」『学校の歴史』第2巻、第一法規出版、p27
(114)　註109、p71
(115)　手島工業教育資金団1929『手島精一先生伝』手島工業教育資金団、p37
(116)　註115、p61-62
(117)　註115、p62-66
(118)　註115、p37
(119)　註112、p35
(120)　註112、p48-49
(121)　註109、p139
(122)　手島精一1888「東京教育博物館は文部省の直轄たるべし」教育時論第141號
(123)　註109、p139-142
(124)　棚橋源太郎氏教育功労記念会編1938『棚橋源太郎氏と科学教育』棚橋源太郎氏教育功労記念会、p 1 - 2
(125)　註109、p179
(126)　金川1903「東京教育博物館概説」教育界（臨時増刊）第3巻第2号、p 1 -12
(127)　註124、p 4 - 5
(128)　註109、p160
(129)　水野常吉1938「棚橋氏と科学思想の普及」『棚橋源太郎氏と科学教育』棚橋源太

郎氏教育功労記念会、p91-92
(130) 棚橋源太郎1903『理科教授法講義』宝文館・同文館
(131) 註130、p169-190
(132) 註130、p185-190
(133) 註130、p207-208
(134) 註130、p213
(135) 若林虎三郎・白井毅1883『改正教授術』普及舎
(136) 海後宗臣・飯田晃三・伏見猛弥1932『我が国に於ける郷土教育の発達』教育思潮研究第6巻第1號、p206
(137) 棚橋源太郎1902「教科案上に於ける実物初歩教授の位置について」教育学術界明治35年7月号（棚橋はそのなかで、学校の所在地の府県を郷土と認定して、府県などの地誌や史談に関する書物を編纂して教科書とするなどの誤解があったことを指摘している）
(138) 棚橋源太郎1905「實際的見地より見たる現今小學校の教授」教育研究第14號、p59-60
(139) 註112、p52-53
(140) 註138、p62-64
(141) 棚橋源太郎1901『理科教授法』金港堂書籍、p274-279
(142) 註141、p281
(143) 棚橋源太郎1903『尋常小学に於ける實科教授法』金港堂書籍、p101
(144) 註143、p105-106
(145) 新井孝喜1991「棚橋源太郎における"郷土科"の構想」棚橋源太郎研究第2号、p13
(146) 増澤長吉・桂信次郎1902『郷土科教授指針』村上書店、佐々木吉三郎1906『地理教授撮要』大日本図書などがあげられる。
(147) 伏見猛弥1936『我國に於ける直観教授・郷土教育及合科教授』日獨書院、p94-95
(148) 牧口常三郎1912『教授の統合中心としての郷土科研究』以文館、p431-432
(149) 註147、p108-109
(150) 註136、p213-215
(151) 註112、p80
(152) 大庭宣尊1985「大正期の社会教育と学校」京都大学教育学部紀要31、p74-76
(153) 倉内史郎1961『明治末期社会教育観の研究』野間教育研究所紀要第20号、p29-45

(154)　棚橋源太郎1913「通俗教育施設の現況及将來の計畫」帝国教育371号、p55
(155)　山下成徳・上村英夫1938「棚橋先生が主事として就職せられたる前後の教育博物館の状態」『棚橋源太郎と科学教育』棚橋源太郎氏教育功労記念会、p66-71
(156)　註154、p56-57
(157)　註154、p57
(158)　註109、p186-187
(159)　現代の「特別展」に相当する。
(160)　久原甫1974「社会教育行政の生成と展開」『日本近代教育百年史』7、国立教育研究所、p840-847
(161)　千野陽1974「婦人・女子青年団体の組織化と婦人教育」『日本近代教育百年史』7、国立教育研究所、p1028-1030
(162)　註109、p195
(163)　註109、p195-196
(164)　棚橋源太郎1931『日常生活の合理化』（財）中央教化團體聯合會
(165)　山本珠美1997「"生活の科学化"に関する歴史的考察～大正・昭和初期の科学イデオロギー～」(東京大学大学院教育学研究科)生涯学習・生活教育学研究第21号、p52
(166)　久保内加菜1996「東京教育博物館における特別展覧会」(東京大学大学院教育学研究科)生涯学習・生活教育学研究第20号、p41-50
(167)　註154、p69
(168)　註164
(169)　註164

第3章　博物館政策の地方への波及

第1節　地方における古器旧物保護の状況
1．古器旧物を公開した地方博覧会
　明治4年（1871）5月に太政官から「古器旧物保存ノ布告」が発布されるに伴い、各地で古器物を調査保護する措置がとられるようになった。文部省などに全国の府県などから宝物調書が提出(註1)されたり、翌5年5月から開始した文部省による古社寺調査「壬申検査」や、文部省博物局の博覧会などにより、古器旧物保護に対する社会的認識の普及がはかられるようになった。特に博覧会は民衆に古器旧物の歴史や文化的価値を普及するうえでの装置として機能した。
　名古屋では、同年11月11日～15日に名古屋博覧会が開かれた。場所は門前町総見寺（現名古屋市中区総見寺）。主催者は名古屋新聞を発行した文明社である。出品物は天産物や古器旧物類からなり、出品者は徳川慶勝を筆頭に、名古屋県大参事丹羽賢などの公職者や、地元出身の伊藤圭介や大河内存真ら博物学者の名もみられる(註2)。名古屋でのこのような素早い対応は、江戸時代以来の尾張博物学の伝統によるものと思われる。
　また、福岡では、明治6年3月20日から50日間、太宰府神社境内において同社の神官たちが中心となり博覧会が開かれている。その趣旨は「一ツニハ固陋ノ人民ヲシテ知覚ヲ開カシメ、二ツニハ寒郷ヲシテ昔日ノ盛華ニ復セシメン」(註3)というように、民衆への知識の普及と復古調によるものである。出品物は太宰府神社の秘蔵の宝物・古文書・古器物・各地方の産物・動植物から農具や書籍・舶来品などで、会場では列品の即売も行われた。
　仙台でも明治9年4月15日から50日間に宮城博覧会が開かれた。会場は櫻ヶ岡公園の隣地（現青葉区西公園）で、商人針生庄之助ら2名が会主となり、東京博物館から借用した博物標本、伊達家所蔵の古器物、宮城県と近県からの古器

物総数800点ほどが出品されたが、それらは一見「観古博覧会」のようなものであったといわれる(註4・5)。

このように当初の博覧会は、後述する殖産興業を目的とする地方博覧会を含めて、井上光夫が名古屋博覧会について指摘するような意味あいによるもののようである(註6)。

　　政府の意を受けて積極的に殖産政策に組するものとも、あるいは古器旧物の太政官布告を支援しようとしたものであると無理に解するよりも、むしろ博覧会という新しい言葉自体が世の中に広まり、物産会に変わる言葉として単純に冠せられたと見る方が妥当。

もうひとつ、ここで注目しておきたいことは、博覧会の開催は地元の商業・産業界などの有志が主体となり実施したことである。これは地方の開拓事業にもみることができる。たとえば、福島県の郡山の開拓は、明治6年に郡山町の阿部茂兵衛などの有力商人たちが出資して開成社を設立して安積開拓を行っている。安積開拓は、その後の政府の士族授産政策と結びついて国家事業となる。地方の振興は、その地域の人たちが主体になる点で、博覧会と同様であったと理解することができる。

それに比べて、明治8年4月1日～6月19日の奈良博覧会は、文部省として「古器旧物保存ノ布告」の主旨を直接的に反映したものだといえる。しかし、それは民衆への普及を目的にしたというよりは、古器旧物調査の色彩が強いものであった。

明治5年(1872)5月以降、町田久成や蜷川式胤らは、奈良の古器物調査に従事することになる。高橋隆博によれば、町田らは調査にかかる人員や経費などの制約を解消する方策として、博覧会を開くことで、古器物を一堂に集めてそこで調査する方法を考案したという。一方、地元の奈良県側も地域経済の発展のために博覧会を効果的なものとみなし、古器旧物調査と勧業・商工奨励の両方の立場の思惑と利害が一致して奈良博覧会が成立したという見解を示している(註7)。

こうして、博覧会は植村久道・鳥居武平らが株式会社奈良博覧会社を組織し、本社を東大寺の龍松院に置き、東大寺大仏殿と東西廻廊を会場として開催した。出品物は、社寺や個人蔵から古器旧物のほかに天産物・教育器具・機

械・薬物など多種類に及び、入場者は172,016人と盛況であった。また、古器旧物以外は売品と非売品に区別して売品の手数料を博覧会社が手数料として徴収して収益をあげた。

町田久成らが目的とした古器旧物調査についていえば、特に正倉院宝物の調査ができた意義は大きい。正倉院は明治5年の「壬申検査」に際して宝庫開封しているが短期間の調査でしかなかった。そこで、博覧会に正倉院宝物を出品させることで宝物の調査をした。その数は約222件、1,725点にのぼる。また奈良県内の社寺などの古器旧物をあわせれば、質量ともに膨大で優れたものが一堂に集められたことにより（註8）、古器旧物調査の当初の目的はまず達成された。

ところで、正倉院宝物の出品についての筋書きは、高橋によれば、町田久成らが奈良県側から正倉院の開封と展覧の請願書を出させる一方、政府内の根回しを町田と蜷川らが行い、その許可を得る段取りを付けていた。実際、奈良県から出された請願を受けた宮内省では、太政官に指示を仰ぎ、太政官から意見を求められた町田は、次のように述べている（註9）。

　　去ル壬由年久成等奉命勅封改繊ノ御用トシテ所々巡回の節　同所宝庫中ノ御物調査の処　実ニ千載ノ古器無ニノ珍宝ニ付、前世ノ盛事考証致ス可キ物ニ御座候

町田は、曝涼するうえでも宝物の公開を許可することが望ましいことを太政官に答申して、政府から奈良県に公開の許可が出された。

もちろん、民衆にとってもこれまで一般公開されなかった正倉院宝物が出品されたことは、まさに"驚異"といえる出来事であった。それは、単に「見る」ばかりでなく、古代の美術・工芸技術を学ぶ機会ともなり、近代産業の育成にも繋がることであった。奈良博覧会はそれ以後毎年のように行われ、明治20年に12回目を迎えて幕を閉じることになる。

このように、町田久成は、政府部内において古器旧物保護政策に自らの地盤を確保していたために、地方の古器旧物保護にも積極的に関与していったことが窺われる。当時は、博覧会を殖産興業政策の一環に取り込む動向が顕在化していた頃であるが、町田は博覧会の手法を巧みに利用して、古器旧物保護のために膨大な古器旧物を一堂に集めて調査したのである。

2. 宝物館の設置

　明治4年の太政官による「古器旧物保存ノ布告」や、文部省の全国的な古器旧物調査は、各地で博覧会という形でその普及がはかられ、明治31年の古社寺保存法の制定などにより、全国各地で古器旧物を保管する施設が設置されるようになった。その顕著なものが社寺の宝物館である。神社宝物館は、歴代の奉納品（宝物）を中心に保管する施設 (註10) であり、寺院の宝物殿は伝来の寺宝などを収蔵・公開する施設である。ことに寺院では廃仏毀釈による被害を受けたことから、それを保護するという明確な目的があった。

　明治・大正時代では、長野・往生寺宝物館（1886年）、神奈川・長谷寺宝物所（1895年）、岩手・中尊寺宝庫（1898年）、長野・典厩寺宝物仮陳列所（1898年）、大阪・観心寺霊宝館（1900年）、長野・（善光寺）大勧進宝物館（1908年）、熊本・本妙寺宝物館（1909年）、長野・（善光寺）大本願宝物館（1911年）、香川・善通寺仮宝物館（1913年）、香川・白峰寺宝物館（1913年）、千葉・誕生寺霊宝殿（1913年）、新潟・乙宝寺宝物殿（1914年）、滋賀・竹生嶋宝厳寺宝物館（1918年）、長崎・最教寺霊宝館（1919年）、大分・永興寺収蔵庫（1919年）、香川・志度寺宝物館（1920年）、兵庫・鶴林寺宝物館（1921年）、和歌山・高野山霊宝館（1921年）、千葉・清澄寺宝庫（1922年）、京都・広隆寺霊宝殿（1922年）、兵庫・正福寺宝物館（1923年）、岩手・毛越寺宝庫（1923年）、山梨・身延山（1926年）、栃木・中禅寺宝物殿（1926年）などのように各地に設置され、その動向は昭和になっても続く。

　一方、神社宝物館は、江ノ島神社宝物陳列所（1873年）などのように明治初期に設立されたものもあるが、寺院のそれと同じように、明治中期から本格的に出現するようになる。だが、その背景は寺院宝物館とは異質のようである。文部省から農商務省の所管になっていた（農商務省）博物館は、明治19年に宮内省に移管されるに伴い、天皇制の基盤の確立をはかるナショナリズム形成の装置となっていった。これは田中琢が述べるように、（農商務省）博物館の宮内省移管は、文化財保護を天皇制の基盤の確立に利用したシンボライズ的な出来事であることに符号する (註11)。たとえば、明治42年（1909）の宮崎神宮徴古館の次の設立趣意 (註12) をみれば明らかである。

　　　神武天皇を中心と仰ぐ上代日向の文化を徴すべき考古参考品たる石器、

土器、埴輪、玉類、武器、装身具、農工具等約四千点並びに当神宮御宝物及び伊勢神宮撒下御神宝の類を陳列して一般の拝観に供する施設

　また、大正時代に入ると大典事業とも絡み、神社宝物館の設置はさらに顕著になる。

　明治・大正時代の設置の状況は、静岡・小国神社宝蔵（1887年）、広島・厳島神社宝物陳列所（1895年）、神奈川・鶴岡八幡宮宝物殿（1897年）、山口・松崎神社附属宝物館（1901年）、金刀比羅宮宝物館（1905年）、和歌山・熊野速玉大社宝物館（1907年）、宮崎神宮徴古館（1909年）、新潟・弥彦神社宝物殿（1910年）、三重・(伊勢神宮）徴古館（1911年）、島根・出雲大社宝物殿（1914年）、静岡・久能山東照宮宝物殿（1914年）、山形・上杉神社稽照殿（1914年）、山形・出羽三山神社宝物殿（1915年）、栃木・東照宮宝物館（1915年）、山口・忌宮神社宝物館（1915年）、兵庫・湊川神社宝物殿（1915年）、京都・乃木神社宝庫（1916年）、長野・(高島神社）諏訪徴古館（1916年）、長野・諏訪神社宝物館（1916年）、熊本・菊池神社宝物館（1919年）、奈良・春日神社宝物陳列所（1919年）、大分・宇佐神宮宝物館（1921年）、東京・明治神宮宝物館（1921年）、宮城・黄金山神社宝物館（1925年）、兵庫・丹生神社宝物殿（1925年）、京都・豊国神社宝物殿（1925年）、福井・白山神社宝物館（1925年）、熊本・加藤神社宝物館（1926年）、愛媛・大山祇神社宝物館（1926年）などのように各地に設置され、その動向は昭和になってからも続く(註13)。

　それらの所蔵品の一例をあげると、厳島神社宝物陳列所には、平家納経をはじめとする絵画・彫刻・書・美術工芸品など多数を所蔵し、熊野速玉大社宝物館は熊野信仰を物語る寄進物の鎌倉・室町時代の神像・太刀・調度品などを所蔵し、神宮徴古館は神宮撒下御装束神宝をはじめ神宮崇敬資料・参宮風俗資料・日本画・洋画・彫刻・工芸・書等の美術資料や考古資料、鎌倉時代の紙本著色伊勢新名所絵歌合などがあり、弥彦神社宝物館は宝物の刀剣・書画・陶磁器・神鏡などである。

第2節　地方における博覧会の展開

1. 京都の博覧会

　京都の博覧会は地方博覧会として、最もはやい明治4年10月10日より同年11

月11日まで西本願寺で開催された。それは、有力商人の三井八郎右衛門・小野善助・熊谷久右衛門が会主となり、京都府が援助している。同年5月の東京・大学南校のものが名称上は物産会であったことからすると、博覧会の名称を用いた事業としては、日本で最初のものである。

その目的は、大学南校の物産会が産業育成の前提としての民衆の知的レベルを高めることに力点をおいていたのに対して、京都の場合(註14)は、

> 欧米ノ文華煥発ノ例ニ倣ヒテ博覧会ヲ開キ、一ハ知識材芸ヲ啓開スルノ導線トナシ一ハ満都衰色ヲ復活スルノ機器トナサント欲シ

というように、民衆の知的レベルを高めると共に、京都の復興の装置とする発想が見られる。大学南校の物産会が国家レベルであることに比べて、京都のそれは地域振興の意図が鮮明に出されている。しかし、その収集・陳列品は、国産品166個、清国製131個、泰西製39個計336個で、その大部分は古器旧物であり、主催者側としては不本意なものとなった。

そこで、三井八郎右衛門ら会主は34名の株主からなる京都博覧会社を組織して、京都府と官民一致の体制をつくり、「同志ノ士一度開物成務ノ本義ヲ翼賛シ之ヲ徹底シテ国民ノ知識ヲ拡メ材芸ヲ進メント欲スル」という当初の目的を再確認して、翌5年に再び博覧会を企画した。前回は物品の収集に不備があったという反省から、京都府知事は次のような布達(註15)を出して府民に提供を呼び掛けている。

> 所持スル名物奇器妙品差出ント思フ類ハ、其名ヲ記シ勧業場又ハ組々ノ小学校或ハ会社ノ許ニテモ、便利ニ任セテ可申出、又売物トモナスベキハ、正路ニ価ヲ付ケ記シ、続テ売出スルモノハ、其訳記セバ尚ヨロシ、殊更新ニ発明ノ物品ニシテ、世ノ用ト人ノ便利トナルベキハ、兼テ御沙汰ノ旨ヲ以テ専売利得ノ免許ヲモ願ヒ遣ハスノミナラズ、褒美ノ沙汰ニモ及ブベシ

こうして博覧会は、明治5年3月10日に開幕した。当初50日の予定であったが、盛況のために30日を延長して80日の会期(註16)にわたり、西本願寺・建仁寺・知恩院の3会場で行われた。出品物は、布達の効果もあり、茶・生糸・染糸・西陣織物・絹布類・麻・麻布類・綿類・綿布類・金銀細工物・錫鉄細工物・新古漆器・新古蒔絵漆器・陶器象牙細工・水晶玉石類・竹細工類・鼈甲細

工・新古銅器・硝子細工物・鐵葉細工物・彫刻物・木細工物・剣刀類・新古書画・錦画・押絵・手玩人形類・毛植細工物・扇団扇・提灯類・皮革類・紙類・砂糖・寒天・鉱石類・化石類・石炭石灰瓦類・薬品・植物類・生蠟・油類・煙草・穀類種類・果物類・菓子類・魚鳥類・干魚類・干貝類・海草類・甲冑・弓箭・馬具・楽器・諸種衣類・銭新古諸種・貝類・其他数品(註17)というように、古器物に限定されることなく、工芸などの手工業や鉱業・農業・水産業などの産業に関連するものなど2,485点と前回よりもはるかに多く出品された。

　また、娯楽的な要素として、都おどりを「付博覧」として始めている。会期中には、約3万9千人の入場者があり、そのうち外国人も770人ほど訪れている。外国人の入京に際しては、京都府が太政官正院から許可を得て、外務省を通じて外国公使や領事に博覧会の開催を周知してもらい出品まで促している。博覧会は、こうして京都の復興を目的として盛会であったことから、明治5年のそれを第1回京都博覧会として、以後毎年開催することとし昭和初期まで続いた。

　京都の博覧会は、ちょうど国家による博覧会事業とほとんど同時期に並行していることが注目される。明治4年の京都の博覧会は、大学南校のそれよりおよそ5か月後であるが、明治5年の第1回京都博覧会の方は湯島の文部省博物局の博覧会と同時期である。このことは、京都の主催者が国家の博覧会事業の動向に倣うものではなく、地域の実情に則して博覧会を主体的に企画立案して実施したことを物語る。文部省博物局の博覧会は、ウィーン万博参加のために国内物産を集めることと、古器旧物保護の普及の観点から実施されたことから、京都のような産業育成の色彩は薄かった。

　明治6年に内務省が設置されると、殖産興業政策として地方の博覧会事業は内務省の管理下に置かれることになるが、明治4年当時はまだその段階には至ってはいない。京都では、このように地域主導の博覧会が行われたが、それはその後の地方博覧会が国家主導に従うものであったことに比べて特異な存在だといえる。京都は、一見すると古器旧物の保護に力点が置かれる土地柄と推量されるが、こうした博覧会の動向から、京都という土地柄は旧来に固執することなく、伝統を残しながらも常に先進性を求める姿勢が伝わってくる。

2．ウィーン万国博覧会の参加にともなう地方博覧会

 明治5年（1872）正月、太政官からウィーン万博への参加と出品の手続きについて、次のような布告（註18）が出されている。

> 澳国維納府ニ於テ、来酉年中博覧会有之、御国ニ於テモ此会ニ被列ニ付、各地方物産差出方等（以下略）

 博覧会事務局は、地方に出品布達を出したり、事務職員を派遣するなどして指導している。それにより、同年夏から秋にかけて各地から出品物が博覧会事務局に提出された。地方によっては、ウィーン万博の出品目的のために博覧会を開催している。

 北海道・函館では、函館天神社柳川亭を会場にして、明治5年7月17日から3日間、道内各地から集まった品物を公開している（註19）。

 同年、福井市の東本願寺で足羽県（現福井県嶺北地方）博覧会社が博覧会を開催している。その博覧会社が発行したチラシ（註20）によれば、

> 今春東西京ニ於テ博覧会盛大ニ行ハルト雖モ当管内ノ人員拝見ニ出ル者万分ノ一ニモ不及因テ今般兼テ御布告有之候澳国博覧会ェ御□出ニ相成ル当国所産ノ物品取調ノ席社中申合セ御管内所有ノ物品寄セ集メ此ノ会ヲ設ケ

とあるように、布告により博覧会を実施することが明記されている。また、その出品物は、

> 諸々所蔵ノ品物差出スベキ名品奇品何ニテモ其品物ノ名ヲ記シ□以差出スベシ品物ノ分ハ追テ日限ヲ定メ受取場所ヲ定メ可及通達候事

というように、「名品奇品」が要請されている。

 また物産会（和歌山）でも布告を受けて、県令北島秀朝らにより、明治5年5月20日～6月10日に鷺森本願寺で博覧会を開催している（註21）。県からの通知には次のような品類を博覧会掛に差し出すことが述べられている。「鳥獣魚貝類」「玉石金銀銅　但シ自然ノ品細工もの共」「混和の鉱類」「器物書画刀劔」「絹木綿麻の織物」「木切并ニ古金襴等の切レ」「鳥獣の羽毛皮革」「古き蒔絵の漆器」「彫物并編物」（註22）。しかし、その準備にあたっては、出品物の収集に苦労したらしく、青木豊らは次のように当時の様子を紹介している（註23）。

> 御布令あれども、辺土僻邑の人民博覧会の趣を解せず、皆危疑して蔵品

を出すものなし。斯ては宮の御主意貫かざらんと本県の官員深く配慮し、即ち今度鷺森本願寺掛所に於て博覧会を催し、戸長を始め開化の趣意を弁へたるもの、并産物骨董に長じたるもの等を選び、その取扱を命じたり。此に於て各々勉強して、戸毎に説き人毎に諭しければ、皆競て国会に列せんを望み、品物山の如く集りたり。

地方の民衆も博覧会そのものが理解できなかったが、至急に出品物を集めるために動員をかけられた様子を理解することができる。それでも博覧会は盛況であったらしく、東京から博覧会御用掛の官員が来訪した際には、

意外の盛会東京博覧会の景況にも劣らず、掛りの者尽力殊勝を賞賛し、且写真師に命じて其各品を模写し、国産より他に到るまで悉く選択して澳国博覧会に輸出すべき由なり。

というように (註24)、博覧会事務局の職員が地方博覧会の状況視察に来た時の様子を伝えている。

3．内国勧業博覧会の影響による地方博覧会

明治10年（1877）の第一回内国勧業博覧会は、日本の近代化にむけて本格的に始動する象徴的な出来事であった。以後、博覧会は殖産興業の社会的な装置として地方に普及していく。内国勧業博覧会の影響は、その前後から博覧会として地方に急速に波及した。

第一回内国勧業博覧会が行われる直前の地方博覧会のなかには、秋田博覧会（1877年5月15日～6月13日）のように、内国勧業博覧会に出品する予選の場とするために博覧会を開催した例がある。秋田では、その会場を確保するために明治10年4月に秋田博物館を設立している (註25)。

第一回内国勧業博覧会後、地方博覧会は産業育成を目的としながら、全国各地で本格的に開催された。明治14年（1881）には第二回内国勧業博覧会が行われるが、地方博覧会は第一回内国勧業博覧会の影響をうけながらも、次の内国勧業博覧会の開催準備を意識して開かれることになった。『内務省（卿）年報』や『農商務卿（省）報告』によれば、明治9年から明治17・8年頃までに、年平均10回程度の博覧会が全国の各都市で開かれたことが分かる (註26)。

内国勧業博覧会は、国内産業の育成を最大の目的としていたことから天産物や古器旧物の類いは出品できない条件であったことは先述した。しかし、地方

博覧会のなかには、内国勧業博覧会の影響を受けたとはいえ、古器旧物なども出品されて、幕末の物産会や大学南校や文部省の博覧会などの色彩を残しているものもあった。

　岩手では、初めての勧業物産会が明治11年5月1日～31日に行われた。物産会は、「士族授産」のための産業教育施設としての勧業場を会場とした。出品人1,007人、列品総点数6,608点、入場料は1銭。延べ入場者数62,629人と当初の予想を大きく上回るものであった。出品資料は、天産品・製作品・農水産品・食料品・農具類・古器珍物などであったが、出品物の多くは書画類や古器旧物類となり、主催者（県当局）が意図した「管内の物産を隆盛の域」（産業育成）に貢献するものからかけ離れたものであったといわれる(註27)。しかし、地方都市の民衆は一堂に陳列された県内の物産品に好奇のまなざしを向けたことだろう。

　三重でも、明治11年9月1日～10月20日（50日）に津の旧藩主藤堂高猷（11代）の別荘偕楽園の津公園で物産博覧会が開かれた。県は経費5,000円を出資し、広明館を会場にして建物を増築した。鉱砿土砂類・製造物・新古器物・書画類・機器・農産物・動植物などが出品された。入場者60,276人。当時の「伊勢新聞」によれば、開場当日は105発の花火が打ち上げられ、会場入口までの道筋は曲馬の興業や迷子札を売る店もあった(註28)というように、祝祭の様相を呈したことが分かる。

　勧業博覧会の機能の一つとしては、出品者に参加させることで技術力を競わせることがあげられる。第一回内国勧業博覧会で行われた審査品評は、岩手では出品物の多くが書画類や古器旧物類であったことから審査できず(註29)、三重では出品物を審査した等級や賞品はなく奨励の賞を与える程度のものであった(註30)。よって、内国勧業博覧会の全ての機能を地方博覧会として一度に受容したわけではなく、各地はその実情に合わせて段階的に受容したものとみることができる。

　岩手では、その後、郡役所などを通じて産業育成の目的に沿う品物の出品の周知をはかるようになり、明治13年には産業育成の色彩を濃厚にする岩手県勧業物産陳列会が開かれた。会場は、南北2館と勧業場現業施設の現業所・動物館・植物館・醸造所・工業所の5棟を公開した。南館では勧業場製作品、懲役

所、岩手県各科・各府県の出品場のほか、公共商売所・東京買入品陳列所が設けられ、北館は岩手県管内各部の出品場にあてられ、各郡単位に17場に区分された。最も広く陳列面積をとっていたのは、盛岡を主体とする南岩手郡であった。なかでも内国勧業博覧会等で入賞し、県内外の評価を得ていた鉄瓶や釜などの伝統工芸品が注目された。出品者1,052人、出品点数5,063点、入場者49,024人。審査の結果、273人に賞状が授与された (註31)。

また、宮城・仙台では先述のような明治9年の宮城博覧会を経験していたことから、明治13年8月10～10月8日の宮城県博覧会は、殖産興業政策の博覧会として、「農工奨励ノ為」という目的を明確に示した。陳列品の区分は、内国勧業博覧会のそれと全く同じもので、第1区砿業冶金術・第2区製造品・第3区美術・第4区機械・第5区農業・第6区園芸からなり、総出品数30,708点、入場者94,597人と盛況であった (註32)。

名古屋でも、明治11年9月15日から11月3日まで愛知県博覧会が開催されたが、明治4年の名古屋博覧会が物産会の色彩であったのに比べて、愛知県博覧会は産業育成のために官民共同で開催した博覧会となった (註33)。

このようにみると各地では、殖産興業を目的とした博覧会を受容する以前に、まずモノを一堂に集めて公開するという段階が前提となる。主催者側からいえば、モノを一堂に集めて陳列することで実施の経験が磨かれる。たとえば、事業を企画すると、場所や日時を決定し、事務局は官制や規則を公布する。組織委員会を組織し、委員会は出品物の提供を呼び掛ける一方、委員は各地に赴き規則や出品要領を説明する。事務局は、予算を計上して開催地に事務所を設置し、出品物の輸送や展示・警備などの業務をこなすことになる。

民衆にとっても多種類・多量のモノを一度に見ることは初めての経験である。主催者側は民衆に物見遊山を戒めても無理であり、会場は民衆の好奇心により黒山の人だかりとなる。当初の各地博覧会の夥しい入場者数は、そうした状況を物語る。むしろ民衆にとっては、まず博覧会という形式に親しむことが第一段階である。博覧会が目的とする殖産興業は、次の段階になると民衆に受容されることになる。なぜならば、事務局や組織委員会は既に要領を把握しているために、目標を実現するための手段が容易になる。民衆も、殖産興業による博覧会にともなう新たな趣向に興味や関心を示すことになるからである。

4．地方博物館から物産陳列所への変容

　明治初期の地方博物館は、開拓使札幌博物場（1871年）・大阪博物場（1875年）・京都博物館（1875年）・寧楽博物館（1876年）・金沢博物館（1876年）・秋田博物館（1876年）・函館博物場（1878年）・名古屋博物館（1878年）・広島県博物館（1878年）・福岡博物館（1878年）・新潟博物館（1879年）・鹿児島教育博物館（1879年）・長崎博物館（1879年）などがある。

　当時の地方博物館は、教育資料を扱うもの、商業や産業の育成をはかるもの、博覧会を契機として設置されたり、常設施設となったものなど様々な性格をもつ (註34)。しかし、その多くは殖産興業政策の地方機関としての性格をもつものが多く、内務省の行政指導や許認可を仰ぐ立場にあった。

　たとえば大阪博物場の設立趣旨は次の通りである (註35)。

　　此会場ヲ創設スルハ内外古今ノ物品ヲ陳列シ歴代ノ沿革ト現今経済ノ形状トヲ徴シ広ク衆庶ノ縦覧ニ供シ以テ知識ヲ進メ商業ヲ競ハシムル為メナリ

大坂博物館は産業や商業の育成を目的に設立され、明治7年に内務省の許可を受けて旧大阪府庁の土地や建物を仮設して創設した (註36)。金沢博物館も、明治9年に博覧会を開催するために設立された施設である。

　また、秋田博物館の設立にあたって、県参事の白根専一は県令石田英吉の代理として、事前に内務卿大久保利通の代理である内務少輔前島密宛てに、博物館設立にあたり民有地の建物などを買い上げる伺いをたてている (註37)。

　　　当県之如きは、北陬の僻土にして人民未開、耳目を開くの具に乏しく、依て博物館を置、広く物品を陳列し、偏く良器を募集致し度。就ては、地所は地券状記載の代価、建家は公商をして評価せしめ候処、不相当にも無之に付、書面之代価を以買上申度。右費金六之儀は、県税の内より仕払致度。御許可の上は、右地所は官有地第二種に組替、除税之義者、大蔵相伺候積。

と、評価額が適切であること、費用は県税から支出するが、土地を官有地とするので持ち主に対して免税の措置をとりたいことを申し出ている。

　第一回内国勧業博覧会が開催された明治10年後から、殖産興業の色彩は一段と濃厚になっていく。大阪博物場は明治12年にそれまで半官半民の経営から府の勧業課の所管となり、金沢博物館も明治11年には金沢勧業博物館と改称され

同年には名古屋博物館も設置されている。その事情は次の通りである。当初、愛知県令の安場保和が博物館の建設を主唱したところ、これに賛同した県下の有力商人たちは寄付金を募り（6,153円23銭）その実現を県に願い出た。これを受けて県は、県税支出の事を議会で可決すると共に、明治11年4月、内務省へその旨を上申し、博物館の設置場所を総見寺（現名古屋市中区）境内近くの民地（3,857坪余）に求め、同年9月本館を落成（建築工費11,441円、備品購入費2,092円）した。完成後の9月15日〜11月3日には愛知県博覧会を開催している。また、経営は伊藤次郎左衛門をはじめ、県下の有力家34人に維持経費の捻出協力を求め、資金1万円の拠出を得て株式組織としている(註38)が、実質的には半官半民によるものである。

 あるいは、広島県博物館や福岡博物館のように、勧業部門を含めながらも、一般知識の普及に繋がる教育的色彩をもつ博物館も登場した。しかし、その後それらは財政難などを理由に廃止された。広島県博物館は、県による事前の布達に伴う別冊「規則」の前文に博物館の目的として、

　　本館ハ凡ソ教育及勧業上ノ必要ナル諸般ノ書籍及物品ヲ蒐集シ教育又ハ
　　勧業ニ従事スル者ハ捜索ニ便シ且公衆ノ求覧ニ供シ又兼テ之ヲ悠久ニ保存
　　センガタメ設立スル所ナリ

と、完成した博物館の陳列は物産・古器物・書籍の3分野を、それぞれ棟ごとに区分して展覧していた。ところが、開館後1年も経たずに、博物館は集産場と名称を変更して勧業目的の商品陳列や産業奨励施設となり、明治13年には民間に移管された。その理由は、『広島県勧業第一回年報』(註39)に次のように示される。

　　博物館ハ稍高尚ニ過キ県下人民ノ進度ニ適セズトシ且ツ物産ノ販路ヲ広
　　開スルヲ以テ時勢ニ適ストセシニ依リ同四月博物館ノ名ヲ廃シ之ヲ集産場
　　ト称シ

 博物館は県民の知的水準よりも高尚であったからだといわれるが、背景には内務省による行政指導として、博物館施設の殖産興業政策の収斂化という方針があったと推察される。福岡博物館の設立目的は次の通りである(註40)。

　　各地ニ産出スル処ノ諸品ヲ蒐集シ、之ヲ教育勧業ノ二部ニ分チ、人民ノ

縦覧ニ供シ、其精粗便否ノ如何ヲ考較シ、要スルニ智識ヲ開進セシムルヲ目的トナシ

しかし、財政的な理由から維持困難となり明治15年に閉館している。また、鹿児島教育博物館も開館2年後に廃止した。

こうして明治20年代前後になると、多くの地方博物館は、物産陳列場に変容していく。博覧会についていえば、それまでの地方博覧会が衰退して、かわりに共進会や品評会が盛行化する現象(註41)と時期が同じである。品評会などは、ある特定の種類のみに限定された出品物に対して優劣の判定を下すことを第一の目的とした鑑賞会である(註42)。それまでの博覧会にも「競争」原理は備わっていたが、品評会はその部分に力点をおくことで、一層の産業振興をめざすことになる。博物館は、物産陳列場にかわることで、商業・産業の育成を目的とするようになり、主に業界関係者の利用に供されたり、商品の販売の場となっていった。

たとえば、鹿児島県では明治16年に鹿児島市山下町に興業館が開設した(註43)。これは当時の渡邊県令が県下の商工業の発展をはかるために計画したもので、それに本願寺法主大谷光尊が賛同して、1万5千円の寄付金によって建設された。ちょうど県では、第2回九州沖縄連合共進会が予定されていたことから、その会場に当てることも目的にした。

九州沖縄連合共進会は、最初は明治15年10月1日より30日まで長崎県の長崎公園において、九州各県と沖縄の6県で生糸・繭・茶・蠟・砂糖の5種目を対象物品として行われることになり、それ以降は各県が持ち回りとなって担当することになっていた。鹿児島県では、明治15年11月に内務省に対して褒賞金の交付を申請し、翌月にその規則や出品目録申告書式や審査法の裁可を請い、明治16年10月20日から同年翌月28日までの40日開催した。

興業館の出品心得によれば、種籾・玄米・麦・粟・大豆・蕎麦等の穀類、鍬・鋤・山刀・斧・鎌などの農具、製糖・製糸・製茶・製紙・鍛冶・鋳物などの器械、漁具・猟具・大工・木挽・左官などの器具、材木・薪炭などの実用品を主体とし、特に種子・農具については農事改良の参考品としている。その後、明治27年に興業館は物産陳列場と改称した。

ところが、大正9年(1920)4月農商務大臣が定めた「道府県市立商品陳列

所規程」が公布されると、物産陳列場が有していた産業の振興策という目的は、むしろ輸出の振興や国内流通の促進のために商品の販売に重きがおかれるようになった。その規程は次に示す通りである (註44)。

　一、商品見本及参考品ノ陳列展覧
　二、商品ノ試売
　三、商品ニ関スル各種ノ紹介
　四、商取引ニ関スル各種ノ紹介
　五、図書其ノ他刊行物ノ発行蒐集及展覧
　六、其ノ他商品ノ改良及販路拡張ニ必要ナル事項

　その内容は、商品見本や参考品の陳列、商品の試売、商品情報の提供、商取引きの方法など、商業の育成に関する事項があげられており、施設の設置を各府県ごとに義務づけるものであった。そのため鹿児島では、物産陳列場を、大正10年に鹿児島県商品陳列所と改称している。

　このように、物産陳列場（所）の登場による商品陳列所への移行は全国各地に及んだ。たとえば、富山県立物産陳列所（1894年）→富山県物産陳列所（1899年）→市立物産陳列所（1915年）→富山市商品陳列所（1921年）、岡山県物産陳列所（1895年）→岡山県物産館（1919年）→岡山県商品陳列所（1921年）、物産陳列場（1896年）→物産陳列館（1914年）→佐賀県商品陳列所（1920年）、秋田県物産陳列所（1897年）→秋田県商品陳列所（1921年）、滋賀県物産陳列所（1898年）→滋賀県商品陳列所（1921年）、島根県物産陳列所（1899年）→島根県商品陳列所（1921年）、博物館（1899年）→香川県物産陳列所（1906年）→香川県商品陳列所（1921年）などがある。また熊本県商品陳列所（1920年）・福島県商品陳列所（1921年）・栃木県商品陳列所（1928年）・茨城県商品陳列所（1930年）・長岡商品陳列所（1929年）・米子市商品陳列所（1924年）などのように新たに商品陳列所を設置する地方もあった (註45)。

第3節　教育系博物館の地方への波及

1．地方の学校教育博物館

　明治10年（1877）東京に文部省の教育博物館が完成すると、学校教育の振興を目的とする活動が展開する。それに呼応して、大阪・福岡・島根・鹿児島な

どでも教育博物館が設置される。その目的や活動については、椎名仙卓が指摘するように文部省の教育博物館のそれを模倣して設立した面が強い（註46）。

　大阪では、明治11年4月に府立教育博物館が開館するが、その目的は次の通りである（註47）。

　　教育博物館ハ教育上必需ナル物品ヲ蒐集シ教育ニ従事スル者ノ便宜ヲ得
　　セシメ且公衆ノ縦覧ニ供シ学事ノ進度ヲ徴セシムル為メ設立スル所ナリ

　また、明治12年11月、島根・松江中学校内に書籍縦覧場と共に設置された教育博物室の設立目的は次の通りである（註48）。

　　教育博物室ハ図書器械ヲ問ハス汎ク教育上必要ナル物品ヲ蒐集シ教育ニ
　　従事スル者ノ便宜利益ヲ得セシメ兼テ衆庶ノ縦覧ニ供シ以テ学事進歩ノ程
　　度ヲ証徴セシムル為メ設置スル所ナリ

　それは大阪の府立教育博物館のものと類似している（註49）。あるいは、明治11年9月に設置された福岡博物館も教育博物館の機能を有するものであった。また、鹿児島教育博物館も明治12年2月に設置されている（註50）。それは、学校教育に関する内外の資料を陳列公開し、教育を進める諸設備を整備するために参考とすることを目的にしている。

　明治12年9月には、学制が廃止されて教育令が公布されたが、それは中央集権による教育機構を改めて、地方の実情に合わせた教育方針をめざした。

　しかし、地方の教育博物館が、地方教育の実態に即して活動した形跡は見られない。明治13年12月に教育令が改正されて教育の国家統制が再び強化されるようになると、地方の教育博物館は突然廃止される。明治14年、大阪の府立教育博物館は大阪博物場と合併することで実質的に廃止された。同年、福岡博物館や鹿児島教育博物館も廃止となる。その理由は財政難による維持困難というものであるが、鹿児島教育博物館の廃止理由によれば、教育令の改正の影響を直接受けたことが分かる。その理由は次の通りである（註51）。

　　此館設立費用ハ初寄附金ヲ以テ之ニ充テ其備付物品ハ普ク管下ニ報告シ
　　有志者ノ寄贈ヲ促シタリ爾後費用ノ都合ニヨリ鹿児島師範学校ヲシテ之ヲ
　　管理セシメ其経費ハ該校費ヨリ之ヲ支弁セシト雖明治十三年教育令改正ニ
　　ヨリ公立師範学校補助金ノ条ヲ削除セラレ随ヒテ其補償ヲ地方税ニ資ルヲ
　　以テ地方税徴収ノ額ヲ増加シタレハ傍民力如何ヲ慮ラサルヘカラス且備付

ノ物品ノ如キモ百方周旋スト雖時機ノ未タ熟セサルカ其蒐集多キヲ致ス能ハス到底其開館維持ノ目途ヲ確立スル能ハサルニ至レリ熟思スルニ此館設立之挙ハ教育上稗益ヲ与フルコト少カラスト雖前述ノ如キ景況ニ遭遇スルトキハ之ヲ如何トモスル能ハサルヲ以テ一旦之ヲ廃止セリ然レトモ其備付物品等ハ之ヲ鹿児島師範学校ニ交付保存セシメ他日時機ノ至ルヲ俟チテ更ニ計画処置スル所アラントス

このように鹿児島では、教育令の改正により師範学校の補助金が削除されて、博物館を維持管理する財源がなくなったことを理由にしている。

文部省の東京教育博物館は、明治22年に高等師範学校の附属になることで、「教育博物館」としての実質的な役割を廃止した。しかし、地方では、それ以前から教育令の改正を契機として「教育博物館」は次々に廃止されてきた。いわば、東京教育博物館は、孤立化した状況に陥っていたことになる。当時の学校教育の環境は、教育令が改正された明治13年以降、次第に教育の国家統制が強化されるようになり、明治19年（1886）4月の小学校令などにより教育規範が確立していった。

一方、地方行政の限られた財源は、教育博物館より殖産興業政策としての地方博覧会や物産陳列所などに振り向けられた。椎名仙卓は、その辺りの歴史的経緯について次のように指摘している（註52）。

　　物産陳列所が社会教育施設としての普通博物館を駆逐して発展したということにもなろう。しかし、物産陳列所の方は、大正期に入るとしだいに観覧施設としての機能を失い商業促進のための研修所的な傾向を帯びるが、普通博物館の方は、物産陳列所に駆逐されたといっても、物産陳列所が衰退し始めると、逆に再び芽をふき出し、第一次世界大戦後急速に発展することとなるのである。

ここで、椎名は「普通博物館」の規定を明確に示してはいないが、それは必ずしも現代的な社会教育機能をもつ博物館のことではなく、あくまでも当時の時代環境に適合するものとしての国民教化の色彩をあわせもつ博物館のことを意味している。

2．通俗教育と地方博物館

そのひとつに通俗教育を目的とする博物館をあげることができる。通俗教

とは、大逆事件を契機として、国民道徳を涵養することを最大の目的とするものであったが、それは国民の知的啓発の面を含むものであった。通俗教育の地方への普及は、明治44年（1911）5月に通俗教育委員会官制が公布されたことを受けて全国に普及する。すでに明治41年の戊申詔書の発布以来、地方には国民道徳の教化や地方改良運動を通じた産業育成のための体制が着々と定着していた。地方での通俗教育の展開は、全国各地の教育会が奨励金の交付団体の指定を受けることで、教育会がそれまで以上に通俗教育に関与するようになった (註53)。

地方での通俗教育の実施にあたり、文部省は直接的に地方行政に介入するような立場はとらず、その姿勢は通俗教育研究会の報告にもあるように自治体や教育会・青年団などの諸団体に通俗教育施設のあるべき姿を提起するものであった (註54)。だが、国民道徳の教化を背景にもつことは当時の文部大臣小松原英太郎（1852-1919）の発言から窺い知ることができる (註55)。

その後、大正8年（1919）に臨時教育委員会による通俗教育の改善に関する答申が出されるが、それは国民教化の色彩を強化するものであり、文部省は通俗主任官を設置し、地方に対しては各府県に主任者を配置した。久原甫はそれを次のように指摘している (註56)。

> この措置は、従来の通俗教育施策が教育会を主たる担い手とする、いわば半官半民的性格のものであったのに対し、これ以後の通俗教育を行政の一部―行政的施策たらしめることになった。

香川郡の展覧会「通俗博物館」　　香川県では、香川郡が栗林公園内の物産陳列所において、大正2年（1913）2月15日から3日間「通俗博物館」という展覧会を開催した (註57)。これは、教育品展覧会に付設して行われたものであるが、東京教育博物館内に通俗教育館が公開されたのが大正元年11月であることから、香川の例は地方で通俗教育を展覧会として普及する初期のものだといえる。棚橋源太郎は、東京教育博物館主事として展覧会の顧問となり開催に関与している。3日間の入場者は54,317人と盛況であった。その趣旨は、「館内に蒐集せし材料の範囲は、一切尋常高等小学校教科書に現はれたるものと郷土に関したもの」というもので、その理由は「小学校にて不完全なる実物、標本にて教授を受けし児童に、完全なる実物を提供して、実社会の活材料を会得せし

めたきと、同時に一般観覧者をして、尋常小学校教科目の内容の一部を知らしめんとする」というものである。これによれば、小学校児童の実物教育を目的にしながらも、一般民衆への理解をはかろうとしたことが窺える。

　この展覧会から、当初の地方通俗教育の陳列区分を整理すると、「通俗教育用器具」「鳥獣」「各官省の印刷物・掛図・器具等」「郷土の偉人・学者の業績」「香川郡の物産」「陶器標本」「漆器類」「織物」「古代の装束」「綿・紡績・製紙・印刷工程」「貨幣」「衛生」「木材」「海事器械」などである。

　そこから分かることは、棚橋が東京教育博物館で試みた自然科学方面だけを通俗教育の対象にはしていないことである。ちなみに自然科学方面の共通点を教育博物館の通俗教育館と比較すると、通俗教育館の陳列区分である「天産部」は「鳥獣」に相当する。また「重要商品製造順序標本」は「香川郡の物産」や「綿・紡績・製紙・印刷工程」に相当する。前者は特産の瓦や煉瓦の製作順序などを示し、後者は企業から出品された綿・紡績・製紙・印刷工程を示す出品である。通俗教育館の「理学器械及び器械模型の部」は「海事器械」、「衛生の部」は「衛生」に相当する。残りは「通俗教育用器具」「各官省の印刷物・掛図・器具等」「郷土の偉人・学者の業績」「陶器標本」「漆器類」「織物」「古代の装束」「貨幣」「木材」となる。香川郡の展覧会は科学知識の普及に加えて、次のような性格を理解することができる。

　つまり、「各官省の印刷物・掛図・器具等」は、中央官庁の職務の周知をはかることのように考えられる。また、「郷土の偉人・学者の業績」は国民道徳の教化に関連するものであり、「陶器標本」「漆器類」「織物」「木材」は物産や商品陳列のように産業育成をあらわし、「古代の装束」「貨幣」は古器旧物保護の色彩を備えたものである。

　また、それは香川郡や教育会ばかりでなく、棚橋が顧問となっていることからも分かるように、東京教育博物館をはじめ中央の各省や学校・企業などからの出品協力もある。たとえば、「各官省の印刷物・掛図・器具等」には、内閣統計局をはじめ通信省郵便貯金局・文部省各局などから寄贈されたり、農商務省からも出品されている。「香川郡の物産」には、郡内の各学校で考案した物産の製作順序・特質・収益などを説明したものを陳列したり、「陶器標本」「漆器類」「織物」の陳列品は香川県内ばかりでなく神戸や東京など各地の企業か

らも出品されている。

　このように展覧会は、地方行政が主催するが、地元の教育会との連携をはかりながら、関連する国の各省や機関・企業などの民間からの賛同を得て実施していることが分かる。ここで注目しておきたいことは、通俗教育の地方への普及について、当初文部省は直接的に地方行政に介入するような立場をとらないことになっていたが、実際には棚橋源太郎が顧問となり、国の各省などの出品により影響が及んでいることである。

　また、もうひとつは、先述のように学校の児童の実物教育の場や父兄などにその理解をはかることが当初の目的であったが、終了後には「独り学校児童を利益するばかりでなく一般社会を裨益した事は多大なり」(註58)というように、地方改良運動のなかに位置づけられていることである。

　地方の通俗博物館　こうした展覧会はその後各地で行われた(註59)。また、大正天皇の即位記念の事業の一環として全国各地に常設の通俗博物館も設置されるようになった。それは既存の小学校内に設置されたり、新築する場合など地域の実情にあわせて行われた。

　大正5年（1916）12月の文部省による『常置教育的観覧施設状況』(註60)によると、通俗博物館については、特に福井県内の状況を詳細に報告している。大典記念上志比通俗博物館・三国北通俗博物館・金津通俗博物館・上郷青年会通俗博物館・大典記念通俗博物館・下庄村通俗博物陳列室・文昌通俗博物室・北中山通俗博物室・小浜通俗博物館などは、いずれも小学校内である。さらに同県丹生郡内でも21校に設置された。経費は村や町の支出や、地元有志からの寄付金により賄われ、学校長が一般に管理している。その目的は、小浜通俗博物館のように児童が実物を観察する場というものである。あるいは、上郷青年会通俗博物館は小学校の一室を利用しているが、青年会員の共同労働から得た収益や篤志家の寄付を経費にあて、青年会が管理維持をして、地域の民衆の観覧の場として地方実業の改良発展をはかることを目的にする所もある。

　それらは、香川郡の展覧会「通俗博物館」でみたように、当初の目的は学校の児童の実物教育の場や父兄などに普及するものから、終了後には「独り学校児童を利益するばかりでなく一般社会を裨益した事は多大なり」(註61)という変化と同様である。通俗教育の意図が展覧会「通俗博物館」でみたように多様

性をもち、しかも児童から民衆一般に拡大していることが分かる。

　その陳列品を三国北通俗博物館からみると、「神社仏閣名勝古跡の写真絵画絵はがき類」「模範人物の伝記及写真筆蹟肖像類」「地図掛図類」「地理歴史理科の資料たるへき実物器械模型類」「動植物鉱物の実物及標本類」「理科応用の玩具類」「古墳墓碑の写真絵画及其発掘物類」「各地の物産及商品見本商標類」「其他教育上参考となるへき図書絵画表簿類」からなる。おおよそは展覧会「通俗博物館」と同じように、科学知識の普及・国民道徳の教化・産業育成・古器旧物保護の色彩をもつものがみられる。なお、古器旧物保護は明治20年代以降にナショナリズムの形成に変容したことから、「古墳墓碑の写真絵画及其発掘物類」はそのような色彩を反映するものであったし、「神社仏閣名勝古跡の写真絵画絵はがき類」も史跡名勝天然記念物保存協会の『史跡名勝天然記念物』(註62)などをみれば明らかなようにナショナリズムの形成につながるものである。

　また、岡山県の岡山通俗教育館のように大正天皇の即位記念事業として、地元の篤志家の寄付金をもとに新築した所もある(註63)。大正4年12月に開館したところ、年内の開館日数21日間に約19,000人が来館するという盛況ぶりであった。経営は岡山市教育会があたり、会ではそのためにこれまでの60銭の会費を増額して1円20銭にしている。その活動目的については、「自然科学及び之か応用に関する卑近なる器械標品模型絵画及ひ写真の類を陳列して公衆の観覧試用に供し教育産業の発展に資する」というように、主な陳列品は「天産物の標品模型及絵画」「主要商品の製造順序を示せる標品絵画及写真」「理科器械実用器械模型及顕微鏡等の陳列試用」「通俗衛生に関する標品模型絵画等」「天文地学の器械標品模型絵画及写真等」からなる。ここでは、理科教育の振興や教材の普及に力点が置かれている。

　山口県立教育博物館も大正天皇の即位記念事業として、大正6年4月に開館した。陳列品は9,663点を有し、昭和2年（1927）の観覧者総数は69,939人（1日平均206人）であった。事業は、社会教育資料を陳列して「常識の開発」に努めることを目的とし、そのために郷土資料として県下の考古資料、明治維新の勤王志士の遺物遺墨などを保管陳列する。また大内家遺物展覧会、毛利敬親・元徳両公遺墨展覧会(註64)なども実施している。ここでいう「常識の開発」と

は、通俗教育上の国民道徳に符号するものであり、昭和になると郷土資料を含めていた様子が理解できる。

　ところで、全国的に通俗教育が通俗博物館などで展開していた時期に、長崎では地域の歴史環境を背景にして、やや特異な博物館活動が長崎県立長崎図書館で行われた。

　図書館は、明治45年6月長崎市に開館した。大正5年から通俗教育活動が行われるが、当時の図書館は通常の図書館業務に加えて、文化教養講座や講演会、各種の会議や講習会・定期的な展覧会・史料刊行などの出版活動、児童・生徒の体験学習など多彩な催物や行事を行い、所蔵資料による次のような展覧会も行われた (註65)。

　　大正5年6月1日～15日「日欧交通史料展」
　　大正8年11月4日～6日「和蘭関係資料展」
　　大正9年10月23日～28日「幕府時代医術関係資料展」
　　大正13年4月24日～29日「シーボルト先生渡来100年記念展」
　　大正14年10月5日～6日「ツンベルグ渡来100年記念展」

展覧会は通俗教育が目的とする国民道徳の教化に沿うものというよりも、知的啓発を目的にしたものであり、長崎ではむしろ学術文化を重視する思想性のようなものが歴史的に培われていたものとみることができる。

　昭和16年に開館した長崎市立長崎博物館は、紀元二千六百年記念事業によるものとはいえ、設立目的として (註66)

　　　　本市ハ元亀二年ニ開港シ（中略）従ツテ諸外国ノアラユル文化ハ我長崎
　　　　ヨリ国内ニ流入シ其等ガヒイテハ明治ノ開国ヲ誘導シ、明治文化ノ礎石ヲ
　　　　モ形リタルハ周知ノ事ニ属ス。其間ニ関スル資料ヲ蒐集保存スル博物館ノ
　　　　必要ナルコトハ市民ノミナラズ国内外ノ識者間ニ早クヨリ高唱セラレツツ
　　　　モ、実現ノ機ヲ得ズ、今日ニ至リタル

とあるように、長崎は歴史的に海外交流の玄関口であり、学術文化の先進地であったという地域性に由来することが強調されている。

第4節　地方における記念館の設置

　国家の記念事業の一環として博物館を設立する動向は、皇室行事と関連して登場する。奈良・高市郡教育博物館の沿革は次の通りである (註67)。

　　　明治三十三年五月二十八日畏くも今上陛下東宮に御座しまししし御時御慶事奉告の典を神武天皇御陵に修し給ふの故を以て妃殿下御同列本部に行啓あらせられ悉くも金貳千圓を高市郡に下賜されたり本郡は恩賜の忝さに感泣し永く此恵澤を浴せん為乃ち此賜金を基礎として教育基金を設定せり而して別に此恩賜を記念せんか為めに教育博物館を建設せり

　東宮の婚礼行事として行啓した際の恩賜金を基金に明治36年5月に開館したことが分かる。京都でも、同じく記念に京都市民ら有志5,900余人が4,000余円を拠出して京都市に寄付し、それを受けた市では明治36年4月に京都市立記念動物園を開設した (註68)。

1. 日露戦争の戦勝記念館

　明治38年（1905）6月にアメリカのルーズベルト大統領（T.Roosevelt）の日露講和の勧告や、同年8月の第2次日英同盟の調印などにより、日本はロシアに対して優勢な立場で、9月にポーツマス講和条約に調印した。それにより、日本はサハリンの南半部の割譲、旅順・大連をはじめとする遼東半島の租借権、韓国の保護を承認させ、南満州鉄道などを獲得した。しかし、ロシアからの戦費の賠償金などを得ることができず、不満をもった民衆は講和反対運動を引き起こした。これは、開戦以来、民衆は家族や親類の戦死者、増税や物資の徴用などによる犠牲を払ったにもかかわらず、講和内容は日本側の要求が十分通らず屈辱的であったことへの不満によるといわれる。

　すでに国内の社会環境は、旅順のロシア軍が降伏した同年1月や、日本海海戦に勝利した同年5月以降に勝利の大宣伝をすることで、民心の戦勝気分を高揚させてきた。東京帝室博物館では、明治38年1月に旅順のロシア軍が降伏した直後に、陸軍省に対して、戦勝気分を高揚することを目的にして戦利品の公開を打診している (註69)。大阪では同年3月15日から5月31日に、天王寺公園における、大阪市の主催による戦勝記念博覧会 (註70) や、千葉・野田町でも7月に戦利品展覧会 (註71) が開催されているように、各地で戦勝気分を高揚する

催しが行われた。

　しかし、講和によって、実は日本の完全な勝利でないことが初めて民衆に知らされることになり、博物館においても戦勝記念の博物館は、ナショナリズムの形成と共に、民衆の不満や慰め、それでも戦勝を信じ込ませるための装置として機能することになった。

　明治41年5月、海軍省は東京築地の海軍大学校内に海軍参考館を開館した。これは三井八郎右衛門による戦役記念の献納によるもので、煉瓦造りの建物には、海軍軍事教育の参考品として砲銃・弾薬・水雷・造船・機械工芸・航海測器・通信・模型・絵画写真図書など約4,000点を陳列して一般公開した(註72)。

　一方、各地では、出征した地元出身の兵士から戦利品などが送られたことを契機として記念館が発足した。長野・青具(あおく)記念館は、明治38年1月に青具尋常高等小学校内の一室に戦役記念館として開館したが、それは青具村から出兵した者から送られた戦利品や戦病戦死者の遺物や写真が陳列され、戦勝気分を煽ることにつながった。

　松本町でも出兵した400余人の地元出身者のなかで戦地からの書状や写真などが松本尋常高等小学校男子部に送られてきたことから、学校職員が「将来の国民教育に資する」ことを目的に「時局室」という名称をつけて公開した(註73)。この辺りの経緯については、窪田雅之が詳細に紹介している。それによれば、松本町出身の兵士がロシア兵の肩章などを松本尋常高等小学校(旧開智学校)男子部に参考品として贈ったことが端緒となり、以後、同校出身の兵士による旧満州地方の風俗などの写真資料の寄贈が相ついだ。当時の校長三村寿八郎はこの行為に感激し、一点づつに解説をつけて校舎の一室に陳列し、この部屋を「時局室」と命名して児童及び教職員の時局教育に活用するとともに、一般町民にも公開したという(註74)。ここでも、当時の戦勝気分の高揚につながる様子を窺い知ることができる。

　松本では、その後講和反対運動の社会状況のなかで、明治39年9月には、明治三十七・八年戦役紀念館として松本尋常高等小学校内に独立の建物を建設して開館している。それは、戦後の明治38年から翌年にかけて兵士の帰郷が始まるにつれて資料の寄贈が1,000点以上となり、それまでの時局室の陳列だけでは不可能となったことから、三村は町会議事堂に陳列公開することを発案して

小学校内に独立の陳列館の設立を計画実施した(註75)。資料は戦地からの持ち帰り品のほかに、地元篤志家からの博物標本の寄贈や、明治24年から松本図書館設立のために小学校職員が募金をして購入した書籍や、旧松本藩時代から伝わる書籍も合わせて所蔵品としている。記念館は、明治40年に市制の施行に伴い「松本紀念館」と改称し、明治45年には長野県から通俗教育の振興の補助金を受ける(註76)などして、通俗教育を目的とするようになった。

また、明治39年10月には北海道の札幌でも日露戦役記念館を設立しているし、同年に関東州（現中国遼寧省旅大地区）の旅順市出雲町でも日露戦争の激戦地であった旅順の戦地を旅順要塞戦記念品陳列場として公開している。後者は、現在の現状保存の野外博物館のようなもので「忠勇将卒の苦戦奮闘せる偉蹟を後世に伝へんが為設置したるもの」というように、現地の堡塁、砲台の大砲や、陳列場には歩兵器・騎兵器・砲兵器・工兵器・衛生用品やロシア軍の戦利品などを陳列して、外国人にも公開をはかっている(註77)。

明治43年10月に日本が韓国を併合したことを受けて、長野県南安曇郡豊科小学校内の一室に、韓国併合記念館が設置された。これは次のように松本紀念館と同じように通俗教育を射程にいれたものである(註78)。

> 明治四十三年韓国併合記念として設置せるものにして日清日露の両役に関するものを主として蒐集し傍ら日本古来の武器武具を集め尚武の気性忠君愛国の精神を発揚せんことを目的とせり

大正時代になっても日露戦争に関連した記念館は散見する。大正11年6月、福岡県宗像郡に日本海海戦記念館が設立された。また、連合艦隊の旗艦三笠はワシントン軍縮条約で廃棄が決定し神奈川・横須賀の海軍工廠で解体が開始されたが、ジャパンタイムス主筆の芝染太郎が紙上で保存を訴えたことを契機として、大正14年に三笠保存会が発足して全国的な募金活動の結果、大正15年11月に横須賀に「記念艦三笠」として保存公開することになった(註79)。それ以来1年8か月間に約37万人が訪れるほどの盛況ぶりであった(註80)。

それまでの三笠は、日本海海戦から凱旋して佐世保軍港で、明治38年9月に謎の爆発により沈没した後に浮上工事で現役に復帰していたが、民衆からは距離感があった。三笠は、司令長官東郷平八郎が指揮をとり戦勝に導いた軍艦として民衆には畏敬の存在であったが、記念艦として公開され真近に見られ、し

かも乗船できることで、戦後20年を経た民衆の記憶には新しく蘇るものがあった。それは当時の日本海軍の存在を民衆に普及することにも重なり、「民衆教育機関として、海事思想の啓発国民精神の滋養上実に多大な貢献を為している」(註81)という評価のように十分な演出効果にもなった。

2. 大典記念事業と記念館

近代天皇制は、大日本帝国憲法の発布や、日清戦争を経ることにより成立し、明治時代末期以後に天皇の神格化が進むようになる(註82)。大正天皇の即位に際しては、各地で祝賀会や関連事業が行われたが、博物館の設置もそのひとつに位置づけられる。

たとえば、東京帝室博物館では大正4年10月17日〜11月30日、表慶館において「御大礼関係品特別展覧会」が開催された(註83)。

また、この動向は明治41年(1908)の戊申詔書の発布以降、通俗教育の振興による通俗博物館の設置にも関わる。文部省普通学務局による大正5年12月の調査(註84)によると、各地において小学校内の一室を記念室として、通俗教育を目的に設置されていることが分かる。

たとえば、長野県内の小学校では、埴生尋常高等小学校御大典記念室・朝日尋常高等小学校参考品陳列館・赤穂尋常高等小学校御即位記念郷土室・東穂高尋常高等小学校記念館・中津尋常高等小学校記念館などで大典記念の博物館施設が設置されている。設立や管理は村や学校職員の有志などがあたっている。ここでの特徴は、埴生・朝日・中津などでは武器や戦利品が陳列の主要品となっている。

赤穂尋常高等小学校の郷土室は大正4年にできたが、村議会において大正天皇大典記念事業として、村政史の出版や郷土展覧会の開催と並んで計画された。その趣旨は次の通りである(註85)。

　　本村々政ノ旧史ヲ編纂シテ、村政回顧ノ資料ニ供シ、此ノ機会ニ於テ郷
　　土事蹟ノ保存方法ヲ講ジ、併セテ郷土観念ノ涵養ニ務メ以テ自治政ノ発展
　　ニ資シ国民奉公ノ誠ヲ効サント欲シ

また、福井県内でも先述の通俗博物館に加えて、県内の小学校内に殿下御大典記念室・面谷簡易博物館なども設置されている(註86)。あるいは、広島県呉市の御大典記念衛生参考館のように保健衛生や、山口県長府町の忌宮神社の御

大典記念宝物館のように古器旧物保護にも及び博物館施設が設置された(註87)。

　こうした動向は、昭和天皇の即位による大典でも継続したが、昭和に入ると大正よりもさらに大規模になっていく。昭和3年10月には東京帝室博物館において「御大礼関係特別展覧会」が行われた(註88)。あるいは、昭和天皇の即位に伴い、東京帝室博物館は、震災後の被災のままであったが、復興のためには帝室としては多額の費用がかかることから、渋沢栄一や郷誠之助らが発起人となり復興計画を立案した。昭和2年8月に宮内省や政府側として首相田中義一・蔵相三土忠造・文相勝田主計、民生党側として浜田雄幸・安達謙蔵、学者側として徳富蘇峰・瀧精一・黒板勝美、実業側として渋沢栄一・郷誠之助らが参会して、大典を記念して官民一致して、帝室博物館を古美術を中心に扱う博物館として再建して、皇室に献上する申し合わせがなされた(註89)。公爵徳川家達を会長とする「大礼記念帝室博物館復興翼賛会」を創設したが、その趣意書から(註90)、当時の時代状況を窺い知ることができる。

　　　昭和3年ハ実ニ当今ノ聖代ニ於ケル唯一無二ノ大礼ヲ行ハセラルルノ歳ニシテ皇祖肇国以来幾千年帝室ノ恩沢ニ浴シツツアル我等臣民カ丹誠ヲ抽シテ忠貞ノ志ヲ竭ス可キ一時ト為ス

　　　此ニ於テ我等自ラ揣ラス胥ヒ議シテ其ノ最モ適当ト信スル方法ノ一ニ就テ茲ニ大方諸君ノ賛同ヲ仰カント欲ス其ノ事ハ何ソヤ曰ク各自応分ノ義金ヲ醵集シ帝室博物館ノ復興ニ貢献シ以テ帝室ノ文化的御事業ヲ翼賛シ奉ラントスルコト是レナリ

実際には経済不況などのために遅れたが、昭和12年に帝室博物館はようやく復興した。

　また、棚橋源太郎は、こうした動向に呼応するように各地で郷土博物館を建設することを奨励したり、理事をつとめる博物館事業促進会の事業としても会長平山成信の名で全国の道府県長官・市長・商工会議所会頭・学芸及び産業関係の各種団体長に対して大典記念事業として博物館建設を勧誘し(註91)郷土博物館の設立ブームをひき起こした。

3．偉人の記念館

　日露戦争を契機として、偉人の遺徳をしのぶことを通じて、国民教化の装置とすることを目的にする館が出現する。その初期のものが軍人乃木希典を対象

にしたものである。それ以前にも、長崎の沖禎介記念館（1910年）のように明治の志士をしのび個人で設立したものがある。しかし、国民的な英雄の扱いをうけた人物として、その縁の地に有志らによって設立された記念館としては乃木希典をあげることができる。

乃木は、日露戦争で、第三軍司令官として旅順攻撃を指揮したが、明治天皇の大喪の日に妻静子とともに殉死したことから、国民的な英雄の扱いをうけ、神格化され神社創建に結びついた。歴史上の人物の偉業を称えて神社創建をする行為は、それ以前にもあるものの、記念館を設置するようになったのは、乃木に関連するものが初期といえる。

山口の乃木記念館（1914年）は、日露戦争の戦勝の功労者として乃木希典を顕彰して、乃木記念会が生地に創建した乃木神社に付属して設置したもので、乃木の書・遺品などを所蔵・公開する。設立目的は次の通りである（註92）。

　　　記念会の事業は汎く天下の士人によりて乃木旧邸址地の保存及乃木神社の造営を目的とし旧邸址に乃木一家の居住せし疎末なる門長屋式家屋を模造建築し之を乃木記念館と称し将軍少年時代に於ける家庭の実況を示し後に伝へて忠勇孝順の志を励まんとするにあり

それに関連して、京都の乃木神社宝庫は、大正5年9月に乃木神社が創建された際に、乃木希典と夫人の遺品として、衣服・調度品・書画・刀剣などを収蔵・公開するために設置された。

あるいは、大正15年10月に福岡では東郷元帥旧書斎が保存・公開されたが、東郷も日露戦争の英雄とされたことから、顕彰を目的にして設立された記念館の一種である。

昭和時代になると、昭和10年に神奈川・報徳二宮神社宝物殿は二宮尊徳の80年忌を顕彰し、その著書や遺品類を収蔵・公開するために設置された。二宮尊徳の顕彰活動は、明治以降に全国各地に報徳社が結成され広範な民衆運動として展開している。二宮尊徳（1787-1856）は相模国足柄上郡栢山村に生れ、少年期に父母を亡くし災害で没落した家を極貧のなかから質素倹約し努力することで家を再興したことから、「天・地・人三才の徳」に感謝し、それに報いる心をもつ報徳思想を形成した。あるいは、文政5年（1822）に小田原藩に登用されて、その後普請役格の幕臣ともなり関東周辺の諸藩領などの復興や村々の再

建を指導した経験などから、家や村の存続は社会・国家の福祉や繁栄に通じる「興（富）国安民」を実現する原理を意義づけた。しかし、こうした実践は、日露戦争後の社会基盤を整備する地方改良運動の精神的支柱として、報徳主義を用いて国民に勤倹自助努力や相互扶助を説き、国定の修身教科書にも模範的人物として取り上げられて国民教化に利用されることになった(註93)。報徳二宮神社宝物殿はそうした時代状況を背景にして設立された記念館である。

その他、千葉・宗吾記念館（1932年）、島根・小泉八雲記念館（1933年）、広島・山陽記念館（1936年）、福島・野口英世記念館（1939年）などのように各地に記念館が設置されたが、その多くは地元で顕彰会が組織されて資金集めから開館後はその経営をしている。佐倉宗吾は近世義民の代表的な人物、頼山陽は近世の儒学者、野口英世は医者で立身出世を代表する人物だといえる。

岡崎英輔は歴史上の偉人について次のように述べている(註94)。

> 偉人は、さまざまな衣裳をまとい、時代の節目節目に時代の課す試練の中に登場してくる。その様は、歴史の一切が挙げてその偉人に収斂し、そのようにして歴史そのものをその偉人において見ることができると言えるほどである。歴史的偉人は、そのような意味において、時代ならびに歴史の本質を開示すると言ってよい。

偉人の記念館も、同様にその時代性をうつし出しているといえる。

第5節　郷土博物館の成立と展開

1．小田内通敏による郷土博物館設立の意見書

郷土博物館設置の主張は、大正4年、小田内通敏（1875-1954）が出身地の秋田県に郷土博物館の建議をし、東京府の井上知事にも「東京郷土博物館私案」を提出したことに始まる(註95)。それは、ドイツの郷土教育の思想を受けたものであるが、「郷土思想の涵養と其の方法」と題する小田内の主張は次の通りである(註96)。

> 自己の體質、自己の習癖は如何、自己の長處短處は如何、其の父系と母系より受けたる肉體的はた精神的特質は如何、其の師友より受けたる感化は如何。其の郷土より得たる影響は如何。かく眞面目に自己を省察して其の眞我を捉へ、之を醇化し之を大成するに至つて個人自覺の眞意義があら

138 第1部 日本の博物館史

はるるのである。

　　かかる自覺は個人のみならず、小にして一村一町、大にしては一郡一県にも必要である。即ち町村民なる郡縣人なりが、其の郷土の歴史を知り、其の郷土の治蹟に鑑み、其の郷土の山川風土が如何に其の産業と密接の関係あるかを究め、更に大正時代の新町村、新郡縣として如何なる施設をなすべきかを考えたならば、その町村なり、其の郡縣なりが確かに自覺するに至るであらう。かかる自覺が生じるやうになれば、町村なり郡縣なりの自治は確に點晴せらるるので、自治の完全なる體現は、行政上の解釋以外、郷土に關する知識を豊にし、其の山川風土の特色と共處に營まれたる祖先の業績を偲び、自から其の郷土を愛護するの温情を養ふ事が切要である。

というようにいささか観念論的である。小田内の主張は、個人の自覚と同様に地方が自覚するために郷土博物館の設立を説くものであった。それは海後宗臣
（かいごときおみ）
らによる郷土教育の歴史のなかで次のように述べられている（註97）。

　　郷土地理より出発した郷土教授が直観教授の主張によって地理歴史理科等の直観基礎教授に発展し、更に郷土科の思想を成立せしめた頃より内容上包括的となり、目的として郷土の理解、郷土愛の喚起等を考慮することとなったものである。

　つまり、それはこの当時の郷土教育の一つの到達点を反映するものであった。ここでは、郷土博物館の設立の動向は大正時代初頭の郷土教育論を反映して、郷土愛を涵養するような精神論の立場による見解があったことだけをひとまず注目しておきたい。

2．郷土教育論にもとづく2系統の郷土室

　小田内の意見書は結局実現されるには至らなかったが、他方では全国各地の学校に郷土室や記念室などが設置された。その契機は、国民道徳の育成を目的にした通俗教育政策や大典記念事業の一環として設置されたものであるが、基底には郷土教育による教育的な配慮のあったことが窺える。

　一方、大正時代に本格化する都市化の現象は農村の衰退化を生じさせる。それは、反都市的感情をもち、反都会主義ともなり、そのなかで地方または地域の独自性、独自的価値の再認識がおこる。この時期以降、いわゆる農村問題

が、農村疲弊（1920年代）・窮乏農村（1930年代）・非常時農村（1940年代）と呼ばれるように一貫して社会問題化することになる(註98)。その一つの流れを、横須賀薫は次のように指摘する(註99)。

> 教育の地方分権化ないしは教育の実際化という動き。きっかけは原内閣の教育財政の緊縮方針。高等教育の拡張計画と義務教育費国庫負担の増額要求の板ばさみを市町村教育費の"地方の実情に応じて"増額させる策で切りぬけるため、その理念化として教育の画一性打破、地方的個性の尊重を打ち出した。

大正時代後期から昭和時代の初頭には、地方の実情を意識した郷土教育の議論や実践活動が各地で盛行するようになる。

これまで郷土教育の歴史を整理したものには、海後宗臣ら(註100)・宮原兎一(註101)・内川隆志(註102・103)などがある。当時の郷土室の思想的背景と関わる郷土教育観の状況については、なかでも主情的郷土教育と客観的郷土教育(註104)の二つの系譜を抽出することができる。海後宗臣らによれば、それぞれ客観的主情的郷土教育論と客観的主知的郷土教育論に類型化されるものであり(註105)、伏見猛弥によれば、それぞれ"客観的実質的な郷土を児童の情操の対象とする反主知主義的郷土教育論"と"客観的実質的な郷土を児童の認識の対象とする主知主義的郷土教育論"の区別(註106)に対応する。

前者は、真野常雄（愛知第一師範学校付属小学校主事）らによる、郷土教育の目的を愛郷心→愛国心→人類愛へともっていく精神涵養の発想である。後者は、峯地光重（鳥取県上灘尋常小学校校長）が実践した上灘小学校や、尾高豊作が会長をつとめた郷土教育連盟（1930年創立）の系統の教育論であり、それは郷土教育の方法として教師や児童自身による調査研究が重視されるもので、愛国心の養成による教育観をとるものではない。

主情的郷土教育による郷土室　　そこで、二つの系譜に関する郷土室の状況をみることにする。それは内川も紹介しているように、前者は埼玉県師範学校郷土館、後者は鳥取県倉吉町上灘尋常小学校郷土室である(註107)。詳細は内川のそれに譲るが、ここでは郷土室についての目的や理念について両者を比較検討する。

埼玉県師範学校郷土館は昭和5年に設置準備を開始して昭和8年に開設され

たが、これは主情的郷土教育による郷土室の一例である。その目的は次の通りである(註108)。

> 本校に於ける郷土教育の目的は正しい郷土の認識と、誤らざる愛郷心の養成とにある。眞に郷土を理解し認識する事によって、自ら愛郷心も培はれるのであって、郷土の認識なくしては決して愛郷心が養成されるものではない。即ち郷土を眞に了解する時は郷土意識が濃厚になり、郷土に殉ずる精神と、郷土の改善向上に努めんとする勇氣とを生ずるものである。
>
> 又、郷土の眞の認識はその郷土の特殊性を知ると共に、之を一般性をも綜合的に知らなければならない。

郷土館は、主情的郷土教育の実践の場であり、精神涵養の発想を示すものである。また、その発想は、当初の小田内の郷土博物館設立の意見書にも通じるものである。

また、郷土館に陳列する収集の資料はほとんどが職員や生徒によるものの、それが不可能であったり、多大の労力を要するものについては、県庁・役場・学校・工場・商店などに依頼している(註109)。それは客観的郷土教育の方法が教師や児童自身による調査研究を重視するものとは異なり、地域社会の諸機関を取り込んでいることも特質である。

客観的郷土教育による郷土室　　上灘尋常小学校郷土室は、校長の峯地光重により昭和5年10月に設立された。同年、峯地は大西伍一と共に『新郷土教育の原理と実際』を著しているが、そのなかには峯地らの郷土教育観による郷土室の目的や理念が述べられている。それは大きく二つの観点に整理できる。

ひとつは、柳田国男の考え方の影響によるもので、農民の生活や文化の保護という観点である。それは、国家の保護を受けるものの多くは神社・仏閣・名宝・什器など、あるいは自然科学上の希有な記念物でしかなく、農民生活の過去を語る資料は何も顧みるものがないとしたうえで、次のように述べる(註110)。

> 貴重な諸資料は、農村経済の急迫と都会文明の侵入のために、日毎に急速な破壊の斧を見舞はれつつある。今にして適当な手段方法を講じておかなければ、十年・二十年と経つに従って、農村には祖先の生活を語る何物をも発見することが出来なくなるであろう。我々の史観・社会観の変化

は、もはや従来の史蹟名勝天然記念物の官僚的保護に安んずることは出来ない。自ら進んで郷土保護のために積極的な方法を講ずるべきである。その最善の方法として郷土室建設の如きは最も望ましいものである。

また、博物館についても述べている。

資料の安全な保管と系統的な陳列によって、学術上の使命を果たすことは第一義である。又これを展覧して広く一般公衆の観覧に供することによって社会教育（殊に成人教育）の目的を達することが出来る。

この観点は地域博物館としての役割や使命を述べたものといえる。

もうひとつは、学校教育における郷土室の活用という観点である。峯地らの郷土教育観はここに明確に示されている。それは、主体を「児童」におき、「郷土室を児童に作らせるといふことである。教師が作つてやるのではない。金で買つてやるのでもない。すべて子供自身の知識と労働によって建設していく態度が必要である」という発想である。その過程は、「郷土室の意義目的を充分に子供に自覚させる→収集品・収集法の予測を立てさせる→収集のための協働→陳列と保管のための協議と労働→教師の適宜」となり、その過程を繰り返し、絶えず補充をすることで、子供の意識は郷土に向くといい、「この永遠の未完成品に対する不断の成長を心がけるところに、貴い教育過程がある。もし、一時の流行熱に追はれて、全職員を動員して一時に完成を期するが如き態度では、徒に外形を整へるばかりで、整理された物置同然のものとなり了はるであらう」という(註111)。つまり、郷土室は児童が主体となり教師の指導のもとでつくる過程が郷土教育だと位置づけている。また、子供を軽視して全職員を動員して一時に完成して体裁を整えるような郷土室も否定している。主情的郷土教育によるものはその傾向をもち、埼玉県師範学校郷土館はその一例である。

埼玉県師範学校郷土館のように、郷土の地理に関する地質・気候・動植物に関する資料、歴史・史蹟名勝等に関する資料、工業・産業・美術工業に関するような陳列(註112)では、峯地らにすれば、「何を集めえたか」を目的にするもので教育的な効果は乏しく、重要なことは「何を意図しているか」にあり、「この資料をここまで陳列するまでの教育的過程如何」であることを強調している。「もし思慮ある教師によって十二分の指導がなされているならば、たと

え古鍬が一挺だけ置いてあつても尊敬するに足りる」ともいう。資料の収集の注意点としては、収集範囲は学校所在の町村に限定せず、他の地域のものまで広く集め、比較することにより、他地域との関連性を確認し、視野を拡大することが大切であり、排他的なお国自慢式の教育になることに警告を発している(註113)。

　陳列や整理についても、教師の指導は最小限とし、子どもの主体性にまかせる。「彼等の陳列法は時に意想外に出るかもしれないが、それは彼等の仲間にとって最も理解しやすい方法である。此の室の来訪者に対して児童は決して弁解をしないのみならず、誇らしげに確信のある説明を下すことができるであらう」というように、教育者として子どもを慈しむ態度を感じさせる。ただし、教師は補佐するうえで、「時間的変化と空間的分布」を心掛けることというように学術的配慮を忘れない。「陳列された資料は、例へば掘り取られた筍である。しかし筍を生ぜしめたのは連続した地下茎であるやうに、個々の資料の間にも何等かの因果関係や相互関係があるに相違ない。この資料の地下茎に相当する部分を如何に研究すべきか。また郷土室内に如何に之を表現すべきか。この細心の用意は、郷土室を作ることによつて陥り易い一つの錯誤を避けるために特に心掛くべきことである」といい、その補助手段として年代図や地理的分布図の作成をあげている。あるいは、陳列品は個々の死物であるから、それを生かして陳列する必要性をあげ、「例へば石器や土器を箱に入れて並べただけでは、素養のない人々には了解出来ないし、年代表だけでも分らぬ。当時の生活状態を想像して簡単なスケッチを描き、人と住居を想像せしめると共に、特に石器の種類に従つて如何に使用したかを図示すればよい。糸紡車の側には老婆が行燈のかげで糸を紡いでいる絵をかかげる。小鳥の剥製はその巣や卵と共に、生息している山林又は河岸の背景をも添えること。燈火としては、松火・ひでばち・ろうそく・提灯・行燈・ランプ・ガス燈・電燈などの文化史的順序に陳列すること等は予め教師の用意として心掛けておいてよいことである」というように分かりやすい。その他、資料の生活上の利用法にあわせて室外の適当な場所に陳列したり、ケース内の展示はなるべく少なくして「掌で撫でたり、握つたり、手で動かしてみる、或いは頭に置いてみる。足に穿いてみる。体に着てみる」というように、現代のハンズ・オン展示を提唱している。ま

た、資料整理は、台帳をつくり、資料に添付したレッテル番号と対照したり、カードを作成してレッテル番号と対照できるようにし、カードには品名・採集地・採集又は寄贈者・製作年代などを記入するとなっている(註114)。

要するに、峯地らによれば、郷土室はつくる過程が郷土教育の目的となり、「児童が主となつて作り上げたものであれば、自らその活用法も生まれて来るであろう。また絶えざる成長をはかるためには常に児童の関心が必要となってくる。単に教科との関連を考慮するのみが利用の道ではなく、この室を完成させるために児童が不断の労作をすることが同時に活用されている所以でもある。よく作らせることが即ちよく生かす道である」というものである(註115)。

峯地らのこうした考え方は、後述する柳田国男の郷土博物館観よりも、具体的に博物館経営の領域について触れている。また、そのことは学校教育現場における郷土室の問題にとどまらず、実は郷土博物館論そのものだともいえる。つまり、峯地らは、農村生活や文化の保存と、学校の郷土室の活用という二つの観点から、地域社会における郷土博物館の目的・理念を示しているのである。

峯地らの主張する郷土室は、郷土教育の場として、郷土の偉人を追慕したり、他の地域との特異性を際立たせるものではなく、あくまでも地域の日常生活を対象とするものである。当時の状況について、「偶然に後代まで残ったアブノマルな史料を唯一の誇りとする思想が、郷土教育者の大部分を占めてはいないかを懼れる。アブノマルな史料しか手に入らなかつたとすれば止むをえない。これを通してノルマルの生活を想像することである」(註116)というように、その路線は柳田国男の思想に共通している。柳田が、その辺りのことについて自動車の転覆に例えて説明している(註117)ことは周知の通りである。

3．文部省による郷土教育施設の充実化政策

昭和2年に文部省は郷土教育の全国調査をする。昭和5年には師範学校に郷土研究施設費を交付して以降、昭和5～6年から急速に郷土教育が盛んになる。それは同年11月に開始された。予算11万円とし、1県について1,810円を交付して施設の充実や郷土資料の収集などにあてた。郷土教育は本来の直観教授を完全に離れて児童に郷土観念や郷土愛を覚醒することが教育の目標となっていくのである(註118)。

先述の埼玉県師範学校郷土館は文部省の補助金交付によるものである。当時、各地の師範学校では、昭和5年に和歌山県師範学校附属小学校郷土室・旭川師範学校郷土室・三重県女子師範学校附属小学校郷土室・富山県師範学校附属小学校地理郷土室、昭和6年に（神奈川県）師範学校郷土室・奈良県師範学校郷土研究室、昭和8年に香川県師範学校郷土館などが開設している(註119)。それに対して、峯地の上灘尋常小学校郷土室は開設した翌年の昭和6年以降に廃館となっている(註120)。その具体的な経緯などについては不明であるが、開設して1年前後で閉鎖してしまう。海後宗臣らが指摘するように、その閉鎖は昭和5～6年の郷土教育の推進運動が、児童に郷土観念や郷土愛を覚醒することが主流となる社会的な動向とは無関係でないと考えられる。

4．博物館事業促進会の答申「本邦郷土博物館施設促進ノ最適切ナル方策」

小田内通敏が提唱した郷土博物館設置の意見は、その後の学校の郷土室の盛行などを経て、昭和6年文部省からの「博物館事業を公衆に理解せしむる適切なる方策如何」という諮問に対して、博物館事業促進会が提出した答申の一つとして「本邦郷土博物館施設促進ノ最適切ナル方策」を示したことで、郷土博物館の社会的な位置づけはより強固なものとなる。その中心人物は棚橋源太郎であるが、それには棚橋源太郎が昭和3年に博物館事業促進会（現財団法人日本博物館協会）を発足させてから、全国的に郷土博物館を設置することに関心をはらってきたという経過がある。

棚橋が郷土博物館を推進した役割については既に新井重三が触れている(註121)。新井は、「（棚橋は）ドイツの前例をとって、我が国においても郷土教育と博物館のドッキングを試みた」と指摘する。その前例とは、「精神的郷土教育の発祥の地がドイツでありゲルマン民族の誇りと統一のために、この教育が活用され、その思想普及の拠点としてドイツ国内にくまなく郷土博物館（Heimat Museum）がつくられていった」(註122)というものである。そこで、棚橋の発言を具体的に辿りながら答申に対する当時の質疑などを再検討してみたい。

答申の内容と意味　　昭和6年6月の第三回全国博物館大会において、棚橋が作成した諮問の原案は次のようなものである(註123)。

本邦郷土博物館施設促進ノ最適切ナル方策
　一、速カニ博物館ニ関スル法規ヲ制定スルコト

二、博物館ノ設置充実ニ対シ国庫ヨリ相当ノ補助金ヲ交付スルコト
三、道各府県ヲ区域トスル地方博物館ノ設置充実ヲ期スルコト
四、前項ノ博物館ヲ設置シ得ザル場合ハ図書館、学校其ノ他ノ団体ニ於テ分科的博物館ヲ設置スルコト
五、各市町村ニ博物館施設ヲナシ同地域ニ於ケル各学校ハ可成リ其ノ設備ヲ共同利用スルコト
六、各市町村ニ於テ博物館施設ヲナシ得ザル場合ニハ学校、図書館其ノ他公共ノ建設物等ニ附設スルコト
七、中央ニ指導機関ヲ設ケ博物館相互トノ連絡ヲ計リ其ノ設置充実ヲ促進スルコト

　以上は、全国に郷土博物館を網羅する一大構想といえる。それには次のように説明を補足することができる。
　まず、一や二については、昭和3年3月に棚橋源太郎が中心となり、東京在住の有識者にはかり、平山成信（1854-1929）を会長として、博物館事業促進会を発足したが、その目的は、「博物館ニ関スル思想ヲ普及セシメ之レカ建設完成ノ機運ヲ促進スルヲ以テ目的トス」というように、その具体策として法律や財政支援を政府にはたらきかけるものである。ちなみに平山は、明治・大正期の官僚である。明治24年第一次松方内閣の書記官長・枢密院書記官長・大蔵省官房長・宮中顧問官・枢密顧問官・日本赤十字社社長・貴族院議員などを歴任した。棚橋は東京博物館を退官後、日本赤十字社の博物館設立に尽力するが、平山とはそこで知遇を得ている(註124)。
　三は、郷土博物館の空間的な領域論に関するものである。これ以前に棚橋は、博物館経営に関する日本で最初の著書といえる『眼に訴へる教育機関』(註125)において、郷土博物館と地方博物館の区別について、前者は市町村の設立で人文・自然科学の両分野を領域とした博物館、後者はそれより広域の郡や府県の設立で郷土的色彩の濃厚な博物館と規定した。しかし、その後に郷土博物館の規定を見直し、"郷土"概念は児童の成長段階に応じて漸次拡大することから一律に設置者ごとに区別できるものでなく、郷土博物館は場合によっては府県立の博物館までも該当するというものである、という見解を示している(註126・127)。答申案の内容は再検討後のものであり、地方博物館を郷土博物館の

範疇に含めていることが理解できる。

　四は、地方博物館が設置できない場合には、図書館や学校などの事業のなかに郷土博物館事業を組み込むことが述べられているが、それらは行政あるいはそれに準ずる団体によるものを指している。

　五は、郷土博物館は学校教育に貢献するので共同利用をすすめる。棚橋は次のように述べる(註128)。

> 今日小学校の教育では、児童に郷土の実地を踏査研究させてゐるが、これと同時に児童の研究上に郷土博物館を適当に利用せしめることを忘れてはならぬ。地方の土俗資料や歴史考古品、工芸品等には容易に蒐集出来難い貴重品も少くない。かうした郷土的資料がよく蒐められてゐるのが郷土博物館である。(中略)全地域から蒐集された豊富な資料を蔵する地方博物館を見学せしめたならば、その効果は更に一層大なるものがあらう。

　六は、四の運営主体を「官」とする発想に通じるもので、市町村で博物館施設を工面できない場合には公共の建物を利用する。

　昭和5年当時、棚橋は農村に郷土博物館を設立することに否定的な見解をもっていた。

　その理由は、まず遠野郷土館の焼失の例を引きあいにして、建物は不燃性のものでなければならないこと、そのためには地元に財力のある個人や団体の支援がなければならず、よって農村等に郷土博物館を建てようとする行為を軽率だとする。郷土博物館は、最低人口1・2万以上の都市で、経済的な基盤がある地域がふさわしいとしている。

　また、学校内の郷土室の運営の留意点を次のように述べている(註129)。

> 保管してある蒐集品を出して来て、児童に見せることは、彼等の興味を喚起して有効であるが、学校博物館としていつも同じ物を教室内又は学校内に陳列し、生徒が勝手に出入り出来るやうにして置くことは、特に児童の興味を殺ぎ、彼等が研究心を鈍らすに過ぎないのである。

　また、効果が期待できないものを設置することは経済的浪費にもなるとしている。しかし、その後は公共の建物を利用するという前提のもとに、農村にも郷土室を設置することを進めている。

　七は、全国規模の郷土博物館構想を実現するために、中央が地方を指導管理

するという発想によるものである。その具体例を昭和7年の「郷土資料の分配保管構想」にみることができる。その内容は、郷土博物館には町村博物館と府県や郡単位で設立した地方博物館があり、後者はその地方の中央博物館のような地位にあることから、地方博物館はその地方の町村博物館が所蔵する資料の種類を僅かなりとも一通り揃えることを提唱する。そのために各町村博物館は、その地方の地方博物館に資料を提供することになる。その理由は、地方博物館はその地方の中央機関であることから、各町村博物館の陳列資料を一堂に比較研究する。また地方博物館による資料収集を容易にすることである。ここでは、岡山県立郷土館が創設された際に、県下の各小学校が競って郷土資料室を設置したために、資料の収集が困難であった事例をあげている。つまり、「町村博物館は科学的研究とか記念物の保存とかいふ点では、大いに地方博物館に譲歩するところがあらねばならぬ」という。また、なかには一国の文化史などの上から貴重な資料がある場合には、大学・大図書館・科学的素養の館員のいる博物館で保管するべきだともいう（註130）。棚橋の郷土博物館構想は、行政を単位にして、郡や府県が町村の博物館を統制するものである。それは、地方博物館の下位に町村博物館を置くことにより、地域を階層的に組織して運営する方式である。

尾高豊作の危惧　博物館大会においては、会員から意見聴取が行われた。なかには尾高豊作（1894-1944）の見解のような警戒論も出されたが、結局は原案通り通過した。とはいえ、尾高の指摘は現代の教育問題においても示唆に富むものである。

尾高は、当時刀江書院の経営者でいながら、小田内通敏らとともに昭和5年郷土教育連盟を創設し、その指導的な立場にいた。尾高の見解は次の通りである（註131）。

> 私が各地の小学校や各府県の教育会などにまゐつて拝見致しましたところから、本問題を考へ、その心づいたことをちよつと申上げて見ようと思ひます。郷土教育の最近の発達の動機は、画一教育に反対して地方主義的な、また過去から伝統を追うて来てゐる各地方の活きた生活の中に教育が根ざさなければならぬと云ふ点にあります。本邦の郷土教育は制度組織の上からいつて外国と事情が少し違ふやうに思ふのであります。それは本邦

の学校教育が教科書並に教科課程の上に集中されてゐるので、せつかく郷土教育が流行し出しても、その方に引きづられるやうな嫌いがありまして、ほんの学校教育の内部で郷土教育をやるに過ぎないのであります。それに都合の好い資料を集めて来て、教科書その他の該当する所へ点々と追加してゆく程度以上に延びにくい傾向があるのではないかと思ひます。従つて郷土室の経営をなさる様子を見ましても、その提出されてゐる問題と関連することでありますが、郷土の人達のために考へることは殆どなく、ほんの集めると云ふだけに止つてゐます。そして如何に郷土を研究すべきか、如何に郷土を見るべきかと云ふやうなことを生徒並に一般の人達に教へ、指導することができない。故にその辺に体裁よく物を列べれば郷土教育のことが実現したやうに考える向きあります。

　すなわち、郷土教育を推進しようとしても、学校教育が教科書や教科課程を中心にしているために、尾高の教育観ともいうべき「昭和初年の社会的危機に対処する教育を、郷土を科学的認識より出発する学校の社会化（全村教育）にもとめる」(註132)ことにはならず、「間違った方面」にすすむ萌しが郷土教育にみられることを指摘している。それは、先述の峯地らの考え方とも類似するものである。

　また、尾高は翌7年にも当時の郷土博物館や郷土室について危惧の念を述べている。それは小学校の郷土室経営が教授用としている態度や方針に疑問を呈しながらも、その前提ともいえる郷土博物館が、現状では「"郷土"はどうも過去の歴史をあまりに連想しすぎる。たとえば、郷土の遺風とか、遺物とか云ふ方面が最も尊重されてゐますが、これはこれからの郷土博物館として非常に偏るきらひがあります」といい、その方向性は「もっと現代を取り入れ、それを本として過去に遡り、且未来に及ぶと云ふ行き方にしたいと思ひます。地域の範囲も必ずしも市町村と云ふ行政区画に拘泥する必要はない」(註133)というものであり、当時主流となっていた主情的郷土教育に基づく郷土博物館の動向を批判している。

5．棚橋源太郎の郷土博物館観

　棚橋の郷土博物館観は、先述の答申の端々にみることができる。そこで、棚橋のイメージした郷土博物館の目的や理念を検討する。

棚橋の初期の見解は、博物館は4種類の機能があるとして、郷土博物館の役割を次のように述べている。「一国一地方の美術工芸考古品を保存陳列して、学術芸術を尊重奨励すること」「それにより国民の見聞をひろめ実物教育の機関たること」「それによって其の国土、其の地方を広く紹介する事」「またこれによって国民及び地方民に国土及び郷土の誇りを滋養し、国土愛、郷土愛の一源泉たらしめる事」。また棚橋は、「政府当路者は思想善導の為めに、種々焦心しつつあるが、其の多くは的外れの非難を免れ得ない。而して、博物館の建設こそ却つて思想善導に関する諸種の施設にまさるものがあろう」とも述べ、通俗教育の延長上において博物館が思想善導に有益であることを主張している。また、大典記念事業として各地で建設することも奨励している（註134）。

これに類似する見解としては、たとえば文部省社会教育官の金井浩は、郷土博物館の効果価値は、

> 第一は一国一地方の美術工芸考古品を保存陳列して学芸を奨励し、第二はこれによって国民の見聞を広め実物教育の機関たらしめ、第三は其国土及郷土を広く社会に紹介し、第四は更にまた国民及地方民に国土及郷土の誇りを知らしめ、国土愛郷土愛の精神を滋養せしむるに在り

という吉田弟彦の見解を取り上げながら、それに非科学的な日常生活を改善するために事象の因果関係を発見できるように科学知識の普及を加えている（註135）。それには、おそらく棚橋の見解も下敷きになっていると推測される。

ここから理解できることは、棚橋の郷土博物館観は文部省に耳ざわりのよいものとなっていることである。郷土教育論において、棚橋は主情的郷土教育論の立場をとっている。

満州事変後の昭和7年になると、さらに棚橋の郷土博物館の見解は対社会的方面に関心が向けられていく。「郷土博物館は、学校教育の補助機関であると同時に、また町村及び地方の青年を始め、全住民社会教育の中央機関たらしめなければならぬ。社会教育と云えば種々な方面に関係し、頗る広い範囲に亘るけれども、郷土博物館としては、特に公民としての教養、愛郷土精神の養成に、その重点を置かなければならぬ。郷土博物館はかうした多方面の社会教育によって、地方の発展、特に民風の作興、産業の発達に寄与貢献するところがなくてはならぬ」という。「その機能を発揮せんとするには、ただ陳列品の見

張番をしてゐるばかりでなく、進んで種々な方面に活動し、社会教育を始め、種々な事業の遂行に努めなければならぬ」と社会教化策と地域経済の振興策として郷土博物館を位置付ける。「事業の遂行」とは棚橋がかつて教育博物館で実践したことを模範とした社会事業である。そのために、郷土偉人の記念祭・特別展の開催・講演会・講習会・趣味娯楽会を実施することなどが述べられている。

それらは、方法論として、今日の博物館事業の体系を既に備えたものと評価できる。しかし、その目的理念は、社会教化や地域経済の振興であり、現代の地域博物館のそれとは性格が異なる。たとえば、記念祭については「その地方の青年を教育し、住民を感化し、延いては民心の作興、産業経済の発展上に偉大な効果のある」ものというし、特別展は「科学産業美術歴史及び土俗等に関するもので、地方の発展特に地方産業の改善、住民の健康福祉の増進、民風の作興に効果の多いものであらねばならぬ」といい、農産物などの共進会や品評会も当を得た企画であるとする(註136)。棚橋の郷土博物館観は、その社会的役割について極めて具体的に示されるが、それは当時の国策としてあらゆる面で国民教化策に収斂化をはかるその一環といえるものであった。

とはいえ、棚橋の郷土博物館観は、客観的郷土教育論も内包している。昭和７年に著した『郷土博物館』(註137)には、前年の博物館大会における尾高豊作の指摘を踏まえて、棚橋の見解として次のように示されている(註138)。

　　町村小学校の郷土資料室は、固より学校設備の一ではあるが、同時にまた町村全住民社会教育の目的に利用されなければならない。少なくとも将来、その町村に建設さるべき郷土博物館の為めに、資料を蒐集蓄積して、これが礎地を造るべきである。随つて郷土資料室に於ける研究資料、並びに陳列材料蒐集の方針の如きも、大体郷土博物館のそれに準ずべきである。然し郷土資料室は、これを在来の教具資料室と同一視してはならぬ。教師の手のみに依つて、一切の資料が蒐集され完成されるのでは面白くない。今日の作業主義体験教育に基づく児童教師協働の生産物たらしめなければならぬ。学校や教師の側で、蒐集され、整理され、陳列された資料室を、即ち既製品の郷土室を児童に開放して見せるのでは、教育上の意義に乏しく効果が少ない。児童は初めの間は一寸珍らしく感ずるかも知れない

が、忽ち見馴れて終つて、殆ど興味を感じなくなるものである。教師指導の下に、児童が郷土の実地を踏査して、調査研究蒐集した結果を、児童に整理させ、図表に製作させ、或いは多少手を加へて標品に造らせ、或は模型に製作させてこそ、児童はその収集品を自分共の物として資料室を自分達の作業研究室として、真に興味を感じ愛用するに至るものである。実を言へば蒐集品や資料室その物よりも、寧ろこれを完成するまでの道程に教育上の意義を認めなければならぬ。

と、先述した峯地の上灘尋常小学校の郷土室の理念を含んでいる。

その他にも、棚橋は『郷土博物館』のなかで、郷土博物館は成人にとって観察による比較研究や鑑識眼を高め趣味を向上することなどから、自己教育の機会にもなることも述べている(註139)。

ところで、内川隆志によれば棚橋の郷土博物館論は、郷土室から郷土博物館への移行について、「学校教育としての郷土教育、児童の学習の場としてのみの郷土室という定義を推し広め、公民教育の場と解釈した」と指摘している(註140)。確かに、昭和6年(1931)頃から郷土博物館は増加したが、その背景にはこれまで検討してきたように棚橋の存在が大きく作用している。先述したように、「町村小学校の郷土資料室は、固より学校設備の一ではあるが、同時にまた町村全住民社会教育の目的に利用されなければならない。少なくとも将来、その町村に建設さるべき郷土博物館の為めに、資料を蒐集蓄積して、これが礎地を造るべきである」(註141)と、棚橋は郷土室から郷土博物館への発達段階を構想していることが分かる。それは、郷土博物館を設置することで、それまでの対象を学校の児童から地域社会全域に拡大するもので、主情的郷土教育論の目的理念を地域社会に普遍化させることを意味している。

それは、これまでの国民教化策がとってきた学校現場→社会に拡大する方針と類似するものである。明治期の国民教化策は、まず学校教育における国家統制の強化を目的にした、明治13年の「教育令」の改正にはじまり、小学校令などの諸学校通則の公布(1886年)に遡ることができる。その後の戊申詔書(1908年)や各種の通俗教育政策などにみられるように、学校教育現場から一般社会への拡大化という面からいっても類似した現象である。

6. 柳田国男の郷土博物館観

　昭和4年(1929)当時の郷土館の状況では、柳田国男(1875-1962)は自らの「郷土研究」を実現することに限界があることを述べている(註142)。柳田国男の郷土研究とは、「郷土を研究しようとしたので無く、郷土で或るものを研究しようとして居たのであった。その"或るもの"とは何であるかと言へば、日本人の生活、殊にこの民族の一団としての過去の経歴であった。それを各自の郷土に於て、もしくは郷土人の意識感覚を透して、新たに学び識らうとするのが我々どもの計画であった」。また、当時の国際情勢において、日本の国際的な孤立を避けるためにも視野を世界に広げることを意図している。そのためには、最初に自国の国民史を的確に解明することを力説する(註143)。

　　それだからもう一度、日本人が世界の日本史を書くのと同じ気持を以て、郷土人をして自らその隅々に於ける国の過去を心づかせたいと私たちは企てたのである。個々の郷土の生活を知ることは手段であった。それを綜合し且つ精確に比較したものから、改めてこの日本国民の生き方働き方を学び、更に出来るならば同じ志の世界他民族の郷土研究家とも提携して、行く行く人類の通って来た路、若くしてしかも元気よく、常に次の代の変化を孕んで居た進展の跡を、公平に理解して見ようとして居たのである。

　ところが、柳田によれば、当時の郷土館は次のような点から問題があった。①陳列したもの同士の間をつなぐことが大切なのにそれができていない。②郷土館のように固定的なものができると重要な生きた資料が顧みられなくなる。③いくら遺物が多くても、よい指導者がいなければ無意味なものとなる。④必要な知識が陳列されてない。⑤計画もなく偶然に入手した資料を集めても意味がない、というものである(註144)。

　柳田はヨーロッパの郷土博物館で類するものを見聞している。柳田が指摘する問題点は、国内の郷土博物館の大半が地域の歴史や生活道具、偉人の遺墨や遺品などを陳列する状況に対する警告のようなものである。さらに柳田は次のように述べる(註145)。

　　(郷土博物館の陳列について)所謂歴史的変遷を語る遺物よりも、むしろ家庭的経済的の資料、即ち我々の祖先の生活の跡を語る衣食住についてその

第3章　博物館政策の地方への波及　153

　　形式を材料と色とが最も大切だと思うのです。それらは一度に変つたもの
　　でなく、形式が変つても材料が同じであつたり、材料が同じでも色が変つ
　　たりして、極めて徐々に変つてき来たのではあるが、とにかく現代には昔
　　のやうな衣食住は何所にも残つてはゐません。こんな変遷の跡を極めるこ
　　とによって、国風や人生の変化を知ることが出来ると思います。
さらに続けて、
　　今日は年代記や伝説歴史のほかに農民の歴史という云ふものはありませ
　　ん。もし郷土館というものが現はれるならば、この弊を補ふことに努め、
　　説明を注意すると共に、常に印象が新しいやうにすればよいと思ひます。
　　これは極めてお粗末であった祖先の生活を如実に知るそのことが目的で
　　あって、決して今の人の贅沢を抑へるなどといふためではないのです。
といい、ここでも農民史を探求するという柳田民俗学の一端が見られる。
　その一方で棚橋源太郎が主張するように郷土博物館が生活改善に貢献すると
いう風潮を批判している。当時の一般的な郷土博物館が収集したものを収蔵す
るような形式の陳列や、偉人などの特定人物の陳列は、自動車でいえば転覆に
相当するもので、決して普遍的なものでない。柳田は、日常性の普遍化に意義
や重要性を求めている (註146)。それは、つまり当時の文部省が主導する主情的
郷土教育の方針に異議を唱えるものである (註147)。
　柳田による郷土博物館の目的理念は、「村の人に教へたいことは何んであるか」
「村の人たちの疑問即ち公の疑問は何であるか」を計画的に考えることで
あり、政策として重要なことは「疑い」をもつことであり、その解答の手段と
して郷土館の有効性を説く。柳田は、この「疑い」を重視している。当時の指
導者(役人や教員など)は、ただ解釈を与えることに急ぎ、疑問をもつことが罪
悪であるかのように恐れたり、いい加減な理屈で押さえ込む。あるいは感情や
神様を引っ張りだす始末だと、その背景を述べている (註148)。これもすなわち民
俗学の学問的な目的理念に通じるものであり、郷土博物館をそうした教育装置
としてとらえているところに柳田の「学問救世」の姿勢を見ることができる。

7．後藤守一の郷土博物館観

　帝室博物館鑑査官の後藤守一(しゅいち)(1888-1960)の郷土博物館観をみることにする。後藤は文部省による当時の郷土教育や博物館などの施設の充実化策に疑問

を示しながら、「文部省がなんのために郷土研究に力瘤を入れてゐるのかは知らないが、自分は飽迄それが郷土をよく理解するのであり、理解はやがて郷土を熱情におしあげられるべきであろうと信じる」(註149)という立場をとっている。これ自体では、後藤は主情的郷土教育論者のように思われるが、前提に文部行政への疑問を表明していることから、むしろ棚橋のような主情的郷土教育論に疑念をもち、郷土の理解を前提にして自然に愛情が沸き、決して愛郷土心を強要すべきものではないことが分かる。

　また、郷土博物館の個性についてもふれている。これは棚橋のいう地方博物館の下位に郷土博物館を位置付けたりするものではなく、むしろ「歴史・考古学・地理・博物学が平等に活躍し、またその四分野に於いては、時代的にまた地域的に平均にされるべきでものではなく、やはり、その地方地方の特色を捉へて行くべきではないかと思ふ」というように、郷土博物館の画一化は人に迫るものがなく散在的となり効果が希薄となる。むしろその地方の特色に応じたように、「歴史の色彩の強い地方もあらう、また博物の方に特色のある地方もあらう。また同じ歴史でも、ある英雄に集中されることもある。ある文化事象に傾くこともあらうと思ふ。その集注に熱があればよい」という(註150)。

　後藤の理想とする郷土博物館の一例は次のようなものである。後藤は、ある県から郷土博物館の設計の委嘱を受けるという設定で、理想的な郷土博物館像を描いている。その目的は「その地方…県なり郡なり、また数郡の組合なり…の過去と現在を実物によって一般民庶に理解させる設備であり、決して現在の科学発達の一般を了解させるためのものではなく、考古学的遺物の羅列に止まるものでもなく、またその地方の蒐集家の珍蔵になる美術品の公開に過ぎないものでもない」といい、「理解」に力点をおいている。そこで展示構成を次のように設定している(註151)。

　（自然分野）
　　第1室：郷土の自然地理が理解できる陳列。模型は必要物、またその地方の特殊の自然地理界の紹介に力点をおく。例えば、富士山（静岡県）など。
　　第2室：地質が理解できる陳列。模型により構成地質の大体を明らかにする。岩石標本を陳列。特殊の地質や鉱石、石炭等の産出があれば

詳細に扱ってもよい。
第3室：動植物が理解できる陳列。家畜は除く。剝製や模型を利用。また動物ではヂオラマ陳列を採用。

（人文分野）
第4室：集落を主題として、集落の形式や民家の構造を明らかする陳列。模型などを利用。
第5室：産業室。重要産業を取り扱う。なるべく実物やヂオラマ陳列を採用。
第6室：交通及びその他の人文的施設が理解できる陳列。
第7室：その地方の歴史が理解できる陳列。
最　後：美術品及び美術工芸品の陳列。郷土を題材とするか、郷土出身者に限定

　これらから分かることは、まず地域を総合学的視野から鳥瞰していることである。一つの地域について自然地理・地学・地質・動植物学などの自然科学と、人文地理・民俗・産業史・考古・歴史学などの人文科学から究明しようとする学際的な態度を見ることができる。それをヨコ軸とすれば、タテ軸にくるのは「過去と現在の系譜」という歴史的な手法である。たとえば、第2室では、地史学的順序に陳列することで土地の構成順序を具体化する。第4室は、民家の形式や集落の構造を知る上で、その系統を明らかにするために他地方の参考資料を陳列することを勧めている。第5室でも、地域の重要産業の史的変遷の究明に意を注ぐことや、第7室では、文化の変遷を理解することなどが述べられている。

　その結果として、地域を理解することになる。後藤は、"理解"を郷土博物館の目的理念としている。それはたとえば次のような部分から窺うことができる。「（第4室）土地の人には、自分の住んでゐる家の構造は何の興味の的にはなるまいが、その特殊性というものを注出されて見て、なるほどと気づくものがあるし、況して山間と平野と、村と町とでは、それぞれ、趣きを異にするものがある」、あるいは「（第5室）長野県の養蚕とあれば、その養蚕の盛んとなった由来を説き、現在の日本全体に見た関係を考へ、繭の各種を示し、製糸から輸出に及ぶまでを述べ、かつその利用法を明らかにするがよい」、あるい

は(第7室)では、どんな家に住み、どんな衣服、家什、武器を用いていたのかを明らかにすることなどが述べられている。また、ここで気づくことは、理解するために、他の地域を参考にするという方法である。偏狭なお国自慢的な郷土博物館では得られない、開放的な姿勢がそこに見られる。

8．郷土博物館の展開

　郷土博物館は、昭和3年の昭和天皇の大典記念事業の一環として各地で計画されるようになる。その契機は同年2月に博物館事業促進会が、大典記念事業として各地で博物館の建設を勧誘するために、会長平山成信名で勧誘状を発したことによる。会では、朝鮮及び台湾総督・関東州・北海道及び樺太長官・各府県知事・全国各市長・各府県教育会長・同農会長・各商工会議所会頭・各協議会長など319名に宛てた(註152)。

　それは、大正時代の天皇即位の大典記念で設立された通俗教育系の博物館が人文・自然科学の両方を視野に含めたものが多かったのに比べて、郷土博物館の方は人文系の郷土資料を中心として、自然科学分野は後退することになる。つまり、単なる国民教化という色彩ばかりでなく一般的な知的理解という要素をも含めたそれまでの通俗教育のあり方から、昭和に入ると主情的郷土教育論に見られるように、国民教化という色彩が顕著になる。

　その萌芽は、すでに島根・津和野町郷土館(1921年)、鹿児島・尚古集成館(1923年)、香川・鎌田共催会郷土博物館(1925年)などのように、大正時代後期から現れるようになる。たとえば、鎌田共催会郷土博物館は、大正14年(1925)5月に昭和天皇の御成婚記念事業として前貴族院議員の鎌田勝太郎(1864-1942)が経営する財団法人鎌田共催会により香川県坂出町(現坂出市)に設立された。鎌田共催会は、大正7年以来、内務・文部省の認可による財団法人として育英・救貧・調査・出版・図書館などの社会事業を展開したが、博物館もその一部として組み込みこまれたものである。陳列品は、讃岐の偉人とされた久米栄左衛門の遺品をはじめ、古代の由緒ある寺社や古墳遺物や旧高松藩主松平家の所蔵品などからなり、毎週土曜日に一般公開した(註153)。それは、郷土の偉人の顕彰や郷土資料の保護や愛郷土精神を養成することを目的としたものである。

　昭和時代に入ってからは、博物館事業促進会による大典記念事業と結び付け

た郷土博物館建設の勧誘も影響して、各地でその動向が顕著になった。たとえば、大阪では大阪城の公園建設と大阪城の再興が行われた。城内には明治・大正天皇臨幸の御座所もあり、永久に保存して聖徳をしのぶということから(註154)、昭和6年11月に天守閣が歴史博物館として開館し、その記念として大阪市の主催により「豊公資料記念展覧会」が行われ、秀吉の肖像や秀吉から淀姫などに送った書簡などが陳列された(註155)。大阪城天守閣の復興に影響を受けて昭和7年12月から名古屋城でも旧御殿が公開されるなど、城郭の整備・公開も郷土博物館運動の一環になったことが分かる。

仙台でも郷土博物館建設が、市議会の有志から市長や市議会議長に大典記念郷土博物館建設が建議された。その理由は次のようなものである(註156)。

　　　此時ニ当リ往ヲ送リ新ヲ迎ヘ古キヲ稽ヘ新シキヲ知リ、以テ国民ノ思想ヲ善導シ郷土ノ良俗ヲ維持セシメンニハ、郷土博物館ヲ建設シテ、教育産業ノ向上発展ヲ計ル外無之、館内ニハ特ニ皇室ニ関スル一室ヲ設ケ、高貴ノ文献宝什ヲ奉戴シテ一般ニ皇室ノ尊厳ニシテ仁恤ノ御事例ヲ拝観セシメ、以テ皇室中心主義ヲ体セシメ、又旧仙台領内ニアリテハ伊達家ヲ始メ名門名家ノ出陳ヲ請ケテ郷土ノ文献ヲ明カニシ、且ツ奇品珍什ヲ以テハ工芸美術ノ精華ト先哲古賢ノ遺風ヲ追憶セシメ之ニ依テ郷土愛護ノ念ヲ助長スルヲ得バ、少クトモ思想善導ノ一端トモ可相成事ト被存候

ほかに岡山市(註157)や鹿児島県(註158)でも郷土博物館建設を計画、群馬県桐生市の桐生高等女学校校友会(註159)、熊本では旧藩主細川家が歴史博物館を計画したり、静岡では富士博物館を建設するために発起人が静岡県保安課に出願する(註160)など、各地で郷土博物館建設が計画実施された。

ちなみに、倉内史郎らによる『日本博物館沿革要覧』(註161)から昭和初年から戦中に設立された郷土博物館を設立年代順にあげる。山形県教育会による郷土博物館(1927年)、宮城県の北村郷土博物館(1928年)、島根県教育会による郷土博物館(1927年)、鹿児島県立図書館内に併設された御大典記念郷土博物館(1928年)、岡山県郷土館(1929年)、山形県の米沢郷土館(1930年)、岐阜県教育会による岐阜県郷土館(1931年)、岡山県の砦部町郷土館(1933年)、秋田県立図書館内に併設された簡易郷土室(1934年)、東京・大日本連合青年団郷土資料陳列所(1934年)、新潟郷土博物館(1934年)、東京市郷土資料仮陳列所(1934年)、

岐阜県の大垣市郷土博物館（1935年）、北海道の旭川郷土考古館（1936年）、沖縄郷土博物館（1936年）、北海道北見教育会による北見郷土館（1936年）、鹿児島県の加治木町郷土館（1938年）、愛媛県の松山市郷土館（1940年）、青森県郷土博物館（1941年）、長崎博物館（1941年）などがあるが、実際にはそれよりも多くの郷土博物館が設立されただろう。

　岡山県郷土館は史蹟や天然記念物に関する資料を有したが(註162)昭和20年に焼失廃館した。岐阜県郷土館は、「石器時代の遺物アイヌ人と大和民族両祖先の使用したるもの」「古墳時代（神武天皇の御宇から奈良朝時代までのもの）」「条理図、条理制度の図書」「県下における動物植物鉱物の標本」「国宝保護の建築物の写真」「明治天皇御巡幸に関する写真」「国幣社並びに県社国分寺の写真」「県下の教育統計図表」「盲教育に関する教科書教授用具並に写真」「古き教科書」「地質標本と地質図及岐阜県図」「気象に関する統計図表並に写真」「県下に於ける偉人の写真及遺物」など(註163)を陳列していたようである。あるいは、東京市郷土資料仮陳列所は高松宮より東京市へ下賜された麻布の有栖川宮記念公園に東京市は郷土博物館を建設して江戸時代からの各資料を陳列して青少年に愛市心を涵養することを目的としたものであった(註164)。沖縄博物館は、県教育会によるものであるが、県内有志の寄付を募り、首里城内旧北殿を修復して博物館を建設した(註165)。松山市郷土館は、大正2年に設置した松山市武器陳列所が前身となっている。

　そのほかに、鹿児島県では、昭和14年4月、鹿児島市山下町に歴史館が設立された。これは財産家藤武喜兵衛の遺志を酌み、養嗣子修三と養母チカから、歴史館建設費金10万円が市に寄付されたのを受けて、昭和13年6月に地鎮祭を行い建設に着手したものである。現存する歴史館の碑文（昭和14年7月20日建立）によると、その目的は「郷土先賢の遺品其他産業経済文化に関する各種の史料を蒐集陳列し、後進をして遺芳に接し、苦心を偲ばしめ、以て社会教化の道場たらしめんとす」とある(註166)。

　このように、郷土博物館の多くは、郷土の偉人や古代遺物や国宝などのように国家が指定した文化遺産などを通じて、愛郷土心を育成するもので、それを愛国心につなげていくものであった。大典の祝賀ムードとは裏腹に、金融恐慌により国内経済は衰退化する一方で、労働運動の盛り上がりなどにより社会的

に不安定な状況が続いた。政府は、その活路として満州事変に象徴されるように対外政策に向けることで、国内的には国家主義による統制を一段と強めた。教育方針は、郷土愛の養成から愛国心に誘導する主情的郷土教育論に示されるものとなり、社会教育の場において郷土博物館はその社会的な装置となり機能することになった。

なお、長野県の松本市では、明治39年に松本尋常高等小学校内に戦役紀念館が設置されたことを先述したが、昭和6年には小学校付属施設から独立して松本市立「松本記念館」となり、松本市の経営にゆだねられた。館ではひき続き戦利品の収集保管にも力をいれ、満州事変の記念物を収集する計画を立てたり、満州国独立（1932年3月）に際しても記念品が100点以上も寄贈されている。昭和13年（1938）には、松本城二の丸跡の県立松本中学校の旧校舎を利用することになり移転した。分類は、戦役記念品・歴史・地理・科学・芸術・山岳・郷土文化の7分類となる。この年の入館者は21,745人。

この際に、地元の高山植物研究者の河野齢蔵（れいぞう）（1865-1939）は自らの鳥類標本や鉱山関係図書などを寄贈すると共に、信濃山岳会の企画によりロックガーデンの築造や山岳室を設置している（註167）。河野は登山家・植物学者として信濃山岳会などを創設したが、戦時色が濃厚になり国民教化活動がますます強化される社会環境において、自然科学の普及を展開した試みは特筆される。

戦前に設立された郷土博物館の多くは、戦前や戦後まもなく廃館している。それは財政理由による経営的な行き詰まりや、戦災により焼失したり、戦後には民主主義国家の建設による教育方針の転換により戦前の教育会が解散したり、活動方針がそぐわないものとなり、廃館にしたことなどが考えられる。しかし、地域によっては、その素地を生かしながら、戦後の教育方針に基づく形で郷土博物館を継続したり再興したところもある。

たとえば、松本市紀念館は、昭和23年に松本市立博物館と館名を変更して継続した。大垣市郷土博物館は大垣城の天守閣を利用した郷土博物館であったが、昭和20年に戦災で焼失したものの、昭和34年に大垣城郷土博物館として開館した。北見郷土館は、北見教育会が設立したものだが、昭和21年に北見郷土博物館と館名を変更し、昭和23年に教育会の解散によって網走市に移管され網走市立郷土博物館として継続している。長崎博物館は、長崎市が昭和16年

(1941) に開館したが、当時の展覧会は、開館記念展・高島秋帆展・硝子器陶磁器展・医学史料展などのほかに、皇国敬神展など時局を反映したものであった(註168)。昭和19年に一度閉館したが、昭和23年に長崎市立博物館として館名を変更して再興した。

註
（１）　東京国立博物館1978『東京国立博物館百年史』東京国立博物館、p73-74
（２）　井上光夫1988「名古屋の博物館史―名古屋博物館の登場まで―」國學院大學博物館學紀要第12輯、p41-42
（３）　副島邦弘1989「福島県博物館史」國學院大學博物館學紀要第13輯、p11
（４）　仙臺市史編纂委員會1954『仙臺市史』1、仙臺市役所、p518
（５）　佐々木和博1990「宮城県博物館史」國學院大學博物館學紀要第14輯、p28
（６）　註2
（７）　高橋隆博1981「"奈良博覧会"について―明治初期の文化財保護の動向と関連して―」月刊文化財 No.217、p38-39
（８）　高橋隆博1981「明治八・九年の"奈良博覧会"陳列目録について（上）」史泉第56号、p76-118
（９）　註7、p40
（10）　加藤有次1969「宝物保存思想の発達と神社博物館の展開」博物館研究第41巻4号、p6-12
（11）　田中琢1993『考古学の散歩道』岩波新書、p194-196
（12）　高橋浩明1990「宮崎県博物館史」國學院大学博物館學紀要第14輯、p112
（13）　倉内史郎・伊藤寿朗・小川剛・森田恒之1981『日本博物館沿革要覧』財団法人野間教育研究所
（14）　京都博覧会協会1903『京都博覧会沿革誌』京都博覧会協会、p1-2
（15）　註14、p7-8
（16）　吉田光邦1975「京都の博覧会」『京都の歴史』8、京都市、p129
（17）　註14、p13-14
（18）　註1、p47
（19）　岡田一彦1982「北海道の博物館―函館博物館を中心に―」國學院大學博物館學紀要第6輯、p1-2
（20）　赤澤徳明1990「福井県博物館史」國學院大學博物館學紀要第14輯、p49
（21）　青木豊・内川隆志1990「和歌山県博物館史」國學院大學博物館學紀要第14輯、p

66

(22) 和歌山県史編さん委員会1979『和歌山県史近現代史料』5、p194-195
(23) 註21、p66-67
(24) 註21、p67
(25) 富樫泰時1981「秋田県の博物館史」國學院大學博物館學紀要第5輯、p3
(26) 清川雪彦1988「殖産興業政策としての博覧会・共進会の意義」経済研究第39巻第4号、p345
(27) 熊谷常正1985「岩手県の博物館発達史（その1）―明治時代前半期の活動を中心に―」國學院大學博物館學紀要第9輯、p2-3
(28) 矢野憲一1988「三重県博物館史」國學院大學博物館學紀要第12輯、p7-8
(29) 註27、p3
(30) 註28、p8
(31) 註27、p3-4
(32) 註5、p28-29
(33) 註2、p43-44
(34) 椎名仙卓1988『日本博物館発達史』雄山閣出版、p51-52
(35) 『文部省第3年報』（大阪府年報）、p286
(36) 文部省1916『常置教育的観覧施設状況』p140
(37) 秋田県1960「博物館設立に付民衆地建家御買上之儀に付伺」『秋田県史資料』明治編（上）、p785-786
(38) 註2、p43-44
(39) 倉橋清方1991「広島県博物館簡史」國學院大學博物館學紀要第15輯、p12-13
(40) 伊東尾四郎編1932「明治十四五年頃の縣治史料　博物館ノ事」『福岡県史資料』第1輯、福岡県（名著出版から復刻1972、p749）
(41) 原田忠信1980「明治期における勧業博覧会」ビジネスレビューVOL.28 NO.3、p62
(42) 山本光雄1970『日本博覧会史』理想社、p25-26
(43) 鹿兒島縣1943『鹿兒島縣史』第4巻、p343
(44) 1920.4「道府県市立商品陳列所規程」農商務省令第4号（官報2315号）
(45) 註13
(46) 註34、p56
(47) 「大阪府教育博物館規則」大阪日報629号所載
(48) 島根県布達　明治13年1月5日　甲第1号
(49) 註34、p52

(50) 註43、p264
(51) 『文部省第9年報』（鹿児島県年報）p662
(52) 註34、p223
(53) 倉内史郎1961『明治末期社会教育観の研究〜通俗教育調査委員会成立期〜』野間教育研究所紀要第20集、p117-118
(54) 久保内加菜1997「通俗教育施設における"資料"の概念」（東京大学大学院教育学研究科）生涯学習・社会教育学研究第21号、p28
(55) 註53、p7-50
(56) 久原甫1974「社会教育行政の生成と展開」『日本近代教育百年史』7、国立教育研究所、p840-841
(57) 一記者1913「香川縣の通俗教育博物館」帝国教育369号、p54-57
(58) 註57、p57
(59) 註54、p29
(60) 註36
(61) 註57、p57
(62) 徳川達孝1914「国体の精華と史跡名勝天然記念物」史跡名勝天然記念物1巻2号、山口鋭之助1915「古墳の保存を急務とす」同1巻5号など
(63) 註36、p263-268
(64) 博物館事業促進會1928「山口県立教育博物館の近況」博物館研究第1巻第3號、p9
(65) 下川達弥・立平進1988「長崎県の博物館―沿革と実態―」國學院大學博物館學紀要第12輯、p22-23
(66) 越中哲也1961「市立長崎博物館二十年略史」長崎市立博物館報第2号
(67) 註36、p166
(68) 註36、p115-116
(69) 『明治廿七八年及同卅七八年戦役戦利品目録並書類（東京国立博物館所蔵）
(70) 門上光夫1998「大阪府立図書館所蔵資料にみる"大阪の博覧会"」大阪府立図書館紀要第34号、p2-3
(71) 山口頼定1905『野田盛況史』p45-46
(72) 註36、p24-29
(73) 註36、p215
(74) 窪田雅之1988「長野県博物館概史―松本市立博物館の歩みを中心に―」國學院大學博物館學紀要第12輯、p73
(75) 註74

(76) 註36、p215-216
(77) 註36、p72-75
(78) 註36、p221-223
(79) 海野福寿1992『日清・日露戦争』日本の歴史18、集英社、p196-197
(80) 1928「戸外博物館三笠の盛況」博物館研究第1巻第4號、p13-14
(81) 註80
(82) 中村哲1992『明治維新』日本の歴史16、集英社、p59
(83) 註1、p348-349
(84) 註36
(85) 駒ヶ根市誌編纂委員会1974『駒ヶ根市誌』現代編下巻、駒ヶ根市誌刊行会、p117-119
(86) 註36、p237-246
(87) 註36
(88) 註1、p418-419
(89) 1928「帝都の大典記念博物館建設計畫」博物館研究1巻第4號、p10-11
(90) 註1、p456-458
(91) 博物館事業促進會1930「博物館事業促進會事業報告」博物館研究第3巻第3号、p15
(92) 註36、p293-294
(93) 大藤修1995「二宮尊徳」『岩波講座日本通史』第15巻、岩書店、p335-348
(94) 岡崎英輔1984「"歴史的偉人"について」(弘前大学人文学部)文経論叢第19巻第3号、p37
(95) 内川隆志1995「郷土教育の変遷Ⅱ―昭和初期の郷土教育と博物館―」國學院大學博物館學紀要第19輯、p7
(96) 小田内通敏1929「郷土思想の涵養と其の方法―郷土地理の研究と郷土博物館の設立」農村教育研究第2巻第1号、p12-13
(97) 海後宗臣・飯田晁三・伏見猛弥1932「我が国に於ける郷土教育の発達」教育思潮研究6巻1号、p213
(98) 横須賀薫1975『民間教育研究事典』評論社、p98
(99) 註98、p98
(100) 註97、p203-232
(101) 宮原兎一1967「郷土教育研究史序説」東京教育大学教育学部紀要13
(102) 内川隆志1991「郷土教育の変遷Ⅰ―昭和初期の郷土教育と博物館―」國學院大學博物館學紀要第15輯、p54-65

(103) 註95、p 1 -10
(104) 谷口雅子・中内敏夫1975『民間教育研究事典』評論社、p45
(105) 註95、p 2 - 3
(106) 伏見猛弥1933「郷土教育の理論」『郷土教育に関する調査』教育思潮研究 7 巻 1 輯、p44-45
(107) 註102、p60-64
(108) 註102、p63
(109) 註102、p64
(110) 峯地光重・大西伍一1930『新郷土教育の原理と実際』人文書房、p255
(111) 註110、p257-258
(112) 註102、p64
(113) 註110、p258-259
(114) 註110、p259-261
(115) 註110、p261
(116) 註110、p263-264
(117) 柳田国男1929「郷土館と農民生活の諸問題」農村教育研究第 2 巻第 1 号、p10
(118) 註97、p227
(119) 註13、p27-30
(120) 註13、p288-289
(121) 新井重三1978「郷土教育と博物館」博物館研究第13巻第 8 ・ 9 号、p21-24
(122) 註121、p22
(123) 博物館事業促進会1931「本會提出題に對する答申」博物館研究第 4 巻第 7 号、p 2
(124) 棚橋源太郎・宮本馨太郎1962『棚橋先生の生涯と博物館』六人社、p80
(125) 棚橋源太郎1930『眼に訴へる教育機関』宝文館
(126) 棚橋源太郎1932「郷土博物館の本質と職能」博物館研究第 5 巻第 4 號、p 1 - 2
(127) 棚橋源太郎1932『郷土博物館』刀江書院、p14-15
(128) 註126、p 2 - 3
(129) 棚橋源太郎1930「郷土博物館問題」博物館研究第 3 巻第 1 號、p 2 - 6
(130) 棚橋源太郎1932「郷土博物館に関する諸問題」博物館研究第 5 巻第 8 號、p 2 - 3
(131) 博物館事業促進会1931「第三回全國博物館大會議事録」博物館研究第 4 巻第 7 号、p 6
(132) 谷口雅子1975「尾高豊作」『民間教育研究事典』評論社、p347

(133) 尾高豊作1932「郷土資料室と郷土博物館」博物館研究第5巻第8號、p4-5
(134) 棚橋源太郎1929「郷土博物館の建設」博物館研究第2巻第1號、1929、p9-10
(135) 金井浩1931『綜合郷土教育原論』同文書院、p338-340
(136) 棚橋源太郎1932「郷土博物館と社會教育」博物館研究第5巻第3號、p3-5
(137) 註127
(138) 註127、p160-161
(139) 註127、p35-39
(140) 註95、p8
(141) 註127、p160
(142) 柳田国男1929「郷土館と農民生活の諸問題」農村教育研究第2巻第1号、p6
(143) 柳田国男1963「郷土研究と郷土教育」『定本柳田国男集』第24巻、p67-68（初出は郷土教育27號、1933）
(144) 註142、p7-8
(145) 註142、p6-11
(146) 註142、p6-11
(147) 註143、p68-69
(148) 註142、p11
(149) 後藤守一1932「郷土室の経営」博物館研究第5巻第11號、p1
(150) 註149、p2
(151) 註149、p2-3
(152) 博物館事業促進會1930「博物館事業促進會報告」博物館研究第3巻第3号、p15
(153) 財団法人鎌田共催会1925「博物館記事」鎌田共催会雑誌第4号、p3
(154) 博物館事業促進會1928「大阪市の大典記念事業」博物館研究1巻第4號、p11
(155) 博物館事業促進會1931「大阪城天守閣竣工」博物館研究4巻第11號、p6
(156) 博物館事業促進會1928「仙台市の大典記念郷土博物館建設」博物館研究1巻第4號、p11
(157) 博物館事業促進會1928「岡山市の大典記念郷土博物館建設計畫」博物館研究第1巻第4號、p12
(158) 博物館事業促進會1928「鹿児島縣の郷土博物館」第1巻第7號、p13
(159) 博物館事業促進會1929「桐生の郷土博物館計畫」博物館研究第2巻第4號、p15
(160) 大日本聯合青年團郷土資料陳列所1936『年表我國に於ける郷土博物館の発展』大日本聯合青年團、p22-31
(161) 註13
(162) 註160、p25

(163) 註135、p341
(164) 註160、p35
(165) 註160、p35
(166) 鹿児島県教育委員会1975『鹿児島県教育史』鹿児島県教育委員会、p497-498
(167) 註74、p75-76
(168) 註65、p21-22

第4章 「民」の発想による博物館づくり

　これまでみてきたように、「地方」は「中央」の影響を受けて博物館がつくられてきた。それは、布告、官員派遣、行政組織などを通じて普及した。いわば「地方」は「中央」に依存する政治や行政の地方制度により、博物館もその一環に組み込まれたものとなってきた。

　ここでは、「官」主導のこれまでの博物館づくりに比べて、「民」としての自立的な博物館づくりを抽出する。このことは戦後教育の理念となった「個」の確立に通じる発想である。戦後、アメリカ教育使節団などによる教育改革の影響を受ける以前に、日本人自らによる「個」の確立に通じるものが、戦前の博物館づくりから窺うことができる。その事例を取り上げて意義を検討する。

第1節　鈴木重男と遠野郷土館

1．郷土館の理念

　岩手県の遠野郷土館は、大正13年（1924）1月に鈴木重男により設立された。建物は、木造2階建、1階が図書室、2階は標本室に大別される。「郷土館の概説」には次のような説明がある(註1)。

> 　本館所蔵品は先代が永い間輯集したものに現館主の蒐めたものや特志者の寄贈品を加えたもので主に本郡の歴史地理に関する古今の文書標本並に土俗資料などであります。種類も少なく数量も僅かで事実貧困極まるものですが徒らに死蔵するのは故人の意志に背き斯道の進歩に益なしと思ひ特志者の勧めもありましたので茲に解放して公衆の縦覧斯道研究者の参考に供する事とした次第です。

　鈴木重男（1881-1939）は、遠野の土淵（つちぶち）小学校長のかたわら遠野の上閉伊郡教育会議員や岩手県教育会評議員をつとめ、県教育会館館長ともなるが、その一方で郷土史研究に携わり、父吉十郎から受け継いだ郷土の資料を保存し、自らも郷土資料を集めて郷土館を開設した(註2)。鈴木は遠野町から離れた土淵小学

校に勤務し住まいもあったことから、遠野町内に所在した郷土館の公開は毎週日曜日のみとした。

　収蔵品は標本や図書からなる。標本の分類は、土器・石器・遺墨・図絵・什器玩具・武器・土俗・商標・守札祭具・博物からなる。陳列品は「寄贈品及購入」一覧 (註3) によると、古代貨幣・鉱石・写真・拓本・土器・石器・人形・戦利品などがあることから、陳列状況は当時の一般的な郷土博物館とさほど変らない状況であったと思われる。

　戦前、鈴木のように個人で設立した郷土博物館としては、広島・浅野観古館（1913年）、岡山・万代博物館（1923年）、鳥取・山陰徴古館（1924年）、神奈川・箱根関所考古館（1927年）、奈良・東洋民俗博物館（1928年）、奈良・森田考古館（1931年）、福島・阿武隈考古館（1937年）などがある (註4)。しかし、それらは個人の趣味や愛好的な色彩が強い。

　たとえば、山陰徴古館は淀江町の養良高等小学校の校長の足立正が設立した。そこには、足立が20数年にわたり淀江町周辺をはじめ国内各地、アジアやアメリカなどから収集した考古・歴史・民族資料が陳列された。建設費は、卒業生らの寄付や町民の多くも資料収集に協力したというが、あくまでの足立の私設博物館としての性格が強く、足立の退任と共に閉館された (註5)。あるいは、阿武隈考古館は、小学校教員の首藤保之助が日本全国の遺跡で採集した考古資料を収蔵・公開した。大場磐雄が昭和12年（1937）7月、阿武隈考古館の開館に揮毫した賛賀は次のようなものである。「杜叟生平好老傳　吾兄史癖出先天　多年蒐集古時器　石斧瓦盆六千　昭和丁丑七月　大場楽石」。それは「森に住む翁は日々『春秋左氏伝』を愛読しており、君の歴史好きはまさに先天的なものだ、長年にわたり遠き昔の器物をいろいろ集め、集めた石斧、瓦盆はゆうに六千点を超えている」(註6) と注釈されるように、首藤は歴史好きの愛好家であったことが分かる。

　しかし、ここで鈴木の遠野郷土館を取り上げる理由は、それが個人コレクションの公開という単に愛好家による趣味的なものでも、国策に従う通俗教育や国民教化をねらう郷土教育でもなく、郷土研究を志向することで「個」の確立を目指そうとしたことが読み取れるからである。鈴木は郷土館を郷土研究会の拠点にすることにより、その理念の実現化を試みている。

第4章 「民」の発想による博物館づくり

　鈴木重男が郷土館を設立する前提は、父吉十郎（1859-1922）がそれまでに集めた郷土資料があったためであり、自らも吉十郎の影響により郷土資料を集めていたことである。
　その一方、伊能嘉矩（1867-1925）からの影響も考えられる。伊能は、同じ遠野の出身で、明治26年（1893）、東京帝国大学人類学教室で坪井正五郎から人類学を学び、明治28年日清講和条約で日本に割譲された台湾を調査し、明治39年に帰国してからは台湾資料の整理やその土俗学研究を行った (註7)。遠野の自宅には、台湾から持ち帰った土俗資料を収蔵・陳列する「台湾館」を建てたといわれることから、伊能の自宅に出入りしていた鈴木にとっても「郷土館」を建てる意識を生成したといえる (註8)。
　鈴木は、郷土館を拠点にして、伊能や佐々木喜善（1886-1933）ら9名とはかり郷土研究会を発足した (註9)。佐々木は柳田国男の『遠野物語』の話者であるばかりでなく、自らも民間伝承を採集して『江刺郡昔話』（1922年）などの著作を出していた (註10)。研究会では、遠野地方を中心とした郷土史や土俗の調査研究を目的として、例会活動が行われた。ここで注目すべきことは、郷土会の機関誌である『遠野』の創刊号に掲載された鈴木による編集後記である。そこから会の性格を窺い知ることができる (註11)。

　　　こんな事をして何の役に立つかと問はれると私は答えに窮します、人類生活の行蹟を遡源的に追及してゐるうちにいつの間にか、かうなつたのです、この終局がどうなるかに就いては私自身で精算がつきまん、それは事実です、
　　　然し!!　日本国民性などと立派な標題の下に論述されたものに果して吾々が首肯されますか、日本歴史のどの頁に吾々の共鳴する点がありますか、
　　　国の構成分子たる一つ一つの郷村がわからんで全体のわかる道理はありますまい、吾々の祖先の真の生活状態がわからんで今日我等の為しつつある事柄の意味が知られません、目前に投げつけた問題の解決もつきません、思へば心もとない訳です、政治といへ政策といへ民族性の異つた根帯の異なる理法を模倣して何で目的が達せられませうか、吾々は行詰つたそして未来価を失つた物質文明に囚はれて尊い祖先の業績を埋没するの勇気を有ちません、一目も早く民族的本性に立ち帰りたいのです、人間生活の

本然の真意を見出したいのです、此の遡源的態度は自ら土俗学的研究となるのです、是が為め愚にもつかぬ個々の習俗を輯め滅びかけてゐる伝承を尋ねるのです、或は文献に或は事実にも徴して比較研究するのです、

　　百年河清を俟つの愚と笑はせて置きます、唯々事は単なる物好きや集輯癖からではないといふ点をしつかりと断つて置きます（大正十三年七月　遠野郷土館主）。

　ここでいう「日本国民性などと立派な標題」というのは、当時の徳育主義による教育のことであろうか。歴史は、まず一地域を解明することから始めなければ、日本民族の歴史を語ることは不可能であること。その具体的な方法は、土俗学的研究により民衆の習俗や伝承などを通じて日常生活を描き出すことを指摘しており、郷土の偉人の顕彰や歴史遺物を陳列して愛郷土心を高揚させようとするものと区別されるものであった。こうした鈴木の郷土研究に対する見解は、「柳田国男の郷土博物館観」（本章第5節、6）でも先述したように、柳田の考え方と重なるものである。鈴木は、「単なる物好きや集輯癖からではないといふ点をしつかりと断つて置きます」というように、自らの活動に社会的使命を意識していることにも注目すべきであり、ここに遠野郷土館の理念を求めることができる。

2．伊能嘉矩と高木敏雄の影響

　こうした郷土研究の考え方は、先述したように柳田国男の「郷土研究と郷土教育」(註12)に示されるものと類似する。一見すると、鈴木の見解は柳田の影響を受けたように思われるが、柳田がそれを著したのは昭和6年（1931）に発行した『郷土教育』誌上であり、大正13年（1924）の『遠野』誌上に著された鈴木の見解の方が先である。

　鈴木の見解は、一つは伊能嘉矩からの影響があったとみられる。その根拠のひとつは伊能の没後2年の大正15年1月に「伊能嘉矩先生記念郷土学会」を創立している。顧問には、伊能と交流のあった柳田国男が就任している。鈴木はその発起人代表となっているが、設立趣意書の一文は次の通りである(註13)。

　　文化の進展は底止する所なく、之に伴う思想問題、農村問題、都市問題などいよいよ出でていよいよ繁雑となって来る。此等地方問題解決の基調は、郷土研究に求めなければならぬ。郷土研究は決して物好きな骨董いぢ

りでなく、人間そのものを研究の対象とする生きた学問である。未来価値を多分に含む民衆的国家的な重要課題で、今や我国の学に開拓の鍬を振りかざす新しい運動となっている。而して先生はこの新しい学会の分野を開拓し、吾々の為に遺し逝かれた。

このことを具体的に示す伊能の著作物は、その業績の全体が未解明の現状においては不明であるが、伊能が郷土研究に求めた目的や使命を窺わせるものである。鈴木にとって伊能は、遠野の郷土研究者の先輩であり、またそうした姿勢を評価している。あるいは鈴木は、それ以前の明治44年（1911）10月に『土淵村郷土誌』を著している。その序文に、「郷土知識ハ経世治国上ノ根帯知識ニシテ、治者被治者ノ別ナク知ラザルベカラザル重要事項ナリ」(註14)とも述べているが、これも伊能の影響とみることができるかもしれない。

もうひとつは、高木敏雄（1876-1922）からの影響を考えることができる。高木は東京帝国大学文化大学でドイツ文学を学び、明治41年にはそれまで教鞭をとっていた熊本の第五高等学校から東京高等師範学校に転任した(註15)。柳田国男が指導する郷土会に参加したのは高木が高等師範学校に在職していた当時である。郷土会の機関誌として、大正2年（1913）3月に『郷土研究』が創刊されるが、高木はその巻頭論文として「郷土研究の本領」を掲載している(註16)。

それは、まず「郷土研究の目的は、日本民族の民族生活の凡ての方面の凡ての現象の根本的研究」とする。そこで、民族や人種の概念規定を踏まて、日本民族を理解するためには、それまでの文献学が取り組まなかった世界的な比較研究が必要であることを説く。「日本文献学が従来発達せず、今も尚十分に発達し得ぬのは、この世界的比較研究が欠けているからである」としている。そして、日本や日本民族を理解するには郷土を単位として、その研究を基礎とすることである。高木はそれについて、「郷土すなはち土地の研究は、この研究の必須要件である。土地の研究は、土地そのものの研究ではなく、民族の郷土としての土地、民族生活を左右し、且つ左右される土地、換言すれば民族生活に対して相互作用の関係の立つ土地の研究でなくてはならぬ」としている。高木は、日本や民族を学術的に解明するために、従来の文献史学による限界を認識し、その解決策として民族の所産である有形無形の「事実」と「伝承」を研

究資料として郷土を単位とすることが基本になることを主張したのである。

鈴木重男が大正13年（1924）に著した『遠野』創刊号の編集後記にみる郷土研究会の主張は、それまでの伊能嘉矩の見解のうえに、高木敏雄のそれを加えたものとみることができる。柳田国男の見解にしても、こうした動向とは無関係ではないはずである。柳田は、伊能嘉矩を敬愛して遠野に訪れたり、手紙などでも情報の交流をはかり、遠野郷土館にも訪れている。また、高木敏雄は柳田と同じ郷土会のメンバーであったことからも、柳田がそれまでの見解を整理してまとめ直して、柳田の「郷土研究と郷土教育」に生かされたとみられる。

3．郷土館の焼失

しかし、昭和2年（1927）3月に郷土館は遠野の大火で焼失した。後藤和民の指摘にもあるように (註17)、

> （各地の郷土研究会は）当時のファッショ化しつつあった文部省の郷土教育政策に対して、あくまでも自主的な観点や立場を主張し、学問や思想の自由を擁護してゆこうとする態度がみられる。それにもかかわらず、郷土研究者の中には、時代の思潮に押され、国策や強権の前には挫折してゆく者が多かった。

という時代状況は、昭和6年の満州事変前後にさらに顕著となる。

大正末期から昭和初期に活動した遠野郷土館は、日本人を知るために土俗学的研究によりその足元をまず見つめようとするものであった。当時の郷土博物館の多くが国家主義の思潮に巻き込まれるなかにおいて、鈴木らが示した方向性は当時の郷土博物館として特異な存在であったといえる。

その活動の主体は、郷土研究会による郷土研究活動であった。陳列や図書の閲覧は鈴木の休日の日曜のみであったことから、必ずしも開放的なものではなかった。しかし、それは個人で実施する限界といえるものであった。また、郷土研究会は、郷土館が焼失してからは鈴木重男が盛岡に転出したこともあり、実質的な活動は停止状態となった (註18)。郷土館の活動は、後藤和民の指摘のように、当時の時代状況のもとでは、各地の郷土研究会と同様の運命を辿ることになったが、他方では個人の博物館が愛好的目的で設立されるものに比べて、社会的使命を認識したことは注目すべきことである。

第2節　渋沢敬三とアチック・ミューゼアム

1．アチック・ミューゼアムの概要

　渋沢敬三（1896-1963）は、近代日本の実業家として指導的立場にいた渋沢栄一（1840-1931）の嫡孫であり、その後継者であった。渋沢栄一は、慶応3年（1867）に幕府がパリの第二回万国博覧会に参加した徳川昭武の随行の一員として渡欧し、西欧の近代的産業設備や経済制度を学び、明治政府では大蔵大丞を辞した後、第一国立銀行を設立し、それを足場として王子製紙・大阪紡績・東京瓦斯・日本鉄道などの多くの会社を設立・経営する一方、東京商法会議所・東京銀行集会所・東京手形交換所などを組織した。

　敬三は元来、動物学者になることを志望していたが、栄一の嫡男（敬三の父親）篤二が後継者には不向きであったことから、敬三がその役割を担うことになった(註19)。敬三は、大正10年（1921）東京帝国大学経済学部を卒業後、横浜正金銀行に入行し、ロンドン支店に勤務するなどして、大正14年に退職し、翌年には栄一が設立した第一国立銀行に入社、その中核を担うことになるが、昭和17年（1942）には日本銀行副総裁、昭和19年に総裁となり、戦後昭和20年10月の幣原内閣の大蔵大臣に就任した。翌年4月に内閣解散後は、国際電信電話の初代社長や会長など経済人として活躍した。

　このように渋沢敬三は経済人として日本を代表する人物であったが、他方では博物館史においても、その活動は特筆すべきものがあった。それは大正7〜8年、大学1年の頃に仲間たちが、それまで集めた博物標本を持ち寄って、渋沢の自宅の物置小屋の屋根裏に「アチック・ミューゼアム」（屋根裏を利用した陳列場の意味）という私設博物館をつくったことが契機であった。仲間とは、鈴木　醇や宮本　璋で、後年渋沢が『アチックの成長』(註20)を著した昭和8年（1933）当時、鈴木は北海道帝国大学理学部教授、宮本は東大医学部助教授となっていた。3人は、東京高等師範学校附属小学校の同窓生(註21)であり、渋沢については棚橋源太郎の教え子といわれる(註22)ように、鈴木や宮本も含めて棚橋の理科教育の影響を受けたものと考えられる。渋沢は当時の様子を次のように述べている(註23)。

　　宮本兄と自分との標本は、明治四十五年の夏、上高地に入り込んで、穂

高や焼岳に登ったり、嘉門次と話をしたり、小川を干して岩魚を捕ったりして、一週間ほど心ゆくばかり遊んだ折の採集品が、その根幹をなしていた。鈴木兄の化石や貝殻は幼少の頃からの所産で、年少古生物学者としては、驚くべき数量を集めていたものである。満州の三葉虫や、ヒノビウス（サンショウウオ）の自然的畸型児や、猫鮫に寄生する海蛭ポントブデラ等なかんずく圧巻の逸物で、上野の博物館にも見当たらぬものがあれば、よし全体が如何に貧弱であっても、皆して子供ぽく喜んだ時代もあったのである。

　その後、アチック・ミューゼアムは、当初の趣味的なものから発展して民俗学研究に多大な功績をする活動に発展していく。東京・三田の渋沢の屋敷内の物置小屋の屋根裏のアチック・ミューゼアムは、昭和2年（1927）に正門脇の車庫の屋根裏に移転し、それでも手狭になったことから昭和8年12月に2階建ての新館屋が建てられ、それまでの収蔵品を1階の棚に収蔵することになったので、文字通りのアチック（屋根裏）ではなくなったが、設備の整備や同人（研究員）の採用などによって、民俗学の調査研究活動は本格化する。しかし、収蔵資料が増加すると狭くなり、その後、東京・保谷町（現西東京市）に新博物館を建設して、アチック・ミューゼアムの収蔵品を移し、土地・建物・資料の一切を日本民族学会に寄付して、昭和14年5月には同学会附属民族学博物館として開館した。一方、アチック・ミューゼアムは、その後も民具の収集・調査を続け、昭和17年に日本常民文化研究所と改称して研究機関としての活動を続けた(註24)。

2．民具の収集

　先述した通り、渋沢は大正11年（1922）から14年（1925）、横浜正金銀行のロンドン支店に勤務した。ロンドンに滞在中、渋沢は各地の民族学博物館を見聞して民具の収集保存や研究などの必要性を感じた。ちょうどそれと類似したことは、町田久成や岩倉使節団の一行などが大英博物館などを見聞して実感した類似のカルチャー・ショックであったと考えられる。町田は明治政府の官僚として大英博物館をモデルとした博物館構想の実現につとめながらも挫折した。岩倉使節団は、博物館が学術文化の発展に必要だと認識しながらも、近代化のために殖産興業の装置とする方向性を選択した。それらに比べて、渋沢は学術

文化の発展のために、自らができる範囲のもとで最大限の能力を発揮して実行したといえる。

昭和5年（1930）、アチック・ミューゼアムから出版した『蒐集物目安』に、渋沢は民具収集の趣旨を次のように述べている(註25)。

> 吾国ニ於ケル庶民生活ヲ中心トスル文化史ノ研究ハ日ニ旺ンヲ加ヘテ来マシタガ、一方ソノ一分科ヲ成ス造型物ニ依ル調査研究ハ未ダ深ク顧ラレテ居ラヌヤウデアリマス。ソノ第一段階ヲナス、斯種資料ノ蒐集ト保存ハ之又最モ緊急ヲ要スルモノデアリマス。近時急激ナ生活様式ノ改変ト共ニ、コノ貴重ナ資料ハ日ヲ追フテ必要ノ圏内カラ遠ザカリツツアル状態デ、或種ノ生活器具ノ如キハ、一日ヲ空シウスル事ハ、軈(やが)テ悔ヲ百年ニ胎スル感ガアリマス。斯様ナ意義深イ事業ガ、微力ナ民間個人ノ力デ救ワルベキ筈ハナイノデアリマスガ、将来斯種ノ機関ガ組織サレル迄期間ヲモ、セメテ滅ビユク者ノ残骸ヲモ集メル事ガ、叶ヘラレタラバトノ微衷カラ私共ノ企ハ出発シマス。仍テ先ズ器物其ノモノヲ出来ルダケ蒐集シ、時ニハ写真絵画等ノ方法ニ依ツテ一部分ニモセヨ之ガ原形ヲ遺シテ置キタイト懐フノデアリマス。コノ意図ハ一方造型物以外ノ、精神ノ産物ニ対シテモ同ジデ、妙ナ言分デハアリマスガ、最モ等閑視サレテイル領域カラ、幾分デモ調査保存ヲ為テ置キタイト希フノデアリマス。
>
> 私共ハ此ノ計画ガ何処迄モ学問的ニ然モ科学的方法ニ依ル研究ノ足場ニナラン事ノ意志ヲ有シテ居リマスノデ、徒ラニ数ノ豊富ヲ祈リマセン。仮リニ一造型物ノ採集ニ於テモ、之ガ発生ノ原因トカ、使用価値ノ変遷即チ改良又ハ退化等ノ過程ヲ知ルベキ準備ノ下ニ、ソノ用途ノ実際、材料ノ如何、製作様式等ニ関点ヲ置イテ、一方ニハ地方的ニ存在ノ意義ヲ闡明スル為ニ努メテ、採集地、名称又ハ使用者所持人トノ関係ヲモ明ラカニシタイト思ヒマス。所謂芸術耽賞ノ風ニ流レテ、根本ノ学問的良心ヲ失ウ事ヲ最モ惶レルノデアリマス。

これは、渋沢が各地の仲間に民具収集の急務を訴えるもので、その必要性や方法論についても言及しており、渋沢の民具に対する考え方が示されている。もっとも「民具」という用語は昭和9年から10年にかけて渋沢が初めて使用したものといわれる(註26)が、それ以前は「蒐集物」や「民俗品」といわれてい

た。

　また、その活動は博物館としての使命を述べているようにも受け取れる。渋沢は、たとえ民間の小規模な組織でも、民具を収集保管・調査しなければ、永遠に葬りされれてしまうという危機感を抱いていた。当時は、全国各地で郷土博物館が盛行していた。郷土博物館に関する議論は先述した通り（第3章第5節）であるが、当時渋沢のような認識をもった博物館活動はほとんどみられない。郷土博物館は、郷土教育論の範疇にとどまるか、柳田国男にしても民俗学を構築しながらも、民具の保存や資料的価値などについては比較的軽くみていたからである。しかし、渋沢はヨーロッパ各地の民族博物館で博物館の責務を実感し、帰国してからはアチック・ミューゼアムの活動を自ら描き、『蒐集物目安』により具体的な活動を開始したのである。その認識は、民具の収集・保管や調査を一個人の趣味的な領域にとどめるのではなく、日本人の文化遺産を後世に伝えることを使命とする「公」の意識を有したといえる。

　だからこそ、渋沢はその後の昭和12年（1937）に東京・保谷町（現西東京市）にアチック同人で地主であった高橋文太郎の協力により約1万坪の敷地を得て、仮建築ながらも2階建て125坪の研究所・事務所を建築し、アチック・ミューゼアムの収蔵民具の一部と共に同年10月に白鳥庫吉が理事長となっていた日本民族学会に寄贈した。さらに翌年8月には木造平屋建360坪の博物館館屋（展示室・収蔵庫・研究室）を建築し、今和次郎の監督により武蔵野民家や絵馬堂を移築し、アチック・ミューゼアムの残りの全ての収蔵民具を日本民族学会附属博物館に寄贈して移管したのである。

　ところで、それ以前の昭和8年頃、アチック・ミューゼアムには民具が約2,000点収蔵されるようになっていた (註27)。民具を収集するにつれて、渋沢は、民具の科学的な分類の必要性を痛感する。それは、彼がかつて動物学を志したように自然科学的な視点をもっていたからである。また、そのことは民俗学の研究の盲点を克服することにもなっていく。渋沢は、次のように指摘する (註28)。

　　　方言の研究にしても、仮名だけで集めた時の危険は想像以上で、ビクといい、カゴといい、フゴといい、モッコといい、その何れにしても実物なしでは本体の解らぬものが多い。実物を分母としその名称を分子とする

と、普通、分母はコンスタントで分子のみ変化するような気がするけれど、事実は分子が一つで分母が随分と変化する例は幾らでもある。分子と分母とが共に変化性を持つ以上、この両者を仮名や文字の上だけで幾ら集めて議論しても、実は始まらないのである。(中略)

　集めてみてすぐ気づくことは、例えば、動物の種属名のように、ワラジ・エチゴエンシスとでも名付けたくなるほど、その標準名なり学名なりが欲しくなることである。数量種類がうんと集まり、その製法仕法から系統へと研究が進むと、動植物に於ける如き自然分類は不可能であるが、一種の分類学は成り立つとさえ思われる。しかし、これは容易なことではないと同時に、ここに実物が物を云う所もあるのである。そしてこれは民俗学に一部門として極めて重要なことと思う。

　こうした目的のもとに民具の収集活動した博物館は、当時としては特異な存在であったといえる。アチック・ミューゼアムは一般には非公開の博物館であったが、その活動は資料収集・保管、調査研究や出版物を通じて調査研究の成果の普及につとめた。非公開というのが、私設博物館の限界性といえばそれまでである。しかし、渋沢の博物館活動は民具を日本人の文化遺産として認識し、それを後世に伝える方針を着実に進行させたといえる。資料収集はまずその第一段階であり、名称の規定や分類の体系化の試みはその後の民具研究の新たな課題となっていく。名称の問題などは今日の民具研究でも解決されておらず(註29)、渋沢のいうように「容易なことではない」が、渋沢がその方向づけをした意義は看過できない。

3．民具の調査研究

　昭和12年(1937)5月、『アチックミューゼアムノート』第一冊目として、『民具問答集』第1輯が刊行された。これは、収集した民具の提供者に対する感謝の気持を示したことと、民具研究上できるだけ同じ資料を研究者に提供して研究の発展を意図したものであった。その「まえがき」で渋沢は、民具を収集した後に調査する必然性を極めて自然な形で述べている(註30)。

　　さてその計画で資料を選択してやりだしてみると、多少の解説めいたものが必要となってきた。ところがここで実際上一つの行きづまりを発見した。というのは解説せんとする我々が、民具に対して持つ知識のいかにも

貧弱であることを自覚したことであった。物は概念的にはある程度ものが云える。しかし、我々が手にした民具はその多くは何百何千もある同一種属内の一つの個体であり、しかもその伝承も相当古いのがあって一見我々は熟知しているような気がしているものでも、これが民具としての物的存在だけでなく、人との交渉、村との交渉というふうに生きた民具を見る時、我々はあまりに何ものも知らないことにむしろ啞然としてしまったのであった。一つの民具が材料が調えられて、生れ出で、貯蔵され、破壊され、棄てられ、死んでゆくその生活行程を、殊にこれを用いる人々の心意との関連を重視しながら生態学的に見極めて、大なる誤謬なき解説をすることは、現在では到底不可能なことを悟ったのであった。そこで次の手段としてまず訊かねばならぬということになり、本書に採録せる民具の写真を各々その寄贈者、または日常これを用い体験により解答をなし得らると思う向々に送ると同時に、種々の質問を発しその解答を得たのであった。

といい、

　　これらの質問は主として村上清文君が担当された。終りごろは大分馴れてもきたし上手になったが、初めのことはかなり怪しいのがあったと思う。しかしこの一見なんでもないような問いを民具一つ一つについて考えて発してゆくことは決して楽な仕事ではなかった。

として(註31)、アチック同人の村上を慰労している。

これは、民具を一例にしているが、博物館における資料の収集と調査の不可分な性質を適切に表現したものである。さらにそれを前提にした研究を通じて資料は「学問的にものをいう資料」となる、今日の博物館学の考え方からいえば、物理的な「物」から、資料価値をもつ「もの」としてそれ自体が語りかける存在になることである(註32)。ちなみに渋沢は、前者を第一次資料、後者を第二次資料として識別している(註33)。

　　(『民具問答集』に掲載した資料について) それは資料がいずれも生な点、これである。我々はこれを第一次資料と呼んでみたい。かかる資料が数多く集積されてから後、これを通覧整理し、これを考査究明し初めて、第二次資料すなわち学問的にものをいう資料が生まれてくるものと思う。(中略) 本書の解答も先に云えるがごとく決して普遍的な妥当性を持つものとは考

第4章 「民」の発想による博物館づくり 179

えないが、第一次資料としては決しておろそかにできないものであることだけは確実である。問題は今後かかる第一次資料をできるだけ拡充して、もって第二次資料を抽出しうるようにその土台を大にし、これに普遍的妥当性をお付与せしめることにあると思う。

　当時、アチック・ミューゼアムでは、それまでの民俗学研究についての疑問や、「資料とは何か」、「事実とは何か」などについて研究員たちの間で真剣に議論されていたという(註34)。渋沢も民具調査を通じて次のような経験を述べている(註35)。

　(たとえば)民具の名称についても一人は一つを云い他の一人は別名を云う。そしてその数種の名が同一地点の同一民具に付与されている場合もあり、またない場合もある。民具の用い方においては更に複雑で、どこまでが共通でどこまでが特殊だかなかなか見当がつかない。スカリとカンジキの使用時における関係などについても本書採録の解答等は普通気づかぬところで、えて速断に陥りやすい傾きがあり教えられるところが多い。またある土地である婆さんにものを訊くと、その答えはその土地でのものでなく、その婆さんが嫁ぐ前の遠方の生家地方のことである場合も想像しうる。

　『民具問答集』の編纂によって生み出された民具研究の困難さを吐露する。結局「我々は一つの事実の基点とか観察の焦点とかいったものを、どこに置くかに迷わざるをえなかった」という。

　しかし、それを解決することが、民具研究の目的であり、ひいてはそれまでの民俗学への疑問を解決することに通じるものであった。第一次資料から第二次資料を生成する必要性はそこにあった。「物理学の実験のごとく特殊の条件の下に置かれたものであっても、なおかつ事実は数十百回の実験と公差とを考慮に入れて後認定される。生きもののごとき民具を取り扱う場合、一つの事実と他の事実との組成・位地・価値・関係等を判定することは容易の技ではないのである」(註36)と、第一次資料から第二次資料を生成するための方法論を示しているが、またその困難さも痛感している。

　渋沢は民具研究の困難さを克服する一例として、アチック・ミューゼアムの研究活動として、「足半の研究」を実施した。当時アチック・ミューゼアムの

同人として民俗学を学び、戦後立教大学教授となった宮本馨太郎（1911-1979）は、その研究経緯について次のように述べている（註37）。

　　足半草履というのは、普通の草履と違って、鼻緒を結んだ形の短小な草履であるが、これが最初にとりあげられたのは、その特異な構造・用途・俗信などにもよるが、これを呼ぶ＜あしなか＞の語が文献に散見する程度で、その実物は既に廃絶したかとさえ思われていたのに対して、アチック・ミューゼアムの収蔵標本の中には意外にも分布的にも数量的にも、比較研究の耐え得る程に全国的に数多く収集されたからであった。研究にあたっては、まず、足半草履の概念および摘要＝渋沢先生、標本資料の計測・構造・鼻緒結び呼称＝小川徹、製作工程＝磯貝勇、文献資料の収集・史的考察・名称の種類と分布＝宮本馨太郎、用途および民俗＝高橋文太郎の諸氏と、それぞれ分担し、このチームワークで研究を実施することとした。足半草履の構造は、アチック・ミューゼアムの収蔵標本に日本青年館郷土資料陳列所および宮本勢助収集の標本を加えて、合計347点の資料を分類・計測し、時には実物の解体あるいはレントゲン撮影の方法を併用して研究された。その製作工程の研究には報告・聞書などの民俗資料と共に、16mm映画による記録資料も利用された。足半草履の史的考察には古文献から民俗報告にわたって利用されたが、ことに絵巻物などを渉猟して得た絵画資料も広く使用された。足半草履の呼称については当時刊行されていた殆んどの方言集にあたり、その用途および民俗については採集報告・談話聞書などをつとめて採録し、これによって研究を行った。そして研究の過程においては毎週研究会を開き、最後の原稿執筆には研究分担者一同が合宿して、全般にわたる討議を行った。

その研究成果は、昭和11年に『民族学研究』誌上で最初に発表された。研究は、アチック・ミューゼアムとして、渋沢が中核となり同人たちと共同研究した最初の試みであるばかりでなく、文献や伝承では見落とされた足半という民具を研究することで、民俗学における民具研究の地位を築くことにつながった。

有賀喜左衞門は、柳田国男が民間伝承を資料として重んじ民具を軽視していたことに比べて、渋沢のこのような研究態度を次のように評価している（註38）。

　　民具という物を追求することによって、それに投影された人間の心意を

摑むことは十分に可能であることを渋沢は見透していたからである。渋沢はこういう物の研究に飽くまで自己を投入した。そしてそれを自然科学的と思われるほどの客観的な方法を取り入れることによって明らかにしようと意図していた。

ここでいう「客観的な方法」とは、先述した『民具問答集』の渋沢の言葉にもあるように、第一次資料をできるだけ拡充することと共通するものである。渋沢自身は、研究者であるよりも学会や社会などに、事実としての基礎資料を提供することを心掛けたのである。

4．パトロネージュの発想

そうした活動の背景としてあるのが、パトロネージュの発想である。有賀喜左衞門は、渋沢とアチック・ミューゼアムの同人たちとの関係を次のように指摘する(註39)。

> 渋沢は研究者個人の持つ学問的興味を少しも拘束せずに、それぞれの人々の才能を生かしながら、客観的な資料の作成に大きな援助を送った。個人の恣意的解釈をできるだけ排除することが彼らの理想とされた。そしてこれらはすべて長い年月に亘るこの人々の努力の結晶であった。渋沢は人知れずこれに耐え研究者の成長を見守った。アチックミューゼアムはこういう人々の結びつきの上にその存在を創りあげた。

あるいは網野善彦が (註40)、

> 渋沢はすぐれた学問的な力を蔵しながら、自らを一実業人であり、学者ではないという立場に一貫して位置づけ、その財力によって学者の仕事を世に出し、それを援助することに使命を見出した、稀有の条件に置かれた謙虚な研究者であった。

というように、まさにそれは学問を育成するパトロンの姿勢であった。アチック・ミューゼアムの同人には様々な専門分野をもつ人たちがおり、研究者として成長した。網漁業史の研究をした山口和雄、捕鯨史をまとめた伊豆川浅吉、製塩史を専攻した楫西光速、肥料を通じて農業経営の在り方を分析した戸谷敏之などのような経済史学者、民俗学を専攻した藤木喜久馬・早川孝太郎・桜田勝徳・岩倉市郎・宮本常一など、あるいは民具の研究を志した宮本馨太郎・小川徹・高橋文太郎・磯貝勇などがいたという (註41)。また、戦前期における同

人たちとの調査旅行は、昭和9年（1934）以降の主なものだけでも、薩南十島・隠岐島前島後・喜界島・朝鮮多島海の島々・瀬戸内海中部二十七島・家島群島・南部八戸地方及び宮古大槌湾・男鹿寒風山麓及び三戸郡荒沢村石神・越後村上及び寺泊地方・古志郡二十村及び川口ならびに栃尾又地方・越中白萩村・越後桑取谷・浜名湖沿岸・志摩和具村・播州加東郡中東条村・淡路由良・三河北設楽・丹波鴨庄村など、その他各同人が独自に調査した場所は更に多く全国各地に及んだが、そうした経費の多くは渋沢が負担したのである。

　また、アチック・ミューゼアムは渋沢の方針として、在野の研究で埋もれる運命にあった研究成果を出版した。知里真志保のアイヌ研究、漁師の進藤松司による漁民の手記、秋田県男鹿の寒風山麓の農民であった吉田三郎による農民の手記などのように、渋沢は内容が優れ、資料として価値の高いものであれば、年齢・学歴・社会的地位などを問題にすることなくアチック・ミューゼアム彙報として出版して世に送り出したのである。

　なかでも特筆されるのが、長野県上伊那郡川上村（現辰野町）の小学校で代用教員をしていた竹内利美の指導による、教え子の小学生たちが行った郷土調査の報告『小学生の調べたる上伊那川島村郷土誌』（アチック・ミューゼアムの彙報第二・第七）(註42・43)である。それは昭和9年頃の郷土教育が主情的郷土教育であった状況のもとで、農村経営はそれまでの為政者の決定にただ従うのでなく、自らの農村の将来を自らが考える能力を養うために、生徒が主体的に調査することで、「事実」を客観的に評価するという姿勢を貫いたものである。当初はガリ版刷りでまとめたものを、渋沢がアチック・ミューゼアムの彙報として出版の労をとったのである。竹内はその後、渋沢の援助により國學院大學を卒業し、その後東北大学教授として教育社会学を講じ、東北の村落社会の研究に携わった(註44)。

　また、宮本常一（1907-1981）も当初は在野の研究者であった。昭和10年（1935）に大阪で渋沢に巡り合い、昭和14年にアチックに入り、昭和19年まで渋沢邸内の一隅に住んでいたが、疎開のために一時大阪に戻るが、昭和21年（1946）から昭和38年（1963）まで再びアチックに戻り、そこを拠点に全国各地を調査した(註45)。宮本の民俗学者としての功績は多大なものであるが、それは渋沢の援助なくしては実現されるものではなく、それについては佐野眞一が

詳細に述べている(註46)。なお、戦前戦中において宮本が調査したものは、『周防大島を中心としたる海の生活誌』(1936年)、『河内滝畑左近熊太翁旧事談』(1937年)がアチックミューゼアム彙報として、『吉野西奥民俗採訪録』(1942年)がアチックミューゼアムノートとして出版された。

　渋沢の学問に対する真摯な姿勢は、こうして若き研究者に対するパトロネージュという形でも生かされた。アチック・ミューゼアムの運営は、あくまでの民間人の活動という姿勢を崩すことはなく、その学問の態度は決して「官」におもねることもなく、民俗学によって示される「事実」を客観的に評価しようするものであったといえる。戦前の社会状況のなかで、アチックの同人たちは渋沢の庇護のもとで、それぞれの研究に邁進することができたのである。

第3節　柳宗悦と日本民藝館

　柳宗悦(むねよし)(1889-1961)は、昭和11年(1936)10月に日本民藝館を開館するが、それは現在まで継続する。当時、柳は「日本民藝館」と名付けたことについて次のような断りをしている(註47)。

　　吾々は何も此の頃流行の国粋的な立場から、"日本"と名を附けたのではない。全く必然さからであって、排他的意味はない。まして吾々の信念では最も日本的なるものは同時に最も國際的であると考へるのである。だから最も西洋的なものは、最も東洋的なものと調和するとも云へる。美しさの世界では兩極は不思議に結び合ふ。陳列品で私達は此の眞理を具體的に示したい。此の眞理があればこそ日本的なるものの價値を宣揚していいやうに思ふ。此の普遍性に迄高まらない物は、實は日本の物としては誇れない筈である。

これは、つまり当時の国家主義的な時代背景に対する柳宗悦の姿勢を端的にあらわすものである。ここでは柳のこうした発言を根拠にして、戦前における「民」としての博物館づくりの一断面を検討することにする。

1. 民藝運動

　柳宗悦は、津藩士で明治維新後に海軍少将となった柳楢悦(やなぎならよし)の子で、学習院高等科在学中の明治43年(1910)には志賀直哉や武者小路実篤らと「白樺」を創刊したり、東京帝国大学哲学科においては「心理学は純粋科学たり得るや」

の卒業論文を提出、その後は神秘的宗教詩人ブレイクの作品を通じて芸術性と宗教性をもとにする哲学研究を行い、大正3年（1914）に刊行した『キリアム・ブレーク』は20歳代後半に形成される柳の宗教哲学論の基盤をなすものといわれる(註48)。

　周知のように、柳宗悦は民藝運動の創始者であるが、柳がそれに関心を向ける契機となったのが李氏朝鮮の日常雑器に秘められた美を「直観」したことである。柳は、「私が朝鮮とその民族とに、抑え得ない愛情を感じたのは、その藝術からの衝動に因るのであった」(註49)といい、「私は朝鮮の藝術ほど、愛の訪れを待つ藝術はないと思う。それは人情に憧れ、愛に活きたい心の藝術であった。永い間の酷い痛ましい朝鮮の歴史は、その藝術に人知れない淋しさや悲しみを含めたのである。そこにはいつも悲しさの美しさがある。涙にあふれる淋しさがある。私はそれを眺める時、胸にむせぶ感情を抑え得ない。かくも悲哀な美がどこにあろう。それは人の近づきを招いている。温かい心を待ちわびている」(註50)と述べている。

　また、日本政府に対する不信感は、水尾比呂志によれば「美しき器物へのこのような愛と敬念とが、それを生んだ国や民族へ向けられたのは自然である。だが、当時の日本と日本人の間では、それは不自然なことだった。日本人の大多数は、朝鮮の美に無知であり、植民地としたかの民族に非道を加え、侮蔑をもって見下していた。柳宗悦は、そういう日本と日本人の実情に悲しみ、恥じ、心中に公憤と謝罪の念が積もり行くのを禁じ得なかった」(註51)といわれるように、その後の柳の民藝運動において、それは絶えず背景におかれるものとなった。

　柳による、「美しさ」とは、まず直観的立場により感じるものだということである。これは、「只眼が即座にさう感じさせたまでのことでありました。謂はば直観が"美しい"と私に報らせてくれたに過ぎません」「主観的であったり独断的であったりするなら、それは直観とは申されません。それは宛ら色眼鏡をかけてものを見るやうなものであります。之に反し直観と申しますのは、直かにものを見る謂ひで、禅者のいふ"直下（じきげ）に見る"意味であります。つまり直観とは見る眼と見られる眼との間に、何ものをも介在させないことであります」(註52)というものである。「直観」により認識した「美しさ」とは、柳にい

わせれば「価値」であり、それは絶対的な値打ちをもち、「根本的なるもの」「本質的なるもの」で、美的価値は「自由なるもの」で、「解放されたもの、易しく言へば何ものにもこだわらぬものを指します。それ故作為に囚はれたもの、主義に縛られたもの、それ等は凡て不自由に落ちたものであつて、本当の美しさには達しません」(註53) という。

　この直観的立場や美の概念は、柳の美学といえるものであるが、その思想的な背景には、戦前の国家主義に対する批判が込められていることが理解できる。朝鮮に美を発見した柳は、朝鮮民族やその文化に愛情をもつ一方、日本政府による朝鮮併合や同化政策に批判を加えている。大正9年（1920）の『朝鮮の友に贈る書』では、柳は次のように述べている (註54)。

　　この世に真に貴いものは、権力でもなく知識でもない。それは一片の温かい人情であるといつも想う。しかし何が故か、人情の生活は踏みにじられて、金や武力が世を支える柱だと考えられる。かかる勢いはさながら"互いを憎め"とさえいうように見える。国と国とはいつも戦いの用意を怠らない。しかし人情に背くかかる勢いが、どうして永遠な平和や幸福の贈り手であり得よう。ただかかる不自然さが蔓るばかりに、心が心から本意もなく裂かれているのである。長い間代る代るの武力や威圧のために、どこまでも人情を踏みつけられた朝鮮の歴史を想う時、私は湧き上がる涙を抑え得ない。

と自らの感情を表している。それは、大正13年京城（現ソウル）景福宮緝敬堂（しゅうけいどう）に朝鮮民族美術館を開設することにつながる。

　こうして、生成した柳宗悦の美意識は、国内では木喰上人（もくじきしょうにん）の木彫仏に美を見出したことを契機として、日常雑器類のなかにも美を求めることに傾斜し、民藝運動に発展することになる。民藝運動は、大正15年（1926）1月に河井寛次郎・濱田庄司とともに高野山西禅院に宿をとった折に企画されたもので、その主要な目標は民藝品の展示施設の設立であった。

　同年4月には、柳・河井・濱田に富本憲吉が加わり、「日本民藝美術館設立趣意書」が公表されたが、これが民藝運動の宣言文ともいえるもので、その冒頭には次のような目的・理念が述べられている (註55)。

　　時充ちて、志を同じくする者集り、茲に"日本民藝美術館"の設立を計

る。自然から産みだされた健康な素朴な活々した美を求めるなら、民藝 Folk Art の世界に来ねばならぬ。私達は長らく美の本流がそこを貫いてゐるのを見守つて来た。併し不思議にも此世界は余りに日常の生活に交る為、却て普通なもの貧しいものとして、顧みを受けないでゐる。誰も今日迄その美を歴史に刻もうとは試みない。私達は埋もれたそれ等のものに対する私達の盡きない情愛を記念する為に茲に此の美術館を建設する。

その具体的な活動は、国内の陶磁器・木工・漆工・金工・染織・絵画・彫刻・参考品として朝鮮・中国や西洋にも及び比較資料として蒐集する。それらは過去のものばかりでなく現代品も扱う。また蒐集作品に基づいて研究発表や展覧会を通じて、その普及をはかり、美術館の建設につなげていく。一方、財政的な方面では賛同者からの募金などを呼び掛けるものである(註56)。

大正末期は、全国的な労働運動や学生運動に対する政府による国民統制が行われていた時期である。大正15年（1926）3月には宮沢賢治が岩手県花巻に羅須地人協会を設立して、農村に起点をおいた新しい学問や人間に生き方を探求しようという動きもみられるように、地方で新しい文化運動が始まるが、柳らによる「日本民藝美術館設立趣意書」の公表とその後の活動は、そうした時代状況に沿うものである。

日本民藝館ができるまでの民藝運動の様子は、柳による「民藝館の生立」(註57)に述べられているので、詳細はそちらに譲るが、大正15年から昭和11（1936）年までの10年間に展覧会・研究・調査・収集・講演・出版・寄付行為など実に精力的な活動を展開している。そして日本民藝館が建設される直接の契機は大原孫三郎（1880-1943）による資金の提供という大きな後ろ盾があったからである。大原は、倉敷紡績社長などをつとめた実業家であるが、他方では社会事業家としても知られ、大正8年大原社会問題研究所（現法政大学大原社会問題研究所）の設立をはじめ、昭和5年に大原美術館も開設している。大原の申し出は、10万円程度の資金の半分を美術館建設に、残りの半分を物品や図書の購入にあてたらどうかというものであった。柳は、その時の様子について、「大原氏の慇懃な言葉と、盡きない好誼とに対して、私達は充分な辞さへなかった。私達が永らく希願して止まなかった一つの仕事が、これによって実現せられるに至つたのではないか。私達はその折そこに居合せた凡ての者が受け

た悦びを忘れることが出来ない」(註58)と感動している。こうした大原のパトロネージュは日本民藝館の設立に多大な貢献を果たしたことになる。

2．日本民藝館の理念

日本民藝館は先述のように昭和11年（1936）に開館する。翌12年には、商工省の認可を得て財団法人となる。この場合、所管省庁を文部省に求めず、商工省にしたところが注目される。これは、当時商工省に民藝運動の賛同者がいたという理由にもよるだろうが、柳らとしては当時の文部省による国民教化の方針に批判的であったことによると考えられる。仮に文部省の認可を得れば、その活動は民藝運動の理念を損なう危険性があった。そこで、工芸の育成という観点を財団認可の条件にしたことは、彼らの理念を達成する上で適当な方策となった。

日本民藝館の開館は、民藝運動の一つの到達点であると同時に新たな出発点であった。民藝館の活動は民藝運動そのものとなり、その後一貫した姿勢をもち民藝運動が展開される。その活動は多様であるが、特筆すべきことは、資料の収集と展示に関する方針である。収集品の一覧は「民藝館・民藝協會消息及び寄附報告」(註59)に詳細に報告されているが、注目すべきことはその哲学ともいうべき理念である。

それは昭和4年（1929）、スウェーデンのストックホルムのスカンセンに柳が濱田庄司らと訪れた時に遡る。スカンセンは北方民族の野外博物館で1891年にアルツール・ハセリウスが創設したもので、建物以外に日常生活も保存公開したものである。また付近には北方博物館があり、北方の民族資料が豊富に収蔵・展示されている。当時の日本には野外博物館の発想は未開拓であったし、北方博物館のように資料の「量」を充実させた博物館もなかったことから、それらに感銘を受けている。柳らは「量」の博物館を認めながらも、

> 私達は物を量に於て完全さするより、質に於て洗練しよう。特に質を正しい美の標準によつて統一しよう。この事を成すのは日本人に與へられた使命なのだ。私達はハゼリウスがよく為し得なかつた仕事を立派に成し遂げよう（中略）只多くを集めることは誰かに任せておかう。吾々は吾々の仕事で美の規範を語らう。誰に信じてもらつてもいい標的を示さう。美への正しい直観と認識とは日本から輝いていいのである。

といい(註60)、「美」を追及する基本姿勢を自ら学び取っていく。それは国際的な視野であることにも驚かされる。国際的にも追従を許さない独創的な発想を導き出していく。

つまり、ここに示された「質」というものが、民藝館での基本理念となる。その「質」を追及するために、柳らは「私達は美しいものよりほか列べない」「私達はその中で健康なものを固く守らう」「私達はそれ等を統一した見方から選ぶ」「私達は此の民藝館に於て一つの美の標準を贈らうとする」(註61)という方針を民藝館で貫いていく。

当時の日本では、民間設立の博物館には、長野・碌山館(1916年)、東京・大倉集古館(1917年)、兵庫・白鶴美術館(1934年)、愛知・徳川美術館(1936年)、東京・根津美術館(1940年)などがあった。碌山館は彫刻家の荻原碌山の生家に作品などを公開した個人博物館である。徳川美術館は尾張徳川家の所蔵品、大倉集古館は実業家の大倉喜八郎、白鶴美術館は嘉納治兵衛、根津美術館は根津嘉一郎がそれぞれ自らのコレクションを保存・公開するために設立したものであるが、民藝運動とは性格を異にするものであった。

柳は、昭和14年(1939)には、民藝館の実績を踏まえて、次のように述べている(註62)。

　品物に関して民藝館が特筆されていいと考へる点は、一定の標準のもとに選抜されてゐる為、全体に一つの統一が行はれてゐると云ふことです。之はどの美術館でも望んでゐることなのでせうが、実際に統一を有つてゐる場合は殆どないのです。云はば玉石混合であり、美しいものと醜いものとが混雑してゐるのです。集める人達の立場に一致がない結果なのです。
　不思議ですが列べる価値のないものまで数多く列べてあるのです。

といい、よって民藝館は、

　館全体が一つの品物であり創作であるとさえ云へるでせう。

というように、民藝館そのものが一つの民藝美術の運動体という認識をもつに至っている。

3．柳宗悦の美術館観

柳は、美術館と博物館の概念の区別を明確にしている。その基本的な違いは「集め方」にあることを指摘する。美術館は、美的に価値のあるものを集め、

陳列することが本性である。それに対して、博物館は民俗博物館を一例として、美が中心テーマではなく、民俗を明らかにする材料の資料性に重きを置くという認識を示している。

> 民俗学者は、小絵馬のさういふ美的な質を問題には致しません。その地方の習俗とか伝説とか行事とか信仰とかに関する材料として、それを考察致します。"品物"としての値打ちではなく、それにまつわる"事柄"が重要なのであります。それ故絵馬がどんなに下手に拙く描いてあつても、事柄を充分含んでゐれば、民俗学的な値打ちがあります。

というように (註63) 具体例をあげて説明しているので分かりやすい。これは昭和29年(1954)に日本民藝館から発行された『日本民藝館』に収録されたものであるが、こうした考え方は戦前の活動のなかに底流としてあったといえる。

このように美術館と博物館の性格を明確に区別することは、一見当然のことのようであるが、実は難しい。なぜならば、そこでも柳が述べているように、多くは博物館と美術館が混同される状況が戦前から続いていたからである (註64)。

> (美術館は)博物館的性格と混同されてゐるのが寧ろ普通であります。易しく申せば決して美しいものだけが列べてあるのではなく、美的には価値の低いもの、進んでは醜いものをまで列べてあるのが通例であります。何故こんな矛盾が起るのでありませうか。それには色々の原因が見られます。第一は直観が充分に働いてゐないため、選択が曖昧になるのであります。第二は館員の中に色々違つた立場の人がゐるために統一が取れず、或人は美しさを重んじ、或人は歴史を重んじ、或人は技術を重んじ、或人は由緒を尊ぶといふことになつて、取捨の標準が違つて来ます。それ故品物の選択に統一が失はれ、美的価値から整理された美術館とはならなくなつて了ひます。特に大美術館はどの国でもかかる統一を保つことがむづかしく、それは館員が余りに大勢ゐて、見方が各々違つてゐるためであります。

美術館の観点からいえば、「美」を選別する眼をもたないこと、館員の立場が共通した「美」意識に基づいていないことから、理念が見えてこないということである。一つの理念が描けなければ、他との比較もできず、美術館の理念が曖昧としたものになりがちである。柳らは、先述したように共通に意識した

「美」を標準とすることで、日本民藝館の活動を展開したが、博物館との識別も当然のようになされたといえる。柳らによれば、日本民藝館は、統一した美的価値に基づいて品物を集めて陳列した模範的な美術館ということになる。

もうひとつは、「官」の態度を批判する姿勢を絶えず維持していることである。その根底には、やはり柳らの「美」意識が置かれている。それは、「国宝」に関する柳の発言に端的に表れている。柳は国宝を否定しているのではなく、問題はそれを選定する「文化財指定委員」の鑑識眼のなさを憂いている。「国宝以外に未だ国家から認められぬ未来の国宝が沢山あるわけです。その意味では民藝館こそ充分未来の国宝館とも云へます」(註65)、「文化財指定委員に、もっと自由な創造的見方を望みたいものです。官僚の雰囲気の中では無理なのでせうか。私達は官僚的選択に、どうも感心致しません」(註66)というように、自らの美意識に確固たる信念をもっていることが分かる。

確かに「美」の基準は一つであるはずがない。多様な基準があってよい。国宝を選定する基準も一つであり、柳らの基準もまた一つである。柳は、国宝の美的な基準が唯一ものに置き換わることに危機感をもったのである。それは、自由を奪い、感じたり考えたりする、人間の自由を束縛するものに通じるからである。

こうした柳らの民藝運動は、その信念を実現するために、「官」に依存することなく、自らが財源を確保し、自己経営することを選んでいる。たとえば、国立博物館の限界性を次のように述べている (註67)。

> 国家の力で維持されてゐるので規模が一番大きいのみならず、既に歴史も古く、恐らく蔵品も第一でせう。只、かういふ大美術館は館員も多勢で、各々意見が違ふので、蔵品の選択標準がまちまちで、民藝館のやうな統一は仲々とれません。之は官立による弱味です。館員は事勿れ主義で、信念など立ちにくいです。

柳らは、信念を通すために、現在のNPO (Non Profit Organization) 法人の考え方をしている。実際に、昭和11年 (1936) に民藝館を設立してから財団法人の認可をとり、独立採算制で経営を実施している。そこには柳自らが私財を投じるだけでなく、多くの関係者や協力者による寄付や助力があったことは看過できない。柳はその利点を次のように述べている (註68)。

民藝館はとても自由に安心して冒険を犯します。それでゐて、未知の分野の開拓に嘗て間違つた事はしなかつたと信じます。民藝館はとても自由で、何の遠慮も要らない事情で有難く幸福な仕事をさせて貰つてゐます。但し金力が無いのが、他の館と違ひますが、初めからないので、貧乏のために仕事が死滅する事もありません。貧乏の功徳もあるものであります。又、貧乏を活かす道もあるものだと自分は考へてをります。民藝館ほどの金子で立派な品をいろいろ持つてゐる美術館はないと自負してをります。

このように柳宗悦自らの理想を実現するうえで見過ごすことができないのは、その職業観である。年譜からその様子を窺うと、教員の経歴だけでも次のようになる(註69)。

大正8年（1919）	30歳	東洋大学教授となる（4月）
大正12年（1923）	34歳	東洋大学教授を辞す（3月）・女子英学塾講師となる（4月）
大正13年（1924）	35歳	明治大学辞任（8月）
大正14年（1925）	36歳	同志社大学講師となる（4月）・同志社大学女子専門学校教授となる（5月）
昭和4年（1929）	40歳	同志社の教職を辞す（3月）・関西学院を辞す（10月）・ハーヴァード大学で講義を始める（10月）
昭和5年（1930）	41歳	ハーヴァード大学の講義を終える（5月）
昭和6年（1933）	44歳	専修大学教授となる（5月）
昭和9年（1934）	45歳	日本大学講師となる（3月）
昭和12年（1937）	48歳	日本大学講師を辞す（3月）・国際女子学園講師となる（4月）
昭和19年（1944）	55歳	専修大学教授を辞す（3月）

一覧して理解できることは、大学の専任教授となっても決してそこに固執していないことである。自由に転職している。とはいえ、柳は先述の朝鮮問題の関心から大正13年に木喰上人を発見して民藝運動がはじまるが、その生涯を通じて共通していることは、自らの理想を実現化する活動を最優先させているということである。たとえば、大正8年に東洋大学教授となってから、翌9年5月に朝鮮に対する親愛を披瀝するために夫人兼子と共に朝鮮各地で講演会や音

楽会を開いたり、大正11年からは「朝鮮民族美術館」の準備をはじめたが、その途中に東洋大学を辞して、大正13年4月に美術館を完成させている(註70)。大正13年には家事の都合により京都に転居したが、そこで1年間にわたり木喰上人の研究に没頭している(註71)。大正15年4月には、「日本民藝美術館設立趣意書」を発表したり、昭和2年（1927）4月には東京銀座の鳩居堂で最初の日本民藝品展を開催してから、展覧会の他に各地で民藝調査収集の旅を始める。昭和3年3月には上野公園の御大礼記念博覧会に「民藝館」を出品する。専修大学教授となってからもますます民藝運動は本格化する。各地での展覧会や講演会、調査収集の旅を続け、昭和9年6月に日本民藝協会を設立して会長に就任し、昭和11年10月に日本民藝館が開館して館長になるなど、その後は民藝館を母体とする活動を展開していく。戦時中の昭和19年に専修大学を辞してからも、一時体調の不調はあったものの、継続的に民藝活動を展開した(註72)。

　柳の生涯をみると、それは一種「何もの」かにとりつかれた精神性を感じる。生涯を通じて自己の理想を追求する、「失うもの」を恐れない勇気を合わせもっていた。その源泉は朝鮮の日常雑器に見出した「美」に対する衝撃と、日本の朝鮮政策に対する疑問であったことをもう一度明記しておきたい。

第4節　「民」としての博物館づくり

　以上のことからいえば、鈴木重男の遠野郷土館、渋沢敬三のアチック・ミューゼアム、柳宗悦の日本民藝館には、三者三様の「民」としての博物館づくりがあった。鈴木重男は、遠野郷土館を拠点にした郷土研究会が、その土俗学的方法により郷土の歴史的事実を評価するものであった。渋沢敬三は、それまで忘却されていた民具に着目して、保護の急務を訴え、民族遺産として継承するとともに、民俗調査を通じて事実を客観的に評価することを重要視した。柳宗悦は、「官」に対する批判的な態度をもちながら、自らの「美」を追求した。それらは当時の政府や行政による「官」の影響を受けることなく、あるいは受けても極力最小限にとどめることで、自らの美術館理念を実現することにあった。それはかつて福沢諭吉が『文明論之概略』に述べたように「一身独立して一国独立す」(註73)、あるいは『痩我慢の説』でも述べている「立国は私なり、公に非ざるなり」(註74) と符号するものであり、「民」としての博物館づく

りとは、その実体化にほかならないのである。

　三者の共通点は、いずれも社会の基層的な階層の人たちの生活や文化に着目している点である。有賀喜左衞門によれば、渋沢や柳は、柳田国男もあわせて、ヒューマニスティクな思想をもつ面で共通しているという(註75)。遠野郷土館は、伊能嘉矩らを通じて柳田国男との関わりをもち、実際は郷土研究として地元の民間伝承の調査研究を精力的に行っていたことから、その後の柳田民俗学の範疇に入るとみてよい。

　一方、三者の特徴はそれぞれである。昭和15年(1940)4月の『月刊民藝』誌上における柳田国男と柳宗悦との対談(註76)はそれぞれの学問の特徴を理解する上で参考になる。そこで、柳田国男は民俗学とは過去の歴史を正確にする学問だという。それに比べて、柳宗悦によれば民藝は、「かく在るあるいはかく在ったということを論じるのではなく、かくあらねばならぬという世界に触れていく使命があると思うのです」(註77)といい、民俗学との区別を鮮明にしている。民俗学は過去を理解し、民藝は将来を問題にするというものである。ここに渋沢の民具研究をもち込むと、民俗学の一環であることから、柳田がいうように過去の歴史を理解することになるだろう。

　しかし、渋沢は柳と同じように美学的な感性をもっていた。それは渋沢の『アチックの成長』のなかの一文から窺うことができる(註78)。

　　アチックに集められた物を概観して不思議に感じるのは、多く集れば集るほど、それが、ある統一へ向って融合していくと同時に、そこには単一の標本の上から見出せない、綜合上の一種の美を感じることである。これは、マッチのペーパーや切手を巨多に集めた感じとも違う。また多数一堂に展観された書画骨董の美とも違う。書画の場合は、単一個体の美が強調され、その一つ一つに独立した美を認めるためか、別段綜合的な美は感じない。これに反して、アチックのものは、一つ一つには随分と汚らしいものが多いが、集るにつれて一種特有の内的美を感じるのは何故であろうか。田方、山方、浜方の我々、また我々の祖先が、極めて自然裡に発明し使用してきた各種各様の民俗品の全体を綜合して考えた時、そこに我々の祖先を切実に観、またその匂いを強く感じ、懐しく思う意味に於て、自分には、今アチックの蒐集は、その数量に於てたとえ僅少であっても、これ

は今述べた全体への一部分であって、しかも、それは確かに有機的な一部
として、血も涙も通っているという気がしてならない。とにかく、アチッ
クの標本は、物それ自身が多くの場合、売るために作られたり人に見せる
ために作られたりしたものではなく、我々の祖先から今まで、我が民族の
実生活に切実にピタリとついている点で、極めて特殊の味がある。

おそらく渋沢はアチック・ミューゼアムに陳列した多くの民具を見ながらこう
感じたのだろう。

ここに渋沢の民具に対する美意識を認識することができる。しかし、それに
続けて、渋沢は柳らとの違いを次のように述べている(註79)。

（民藝運動に対して）これを下手物とか民芸品とか云って重んずる者は、
そのものの単独の美を逐うのである。我がアチックは全体の一部として見
て、これを作った人々の心を見つめようとする。即ちアチックの標本は、
我々祖先の心を如実に示現している点に奇しき統一があり、そこに特殊の
美を偲ぶことができる。

しかし、これは柳宗悦らの民藝運動を誤認している。柳の方も、柳田との対
談で、渋沢のアチック・ミューゼアムは民俗学によるものとしたうえで、

民芸館のほうは、古いものをそういうふうにすべてあつめるという方針
はとっていません。美しい正しい民芸品だけを集めるという方針で進んで
おります。

というように(註80)、両者の間には何か不都合な関係を感じさせるものがある。
しかし、両者の美意識は大差ないものであり、それは有賀喜左衞門の指摘にも
ある通りである(註81)。

ところで、これらのなかから、現代の博物館学的な方法論の萌芽を認めるこ
とができる。遠野郷土館は、博物館を拠点とした研究会の組織化や調査研究の
成果を機関誌『遠野』として出版した。アチック・ミューゼアムでは、資料を
収集することにより、民具の分類や体系化の必要を認識すると共に、その前提
として民具を調査する方法を確立した。また、同人である研究者による全国的
な調査と研究の成果を「アチックミューゼアム彙報」や「アチックミューゼア
ムノート」として出版することで社会に普及した。日本民藝館は、民藝運動の
理念に基づく「美」の基準のもとに資料を収集することで、「統一化」された

展示を試みている点で展示論としての見識を評価することができる。また、遠野郷土館ではさほどではなかったが、アチック・ミューゼアムや日本民藝館は、様々な職業や社会的地位をもつ全国の人々からの支援があったことである。それは日本民藝館の場合には特に顕著である。

また、ここで看過できないことは、パトロネージュの存在である。アチック・ミューゼアムでは経営者の渋沢敬三自身がパトロンであったし、日本民藝館では大原孫三郎や山本爲三郎などの有力な支援者がいたことである。それらは、渋沢自身も含めて、その活動に支援をするが、そのための見返りを期待したり、活動に介入したりするものではない。渋沢はアチックの同人には、各自で自由な研究をさせた。宮本常一は自らの経験をもとに、次のように述べている(註82)。

> 昭和初期赤い学生というレッテルをはられた人たちの中にアチックへ入所した者が何人かあった。澁澤はその人たちをも仲間に加えて自由に研究させた。それもまたその一人一人の才能に応じて研究のテーマを選ばせたものであった。したがってアチックは民俗学の研究所のように世間では見ている者も多かったが、そこに集まった者はみな思い思いのことをしていた。

他方、遠野郷土館には、有力なパトロネージュが存在しなかったこともあり、焼失により活動は廃止されてしまった。

しかし、いずれも私設博物館としながらも、愛好的な次元にとどまることなく、その活動は現代のNPO活動に相当するものであった。戦前戦中の社会情勢のなかで、その目的理念を示し、博物館を通じてその活動を実践した意義は多大なものがある。

註
（1）　鈴木重男1924『遠野郷土館一覧』遠野郷土館
（2）　遠野市史編纂委員会1977『遠野市史』第4巻、遠野市、p479
（3）　鈴木重男1924「雑録」遠野第1號、p31-32
（4）　倉内史郎・伊藤寿朗・小川剛・森田恒之1981『日本博物館沿革要覧』財団法人野間教育研究所

(5) 中原斉1991「鳥取県博物館史」國學院大學博物館學紀要第15輯、p33
(6) 須賀川市立博物館所蔵、2000年8月19日展示品実見
(7) 荒田昌典1998「伊能嘉矩」『柳田國男事典』勉誠出版、p737-739
(8) 遠野市立博物館小笠原晋氏のご教示による。
(9) 鈴木重男1924「郷土研究会々則及概況」遠野第1號、p34
(10) 小笠原晋1998「佐々木喜善」『柳田國男事典』勉誠出版、p754-758
(11) 鈴木重男1924「編輯を了へて」遠野第1號、p38
(12) 柳田国男1963「郷土研究と郷土教育」『定本柳田国男集』第24巻、p67-68（初出は郷土教育27號、1933）
(13) 1926「伊能嘉矩先生記念郷土學會設立趣意書」（荻野馨1998『伊能嘉矩・年譜・資料・書誌』遠野物語研究所、p76-77に所収）
(14) 鈴木重男1911『土淵村郷土誌』（遠野市教育委員会1998『復刻版修正郷土誌』として復刻）
(15) 岩瀬博1998「高木敏雄」『柳田國男事典』勉誠出版、p768-771
(16) 高木敏雄1913「郷土研究の本領」郷土研究第1巻第1号、p1-12
(17) 後藤和民1979「郷土博物館」『博物館学講座』4、雄山閣出版、p182
(18) 小笠原晋氏のご教示による。
(19) 佐野眞一1996『旅する巨人　宮本常一と渋沢敬三』文藝春秋、p69-92
(20) 渋沢敬三1933「アチックの成長」『祭魚洞雑六』（1992『澁澤敬三著作集』第1巻、平凡社、p11-18に再録）
(21) 宮本馨太郎1964「渋沢先生の生涯と博物館」博物館研究第37巻第9号、p3
(22) 徳川宗敬1963「弔辞」博物館研究第36巻第12号、p18
(23) 註20、p11
(24) 註21、p3-5
(25) 渋沢敬三1930『蒐集物目安』アチック・ミューゼアム、p1
(26) 有賀喜左衞門1976「澁澤敬三と柳田國男・柳宗悦」『一つの日本文化論』未来社、p142-144
(27) 註20、p16
(28) 註20、p15-16
(29) 日本民具学会1997「発刊にあたって」『日本民具辞典』ぎょうせい、巻頭言
(30) 渋沢敬三1937「まえがき」『民具問答集』第1輯（1992『澁澤敬三著作集』第3巻、平凡社、p250-251に再録）
(31) 註30、p253
(32) 加藤有次1996『博物館学総論』雄山閣出版、p163-167

第 4 章 「民」の発想による博物館づくり　197

(33)　註30、p252-253
(34)　宮本馨太郎1963「民具研究の回顧と展望」物質文化第2号、p 9 -14
(35)　註30、p252
(36)　註30、p252-253
(37)　註21、p 6
(38)　註26、p140-141
(39)　註26、p132
(40)　網野善彦1992「解説　渋沢敬三の学問と生き方」『澁澤敬三著作集』第3巻、平凡社、p578
(41)　宮本常一1978『日本民俗文化体系（3）澁澤敬三』講談社、p39-45
(42)　竹内利美1934『小学生の調べたる上伊那川島村郷土誌』アチック・ミューゼアム彙報第 2
(43)　竹内利美1936『小学生の調べたる上伊那川島村郷土誌続編』アチック・ミューゼアム彙報第 7
(44)　註41、p37
(45)　註41、p 3
(46)　佐野眞一1996『旅する巨人　宮本常一と渋沢敬三』文藝春秋
(47)　柳宗悦1936「民藝館・民藝協會消息及び寄附報告」工藝第70號（1981『柳宗悦全集』第16巻、筑摩書房、p383に再録）
(48)　水尾比呂志1984「解説　柳宗悦の足跡」『民藝四十年』（柳宗悦著）岩波文庫、p 380
(49)　柳宗悦1920「朝鮮の友に贈る書」（1984『民藝四十年』岩波文庫、p31に再録）
(50)　註49、p32
(51)　註48、p383
(52)　柳宗悦1954『日本民藝館』日本民芸館（1981『柳宗悦全集』第16巻、筑摩書房、p184に再録）
(53)　註52
(54)　註49、p21
(55)　柳宗悦1926『日本民藝美術館設立趣意書』（1981『柳宗悦全集』第16巻、筑摩書房、p 5 に再録）
(56)　註55、p 7 -12
(57)　柳宗悦1936「民藝館の生立」工藝第60号（1981『柳宗悦全集』第16巻、筑摩書房、p39-65に再録）
(58)　註57、p62

(59) 柳宗悦「民藝館・民藝協會消息及び寄附報告」(1981『柳宗悦全集』第16巻、筑摩書房、p357-522に再録)
(60) 註57、p53
(61) 註57、p64
(62) 柳宗悦1939「日本民藝館案内」月刊民藝(1981『柳宗悦全集』第16巻、筑摩書房、p92に再録)
(63) 註52、p190
(64) 註52、p191-192
(65) 柳宗悦1957「民藝館と国宝」民藝第60号(1981『柳宗悦全集』第16巻、p270に再録)
(66) 註65、p271
(67) 柳宗悦1958「民藝館の特色」民藝第61号(1981『柳宗悦全集』第16巻、p274-275に再録)
(68) 註67、p275
(69) 水尾比呂志編1984「年譜」『民藝四十年』(柳宗悦著)岩波文庫、p393-404
(70) 註69、p393-395
(71) 柳宗悦1925「木喰上人発見の縁起」(1984『民藝四十年』岩波文庫、p66-68に再録)
(72) 註69、p395-404
(73) 福沢諭吉1875『文明論之概略』(永井道雄編1984『福沢諭吉』日本の名著33、中央公論社に再録)
(74) 福沢諭吉1901『瘦我慢の説』(1985『明治拾年丁丑公論・瘦我慢の説』講談社学術文庫に再録)
(75) 註26、p199-201
(76) 柳田國男・柳宗悦・比嘉春潮・(司会)式場隆三郎1940「民芸と民俗学の問題」月刊民芸(1965『民俗学について(第二柳田國男対談集)』筑摩書房、p88-100に再録)
(77) 註76、p91
(78) 註20、p16-17
(79) 註20、p17
(80) 註76、p89
(81) 註26、p180-183
(82) 註41、p39

第5章　戦後の地域博物館史

　昭和26年（1951）に博物館法が制定公布された。この法律は、昭和22年に制定公布された教育基本法の精神を踏まえ、昭和24年の社会教育法の趣旨に則して、博物館の機能などを明確に位置付けたものであった。教育基本法によれば、その第一条（教育の目的）は、「教育は、人格の完成をめざし、平和的な国家及び社会の形成者として、真理と正義を愛し、個人の価値をたつとび、勤労と責任を重んじ、自主的精神に充ちた心身とともに健康な国民の育成を期して行われなければならない」というものである。社会教育法によれば、博物館は「社会教育のための機関とする」（第9条）と規定されたことから、戦後の博物館は特に"社会教育機関"としての性格を色濃く打ち出していくことになる。

　地域博物館とは、戦前の郷土博物館にみられるような国民教化による愛郷土心の養成を目的とするものではない。博物館法の精神は教育基本法に示されるように、「個」の確立をめざすものであり、地域博物館の理念も当然そこに求めることができる。ここでは、戦後の「地域博物館」の歴史的な系譜を検討する。

第1節　行政主導の博物館

1．個人資産を保護する財団法人博物館

　GHQ（General Headquarters：連合国総司令部）による民主化政策は、戦前の天皇制の社会的基盤に財閥と封建的な地主制があるとして、それらの解体を緊急の課題とし、地主制の解体についてGHQが全国各地の実情調査を始めたのは戦後すぐのことであった。

　新潟県中蒲原郡横越村の伊藤文吉は越後の大地主として知られていた。GHQは、ここも調査した。建物は明治20年代の建築で、室町様式の回遊式大庭園を備えた「豪農の館」である。七代伊藤文吉は、戦前にアメリカのペンシルベニア大学に留学した経験をもっていたが、責任者のラルフ・ライトとは同

窓生であることが偶然判明したという。ライトは伊藤に好意をもち、それだけの文化遺産を地主制の解体と共に散逸させずに、日本の伝統文化やその遺産を後世に残すことの大切さと、そのために財団法人にして博物館をつくることを伊藤に助言したといわれる。伊藤はただちに中央省庁を奔走し、昭和21年（1946）2月に個人資産を寄付して財団法人の認可を得た。こうして設立したのが、北方文化博物館（豪農の館）である。その後、博物館法が公布された翌年の昭和27年に登録博物館となった（註1）。

昭和27年、山形県の鶴岡市に致道博物館が設立された。鶴岡は旧庄内藩の城下町で藩主の酒井家は戊辰戦争以後も鶴岡にとどまった。それに先立つ昭和25年、酒井家は、旧藩校致道館以来の全ての所蔵品と土地建物を寄付して、財団法人以文会を設立した。その趣意は「郷土の人びとが文化社会における基礎的人格を養う上に、よき機会を与え、郷土文化の健全にして正常なる向上発展に寄与せんとする」（註2）というものであった。なお、この財団法人とは、民法34条の規定による公益法人のことで、「祭祀、宗教、慈善、学術、技芸其他公益ニ関スル社団又ハ財団ニシテ営利ヲ目的トセサルモノハ主務官庁ノ許可ヲ得テ之ヲ法人ト為スコトヲ得」のことをさす。

北方文化博物館や致道博物館は、民法の規定に基づく登録博物館であり、博物館法による「博物館」となる。現在、それらの博物館が国から得られる支援制度は、法律・税制によるものである。特に税制は、法人税や所得税の免税（特定公益増進法人の場合）、相続税や贈与税の免除、住民税・不動産所得税・固定資産税などの地方税などの免税や、新増改築の費用に充てるために行う募金については指定寄付金として扱われる場合もある。日本開発銀行による低利融資制度や、JRで博物館資料を運搬する場合には3割引の運賃にもなる。また、地元自治体の教育委員会の支援協力も得ることができる。

近年では、長野県須坂市の田中本家博物館（1993年）や千葉県野田市の上花輪歴史館（1994年）などが設立されている。田中家は享保18年（1733）より北信濃屈指の豪商であったし、上花輪歴史館の髙梨家は上花輪村の名主をつとめる一方、江戸時代初期から醬油醸造家として知られる家柄である。いづれも江戸時代以来の屋敷のたたずまいを残しながら、建造物や庭園と共に、歴代の生活資料を通じて、その家の生活文化を公開している。

これらは日本の文化・伝統や、地域の文化遺産を日常空間の現状のままに残すことを目的としている。そうした意味においては、地域文化を保護するための社会貢献事業である。しかし、税金対策のために設立したことも事実である。戦後の税制は、相続ごとに資産を減少させる制度であることは周知であるが、俗に「三代相続すると全ての資産はなくなる」とまでいわれるように、大規模な資産は個人では維持できない仕組みになっている。よって資産保全のために、財団法人として登録博物館の認可を受けるという事情がある。
　しかし、財団化する基金の手当てができずに財団設立ができない所も多い。生活文化を後世に伝えていこうとしても、財団経営でなければ登録博物館にできない。よって税制などの保護も受けられない。生活をしながら入館料を主な財源として生計をたてて保護している場合もある。だが、個人の資力だけでは限界があることから、やむをえず取り壊すことになる。こうした人たちにとっては、日常生活を継続していくことがほとんど不可能に近いのである。ここに日常空間のなかで伝統文化を支えていく日本の社会制度の未熟さをみることができる。

2．行政による博物館の設立

　戦後の地域博物館は、博物館の社会的機能が博物館法において社会教育機関と規定されたことから、全国の都道府県や市町村では、それを意図した博物館づくりが活発に行われた。博物館法により、社会全体に博物館の概念が明確に示されるようになった。また専門職員として学芸員の身分制度が確立したり、国による補助金制度ができたことは、教育行政において博物館をその施策に組み入れる環境づくりに大きな役割を果たした。
　博物館法が公布された昭和26年（1951）12月1日（翌年5月23日、博物館法施行規則制定）以降、10年間に設立された主な地域博物館は、熊本市立熊本博物館（1952年）・福井市立郷土博物館（1952年、現福井市自然史博物館）・鹿児島県立博物館（1953年）・三重県立博物館（1953年）・福井市郷土歴史館（1953年、現福井市立郷土歴史博物館）・小樽市博物館（1956年）・新居浜市立郷土館（1958年、現新居浜市立郷土美術館）・徳島県博物館（1959年、現徳島県立博物館）・日田市立博物館（1960年）などである。
　それらの大多数は登録博物館の認可を受けているが、新居浜市立郷土館と日

田市立博物館は相当施設である。とはいえ、この時期に設立された地域博物館の多くは、博物館法に対応するように社会教育機関としての姿勢を表明している。それらは地域を対象領域とした人文・自然科学分野の資料を収集し、整理・保管する一方、調査研究を経て、成果を常設展示や特別展示などにより教育普及活動を行う。

　しかしながら、学芸員の人員不足は深刻な問題であった。法律で明記されても、地方公共団体には学芸員の職種をつくるところが少なく、たとえ職種があっても人員はごく少数しか採用されない状況であった。博物館法に規定された博物館事業を全て実施することはほとんど不可能な状況であった。あるいは施設面においても規模や設備についての規定などが不十分であったことから、その不備も目立った。その後しばらくして文部省から告示された「公立博物館の設置及び運営に関する基準」（昭和48年11月告示）により、問題が是正される。ちなみに、それは、

　　　博物館の延べ面積、都道府県及び指定都市の設置する博物館にあっては、6,000平方メートルを、市町村の設置する博物館にあっては、2,000平方メートルをそれぞれ標準とする。

　　　都道府県及び指定都市の設置する公立博物館は17人以上の学芸員又は学芸員補、市町村では6人以上の学芸員又は学芸員補を置くものとする。

などの規定である。実際、各地の博物館は、施設の増改築や学芸員の増員がなされ、その充実化がはかられた。「公立博物館の設置及び運営に関する基準」の告示に至るまでには、全国の博物館関係者たちによる献身的な運動があったことによる。しかし、その一方ではそれ以降の公立博物館は、その活動面よりも人員や施設などの管理・施設論の方が取り沙汰される傾向が強まっていくことになる。

3．地方公共団体の記念事業と博物館

　昭和43年（1968）は明治100年記念の年であった。昭和41年3月の閣議において明治100年記念事業を国家的規模で行うことが決められ、全国の都道府県などもそれに呼応して記念事業が組まれることになった。記念事業の一環として博物館建設を組み込んだところとは、北海道開拓記念館（1971年）・青森県立郷土館（1973年）・山形県立博物館（1971年）・群馬県立歴史博物館（1979年）・佐

賀県立博物館（1970年）・鹿児島県歴史資料センター黎明館（1983年）などが一例である。

　北海道は開道100年記念事業と重なり、博物館が次々と建設された。なかでも北海道開拓記念館はその代表である。ここはその名称の如く北海道の開拓100年を記念したもので、まさにシンボルとして建設されたものである。その理念は次の通りである（註3）。

　　　北方のきびしい自然環境は長い間にわたり北海道全域の開拓をはばんできたが、明治2年以降、国の積極的な開発政策と呼応し、他府県から移住した多くの開拓者たちは、これまでに経験のない寒冷地での生活に耐え、開拓の苦闘に打ち克って新しい生活文化を創設し、他に比類のない歴史を展開してきた。我々は、先人達がこの北海道の自然にいかに順応し、それをいかに克服してきたかを知り、そしてさらに輝かしい未来をつくるためには、我々がいかに創造しなければならないかを考え、開発技術の発展と、道民生活の問題を中心に、これまでの道程をふり返り、貴重な体験を整理して、将来への教訓としなければならない。北海道開拓記念館は、このような考えにもとづいて、輝かしい北海道百年を記念して建設された。

　北海道では、この開道100記念事業に呼応して、厚岸郷土館（1967年）・浦幌町郷土博物館（1969年）・尻岸内町郷土資料館（1968年）・富良野市郷土館（1968年）など市町立の博物館も設立された。

　明治100年記念事業が実施された頃は、戦後の高度経済成長期にあたり、社会は好景気に沸いた。よって国・地方税の収入も増した。その後、昭和48年（1973）のオイルショックにより、経済は一時的に沈滞化したものの、バブル経済が崩壊する平成3年（1991）までは「右肩上がり」の経済成長を続けた。景気が良くなると、「余った予算」は文化事業にまわされるが、戦後の日本経済の成長にあわせて多くの博物館が建設された。公共投資の一環としてさらなる経済成長を目指すことが目的であり、それに記念物という口実が備わったのである。戦後、地方公共団体が記念事業の一環に博物館建設を位置づけたのは、この明治100年記念事業が発端である。

　その後は、全国各地で町制や市制の施行記念事業として、博物館が建設されるようになった。高岡市立博物館（市制80周年・1970年）・三島市郷土館（市制30

周年・1971年)・上越市立総合博物館（市制60周年・1972年)・流山市立博物館（市制10周年・1978年)・豊橋市自然史博物館（市制80周年・1988年)・飯田市美術博物館（市制50周年・1989年)・川越市立博物館（市制60周年・1990年)・恵庭市郷土資料館（市制20周年・1990年)・狭山市立博物館（市制35周年・1991年)・芦屋市立美術博物館（市制50周年・1991年）などは一例である。あるいは名古屋市博物館（1977年）は、人口200万人突破記念事業のひとつとして名古屋市が建設した。県の記念事業として、埼玉県立博物館（1971年）は埼玉100年記念事業、岐阜県博物館（1976年）は岐阜県100年記念事業によるものである。

　これらの博物館は行政の記念事業として設立されたが、建設後に登録博物館の認可を受けて社会教育活動を行っている。その経緯をどのように理解したらよいのだろうか。

　それは、社会教育振興のために博物館をつくることは、首長や行政当局の理解がなかなか得られないという背景があることに関連する。地方自治体は、一般行政と教育行政の両翼からなり、教育行政は一般行政から干渉されず独立することが法的に保障されている。しかし、現実には財政や職員定数枠は一般行政側にあり、首長（知事・市長・町長など）が決定権を握り、議会の同意を得る仕組みになっている。教育行政側が社会教育振興のために博物館建設を計画しても、予定どおり実行できない事情があるからである。

　また、地方公共団体が、博物館を観光や広告塔のような目的で建設する場合もある。全国的に知られる地域の特産品や開発事業などを記念した博物館や資料館がそうである。それは市立や町立もあるが意外に村立が目立つ。九十九里いわし博物館（1982年)・みやぎ蔵王こけし館（1984年)・中里村恐竜センター（1987年)・忠類ナウマン象記念館（1988年）などの例がある。

4．文化財保護と歴史民俗資料館

　高度経済成長政策を標榜した「日本列島改造論」により、全国各地は開発の渦に巻き込まれた。昭和47年（1972）の自民党の総裁選挙で田中角栄が発表した、交通網の整備や工業の再配置計画を実施したことにより、歴史や民俗関連の文化財は、それまで以上に急速に散逸する事態となった。高度経済成長は、既に昭和30年代後半から顕在化する一方、昭和40年代に入ると文化財の保護に対する社会的な関心が高まるようになった。

そこで、ひとつは、昭和41年（1966）11月に総理府に設置された明治百年記念準備会議において記念事業の一つに「歴史民族博物館の建設」が採択され、閣議で承諾され、翌年8月から文化財保護委員会は歴史博物館設立準備懇談会（座長・坂本太郎）を設立させ、昭和58年3月に国立歴史民俗博物館が開館した(註4)。

　また、昭和45年から地方公共団体が設置する歴史民俗資料館の建設に対しては国庫補助金を拠出して振興をはかるようになった(註5)。昭和52年に文化庁文化財保護部は「市町村立歴史民俗資料館の設置・運営のあり方」として"歴史民俗資料館"の指針を示している。しかし、この歴史民俗資料館は、あくまでも保管機能に重きを置いたものであり、博物館とは異質のものである。職員についても学芸員を配置する要件を定めておらず、教育委員会の所管で職員を常駐させれば誰でもよいことになっている。

　平成5年（1993）までに歴史民俗資料館は全国で452館が設置された。同年の全国の登録博物館数は619館（人文・自然・理工系等含む）である。これは各地で資料館建設が急速に行われたことを物語る。ちなみに千葉県内では、登録博物館35館（人文・自然・理工系等含む）に比べて、歴史民俗資料館は15館である。それらの大半が町村立である。全国規模ほどではないが、それでも資料館の割合の高さが目立つ。

　日本の高度経済成長にあわせて、考古・歴史・民俗資料を主に保管する資料館が、このように急速に増加した原因はなんだろうか。それに関連して、伊藤寿朗は次のように指摘している(註6)。

　　　高度経済成長政策のなかで、二、三のシンボル館を別にすれば、博物館は国家体制にとって、文化政策・博物館行政という公権力作用として積極的に揚棄するだけの必然性も緊急性もない余剰価値的存在でもあったといえよう。（中略）特に都道府県教育委員会の行政機構では、60年代後半以降、高度経済成長政策による大規模な開発の進行により、埋蔵文化財を中心に文化行政が社会教育課から文化財課等の名称で分離独立するとともに、博物館もまた社会教育行政から文化行政の範疇へと移行していくこととなる。

　歴史民俗資料館が全国的に急速に建設される背景には、このような事情が

あったとみられる。開発によって各地の文化財が散逸するなかで、全国の地方公共団体は文化庁からの補助金により歴史民俗資料館を建設し、文化財を保護する姿勢をとることによって、社会的な反感を少しでもかわそうとした。あるいは反感が表面化しなくとも文化財保護に理解を示すポーズをとる。しかし、こうした文化財保護は開発に対する免罪符のようなものであり、開発を前提とした社会に対する懐柔策のような意味程度のものでしかなかった。

なぜならば、その多くは「ハコモノ」と化しているからである。そもそも学芸員のような専門職員を配置する要件がないので、最初から「ハコモノ」になることは分かりきっている。資料収集するにしても適性を備えた職員のいない場合が多く、建設後の活動は停滞ぎみとなる。収蔵保管を主な目的としても、総面積1,000m^{2}以内の施設が大半である。当然、収蔵スペースは限界となり、一部の限られた資料しか収蔵保管できない状態である。よって、文化財保護は一種のアリバイ工作のようなものでしかなかった。ここには、後述する海の博物館のように、宮本常一の進言に耳を傾けるだけの素質はほとんどなかったといえる。

第2節　民間主導の博物館

1．研究者や住民らの主導による博物館建設

戦後まもなくして、戦時中の不自由な生活から解き放され、国民が「文化」に飢えていた状況から脱して、全国各地で文化運動が活発となった。その文化運動の一環に、住民が主導した"博物館づくり"が行われた。

長野県の大町山岳博物館は昭和26年（1951）11月に開館した。昭和22年5月3日の日本国憲法施行の日、大町公民館が発足した。その折に講演した松本市立博物館の一志茂樹は、青年団を主体とした若者たちを前にして、「新しい地方文化向上のために郷土の特殊性を生かし、私たちは北アルプスの大自然をもう一度見直さなければならない」と発言して、共感を与えたという。同年の10月に青年たちは公民館に郷土部をおくことにし、その目標として郷土文化を興隆するために山岳博物館を建設することを決定し、構想を作成してから具体的な準備を進めて設立した(註7)。

また、千葉県野田市では、野田地方文化団体協議会（文協）という住民文化

団体による地域博物館の建設運動があった。住民たちの学術的な相談者は國學院大學の樋口清之であった。その理念は、「施設そのものが郷土にふさわしいものでありたい」「位置は郷土人の便を第一条件として火災も考慮する」「醸酵科学の現状・発達・歴史等を見学できる博物館」「郷土人を対象として、郷土の特性を知らしめ、おのずから郷土のもつ文化・自然・産業方面に、郷土愛を振興する博物館」「地域社会の社会教育的使命を果たす博物館でありたい」「観光的性格よりも、郷土に根ざした教育施設に重点を置く」「中央の模倣や分館に等しいものは好ましくない」というものであった。

　昭和25年に市制が施行される機会に、文協は郷土博物館建設の陳情書と基本構想書を市長と市議会議長に提出した。一方、文協は「郷土博物館建設促進特別委員会」を発足させて、博物館の具体案を検討して資料収集や調査を始め、博物館の必要性を一般に普及するために「住居の歴史展」や「食生活展」などを開催した結果、昭和32年（1957）に「野田市郷土博物館設立準備会」が発足し、昭和34年に千葉県内で最初の登録博物館として野田市郷土博物館が設立された。

　しかし、それは「地域博物館」という観点からみると、戦前の「郷土博物館」の色彩から完全に脱却したものとはいえなかった。昭和29年5月、会長の市山盛雄が住民に博物館建設の啓発をはかるために書いた文章によると、「何としても郷土をよくすることが、新しい日本の建設であり、世界人類の幸福に寄与する道でもある。お互は今少し高い広い視野に立って、一段と愛郷心をふるい起し、郷土の再認識をすることが緊要であろう」(註8)という。このように戦後、10年近く経過しても、戦後民主主義の基本理念というべき「個」の確立については、十分に咀嚼されず、戦前の主情的郷土教育の系譜が残っていることが分かる。

　新潟県の長岡市立科学博物館は、新潟県野鳥愛護会の提唱により、民間研究団体や研究者、企業などの協力を得て、昭和26年8月に市立博物館として開設した。北海道の美幌博物館・美幌農業館の前身となる郷土資料室は昭和35年に開設されたが、それも昭和27年からの町民有志による資料収集活動が契機となっている。このように戦後まもない時期から高度経済成長期以前の昭和30年代前期頃までは、必ずしも類例は多くないが住民や学術グループの活動が契機

となり、行政を動かし、公立博物館として建設されたものがある。

また、昭和59年には野尻湖ナウマンゾウ博物館が開館する。その端緒は昭和37年3月に開始された地学団体研究会（地団研）が中心に行った野尻湖の発掘調査である。調査はほぼ3年ごとに続けられ、その後全国各地で一般市民が参加する友の会組織が結成されて「参加型の学術調査」が実施された。湖からは、ナウマンゾウやオオツノシカなどの動物や昆虫・貝・植物化石、旧石器時代の骨器・石器など多量の資料が発掘された。その結果、昭和50年8月に野尻湖博物館建設構想委員会が発足し、途中で館名を変更して、野尻湖ナウマンゾウ博物館として設立された。

このように研究者や住民が主導して開設した公立博物館は、その多くがその後の博物館活動のなかで研究者らとの交流が継続するという特性がある。学術調査の協力支援・資料の寄贈・展覧会の企画や運営・研究紀要の寄稿・ボランティア活動などが一例としてあげられる。公立博物館は、行政が建物をつくり、職員を配置して主体的に管理運営をするという形をとるが、研究者らと博物館の相互交流は絶えず行われることになる。

2．住民参加型の博物館

昭和50年代になると、多くの地域博物館が設立される。それらの大部分は地域に密着した博物館であり、地域住民との交流も当然増すように思われた。しかしながら、多くの博物館は、かつて伊藤寿朗が指摘したように、時代の要請にそぐわないものとなっている。それは、博物館法に規定された事業の枠内にとどまる博物館に対する指摘でもあった。

伊藤は、博物館の発展段階を「第一世代」から「第三世代」に分類整理した。「第一世代の博物館」は古典的な博物館で資料の保存や顕彰を目的としたものとしたうえで、現代の博物館の多くは「第二世代の博物館」の範疇に入るという。それは資料の公開を運営の軸にしたもので、学芸員により資料の収集、保管・調査研究、展示による教育普及などが行われるが、来館者に対しては一過性の見学施設に陥っている。そうした問題を改善した将来の姿が「第三世代の博物館」といえる。それを伊藤は次のように規定する (註9)。

　　社会の要請にもとづいて、必要な資料を発見し、あるいはつくりあげていくもので、市民の参加・体験を運営の軸とする将来の博物館である。第

三世代とは期待概念であり、典型となる博物館はまだない。(中略) 第三世代は、参加し体験するという継続的な活動をとおして、知的探求心を育んでいく(要求を育む)ことをめざす施設であり、日常的利用が可能な場所に設置されることが条件となる。

その構想が部分的に行われている例として、公立館ながらも大阪市立自然史博物館、横須賀市自然・人文博物館などで実施されている住民参加による共同調査・研究、宮城県立美術館などのワークショップの試み、平塚市博物館の諸活動などをあげている。

平塚市博物館は、"相模川流域の自然と文化"をテーマとして、その運営方針は「地域のことを地域の人と一緒に見聞したり調べたりして、その結果を展示していく」(註10)というものである。それを実体化するものが行事である。これまでに博物館が住民に募集して実施した主なものとしては、"平塚の空襲と戦災を記録する会"、"石仏を調べる会"、"相模川を歩く会"などがある。平塚の空襲と戦災を記録する会は、平塚空襲に関する資料収集や体験を聞き取り調査し、市内戦災地図の作成や、特別展を実施したり、聞き取り調査の記録が刊行物にまとめられた。石仏を調べる会は、市内の石仏調査の成果をやはり刊行物としてまとめた。相模川を歩く会は、流域を見聞することを目的に始まり、その記録資料の蓄積をもとに特別展を開いた。さらに集大成として『相模川事典』も刊行した(註11)。これらは、いずれも学芸員が指導的な役割を果たしながら、住民が継続的に参加することで達成したものである。とはいえ、それは将来的に住民主導の博物館づくりにつながるものである。地域に密着した話題を住民と共有しながら収集・整理・調査・普及するシステムは、これまでの住民に対して一方的に情報提供することを主眼にしてきた博物館の活動に比べて、博物館と住民が双方向的な関係をもち、博物館史にとっては一つの画期となるものである。

3．NPO活動としての博物館

戦後、日本は「民主化」を目標としてきたにもかかわらず、いつしか民主化は「近代化」にすり替わり、近代化そのものを追及することになってしまった。その象徴が高度経済成長の政策であり、政・官・財一体のシステムによって、ひたすら経済合理性が追及されてきた(註12)。その結果、昭和45年(1970)

には、国民総生産（GNP）世界第2位となる比類なき経済成長を遂げるまでになった。

しかし、こうした経済成長一本やりの結果、様々な社会問題が浮上した。自然環境の破壊、歴史・民俗遺産の喪失などに危機感を抱いた人たちは、自らが博物館づくりをすることを社会変革のツール（道具）として動き出した。それは行政の関与を避けて建設やその後の運営まで一貫して自らが行うという、社会貢献を目指したNPO（非営利組織）活動である。

社会変革をめざす試み　その代表例が三重県の海の博物館である。ここは海と人間の歴史の総合博物館で、財団法人が運営している。そもそも前理事長の石原円吉が、伊勢湾岸・熊野湾岸の海の環境を守り、漁師の生活文化を長く後世に伝えることを目的として、昭和46年（1971）12月に開館した（1992年新館開館）。その構想は、人びとに海を愛する心を養成するために、漁民史をとりあげ、海を保護する行動につなげることを意図している(註13)。また海の環境破壊の防止のためにSOS（Save Our Sea）「いま救え！われらの海を！」運動も実施している。展示コーナーの一部には、全国各地の海洋汚染の実態が展示されたり、文献や報道など情報も充実している。経営面では、入館料、グッズや喫茶室の収益の他に、一般からの寄付金やSOS運動の会費などからなり、行政からの補助金はなく、NPOとして完全に独立した活動を行っている。現代文明を批評するNPO博物館として数少ない貴重な存在である。その方向性は今後の日本の博物館に一つの視座を提供する。

企業家のパトロネージュ　もう一つは、研究者らによる学術団体などの活動が地元企業などからの支援を受けて財団法人の博物館を設立する場合や、企業が設立したものである。愛知県の鳳来町立鳳来寺山自然科学博物館は"東三河地質と鉱物の会"という同好グループの活動のなかから起こった。博物館づくりの運動に田口鉄道株式会社（現豊橋鉄道）が支援して、昭和24年9月に設置した自然科学博物館が前身となる。また、佐渡博物館は、昭和28年に"佐渡史学会"に博物館設置委員会が設置されたことから、新潟交通株式会社から土地や建物などについて支援を受けて、昭和32年9月に財団法人の博物館として開館した。

また、青森県の小川原湖民俗博物館と十和田科学博物館は姉妹館として共に

地元の十和田観光電鉄株式会社が設立した。両者は渋沢敬三の指導によるものである。社長の杉本行雄は、かつて渋沢の執事で、アチック・ミューゼアムの事務を担当したこともある。前者は、小川原湖周辺の民俗資料を収集して昭和36年（1961）8月に開館した。後者は、日本火山学会に所属する研究者らによる学術調査の成果をもとに昭和28年（1953）8月に開館した。佐野眞一はその事情を次のように記している(註14)。

> 渋沢家の元執事の杉本行雄が、農地解放となった渋沢農場内の森林伐採権をまかされ、それを原資に観光事業への転身をはかって青森県の十和田湖に進出した昭和26年（1951）、十和田湖周辺に生息する動物や魚類、鳥類の剥製などを展示した十和田科学博物館を併設したのも、また、昭和36年（1961）に東北各地の民具一万八千点を集めた小川原湖民俗博物館を、杉本の本拠地ともいうべき三沢市内古牧温泉のホテルに隣接してつくったのも、かつての主人の敬三の強い進言によるものだった。敬三は観光事業のなかにも、学問の種を植えつけることを忘れなかった。

小川原湖民俗博物館の敷地には旧渋沢栄一・敬三邸も移築保存され、博物館を通じた両者の深いつながりが窺える。

このように戦後から昭和30年代は、企業や資産家による博物館へのパトロネージュがまだ生きていた時代であった。学術文化の社会的な役割を理解し、それに関心を示しながら、学者や住民らの精力的な活動には支援を惜しまないという精神が企業家にあった。それは決してむやみに資金を出すのではなく、研究者や住民活動に主体性がなければ成立するものではなく、企業家はそれに対する支援をする。すなわち、その根底には、人を育てようとする意識があったのではないだろうか。それは、現代の企業博物館は企業色が前面に出がちとなり、企業の広告塔のような存在になっている状況とは異質のものである。

住民による地域の文化遺産の収集活動　また、地域の文化遺産を保存するために、住民たちが資料収集を自発的に始めることを契機として、博物館づくりが行われる例もある。

新潟県糸魚川市の根知地区は、昭和45年以降の過疎化のなかで、大規模資本の企業がレジャー施設やゴルフ場を建設する動向があった。それに対して、地域の青年たちは、そのままでは地域が崩壊するという危機感をもち、自らの手

で「地域を守る」ために、地域の民俗資料の収集や調査など通じて民俗博物館づくりを始めた。青年たちは、根知青年団の人たちで、団員たちは地区の全戸に次のような資料収集の依頼文「たのむわ」(註15)を配付した。

　今の私達にとって、生きつづけるということが、どういうことであるのか。我々の心のふるさとは、一体何であるのか。といった漠然とした大きな問題ではあるけれども、一番身近な、そして又、必要な問題ではないかと思われます。
　"失われたもの"を取り返そうとする運動が、いろいろな形で表され、あらゆる人達が、一人一人の心の中で考えられ始められている時に、私達も心のふるさととは何であるのか、そしてこの村の"心"とは、何であるのかを考えるべきだと思います。
　村を形成し、村人をつくり、そして、現在我々が生きつづけているこの村。
　"心"とは村の生活、その生活の歴史そのものではないかと私は考えました。
　村の生活がどんなものであったのか。数百年前からの生活の有様がどんなものであったのか。そのことから始めようと我等青年団は、民俗資料の収集に、取りくむことになりました。

「村の心」を探求するために民俗資料を収集しようという呼び掛けを、住民が住民に行うことによって、資料は次第に集まった。まもなくして博物館は、地区の公民館の2階を市から借用することによって、昭和48年8月に"根知民俗資料館"として開館した。

依頼文は、資料館づくりの端緒になった。仮設の資料館ながらも、住民たちは以後も収集を継続しながら、地元での聞き取り調査や、常設展示のほかに特別展を開いたり、ボッカ資料集などの印刷物を刊行するなど、各地を見聞した知見をもとに自分たちなりの博物館活動を展開していく。その後、公民館の取り壊しにより、青年団を母体にした地域の有志たちが"根知民俗資料保存会"を結成して、旧ボッカ宿の民家を購入して昭和55年に移転した。それに関する費用は、有志だけでは賄えないことから、地区の住民からも寄付を集めたり、行政からも助成を得ている。しかし、雪害のために、資料館は移築して再度開

館することになり、その際にも一般から寄付金を集めた。また、昭和58年には、館名を"塩の道資料館"と変更している(註16)。

　これは、住民自身による地域のためのNPO活動だといえる。青年団の活動が次第に地域全体に広がりをもつことになった。それによって青年たちは、資料館は地域のものという意識にまで成長した。その経過は、試行錯誤の連続だったともいえる。しかし、そのなかで住民は地域の将来を再認識する機会を得ることができたはずだし、"地域づくり"をする自信や誇りが生まれることにつながった。

　契機は異なるが、資料収集を通じて、地域住民が"変わる"ことは、佐渡ヶ島の佐渡国小木民俗博物館でも窺える。ここは行政主導といっても、町長の金子繁が考古学や文化財に関心をもち、宮本常一の謦咳に接したことから博物館を設立したものである。博物館は廃校になった小学校の校舎を利用して、昭和46年に設立された。博物館の設立を金子にもちかけたのは宮本である。その理由については佐野眞一が指摘するように、かつて渋沢敬三が民具を中心とした物質文化の世界に重点を置いて、「民具で研究する」ことを主張したように、佐渡の民具の重要性に着目したこともあるのだろうがそれだけではない。それは地域に博物館をつくることによって、眠っている地域のコネクションを立ち上がらせることであった。つまり、地域の住民に参加してもらい、老若男女の力を結集して、民具を集めるプロセスを重視したのだという。家庭の主婦はどの家に古い民具があるかを知っている。住民の多くは、その使い方を知らないが老人は知っている。若者がそれを運搬する。つまり、民具の収集そのものが目的なのではなく、民具収集で地域の人たちの意識を育てることが目的であったといえる。各人の能力をうまく引き出すことで、地域住民の精神生活に変化を起こすことであったという(註17)。

　博物館は、収集した民具の展示を住民に披露すると、博物館と住民の新たな交流が始まった。住民からは様々な情報が寄せられ、住民が主体的に資料収集に参加するようになった。当時事務局長であった中堀均は、「人が集まることは何より心強い。これに優る見方はない。漁具は多くの協力者のもとに収集され、漁場、漁法も知ることができた」(註18)という。

　町長は、退職後は退職金を全額投じて自分なりの小木町史を書いているとい

うのも、宮本の墓前に捧げたい一心だという (註19)。こうなると町長の人間的資質はいたって社会貢献に根差しており、宮本との出会いを契機にした博物館づくりの意欲は、当然博物館職員にも影響を与え、住民を巻き込む形で、ある種のパワーとなって民具収集が行われたとみてよい。

　つまり、塩の道資料館と佐渡国小木民俗博物館は、いづれも資料収集の経過のなかから、博物館づくりが行われたのである。地域住民とのネットワークの構築がはかられ、住民の参加意識の育成がはかられた。収集した民具類は、地域の貴重な財産となり、小木では国の重要民俗文化財の指定を受け、根知の方もその準備が進んでいる。ここで参考になることは、収集方針は地域のものであれば、事前に選択せずに、何でも収集することがポイントである。同じ種類の民具が複数になってもかまわず、散逸するぐらいならとにかく収集しておく、選択はその後にすればよいといった姿勢をとっていることである。予め公開することを前提とした収集法では、かえって数が限られ、収集者のバイアスによって資料的価値が制限されたものになる恐れがある。かつて、宮本が海の博物館の運営について助言した、「同じモノがいくつあってもいいし、どんなモノでもいい、良し悪しなんか考えずとにかく黙って五万点集めなさい。集めたら何かが見えてきますよ」(註20) という言葉にはコレクションの真髄がある。

註
（1）　北方文化博物館のご教示による。
（2）　酒井忠治1987「致道博物館の運営について」博物館研究第22巻第1号、p52-55
（3）　北海道開拓記念館1981『北海道開拓記念館10年のあゆみ』北海道開拓記念館、p9
（4）　国立歴史民俗博物館1999『国立歴史民俗博物館要覧』p3-5
（5）　椎名仙卓1981「終戦後における博物館の推移」博物館学講座2、雄山閣出版、p105
（6）　伊藤寿朗1978「日本博物館発達史」『博物館概論』学苑社、p173-174
（7）　市立大町山岳博物館1991『市立大町山岳博物館40年の歩み』p1-2
（8）　市山盛雄1954「野田市郷土博物館設立準備に就いて」野田週刊、昭和29年5月31日付
（9）　伊藤寿朗1993『市民のなかの博物館』吉川弘文館、p141-146

(10) 平塚市博物館1996『博物館のできるまで』平塚市博物館、p30
(11) 註10、p9-16
(12) 鹿野政直1985「現代人間論」『講座日本歴史』13、東京大学出版会、p213-234
(13) 中田四朗1972「海の博物館」博物館研究第7巻第8号、p7-9
(14) 佐野眞一1996『旅する巨人　宮本常一と渋沢敬三』文藝春秋、p316
(15) 根知青年団1975『根知民俗資料館報告書』p1
(16) 森本いずみ1994「地域における民俗博物館の役割"塩の道資料館"の活動を通して」博物館学雑誌第19巻第1号・第2号合併号、p34-48
(17) 註14、p310-311
(18) 中堀均1983「佐渡国小木民俗博物館〜民具の収集〜」博物館研究第18巻第9号、p59-63
(19) 註14、p310-311
(20) 石原義剛1999「海原にこぎ出す博物館の明解なる理論と実践」『ミュージアムの思想』ミュゼ、p167

第6章　博物館史にもとづく21世紀の博物館像

　日本の博物館史を通観して注目すべきことは、特に戦前では国家や政府などによる「官」が博物館や博覧会を主導してきたことである。また、当時の地方自治制度により、「中央」の博物館政策は速やかに「地方」に波及したことも分かる。ただし、地方によっては、近代以前の歴史性により、その受容の仕方が必ずしも一様ではなく、地方色がみられることも理解できた。
　「官」が主導する博物館づくりの特徴は、その普及力にある。それは法的な裏付けをもち、人員や財源を確保し、国家政策の社会的な装置として普及した。当然、地方に対しては布達や通達・官員派遣・補助金交付などを通じて全国的な普及がはかられた。これは政治や行政の意向が反映されがちとなり、画一的な傾向をもち、仮に誤った方向に誘導されると修正がききにくいものとなった。あるいは、中央での政治力学によって、その方向性が決定されたことから、博物館に対する一貫した主義主張は乏しく、絶えず路線が変更される不安定なものとなった。戦前から戦中の教育について、一高校長で終戦後に教育刷新委員会の委員となり教育基本法の起草に加わった天野貞祐（ていゆう）は、

　　　政党と軍部との重圧に喘（あえ）ぎ来たったわが国の教育は、もと制度上官僚に
　　　従属し、教育のために身命をかけ、教育に関する知識と体験をもつ教育者
　　　が無知識無経験な人たちの支配を受ける実情であった。その事情は知らず
　　　識らず教育者から矜持を奪い、専ら師範教育に由来する派閥主義は憫（あわれ）む
　　　べき卑賎な出世主義とからみ合い、教育界を低調卑俗に堕落せしむる一般的
　　　傾向を招来することとなった。

と述べるように（註1）、博物館においては特に郷土博物館にそうした現象が象徴された。博物館に関する一貫した主義主張が乏しいことは、近年では文部科学省や文化庁が所管する国立博物館を独立行政法人にしたことからも分かるように、そうした系譜は現代まで継続しているのである。
　その一方で、僅かながらも民間人による「民」の博物館づくりがあった。渋

沢敬三や柳宗悦の親族には政治家や官僚がおり、渋沢自身も大蔵大臣となっているが、博物館づくりについては民間人の姿勢を崩すことはなく、「民」としての博物館づくりを成長させた。

　この「民」による博物館づくりの特徴は、「官」のそれが上位下達式なのに対して、「民」は共同活動の態度である。それは、遠野郷土館の郷土研究会でも同じである。もう一つの特徴は、客観的な「事実」をみつめようとする態度である。特に渋沢敬三は、民俗調査ではそれを認識している。あるいは遠野郷土館でも歴史の事実を究明することが意識されており、それは柳田国男などの思考にも通じるものである。柳宗悦についていえば、それは事実というものよりも、日本民藝館の活動を通じて柳自身の美学にもとづく真理の探求といえるものであった。「民」による博物館づくりの系譜は現在まで継続する。日本民藝館をはじめ、海の博物館などはその一例である。

　それでは、博物館史を通じて、21世紀における日本の博物館に求められるものは何であろうか。戦後の急激な経済成長は、日本人に多くの「富」をもたらしたが、その反面では社会的な歪みや喪失したものが多い。自然環境の破壊・歴史遺産の喪失・職業倫理の欠落・家族の崩壊・教育の危機・犯罪の増加・官僚の汚職・政治の腐敗・少子高齢化など、数え上げればきりがないほどである。換言すれば、そうした歪みを少しでも改善していくために、博物館を社会的装置として、どのようにとらえ直せばよいのかである。

　その理念の一つは、「民」の博物館づくりにみられるように、NPO（Non Profit Organization）のように社会貢献を意識した民間人による博物館づくりの方向性をあげることができる。戦後日本が民主主義社会をつくる上で標榜してきた「個」の確立という人間形成は、残念ながら現代日本人にはまだ根付いたとはいえない。博物館政策についていえば、戦後も地方行政を含めた「官」が主導する博物館政策が主流となり、「民」の自発性を育てる姿勢があまりなかったことが一因であろう。

　「民」による博物館づくりの意義は、直接民意を反映した内容や話題を扱うことができる。それは、後述するように「情報公開」とも関連する。あるいは共同的な活動により、コミュニケーションの促進や社会集団に成長することもあげられる。資金のある人は資金を提供し、知識のある人は知識を提供し、体

力のある人は汗を流し、それぞれの能力をもち寄りボランティアにより博物館をつくるのである。アメリカの博物館の多くは、財団法人による経営であるが、基本的な考え方はこうしたものである。それによって参加者はコミュニケーションや知識を得たり、ボランタリーの精神を養う。あるいは、博物館が「集団」として社会的な発言力をもつようになるのである。

　そこで、もう一つの理念が浮かび上がる。それは、博物館が「事実」としての情報公開をすることである。一見すると、博物館は情報公開の場と思われているが、その情報には、「情報操作」されたものがある。この場合の「情報操作」とは、非公開の意味も含んでいる。たとえば、公立の地域博物館の場合、しばしば地域の歴史を「発達史」的に展示公開しているが、「現代コーナー」では都市基盤の整備や人口何万人達成というような行政史であり、地域発展の側面を示すのみで、公害問題のような「負」の部分を示さないことがよくある。「功罪相半ばする」というように、行政にとって都合の良い情報のみを提供して、それと引き換えに失った「負」の部分を出さないことは、客観的な情報の提供とはいえない。したがって住民は正しく社会的な判断をすることがしずらいのである。同じようなことは、自然系博物館でいながら環境破壊の実態を示さない、人権をテーマに扱いながらも人権が侵害されている実態を示さない、戦争をテーマにして平和祈念を目的にしながらも被害者の立場からの情報提供に終始して、加害者としての情報を示さないなど、現代の博物館の情報は偏向的となっているのが実情である。

　元来の物産会や博覧会は、陳列品を一堂に公開すること自体が情報公開であった。たとえば明治初年の大学南校の物産会や文部省博物局の博覧会を見た民衆にとっては、きわめて新鮮かつ驚異的なものであった。しかし、その後の「官」主導の博物館にみられるように国家政策の普及装置とする色彩が濃厚となるにつれて、たとえば殖産興業や記念事業などのように、ある目的のために誘導する情報しか公開しないという「情報操作」が行われるようになった。その後、「官」主導の博物館は、その体質的な特性により情報公開は限定されたものと化するようになった。

　博物館史でみたように、「官」主導の博物館は、国家や地方行政の政策の普及装置となる面があり、必ずしも民意に沿うものではなかったことが分かる。

よって「個」の確立にはつながらなかった。それは戦後50年以上経過した今日でも継続化している。むしろこれまでの博物館は「民」の自立化を抑制する傾向があったといえる。

　以上のことから、21世紀の新しい博物館像は、「民」としての特性を生かした博物館づくりが課題だといえる。ピーター・ドラッカー（Peter F.Drucker）は、「非営利機関は、人と社会の変革を目的としている」(註2)と述べているが、この考え方は「民」の博物館づくりの原点ともいえる。

　現状の財団法人の博物館は、企業の広告塔、個人資産の保護、行財政改革に伴う予算や人員削減の対処療法としての「公設民営」などが多く、ドラッカーの見解に適合する博物館は僅かでしかない。しかし、それらは現状を再検討することにより、改善をはかることが期待できる。

　ここで想起されるのが、柳宗悦の日本民藝館に対する、「民藝館はとても自由で、何の遠慮も要らない事情で有難く幸福な仕事をさせて貰つてゐます。但し金力が無いのが、他の館と違ひますが、初めからないので、貧乏のために仕事が死滅する事もありません。貧乏の功徳もあるものであります。又、貧乏を活かす道もあるものだと自分は考へてをります」(註3)という見解である。

　あるいは、公立博物館においては、国立博物館が独立行政法人になったことから、今後とも財団法人への移行の動きが加速するであろう。この場合の行政の発想はあくまでも行財政改革の一環である。しかし、博物館側からすれば行政の所管から離れることにより、活動の自由度は増すことになる。情報公開に関する規制も軽減されるし、博物館自体の裁量も大きくなる。

　つまり、これからの博物館は、財団法人本来の目的理念を踏まえた社会貢献という意味から、地方行政を含めた「官」に依存する体質を改めて、民意を反映する博物館づくりを試行していくことである。「民」による博物館が成長することは、「個」の確立につながる。

　博物館における情報公開には、たとえば住民と共に情報を作成して公開する。情報公開により事実としての現実を把握することは、諸問題の解決をはかる第一歩である。それは、人間が「考える」うえで必要不可欠の要件である。住民は、その情報をもとに考えて判断をする。それは民意を反映した政治家を選ぶことになり、政治が変われば行政も変わり、それがまた「民」に循環する

のである。こうした循環機構が機能すれば、社会的な歪み現象は改善の方向に向かうことにつながるはずである。

註

（1）　天野貞祐1948「教育刷新の問題」（1970『天野貞祐全集』第五巻、栗田出版会、p 9 -10に所収）
（2）　P. F. ドラッカー1991『非営利組織の経営』ダイヤモンド社、p 5
（3）　柳宗悦1958「民藝館の特色」民藝第61号（1981『柳宗悦全集』第16巻、p275に再録）

第2部　千葉県野田地方の社会教育史と地域博物館づくり

第1章　戦前の社会教育の基盤

　徳川幕府の世がおわり、明治新政府によって日本の近代国家づくりがはじまると、政府は殖産興業・富国強兵政策を進めるようになる。その背景の一因は、当時欧米諸国がアジア諸国の植民地化を進めていたためであり、日本は一刻も早く欧米列強と対等の国際関係を築く必要があったことによる。

　野田町（現千葉県野田市）は、江戸時代以来、地場産業として醬油産業が盛んであり、しかも国内最大規模の生産地であった。その地位は明治になっても変わることはなかったが、その一方政府の殖産興業政策の一翼をになっていくことになる。食品産業の中でも醬油は、日本人の食文化に欠かせない調味料であることから経済的な需要が高く、しかも輸出製品であり軍需物資としても不可欠のものであった。文政12年（1829）と天保9年（1838）に髙梨家と茂木家がそれぞれ幕府御用醬油となり、明治になると宮内省御用達となった。

　明治時代から戦前（太平洋戦争終結の1945年8月）までの社会教化運動は、全国的に展開された。この社会教化運動とは、国策に沿わせる人の育成というものである。野田は産業都市という背景のもとで、社会教化運動が盛んに展開された。もうひとつの特色は、江戸文化の俳諧を中心とする文芸をたしなむ人たちによる文化活動が盛んであったことである。元来は、醬油醸造家と江戸の豪商や文人らとの交遊などから、俳諧などをたしなむようになったものであろうが、明治に入ってからは一般に広まり、大正から昭和時代を通じて、日本文化の伝統を嗜む気風が野田町には生きづいていた。

　戦後になると、社会環境は大きな転換期をむかえる。日本はアメリカの占領政策下において、民主主義国家の建設が行われることになる。しかし、国内は戦後の混乱期であり、その理念を受け入れるだけの十分な素地があったわけではなかった。

　野田町では、興風会図書館の読書会を母体にして、町内の文化団体が結束して昭和23年（1948）4月に「野田地方文化団体協議会」（以後、文協と略す）が発

足した。興風会図書館を事務所として、その活動は単なる趣味の会ではなく、文化活動を通じて「まちづくり」を目指したもので、全国各地の地域づくりを核にしながら日本を再建していこうという壮大な構想であった。文協は、國學院大學の樋口清之に学術面の支援をあおぎながら、古代遺跡の発掘調査や郷土博物館の建設運動・選挙啓蒙運動・文化普及活動・文化祭の実施などを展開した。

　昭和34年4月、文協をはじめとする住民の文化活動や地元企業の支援などにより、野田市郷土博物館が完成し、国の登録博物館に認定された。現在（2000年5月時点）千葉県内には37館の登録博物館があるが、当時県内では最初のものであった。

第1節　明治時代の社会教化運動

　明治時代中期から野田町では社会教化運動が活発に行われるようになる。

1．日本弘道会野田支部

　日本弘道会野田支部は明治27年（1894）6月に発足した。『野田盛況史』には次のような説明がある（註1）。

　　茂木佐平治氏ガ故西村茂樹氏ノ弘道会ニ負フ處少シトセズ即チ茂木氏之レガ支會長トナリ大塚保太郎氏主幹事トシテ今猶此ノ主旨ヲ體セリ会長ハ現今茂木柏衞翁ニシテ商議員内田久次郎トス

　西村茂樹は旧佐倉藩の出身で、安井息軒に儒学、佐久間象山らに洋学を学び、維新後は佐倉藩大参事を努めた後、文部省に出仕するなどして、中央においては宮中顧問官・華族女学校校長・貴族院議員などを歴任しながら、明治期の思想・教育界に影響をもたらした。西村は明治9年（1876）に文部省に在籍しながら、欧米一辺倒の社会風潮に反発して仁義忠孝の修身道徳を講じる「東京修身学社」を創設するが、それが発展して明治20年9月に「日本弘道会」となる。その要領は次の通りである。

　　要領一、忠孝を重んずべし。神明を敬ふべし。
　　　　二、皇室を尊ぶべし。本国を大切にすべし。
　　　　三、国法を守るべし。国益を図るべし。
　　　　四、学問を勉むべし。身体を強健にすべし。

五、家業を励むべし。節倹を守るべし。
　　　六、家内和睦すべし。同郷相助くべし。
　　　七、信義を守るべし。慈善を行ふべし。
　　　八、人の害を為すべからず。非道の財を貪るべからず。
　　　九、酒色に溺るべからず。悪しき風俗に染まるべからず。
　　　十、宗教を奉ずるは自由なりと雖も本国の害となるべき宗教は信ずべ
　　　　　からず。

　明治20年代になると、国家主義や儒教思想の復活により会員数は増加した。野田町の支会は明治27年に創設された。明治28年の全国の会員数は約6,000人・80支会であったが、明治35年（1902）には10,000余人・130余支会となる状況であった。なかでも千葉県は、全国で最も活発な活動を展開していた。野田町では発足当時は49人であったものが、明治37年には101人に増加している（註2）。その目的は社会教化の道徳振興である。県内では香取郡の各支会の活動が講和・討論など、会員相互の学習に重点がおかれていたのに対して、野田は幻灯会を開くなど対外的な教化活動に積極的であった（註3）。

2．至徳会

　至徳会は明治31年（1898）2月に設立された。『野田盛況史』には次のように経緯が述べられている（註4）。

　　　　茂木啓三郎氏ガ故勝伯爵ノ訓誡ヲ守リテ設立セシモノニシテ忠孝仁義ノ
　　　　道徳ニヨリテ社会ノ改善ヲ企画スルモノタリ

　会長茂木啓三郎、副会長茂木七左衛門は共に醬油醸造家である。名誉会員として前宮内大臣土方久元や榎本武揚・花房義質（よしもと）が名を連ねている。ちなみに花房は緒方洪庵に蘭学を学び、慶応3年（1867）のパリ万博を視察し、外国御用・外務権少丞・朝鮮駐在弁理公使・駐露特命全権公使などを歴任し、明治44年（1911）に枢密顧問官となり日本赤十字社社長となっている。賛助会員には町内醬油醸造家の名士や有志ら約40名らがなっている（註5）。

　「勝伯爵」とは勝海舟のことである。茂木啓三郎は父親について、東京に出て政治家になろうと勝海舟の門を叩いたところ、家業が醬油醸造家であることを知った海舟は入門させずに、「人間にはそれぞれ分に応じた仕事をすることがほんとうだ。祖先の事業を継ぐことも非常に意味のあることだから、家に

帰って醬油業をやりなさい」と諭された(註6)というように、武士道の教育観である儒教思想を反映した言葉といえる。

千葉県野田戦利品展覧会の開催　明治38年（1905）1月1日に日露戦争で旅順のロシア軍が降伏すると、国内は戦勝の祝賀ムードが一気に高まった。野田町では会長の茂木啓三郎が中心となり、醬油醸造家やその関係者よる祝賀会が町内の愛趣園内で行われた（1月15日〜17日）。

それに続き「千葉県野田町戦利品展覧会」が町内の愛趣園内で開かれた（7月15日から4週間）。『野田盛況史』に掲載された報告書によれば、『野田盛況史』を著した山口頼定の尽力のあったことが窺われる(註7)。展覧会の準備に際する戦利品の取り扱いは、「（戦利品は）海軍大臣ノ諭達ニ基キ到着ノトキハ森厳静粛ヲ守リ一般軍器ニ関スル敬意ヲ欠カザル様」(註8)といわれるように戦利品を神聖化している。これが、県内市川から野田町に戦利品が運搬、到着した際の対応の仕方である。

展覧会に出品された戦利品は、機械水雷・砲弾・馬式機関銃・地雷・携帯鎌・三十年式歩兵銃・軍刀・槍・破壊砲・海軍将官刀・将校持拳銃等の戦利品など132件と、それに海軍大将東郷平八郎・前宮内大臣土方久元・榎本武揚らの親筆も展示された。

目録によれば、展示品にはたとえば次のような解説が付けられている。

　　機械水雷（37年12月旅順口に於ケル戦利品ナリ）機械水雷ハ前室後室ノ二部ニ分レ前室ノ突出セル部分ガ他物ニ触レテ爆発スルヤ其力ニ依テ後室モ亦直ニ爆発スルモノナリ　元来海軍用ノモノナレドモ敵ガ兵器ニ窮シタルノ余リ陸上ニ引揚ケテ地雷ニ代用スル為メ一部ヲ密封シテ用ヒタルモノナリ
　　防楯（ぼうじゅん）（37年12月旅順に於ケル戦利品ナリ）旅順背面ノ保塁ニ於テ敵ガ我軍ノ攻撃ヲ防禦スル為メニ中央ノ穴ヨリ小銃ヲ出シ其後ニ隠レテ発射スルニ用キシモノニシテ数多ノ弾痕ハ戦闘ノ激烈ヲ證スルニ足ルベシ
　　小銃（37年5月鴨緑江付近ニ於ケル戦利品ナリ）敵軍ノ使用セルモノニシテ"イ"号ハ我軍ノ弾痕ニ由リテ破損セルモノナリ

このように日本軍は、旅順を陥落させてから国内普及用にロシア軍の軍事品を戦利品として持ち帰ったことが理解できる。

会場の愛趣園内には連日、野田やその周辺はもとより関東各地から大勢の来

場者があり、初日から2週間で約13万8千人にも達した。そのなかには、軍人家族・遺族や課外学習として各地の学校生徒たちも含まれる。

　展覧会に訪れた埼玉県北葛飾郡築比地尋常小学校（現庄和町）の校長が主催者に寄せた礼状から、展覧会が学校教育に与えた影響が窺える(註9)。

　　　大国民タル児童ニ対シテ常ニ軍事思想ヲ鼓吹シ以テ義勇奉公ノ精神ヲ滋
　　養スルハ教育上必要欠クベカラザル問題ニシテ殊ニ今回ノ如キ空前ノ戦役
　　ニ際シテハ実ニ千歳一遇ノ好機会ト信ジラレ候（略）口角泡ヲ飛バシテ舌端
　　烱ルルマデ説明スルモ無形ノ物ノミニテハ労多クシテ効少ナク於是乎百聞
　　ハ一見ニ如カズ（略）戦利品等ヲ一覧スルノ光栄ヲ得タルハ当校職員生徒一
　　同ノ満足トトモニ爾来教育ノ効果ニ多大ノ裨益アランとある。

　このように学校教育においては軍事教育に多大な効果のあったことが述べられている。明治23年に発布された教育勅語による忠君愛国の道徳が、学校教育現場に浸透している様子をみることができる。

　こうした展覧会は日本が日露戦争に敗戦していれば実施されることはなかった。しかし、一応の勝利で国際的に「一等国」となった日本は、その後、帝国主義列強の一員となったという自覚を国民にもたせることになっていく。

第2節　政府による社会教化政策と青年団体の結成

　江戸時代の村落には、「若者中」「若イ衆」「若者衆」などと呼ばれる若者連が存在した。一般には15歳頃に入り35歳前後で脱退する。年齢ごとに役割分担が決められ、村落の防犯消防・神社の祭礼・共同作業など村落生活の維持運営の役割を担っていた。

　しかしながら、明治維新後に近代的な地方自治制度が整備され、村落の警備や防火が警察や消防組に移行すると、若者連は次第に存在意義を失って社交娯楽団体化して、退廃化して農村の風紀を乱すこともあった。そのため、明治中期には地方青年の弊風改善を目的とする青年団体が出現するようになる。日露戦争が始まると、出征軍人家族の慰問や農事手伝いなどの積極的な銃後活動を行い、なかには徴兵前の「壮丁準備教育」のための補習教育を行う青年団なども登場した(註10)。

1．内務省と文部省による青年団結成の通達

内務省は、日露戦争を契機としてこうした青年団の銃後活動に注目した。明治38年（1905）9月に内務省が通牒を出した。また、同年12月に文部省が地方長官に宛てた「風儀ノ矯正、智徳ノ啓発、体格ノ改良其ノ他各種公益事業ノ幇助等ヲ目的トスル青年団体」は通俗教育に効果があるので、今後これらの団体を育成すべしという通牒が発せられた。文部省は補習教育・通俗教育から、内務省は地方自治振興（勤倹貯蓄、農事改良、公安幇助、風紀矯正）の立場から、それぞれ青年団体「善導」の基本方針を打ち出した。ここに近代の国家政策として最初の社会教育政策が登場することになる (註11)。

　内務・文部省の通牒を受けて、千葉県では明治39年6月に石原知事が県教育委員会に「青年補習教育を適当に実施する方法」を諮問し、同年10月に答申を受けた。その概要は次の通りである (註12)。

　　甲、青年補習教育の意義　小学校を卒業して実業に従事する者に"実業ノ発達ト国民教育ノ完成トヲ期センガ為メ"に行う必要がある。
　　乙、青年団体の組織　そのためには"一町村若ハ一部落ノ小範囲"において"小学校ヲ中心トシテ青年団体ヲ組織スルコト"が有効であり、団長には"小学校長又ハ土地ノ名望家"がよい。
　　丙、青年団体の教育
　　　一、編成　学力の程度により四部にわける。
　　　二、学科　国語、算術、"市町村ノ公民トシテ適切ナル社会的経済的ノ知識"を教授する。
　　　三、修業年限及び教授時間　土地の状況、年齢の長短、学力の優劣に応じて適宜定める。
　　　四、時期　実業の余暇を利用し、季節的な夜学会又は一週間から一月以内の期間で行う。
　　　五、場所　小学校又は寺院。
　　　六、教育者　師範学校、中学校、高等女学校、実業学校、小学校の教員、陸海軍予後備の将校下士または地方有志者。
　　　七、教育の方法　学科の教授、通俗講談会の開設、通俗図書館もしくは巡回文庫の設置、娯楽の設備。
　　　八、事業　教授した事項はこれを実行させるため次の事業を行う。

（イ）勤倹貯蓄　（ロ）公益事業　（ハ）相互扶助　（ニ）慈善事業
　　（ホ）風俗改良
　丁、維持法　経費は有志者の寄付により、すすんで基本財産をつくって、
　　その利子をもって維持する。
　これを受けて、知事は明治40年（1907）6月に「青年団体組織」に関する論告を発する。

2．野田地方の青年団体

　野田地方では、明治45年（1912）3月に梅郷・七福（ななふく）・川間各村に青年団が組織される（註13）。ところが全国的には、まだ青年団の発足や育成は不十分であったことから度重なる訓令が出される。

　大正4年（1915）9月15日、内務・文部省は時局の社会情勢の変貌に対応するため「青年団指導ノ件」に関する共同訓令を発した。それと共に出された内務・文部省の通牒は、青年団は原則として「市町村」単位に組織して、団員の年齢は義務教育修了以上から20才までとし、指導者は地元の小学校や市町村長などの名望家が当たり、経費は団員の勤労による収入をもって充てることを指示している（註14）。

　これを受けて千葉県は、大正4年（1915）9月25日に県内の市町村に次のような訓令を出した（註15）。

　　青年団体ノ指導ニツキ
　　青年団体ノ設置ハ今ヤ漸ク県下ニ洽ク、其ノ振否ハ国運ノ伸暢、地方ノ
　開発ニ影響スル所ニ大ナルモノアリ。此ノ際一層青年団体ノ指導ニ努メ、
　以テ完全ナル発達ヲ遂ゲシムルハ内外現時ノ情勢ニ照シ最モ喫緊ノ一要務
　タルヘキヲ信ス。
　　抑々青年団体ハ青年修養ノ機関タリ、其ノ本旨トスル所ハ、青年ヲシテ
　健全ナル国民、善良ナル公民タルノ素養ヲ得シムルニ在リ。随テ団体員ヲ
　シテ忠孝ノ本義ヲ体シ品性ノ向上ヲ図リ、体力ヲ増進シ、実際生活ニ適切
　ナル知能ヲ研キ、剛健勤勉、克ク国家ノ進展ヲ扶持スルノ精神ト素質トヲ
　養成セシムルハ刻下最モ緊切ノ事ニ属ス。其ノ之ヲシテ事業ニ当リ、実務
　ニ従ヒ以テ練習ヲ積マシムルモノハ、亦固ヨリ修養ニ資セシムル所以ニ外
　ナラス。若シ夫レ団体ニシテ其ノ嚮フ所ヲ誤リ、施設其ノ宜シキヲ得サル

コトアラムカ、啻ニ所期ノ成績ヲ挙ケ得サルノミナラス、其ノ弊ノ及フ所測リ知ルヘカラザルモノアラム。故ニ当局者ハ須ク比ニ留意シ、地方実際ノ状況ニ応シ、最モ適実ナル指導ヲ与ヘ、以テ団体ヲシテ健全ナル発達ヲツイ遂メムコトヲ期スヘシ。

さらにその後も千葉県は、大正7年5月31日「青年団体ノ経営ニツキ」、大正9年1月23日「青年団体ノ運営ニツキ」という訓令を出して徹底をはかっている。それによって県内には急激に青年団が増加した。

野田では大正4年11月10日の大典に当たり、野田町の記念事業として野田町青年団が創設される。梅郷村処女会（おとめかい）（1919年5月）、福田女子同窓会（1918年3月）、旭女子同窓会（1917年8月）、木間ヶ瀬処女会（1920年3月）などのように周辺の村でも盛んに発足することになり、会長には村長や小学校長が当たった(註16)。

3．野田町青年団

青年団の結成は小学校長や町村長の奔走尽力によって急速にすすめられ、その事務所の多くは小学校に置かれた(註17)。野田町の青年団長には、当時の小学校長の角田幸吉、副団長には在郷軍人分会長の中川仲右衛門が就任している。事務所は野田町小学校に置かれた。団員は同町小学校の卒業生で20才未満の者を対象にしている。小学校の尋常科卒業時が12才、高等科のそれが15才ということになる。20歳以上は40歳までの者で軍事教育を受けていない者が賛助団員となる。

毎年夏冬には銃剣道の土用稽古や寒稽古を実施し、講演会・運動会・遠足会を行い、8月には新宿御苑や皇居を訪れ、9月には震災の教訓を生かした防災訓練などを行ってる。その規則は次の通りである(註18)。

　　野田町青年団則
　　第一章　総則
　　　第一條　本団ハ、団員ヲシテ忠孝ノ本義ヲ体シ、品性ノ向上ヲ図リ、体力ヲ増進シ、実際生活ニ適切ナル智能ヲ研キ、剛健勤勉克ク国家ノ進運ヲ扶持スル精神ト素養トヲ養成スルヲ以テ目的トス。
　　　第二條　本団ハ野田町青年団ト称ス。
　　　第三條　本団ハ事務所ヲ野田町小学校内ニ置ク。

第二章　団員

第四條　本団員ハ、正団員・賛助団員・名誉団員ノ三種トス。正団員ハ本町在住尋常小学校卒業以上二十歳未満ノ男子トス。賛助団員ハ二十歳以上四十歳迄ノ者ニシテ軍事教育ヲ受ケザルモノトス。但シ役員ハ此ノ限リニ非ラズ。名誉団員ハ本団ニ功労アルモノ又ハ名望家ヨリ推選ス。

第三章　役員

第五條　本団ニ左ノ役員ヲ置ク。
　　　　団長一名、副団長一名、評議員十三名、幹事若干名、内二名常任、顧問若干名。

第六條　団長、副団長ハ総会ニ於テ選挙シ、評議員・幹事ハ団長ノ指名トス。其ノ任期ハ各二年トス。但再任ヲ妨ゲズ。

第七條　補缺選挙ニ依リ就任シタル役員ハ前任者ノ任期ヲ継続スルモノトス。

第八條　顧問ハ評議委員会ニ於テ推選ス。

第九條　団長ハ団務一切ヲ處理ス。副団長ハ団長ヲ補佐シ団長事故アルトキハ之ヲ代理ス。

第十條　評議員ハ団長ノ諮問ニ応シ、団則ノ改正・経費ノ収支其他重要ナル事項ヲ審議ス。

第十一條　幹事ハ団長ノ指揮ヲ受ケ団務ニ従事ス。

第四章　総会

第十二條　本団ハ毎年春秋ニ総会ヲ開キ左ノ事業ヲ行フ。
　一、団務会計ノ報告。
　二、議事・演説・講演等。

第十三條　団長ニ於テ必要ヲ認メタルトキハ臨時総会ヲ開ク。

第五章　事業

　一、講演会ヲ開クコト。
　二、武術修練。
　三、新刊書類ノ購読。
　四、高尚ナル娯楽遠足旅行。

4．野田町処女会

　青年団に引き続き野田町でも、大正10年（1921）2月7日に女子を対象とした野田町処女会を創設している。この会は町長の斉藤倉吉や野田高等尋常小学校長の薦岡福太郎などが中心となり、小学校女教員が準備作業を行っている。当初は最近数年間の尋常小学校及び高等小学校卒業生を会員とし、町内各方面にわたって有志を募集した。会長は薦岡がなり、石塚静治郎が副会長となる。毎年総会を開き、名士の講演を行ったり、明治神宮の参拝遠足等や、夏季休業等では家事衛生等の講習会を開き、東葛飾郡主催の子女中堅者養成講習会等には代表者を派遣した。震災では各戸に避難民を訪問慰藉（いしゃ）し、衣服分与などの救済活動に当たっている。対象者は、尋常小学校を卒業してから学校にいっていない20才未満の女子で野田町に12年以上在住していることが条件となっている。事業面では青年団の武術に比べて、家事裁縫作法等の実習のあることが特徴となっている。会員は大正12年当時で約200名。その規則は次の通りである(註19)。

　野田町處女会規則
　第一條　本会ヲ野田町處女会ト称シ、野田小学校内ニ置ク。
　第二條　本会ハ会員相互ノ知徳ノ修養ヲナスヲ以テ目的トス。
　第三條　本会ノ会員タルモノハ、野田町在住満十二年以上二十年未満ノ女子ニシテ、補習学校ノ外各種学校ニ在学セザルモノニ限ル。
　第四條　男女ヲ問ハズ、本会ノ趣旨ヲ賛成スルモノハ総テ賛助員タルコトヲ得。
　第五條　本会ハ毎年三回総会ヲ開キ左ノ事業ヲ行フ。但シ必要ニ応シ臨時開会スルコトアルベシ。
　　一、講習講和。
　　二、家事裁縫作法等ノ実習。
　　三、遠足旅行。
　　四、其他本会ノ目的ヲ達スヘキ事項。
　第六條　本会ニ左ノ役員ヲ置ク。
　　　　　会長一名、副会長一名、幹事若干名、内常任幹事若干名、顧問若干名。

第七條　役員ハ総テ会員ノ公選トシ、其任期ヲ三ヶ年トス。但シ再選ヲ妨ゲズ。

第八條　本会員ハ、会費トシ総会毎ニ金拾銭（賛助会員ハ金弐拾銭）ヲ納ムルモノトス。

第九條　本会ノ経費ハ補助金、会費、寄附金等ヲ以テ之ニ充ツ。　以上

　このように女子を処女会として組織化していく動きは、千葉県内では大正8～9年頃から急速に進められ、12～13年頃までに完了している。その目的は、女子の心身を陶冶し品性を向上させ、それによって良妻賢母の素地をつくろうとしたものである。

第3節　戊申詔書の発布と地方改良運動

　日露戦争を契機として、軍需工業を中心とする重工業の成長は目覚ましいものとなり、政府の保護と援助により三井・三菱・住友・安田などの政商は、大資本家となって財閥を形成していく。国内景気は好転したが、社会的には快楽主義や官能主義も生まれ、社会主義運動なども活発となった。一方、戦勝したとはいえ国内は深刻な問題がまき起こった。国家予算の数倍に及ぶ戦費の返済や、軍備拡張のために増税が行われて物価が騰貴し、国民の民力は衰え、地方では自作農が打撃をうけて農村から都市に人口が流入する事態となった。

　こうした国内情勢に対処するために、明治41年（1908）10月13日、第2次桂内閣の時に国民教化のために戊申詔書が発布された。それは、「内国運ノ発展ニ須ツ戦後日尚浅ク庶政益更張ヲ要ス宜ク上下心ヲ一ニシ忠実業ニ服シ勤倹産ヲ治メ惟レ信惟レ義風厚俗ヲ成シ華ヲ去リ実ニ就キ荒怠相誡メ自彊息マサルヘシ」と国運を発展させるための徳目を掲げている。

　これは、「私的生活・個的営為」に力点をおきつつも国家観に及び、その狭間を埋めるものとして「道徳と経済の調和」を要求するものである。しかし、道徳と経済、個的営為と国家を現実的な媒介なしに短絡させることは難題であったことから、内務省はその媒介を地方（全国約12,000の町村、特に農村）に求めた(註20)。

　明治42年7月に内務省が主催した第一回地方改良事業講習会で内務大臣の平田東助は地方改良運動について次のように説明している。

世界の大勢は日に開明の域にすすみつつあるから、国運の発展に（日本は）つとめなければならぬ。（そのためには）国家の根本たる地方自治の発展に拠らねばならない。（それ故地方改良事業を行うのだが）地方改良の事業と申すと、其範囲は頗る広いことになりますが、其一二を挙げてみれば、自治事務のこと並に財政の整理は申すまでもなく、其外経済殖産上のことも、訓育風化のことも或は勤倹貯蓄の奨励のことも、皆網羅するに非ずば、改良の目的を達することは出来ない。

政府は、自治財政の整理・経済殖産・訓育風化・勤倹貯蓄などの多方面にわたる課題を全国的にしかも急速に実施することを必要とした(註21)。同年に内務省選奨の候補として各郡が調査した「優良町村」のなかに、野田町も含まれていることから、野田町は地方改良運動に積極的に取り組んでいたことが分かる(註22)。

この地方改良運動は内務官僚の言葉によれば、「公共心」を要求するものである(註23)。しかし、この「公共心」という言葉は、あくまでも政府が国民を国家政策に従わせるために「公」意識を意図したものである。公民教育が本格化するのは日露戦争後であるが、それはこの地方改良運動の一環に組み込まれていくことになる。

地方改良運動の目的は、「国家の富強を期せんとせば、必ずや首め地方の振興して自治の鞏固を図らざるべからず。蓋し国家の基礎は地方に存し、地方の主力は市町村に萃まる」(註24)というものである。

市町村の実施すべき具体的方針としては次の9項目が掲げられている(註25)。

㈠当局者の奮励　㈡公共心の発揮　㈢自治事務の整善　㈣生産事業の振興　㈤教化事業の作興　㈥基本財産の蓄積　㈦市町村是の実践　㈧勤倹力行の勤将　㈨良風善行の奨励

「公共心」に関する項目としては㈡㈤㈨である。

それを前提として地方経済の発展と地方自治の振興が唱われている。ことに地方自治の振興については、

　　（地方改良）運動の下で強調されたそれは、国政事務の効率化、経費の節約を生み出すものとしての"地方自治"であり、経済的富国を目指す当時の一大国策に対応し、徹底的な経済合理性を目ざすもの。

であり(註26)、

　およそ近代的な意味での地方自治とは、地方の利害に最も密接に関わり、かつその利害を最も熟知しているはずの地域住民自身が、自らの手で政治と行政を統轄するという、統治の合理性と民主性の二つの側面を有するものである。そこでは、かかる制度の理念自体の内に、民衆自らの要求として自発的に参加が行われていく論理システムが内在している。

ものとは異なる(註27)ものであった。つまり、当時の地方自治は国家からの義務として押しつけられた自治であり、「公共心の育成」はあくまでも国策の下におかれるものであった。

1．野田戊申会

　明治41年（1908）2月11日に野田戊申会が発足する。この会は深井佐吉や戸邊岩吉が発起人となり、10名程度の野田町に住む商工業の子弟ら青年有志の親睦団体であった(註28)。当初は相互娯楽を目的としたものであったが、大正3年（1914）5月に「おはなし会」という講演会を開くようになってから、町民の修養になることを目的とする修養団体に変質していく。大正4年（1915）3月には、それまでの会則を改正して「本会ハ戊申詔書ノ聖旨ヲ服膺シテ先ツ己ヲ正フシ協力一致健全ナル国民道徳ノ振興ヲ計リ社会ノ為ニ盡サンコトヲ期ス」(註29)という主旨を活動の目的とするようになった。

　活動資金は竹林や養豚事業を起こしたり、一反六畝の土地を借りて「鳴鳳園」と名付けた梅林を経営するなどして基金の充実をはかっている。発足当時の会費は月額30銭であったが、明治43年（1910）には1円に改め、余剰金を基金に積み立てたようである(註30)。こうして大正9年（1920）2月に基本金が約1,591円(註31)、昭和3年（1928）2月には約1,868円(註32)となっている。

　大正3年9月には、出征兵士に慰問袋を募集して1,665袋を陸海軍に献納したり、大正6年10月には、千葉県船橋や浦安の水害に義援金10円を送るなどの慈善活動をしている。あるいは、会員同士は見学旅行や中央の政財界人を訪問している。大正7年4月18日には、東京早稲田の邸宅に大隈重信を訪ねたり、大正9年7月7日には大倉喜八郎を赤坂の屋敷に訪ねている。大倉喜八郎との面談については「有益ナル談話ハ八十四翁ノ老イザル心意気ガ偲バレタ男爵ガ五十年カカッテ集メラレタト云フ集古館ヲ見学ス珍器佳什ノ数々ハ流石ニ一行

ノ度肝ヲ抜ク」(註33)というように、後の大倉集古館を見て感嘆している。

　活動は定期的に毎月1回自修会を開き、各界の名士による講演会を隔月あるいは年数回行う。「おはなし会」は大正14年2月までに26回開催した。

　第1回目は、千葉県一ノ宮高等女学校長小池民次を招き「一等国民トシテノ日本」という講演で、参加者は300余人と盛況であった。その後の「おはなし会」は、陸軍大将や海軍中将などの軍人が最も多く、次いで国民新聞社のジャーナリストや報徳会・修養団関係者からなる(註34)。

　なかには実業家の森村市左衛門(1839-1919)がいる。森村は明治初年に横浜で生糸・羽二重などを外国人に売り巨利を得た。明治9年対米貿易を始め、森村組を興して日露戦争後にそれまでの工芸・雑貨以外にも取り扱い商品を拡大して、本格的な商社にした人物である。あるいは法学者・政治家の一木喜徳郎(1867-1944)。一木は寺内内閣の文部大臣岡田良平の実弟である。明治22年に帝大教授となり、在職のまま内務省参事官を歴任し、明治33年に貴族院議員となる。その後、法制局長、第二次大隈内閣の文部大臣や内務大臣を歴任し、枢密顧問官や枢密院副議長を経て、大正14年には宮内大臣、昭和9年には枢密院議長に就任した。教育者の澤柳政太郎(1865-1927)は当時の教育界においては、新教育運動の中心人物として異色な存在であった。澤柳は文部省書記官から二高・一高校長、普通学務局長を歴任する。明治39年に文部次官、44年に東北帝大総長、大正2年に京都帝大総長となるが「澤柳事件」により辞職する。大正6年には成城小学校を創設して、子どもの自発活動を尊重する教育を実践して「大正新教育運動」の中核となる。

　講師の選定については、当初「町長や校長に相談してその知り合いなどから次々に知己を頼りに講師を求め」たといわれるが、大正6年5月25日に東京中央報徳会の特別会員となってから、中央報徳会や国民新聞社の徳富蘇峰らとの関係が深まり(註35)、講師の選定や依頼については国民新聞社も関与するようになった。

　「おはなし会」の開催に当たっては、「野田町有志」として茂木・髙梨家の醬油醸造家や町会議員ら46名を記載したチラシを毎回1000枚ほど印刷して配付した。それで町長・分署長・駅長・小学校長・醬油工場、その他近隣の村役場・小学校・在郷軍人会・青年団等に呼び掛けている。会場は町内の野田尋常高等

小学校の克己館や西光院のいずれかで、聴衆は300〜500人程であった。

講演の内容は演題から判断する限り、第一次大戦をはさんだ世情を反映して、「海外発展策」「欧州戦局と本邦実業の将来」「東亜大帝国の創建」「独逸と日本」「日本国民の大敵」「現代日本の覚悟」といった時局講演や軍事講和が多く、一部では地域の社会生活と結び付いたものもあるが、全体としては後年になるほど国策に沿った国民教化の色彩が濃くなっていく（表3）(註36)。

「おはなし会」は大正7年頃までが盛況であったようで、その後は聴衆が自然に集まらなくなる。大正8年5月の連合軍慰問団長陸軍主計監日疋信亮の講演「人道の勝利」は「常軌ヲ脱セル感アリテ風評面白カラザリキ」という状況であったという。大正10年6月には、戊申会が設立した図書館の開設記念講演会として、貴族院議員蜂須賀正韶及び国民新聞社地方部長守武幾太郎を招いた講演会が行われたが、それにも予想ほど聴衆が集まらず(註37)、それ以後「おはなし会」は行われなくなる。

2．野田戊申会簡易図書館

図書館の設立の事情については、元図書館長の鈴木英二が当時の会議録『本会記録』に基づいて次のようにまとめている(註38)。

大正9年9月、恒例の観月会が開催されたが、宴に先だってかねてからの懸案であった図書館建設の件が討議され、同年11月5日の総会においてその建設を議決している。この総会では、小張卯吉ほか3名を建設委員に選任したほか、建設費として1,600円を見込み、このうちの1,000円は基金をもってあて、手もとの寄付金200円も全額投入、さらに会員は各自30円を醸出することを決議している。翌6日、午前6時には全会員が建設予定地の鳴鳳園に集合、建設位置を園内西部中央と定め、翌7日には地主である茂木佐平治に借地の使用目的変更を交渉。茂木佐平治はこれを快諾するとともに100円を寄付しこの事業を支援した。12月には戸辺茂三郎との間に工事契約を結び、翌大正10年2月上旬に落成した。

この戊申会簡易図書館は十二畳の板間と八畳の和室があり、事務室・書庫・閲覧室がすべて兼用スペースとなっていた。

2月11日の総会で、「野田戊申会簡易図書館」と命名され、次のような決議がなされている。(1)書籍の寄贈運動を起こすこと、(2)内部設備、書籍の整備を

第1章　戦前の社会教育の基盤　237

表3　野田戊申会によるおはなし会一覧

回	日時		会場	講師・演題	余興
第1回	大3.5.15	午後1時	西光院	一ノ宮高等女学校校長小池民治「一等国民の覚悟」	福引
2回	大3.7.17	午後1時	西光院	東京・野口復堂「轉げ徳利」 角田幸吉「文久ノ四青年」	福引
3回	大3.9.15	午後2時半	野田小	陸軍幼年学校教授五弓安二郎「我国体より見たる敬神尊皇と天祐神助」	
4回	大3.11.15	午後2時半 夜7時	野田小	友愛会会長鈴木文治「資本と労働の調和」	
5回	大4.4.13	午後1時	野田小	実業家森村市右衛門「現代国民の覚悟」 仁川キリスト青年会長茂木和三郎「満州旅行談」	
6回	大4.6.27	午後12時半	西光院	五弓安二郎「御即位礼と大嘗祭」	
7回	大4.8.22	午後1時	西光院	陸軍騎兵土岐大尉・利根川中尉「軍事講話」 青柳有美「豊臣秀吉公」	
8回	大5.2.11	午後1時	野田小	管野力夫「世界旅行談」 日本力行会長永田稠「海外発展策」	
9回	大5.4.24	午後6時半	野田小	千葉生実学校長村岡菊三郎「感化事業に就て」	
10回	大5.5.24	午後1時	野田小	渡邊元「国民の覚醒」 小石川福音教会牧師萬木源次郎「人生の目的」	
11回	大5.6.25	午後1時	西光院	実業之日本社長増田義一「欧州戦局と本邦実の将来」	
12回	大5.8.6	午後1時	野田小	陸軍歩兵中佐松下正昭「軍事講話」	講談
13回	大5.12.3	午後1時	野田小	山路愛山「現代国民の心得」	
14回	大6.2.20	午後2時	野田小	ニコニコ記者藤井宏基「米国の社会事情と我在米同胞」	
15回	大6.6.17	午後1時	野田小	東京家庭学校副校長小塩高恒「一人の力」 中央報徳会井上良三「三ツノ事」	薩摩琵琶
16回	大6.7.27	午後7時	西光院	阪田溪水「世界旅行視察談」	
17回	大6.11.4			中央報徳会講師平井良成「青年者の自覚」	
18回	大7.3.10	午後1時	野田小	陸軍参謀本部長永瀬鳳輔「大戦の真相」国民新聞社参事中島気峥「東亜大帝国の創建」	煙火数発
19回	大7.5.12	午後1時	野田小	帝室博物館主事神谷初之助「修養」 農商務省技師日吉一雄「計量器に就て」	煙火数発
20回	大7.6.8・9	午後1時	野田小	陸軍大将福島安正「時局と国民の覚悟」 前文部大臣枢密顧問官一木喜徳郎「時局所感」	煙火数発
21回	大7.10.13	午後1時	野田小	真言宗豊山派宗務長小林正盛「生命の宗教」	
22回	大8.2.23	午後1時	野田小	中島気峥「独逸と日本」 東京市長法学博士田尻稲次郎「精神修養の工夫」	煙火数発

23回	大8.5.27	午後3時半	野田小	連合軍慰問団長日定信亮「人道の勝利」	
24回	大8.9.13	午後1時	野田小	鉄道青年会講師岡崎義孝「日本国民の大敵」 海軍大学校校長・海軍中将佐藤鐵太郎「国民の覚悟」 国民新聞外報部長理事馬塲恒吾「講和会議実見録」	
25回	大9.4.12	午後1時	野田小	国民新聞社教育主任相澤「国民教育奨励会趣旨」	
26回	大10.6.5	午後1時	野田小	帝国教育会会長澤柳政太郎「労働と職業」 貴族院議員・侯爵蜂須賀正韶「健全なる国民」 国民新聞社地方部長守武幾太郎「宣伝の戦争」	煙火数発

完了の上、5月初旬頃開館式を挙行すること、(3)維持費として100円を計上すること、(4)前途の事業費として基金1万円を他力に仰ぎ、その利子をもって事業の発展を期することなど。その結果、書籍の寄付は約3,800冊にのぼり、寄付金も多額となり、会員は開館のため図書整理を精力的に行い、大正10年6月5日に開館式が行われた(註39)。

　しかし、まもなく会員10名程度の団体では図書館の維持管理が困難であることを痛感する。会員たちには、職業や家族をもちながら、社会奉仕として図書館事業を管理運営していくには限界があった。しかも募金活動は、当初の事業費基金の目標額1万円には到底及ばなかった。野田町では学制発布50周年記念事業として町立図書館の設立を計画していたこともあり、大正12年5月11日、戊申会は野田町の要請を受け入れて図書館を町に移管することにした。

第4節　野田町立図書館と機関誌「砂丘」

1．町立図書館の活動

　町立図書館は大正12年7月に開館した。館長には元町長の斉藤倉吉、書記に関根智三郎、助手に田中四郎治がなった。運営には戊申会からも小張卯吉や中川仲右衛門ら3人が評議員となり支援を惜しまなかった。

　大正13年における千葉県内の公立図書館（県立を除く）は一館平均995冊、閲覧人員は平均2,554人なのに比べて、野田町立図書館の蔵書冊数2,163冊、閲覧人員3,721人というように平均を上回っていることがわかる(註40)。

第1章　戦前の社会教育の基盤　239

　しかも、活動で注目しておきたいことは、司書の関根の図書館運営である。関根によれば、当時まだ図書館が少ない状況のなかで、東京・日比谷図書館をはじめ成田の図書館、青森・宮城・栃木・群馬・埼玉などの公立図書館の情報を入手して図書館運営を学んだ。その結果、大正13年2月に「野田読書会」をつくり「1日30分読書運動」を提唱したり、当時はまだ県内の図書館になかった十進法図書目録を助手の田中と共に夜遅くまでかけてプリント・製本して、会社・工場・学校などに配ったり、毎月会報づくりも行ない、図書館が住民に親んでもらえるよう広報活動を行ったという(註41)。

2．機関誌「砂丘」の刊行

　また、関根は図書館の機関誌として昭和2年（1927）9月に文芸誌「砂丘(すなおか)」を創刊した。創刊号の編集後記には発行の趣旨が次のように述べられている(註42)。

　　われら實生活にある者は此際努力して新らしい智識を吸収する事を忘れてはならないと思ふ。學校以外に於て讀書に依り、獨学自修する事は、眞に自己の才能を發揮し得る所以であって、従來學校教育を餘り萬能視したのに顧みて、われら實生活にある者は益々此の堅實有効な讀書自修によって、眞剣に自己の教養に志すべきであると思ふ。

　ここには社会教化運動による考え方はみられず、今日の生涯学習理論の自己教育力（Self-Education Competences）による文化活動の考え方が見られる。むしろ社会教化運動に否定的な考え方を述べている。これを具体的に見る(註43)。

　　自己教育と云ふのは自覺的に自分で自分に行ふ所の精神教育である。他人様から強いられたり義務的に嫌々ながらやるのではないのは勿論、社会に功名榮達を覚め様とする野心的な了見からでもない人の世に眞面目な信頼するに足る人がだんだん少なくなるのは此の自己教育が徹底されていない事に歸着するのではなかろうか？、學校教育以外最も重要なのは青年時代にあっては殊にこの自己教育にありと断言したい。私共は社會教育に従事してゐる立場からしても微力ながら唯誠心誠意をもって、この自己教育の健全なる精神教育に対して最善の努力を盡したいと念願し、又實際に為しつつあるものであるが、時に私共の眞面目な努力が裏切られる事がしばしばあるのは何としても残念な事である。

続けて、関根は「郷土文芸」を地域住民自らが興こそうということを提唱する。その理念は次の通りである(註44)。

　　私共は新らしく目覺めたる諸君に依つて、今後大いに俳句に限らず、一般文藝が私共町村にもどしどし取入れられる様になる事を熱望する。實際の所文學は趣味としても娯樂としても亦、人生を深めてゆく上にも、生活を意義づけ、これを浄化してゆくためにも、まだまだわが地方には取入れられて好いのである。いつまでも都會中心でもあるまい。否これからこそは田園人によってこそ眞に價値ある文學が開拓されて行くのであると信ずる。

　　"砂丘"は誌友諸君のものである。全發表機關誌である。單調と干乾びた空虛な生活を呪つてゐるわが友よ！眞に此の砂丘と親しみ砂丘を愛し乍ら、現在自分の生活を幾分でもうるほひある、人間味豊かなものに改造してゆかうではないか！

　　生活の藝術化が叫ばれ、文學の民衆化が高唱されてゐる今日、私共は因習的に自己をただ單なる野の除草器とし、又算盤や筆もつ所の器械同様なものにせず職業意識の上にも十二分に目覺めて、自分の職業に対する責任、熱、研究心、努力等を惜まない心掛けも大切で、猶業閑には出来る丈讀書修養に志される事をおすすめする。

関根は、この「砂丘」を毎月のペースで精力的に刊行していった。その覚悟については「勤労教育の叫びをあげる前に私共は先づ実行して見せる。一部の者達がどの様な眼で見ようとも私共は私共の信じた道を行く。さうして私共の立場から図書館事業を中心とした少しでも積極的に役立つ仕事をしたいと思っている」(註45)というものであった。

関根にとって「砂丘」の発行は図書館事業の一部というよりは、一種の文芸運動という認識をもっていた。当時の思想善導や生活改善という社会教化運動が展開するなかで、このような文化活動は異端視されることもあったようである。関根の先述の発言の端々に、それを見ることができる。それでも「砂丘」の活動は野田町内にとどまらず、旭・福田・七福・川間・田中村などの周辺の村々をはじめ全国各地にも広がりをみせた。

「砂丘」誌上からは、県外では東京・横浜・秋田・富山・名古屋・福岡など

にも会員のいたことが分かる。その普及方法は、毎月の機関誌の発行と「砂丘」の購読者3名以上が集まれば支部を置き、代表者1名を決めることから、各地に支部が続々誕生した。各支部では、月1回くらい、俳句会・短歌会・読書会など開催する。関根のいる本部と各支部間は、連携をとりながら俳句・短歌の選評や添削などを行い、機関誌に掲載するといったもの。選者には知久正男・髙梨花人ら野田町の歌人や俳人のほかに、横瀬夜雨・生田春月・千家元麿などが名を連ねる。会員は1,000名を越えていたものと思われる。

その後、昭和4年10月に図書館が興風会に移管されてからは、発行所を関根の自宅に移して「砂丘社」を設立して、昭和6年1月を最後に突如休刊した。

このような文芸運動は僅か3年余りであるが、その根底には近世から培われてきた俳諧などの文化性が基因していると考えられる。当初は、醤油醸造家が嗜んでいたものが、次第に番頭や出入りの人たちにも普及するようになり、明治・大正にかけて野田町とその周辺にも影響を及ぼしていたことが分かる。

第5節　興風会の設立と国民教化運動

大正3年7月、第一次世界大戦が勃発すると、日本は日英同盟を理由に参戦し、それまでドイツの租借地であった中国の青島を占領した。当時、中国は辛亥革命後の混乱した状況が続いていた。列強が大戦の動向に目を奪われているなかで、第2次大隈内閣は大正4年年1月、袁世凱政権に二十一ヵ条の要求を提出して、大半を認めさせることにより、中国における日本の権益の拡大をはかった。

国内では、ヨーロッパ列強がアジアの市場から手を引いたことにより、日本の製品がアジア各地に輸出されたり、重工業生産なども飛躍的に増大して「大戦景気」といわれた。しかし、輸出が伸びるにつれて、国内物資が不足しがちとなり、諸物価が高騰し、農村や都市では多くの人々が生活難におちいった。そのため自由民権運動以来、再び民衆運動が活発になった。労働運動、小作争議などが激増し、大正7年7月には富山県魚津町で米騒動が起こり、たちまち全国に波及した。

1．政府による国民教化の方針と展開

大正6年9月、寺内内閣は内閣直属の諮問機関「臨時教育会議」を設置し

た。その目的は第一次大戦後の内外情勢に対処するものであった。以前の「教育調査会」が果たせなかった懸案の教育改革を解決することである。会議は一年半の審議により、小学校教育・高等普通教育・大学教育及び専門教育・師範教育の改善・視学制度・女子教育・通俗教育・学位制度に関する9つの答申と、「兵式体操振興」、「教育ノ効果ヲ完カラシムベキ一般施設」に関する2つの建議が行われた。しかし、その真の目的は制度的改革以上に教育目的・内容の再編成にあった。答申には、「国民道徳ノ徹底」(小学教育)、「忠君愛国ノ志操ノ涵養」(師範教育)や、「兵式体操振興」は中等学校以上に兵式訓練を導入して、「軍事上の知識技能」も啓発することが唱われており、これは大正14年の「陸軍現役将校学校配属令」によって実現することになる。通俗教育の答申も国民の「思想善導」を主眼としている。このように臨時教育会議の答申と建議は、「わが国が欧米列強と対峙するとともに国内の民主主義的社会主義的な勢力と思想に対する防波堤としての思想統制を基本的な課題としていた」(註46)ことになる。

　大正7年12月に臨時教育会議によって、「通俗教育ノ改善」の答申が出された。当時通俗教育の内容は「読物」「通俗図書館・博物館」「通俗講演会」「活動写真其ノ他ノ興業」「和洋ノ音楽」「劇場寄席」となっている。大正8年、文部省には普通学務局内に専任事務官が配属され、同10年に普通学務局第四課として独立した。そこは通俗教育・図書館及び博物館・盲唖教育及び特殊教育・青年団体・教育会を管掌した(註47)。ここに最初の社会教育行政機構が成立した。そして、答申に基づき大正9年には地方にも通俗教育の担当者「社会教育主事」を配置することになる。

　一方、大正8年3月、内務省は内務省訓令第94号「戦後の経営に関する件」を出している。これは昭和初年の教化総動員運動の先駆けとして位置づけられる。内務省が推進する民力涵養運動には少なくとも2つの意図がある。ひとつは、大戦後の経済界の好況によって生じた「人心の弛緩」に対する「民風作興貯蓄奨励」である。もうひとつは、民主主義や社会主義の高まり、小作・労働争議の激化に対する「国家観念」や「立憲思想」を強調して「共存共栄」の精神を啓発する思想善導である。千葉県では、この民力涵養運動は大正10年頃から昭和にかけて、文部省が主導した「生活改善」運動と連携しながら展開され

たようである(註48)。「民力涵養ノ五大要綱」(註49)は次の通りである。
　一、立国ノ大義ヲ闡明シ、国体ノ精華ヲ発揚シテ、健全ナル国家観念ヲ養成スルコト
　　　イ、我ガ国体ノ宇内ニ冠絶セル所以ヲ識ル
　　　ロ、忠君愛国ノ至誠ヲ致ス
　　　ハ、祖先ヲ崇拝シ報本反始ノ至情ヲ捧ク
　　　ニ、神仏ヲ尊敬シ敬虔ノ良風ヲ興ス
　　　ホ、祝日、祭日ノ起源ヲ知リ国旗ヲ樹テ恭敬ノ誠意ヲ表ス
　　　ヘ、家族主義ノ由来ヲ究メ親ニ孝ヲ尽ス
　　　㈠ 日本ノ国体ハ如何ナル点カ他国ト異テ尊キカヲ知スコト
　　　㈡ 平時ト戦時トヲ問ハス忠義ヲ忘レヌコト
　　　㈢ 先祖ヲ尊ヒ神仏ヲ敬フコト
　　　㈣ 旗日ノ由来ヲ知リ国旗ヲ樹ツルコト
　　　㈤ 我カ身ハ親ノ分レナルヲ弁ヘ孝行ヲスルコト
　二、立憲思想ヲ明瞭ニシ自治ノ観念ヲ陶冶シ公共心ヲ涵養シ犠牲ノ精神ヲ旺盛ナラシムルコト
　　　イ、立憲政治トハ国民ノ全部カ政治ニ参与スルノ謂ナルヲ深ク自覚ス
　　　ロ、公民的知徳ヲ修養ス
　　　ハ、選挙道徳ヲ厳守シ其ノ行為ヲ慎ム
　　　ニ、中央地方ノ政治皆国家ノ為メニシテ又各個国民ノ為メナルヲ確実ニ意識体得ス
　　　ホ、権利ヲ主張スルト同一程度ニ於テ義務ノ履行ヲ楽ム
　　　㈠ 日本ノ政治ニハ皆我々選シタ議員カ出テ之ニ加テ居ルカラ吾々カ政治ヲシテ居ルト同ナコトヲ知ルコト
　　　㈡ ソレ故選挙ハ正シクヲ行ヒ、投票セヌ又之ヲ等閑ニスル様ナコトヲセヌコト
　　　㈢ 権利ヲ重スルト同ジ様ニ義務モ必ス果スコト
　　　㈣ 自分一人ノ都合ハカリ考ヘ全体ノ纏リカ着カヌ様ナコトヲセヌコト
　三、世界ノ大勢ニ順応シテ鋭意日新ノ修養ヲ積ムコト
　　　イ、世界ノ大勢ヲ知リ国家ノ現状ヲ稽フ

ロ、世界ノ趨勢ヲ考ヘ国民ノ務ニ自覚ス
　　ハ、読書ヲ務メ講演講習会等ニ出席シ知識ヲ広ム
　　ニ、小学及補習教育ノ実績向上ニ力ヲ尽ス
　　ホ、簡易図書館ノ設立ニ努メ読書趣味ノ普及ヲ期ス
　　　(イ)　世界地図一枚ハ皆家庭ニ備ヘ時々之ヲ見ルコト
　　　(ロ)　世界ノ国々ハ今ドンナ考ヲ持チドンナ事ヲシテ居ルカヲ考ヘルコト
　　　(ハ)　書籍新聞ヲ読ミ又時々講和会ニモ出席スルコト
　　　(ニ)　小学校補習学校ノ入学出席ヲ一生懸命ニヤリ且授業モ熱心ニ受クルコト
四、相互諧話シテ彼此共済ノ実ヲ挙ケ以テ軽進妄作ノ憾ミナキヲ期スルコト
　　イ、公衆的社会的事業ノ即成ニ尽ス
　　ロ、共存共栄ノ信念ヲ鞏(かた)クス
　　ハ、各種組合ノ活動ヲ謀ル
　　ニ、自己ノ自由利益ヲ尊重スルノ観念ヲ以テ他人ノ自由利益ヲ妨ケス
　　ホ、破壊ノ弥次馬的行動ヲ慎ミ建設ノ着実的態度ヲ持ス
　　　(イ)　世ノ中ノ為ニナル仕事ヲ助ケ之ヲ成就スルニ骨折ルコト
　　　(ロ)　己レノミ立ツモノデナク共々ニ栄ヘ行クヘキモノナルヲ忘レヌコト
　　　(ハ)　近所互ニ助ケ合ヒ色々ノ組合ノ活動ヲ工夫スルコト
　　　(ニ)　賛成モ反対モ篤ト考ヘテノ上ニシテ野次馬的無鉄砲ヲセヌコト
五、勤倹力行ノ美風ヲ作興シ生産ノ資金ヲ増殖シテ生活ノ安定ヲ期スルコト
　　イ、勤労ヲ尊ヒ真剣ノ態度ニ出ツ
　　ロ、衛生ヲ守リ体育ヲ盛ニス
　　ハ、業務ニ趣味ヲ有シ能率ヲ増進ス
　　ニ、独立ヲ期シ蓄積ニ努ム
　　ホ、租税公課ノ納入期限ヲ格守シ金銭出納ヲ厳密ニス
　　ヘ、簡易ノ生活ニ慣レ享楽ノ風ヲ排斥ス
　　ト、生活ヲ清浄ニシテ家ヲ斉フ
　　　(イ)　真面目デ自分ノ仕事ニ励ムコト

(ロ)　自分ノ仕事ヲ楽ソテ工夫ヲ重ネ丹誠ヲ凝ラスヘキコト
　(ハ)　衛生ヲ守リ身体ヲ壮健ニスルコト
　(ニ)　蓄積ヲ怠ラヌコト
　(ホ)　税金ノ納メ時ヲ違ヘヌコト
　(ヘ)　金ノ出入ハ正シクスルコト
　(ト)　奢ツタ暮シヲセヌ放埒ナ真似ヲセヌコト
　(チ)　自分ノ家カ一番楽シイ所デアル様ナ暮シヲスルコト

　そして、大正12年9月に起こった関東大震災は経済に打撃を与えることになった。また、昭和4年10月にはアメリカで発生した恐慌がまたたく間に世界恐慌となり、日本は深刻な経済危機に陥った。恐慌による企業の倒産や人員整理などにより労働争議が続発するとともに、農村では各種農産物の下落や生糸の対米輸出の激減による繭の価格などが暴落した。さらに都市の失業者が農村に帰ってきたことにより、農家の困窮は深まり、全国各地で小作争議も頻発した。政府は、このような国内情勢に憂慮するとともに、昭和3年2月に実施された第1回普通選挙において無産政党から8名の当選者を出したことに警戒感を強めた。「8名の無産政党が進出したことは政府当局に体制危機の恐怖感を呼びおこした」(註50)といわれるように、田中義一内閣はその議会進出、自由主義や社会主義などの社会運動に対して厳しい対決姿勢をとっていくことになる。大正14年に成立した治安維持法を、昭和3年6月には緊急勅令で改正して死刑と無期懲役を加えたり、全国の道府県に特別高等警察（特高）を設置して治安維持の対策を強めた。その一方では、国民精神作興と経済生活改善のための国民教化運動は本格的に押し進められることになる。

　まず昭和4年（1929）6月に文部省では、それまでの社会教育課が社会教育局に昇格した。それは社会教化運動の緊急性によるものである。県内でも学務部の社会課から独立して社会教育課が新たに設置された。その職務内容は次の通りである(註51)。

　　一、実業補習教育ニ関スル事項
　　二、青年訓練ニ関スル事項
　　三、成人教育ニ関スル事項
　　四、社会教化ニ関スル事項

五、男女青年団其ノ他修養団体ニ関スル事項
　六、図書館ニ関スル事項
　七、史蹟名勝天然記念物ニ関スル事項
　八、其ノ他社会教育ニ関スル事項

　文部省に新設された社会教育局は、昭和4年8月から「教化総動員運動」を展開していく。文部大臣は、まず地方長官会議を開催して「我カ邦ガ思想経済其ノ他ニ於テ今日容易ナラザル難局ニ直面シテ居リ…比ノ難局ヲ打開シテ健全ナル国家ノ発達ヲ図リマスニハ国民精神ノ作興ニ勤メ勤倹力行ノ風ヲ奨メ冗費節約ノ励行ヲ期スルコトガ殊ニ極メテ必要」を訓示して教化運動の推進を促した。それに続き開催された府県社会教育主事会議では教化動員法の方法が検討され「地方教化運動実施案」が作成された。

　千葉県では、それを受けて知事の要請により千葉県教化団体聯合会が「教化動員協議会」を開催して、「地方教化運動実施案」に準拠して「教化動員実施案」を決定した。同年10月3日には、県学務部長が聯合会の教化動員実施案に基づき教化運動をするように各市町村長、小・中学校や社会教育団体などに通牒「教化動員ニ関スル件」を発した。ちなみに教化動員実施案は次の通りである(註52)。

　教化動員実施案
　（一）目的
　　一、国体観念ヲ明徴ニシ国民精神ヲ作興スルコト
　　二、経済生活ノ改善ヲ図リ国力ヲ培養スルコト
　（二）方針
　　一、本運動ハ純真ナル社会教化ノ立場ニ於テ之ヲ行フコト
　　二、本運動ハ之レニ依リテ教化運動ノ恒久的素地タラシムルコト
　　三、本運動ハ各種教化機関並ニ篤志家ノ活動ヲ促スコト
　　四、各種教化機関ハ各独自ノ立場ニ於テ本運動ノ趣旨ノ徹底ニ努ムルコト
　　五、経済生活ノ改善ハ多岐ニ亘ルヲ避ケ緩急ヲ図リ主要事項ニ主力ヲ注クコト
　　六、公私経済緊縮運動ト連絡提携スルコト

（三）方策
一、目的第一項 "国体観念ヲ明徴ニシ国民精神ヲ作興スルコト" ノ主旨ヲ徹底スル為メノ方策トシテハ大要左記ノ諸点ニ留意スルコト
　1．建国ノ由来ヲ闡明スルコト
　2．君民一体忠孝一本ノ本義ヲ明ラカニスル為メ上ハ皇室ノ御聖徳ヲ顕揚シ下ハ臣民奉公ノ事蹟ヲ知ラシムルコト
　3．国旗ノ意義ヲ知悉セシメ之ヲ尊重スルノ念ヲ養フコト
　4．正シキ愛国的思想ヲ強調シ反社会的反国家的ノ思想ヲ排スルコトニ努ムルコト
　5．世界ノ大勢ヲ知ラシメ国際場裡ニ於ケル我帝国ノ位地ヲ明ラカニスルコト
　6．敬神崇祖ノ観念ヲ涵養スル為メ左記ノ如キ事項ニ留意スルコト
　　A．大祭祝日ノ意義ヲ明ラカニスルコト
　　B．十月二日、五日ノ伊勢神宮正遷宮式当日ハ各戸ニ必ズ国旗ノ掲揚ヲナシ又遥拝ヲ実行スルコト
　　C．国歌 "君ヶ代" ノ意義ヲ知悉セシムルコト
　　D．教化ニ関スル集会ノ際ハ国歌 "君ヶ代" ヲ斉唱スルコト
　7．日常生活ノ実践ニ依リ道徳ノ実行ヲ期スルコト
　8．国体観念ノ涵養ニ資スヘキ良書ヲ紹介スルコト
二．目的第二項経済生活ノ改善ヲ図リ国力ヲ培養スルコトノ主旨ヲ徹底スル為メノ方策トシテハ大要左記ノ諸点ニ留意スルコト
　1．小ナル私経済モ今日ニ於テハ世界ノ経済ト関係ヲ有スルモノナルコト随ツテ金解禁及財政経済ノ整理緊縮ヲ必要トスル理由ヲ知悉セシムルコト
　2．消費節約勤倹力行ノ風ヲ助長スルコト
　　A．家庭経済ノ合理化ヲ図リ以テ衣食住社交儀礼等ニ於ケル生活上ノ改善ヲナスコト
　　B．市町村ニ於テハ土地ノ情況ニ随ヒ対象ニ応ジ予算生活其ノ他生活ノ合理化ニ関スル詳細ナル標準ヲ作リ以テ市町村民ニ示シ生活ノ改善ニ資スルコト

　　　　C．購買販売組合、消費組合等ノ整理改善並ニ其ノ発達ヲ図ルコト
　　　　D．勤労ヲ楽ミ職業ヲ通シテ国民生活ニ寄与スルノ気風ヲ喚起スルコト
　　　3．貯金ヲ奨励シトクニ零砕ナル金銭ニ留意セシムルコト
　　　4．諸会合ニ於テ必ズ時間ヲ厳守スルコト
　（四）方法
　　　一．本運動ハ本会並ニ加盟各団体中心トナリ各教育機関各種団体ト連絡ヲ保チ活動ヲナスコト
　　　二．各種教育機関各種団体並ニ市町村等ニ対シ本運動ノ趣旨ヲ明ニシ実施ヲ勧奨スルコト
　　　三．新聞雑誌等ト連絡ヲ図リ其ノ協力ニ依リテ本趣旨ノ周知ヲ計ルコト
　　　四．左記ニ依リ講演会ヲ開催ス
　　　　本年十月ヨリ明年一月迄ノ間ニ各郡市ニ於テ講演会ヲ開催ス
　　　五．活動写真会ノ開催
　　　　講演会ト連絡ヲ保チ各郡ニ於テ開催ス
　　　六．講演会ノ開催
　　　　千葉市ニ於テ指導者講習会ヲ開催ス（教化団体関係者男女青少年団体指導者ノ出席ヲ求ム）
　　　七．"パンフレット"ノ配付
　　　八．"リーフレット"ノ配付
　　　九．標語及善行美談ノ募集
　　　十．篤行者団体等ノ事績ノ調査発表

2．興風会の設立

　第一次大戦後の恐慌のなかで、大正12年に続き昭和2年2月に野田醬油株式会社（現キッコーマン株式会社）では、2,000名以上の従業員が賃金値上げなどを要求したが、会社側との折り合いがつかず同年9月にストライキに入った。そして218日にも及ぶ長期間のストライキとなるが、翌年4月に解決することになる。

　野田醬油株式会社は、このストライキの経験から企業が地域社会に社会事業を展開していくことを計画した(註53)。昭和3年11月、その資産保全会社千秋社

第1章　戦前の社会教育の基盤　249

が50余万円の巨費を投じて財団法人興風会を設立した。翌年の昭和4年10月には昭和天皇即位の大典を記念して野田町に興風会館が竣工した。その規模は敷地面積1,536m^2・建物面積567m^2・建物延床面積1,855m^2。観覧席定員1,112人。設計は明治大学駿河台校舎を手掛けた大森茂である。総工費は15万円にものぼった（写真1）。

以後、野田町では興風会館が社会教化を含めた社会事業活動の拠点となっていく。『財団法人興風会十五周年略誌』には、10月19日の開館式において理事長茂木七左衞門が述べた式辞から、興風会の設立趣旨を次のように述べている（註54）。

　抑モ本會ハ茂木、高梨同族ガ祖先以来三百年ノ久シキ間當野田ノ地ニ居住シテ醬油醸造ノ業ニ従事シ、幸ニ大方各位ノ御援助ニ因リ逐次発展、現在ノ如ク稍大規模ノ経営ヲ為シ得ルニ至リタルニ對シ時ニ何等カ適當ノ方法ヲ以テ共存益世ノ実ヲ擧グルノ微衷ヲ披瀝セントシ、只管ソノ機會ヲ求メ居リタル折柄恰モ去秋、今上陛下御即位ノ大典ヲ擧ゲサセラルルニ際シ、コノ意義深キ時機ニ於テ夙昔ノ志タル社會奉仕ノ實ヲ擧ゲントシ、一族ノ組織セル合名會社千秋社ヨリ若干ノ資材ヲ提供シ記念事業トシテ實現スルニ至リタルモノニ係リ世運ノ進歩ト日新ノ大勢トニ鑑ミ、教化、救済、社会事業ノ後援其他共同生活ヲ円満ナラシムルニ必要ナル各種事業ヲ逐行シ以テ風ヲ興シ俗ヲ更ヘ麗ハシキ社会事象ノ実現ニ裨補セン（中略）私カニ現下ノ世相ヲ看ルニ今ヤ経済界ノ不況ハ日毎ニ深刻ヲ加ヘ経済的國難来ノ聲頻リニ喧傳セラレ、人心安定ヲ缺キ思想動揺シ、正

写真1　興風会館

ニ國家非常ノ時ニ際會セリト云フベシ。之ヲ思ヘバ本會ノ設立従事ナラザルヲ信ズルト共ニ本會ノ今後ガ極メテ多事多端、責任亦従ツテ重ミヲ感ゼズンハアラザルナリ。

　この式辞から分かるように、興風会の活動方針は社会事業により企業利益を地域に社会還元することを目的にしている。但し、その活動内容は当時の社会情勢と密接な関わりをもち社会教化を目的としたものであった。

　ひとつは、手打明敏が指摘するように、「（野田醬油会社の）労働争議は結局労働者側の敗北となって収拾されたが、町を二分するほどの大争議に発展したため、収拾後の民心の安定を図るということは野田町の指導層にとっては重要な問題であったといわねばならない」(註55)という。

　もうひとつは、大正から昭和初期に本格化する国民精神作興と経済生活改善のための国民教化運動の時代風潮を反映している。大正8年の民力涵養運動の五大要綱や昭和4年の教化総動員運動については、千葉県でもそれを受けて対応していることは先述した通りである。

　開館当時から昭和16年11月までの事業内容は、教化・図書館・救済保護・保健・民衆娯楽・育英事業である。それらの具体的な内容は図2の通りである。なかでも少年職業紹介事業は昭和8年2月に開始されたが、昭和13年に国の事業となるまで続く。育英事業は昭和15年に紀元二千六百年記念事業として行われるようになる。図書館は昭和16年に興風会館から町内に独立した建物が完成する。よって同年1月からは、会館部・図書館部・育英部の三部組織となった。

3．興風会の事業とその評価

　これまで戦前の興風会の活動は、たとえば手打明敏が述べるように「野田町民の民心安定を図る社会教化教育にあったのである」(註56)という見解が主流をなしてきた。手打は、昭和19年の興風会15周年にあたり興風会主事の岩口石蔵が次のように述べていることを紹介している (註57)。

> 本会の事業は既に其創業当初に於て国体観念の強調を説き社会教化教育を中心として民風作興に貢献せんことを明らかにし、経済生活の指導施設或は救済保護等の施設等の施設に於て其他保健衛生慰楽等の事業に於ても悉く教化が其根幹をなして発展して居る。

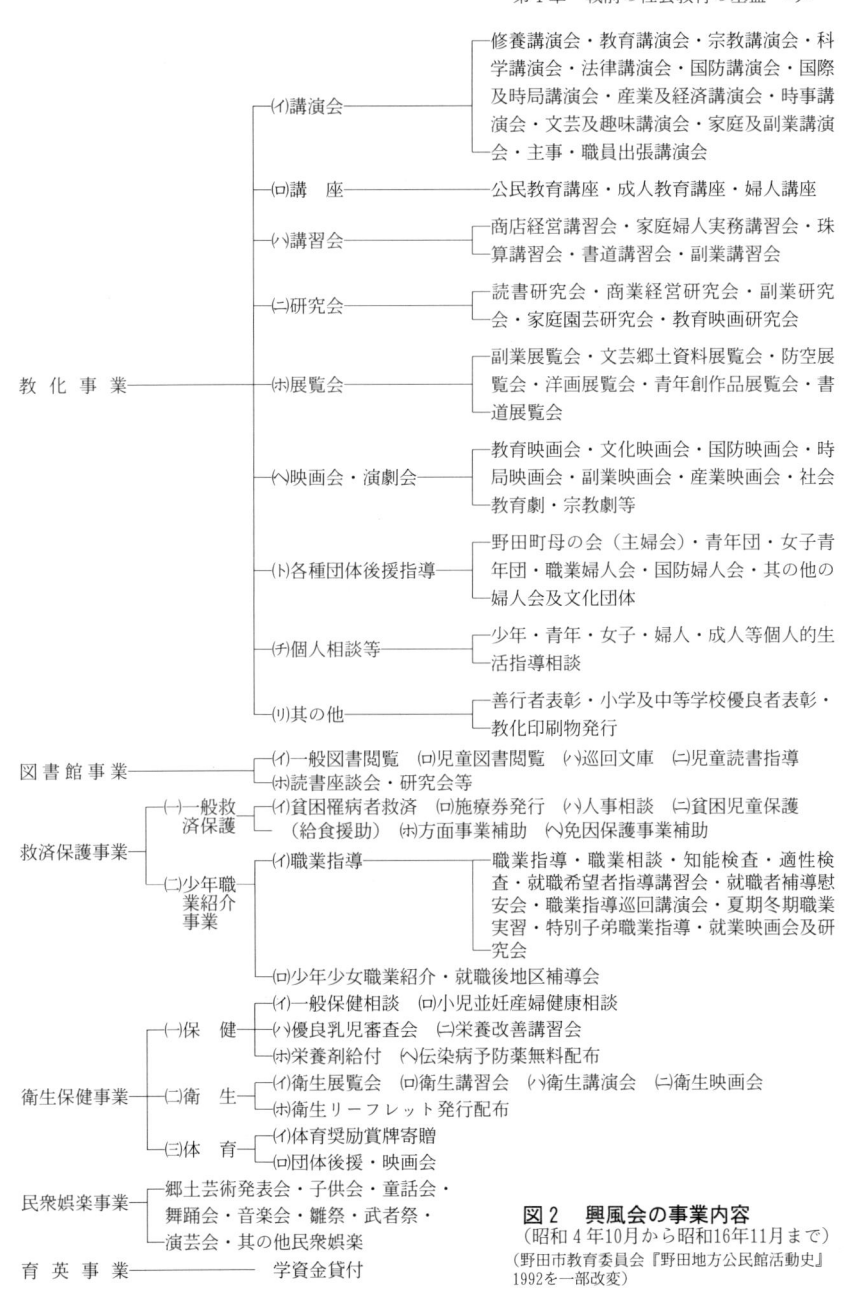

第1章　戦前の社会教育の基盤　251

- 教化事業
  - (イ)講演会 ── 修養講演会・教育講演会・宗教講演会・科学講演会・法律講演会・国防講演会・国際及時局講演会・産業及経済講演会・時事講演会・文芸及趣味講演会・家庭及副業講演会・主事・職員出張講演会
  - (ロ)講座 ── 公民教育講座・成人教育講座・婦人講座
  - (ハ)講習会 ── 商店経営講習会・家庭婦人実務講習会・珠算講習会・書道講習会・副業講習会
  - (ニ)研究会 ── 読書研究会・商業経営研究会・副業研究会・家庭園芸研究会・教育映画研究会
  - (ホ)展覧会 ── 副業展覧会・文芸郷土資料展覧会・防空展覧会・洋画展覧会・青年創作品展覧会・書道展覧会
  - (ヘ)映画会・演劇会 ── 教育映画会・文化映画会・国防映画会・時局映画会・副業映画会・産業映画会・社会教育劇・宗教劇等
  - (ト)各種団体後援指導 ── 野田町母の会（主婦会）・青年団・女子青年団・職業婦人会・国防婦人会・其の他の婦人会及文化団体
  - (チ)個人相談等 ── 少年・青年・女子・婦人・成人等個人的生活指導相談
  - (リ)其の他 ── 善行者表彰・小学及中等学校優良者表彰・教化印刷物発行

- 図書館事業 ── (イ)一般図書閲覧　(ロ)児童図書閲覧　(ハ)巡回文庫　(ニ)児童読書指導　(ホ)読書座談会・研究会等

- 救済保護事業
  - (一)一般救済保護 ── (イ)貧困罹病者救済　(ロ)施療券発行　(ハ)人事相談　(ニ)貧困児童保護（給食援助）　(ホ)方面事業補助　(ヘ)免因保護事業補助
  - (二)少年職業紹介事業
    - (イ)職業指導 ── 職業指導・職業相談・知能検査・適性検査・就職希望者指導講習会・就職者補導慰安会・職業指導巡回講演会・夏期冬期職業実習・特別子弟職業指導・就業映画会及研究会
    - (ロ)少年少女職業紹介・就職後地区補導会

- 衛生保健事業
  - (一)保健 ── (イ)一般保健相談　(ロ)小児並妊産婦健康相談　(ハ)優良乳児審査会　(ニ)栄養改善講習会　(ホ)栄養剤給付　(ヘ)伝染病予防薬無料配布
  - (二)衛生 ── (イ)衛生展覧会　(ロ)衛生講習会　(ハ)衛生講演会　(ニ)衛生映画会　(ホ)衛生リーフレット発行配布
  - (三)体育 ── (イ)体育奨励賞牌寄贈　(ロ)団体後援・映画会

- 民衆娯楽事業 ── 郷土芸術発表会・子供会・童話会・舞踊会・音楽会・雛祭・武者祭・演芸会・其の他民衆娯楽

- 育英事業 ── 学資金貸付

図2　興風会の事業内容
（昭和4年10月から昭和16年11月まで）
（野田市教育委員会『野田地方公民館活動史』1992を一部改変）

表4-1　興風会館における講演会の教化活動（昭和5年度）

月日	題名	入場者数	講師	主催者（本会：㈶興風会）
1.18	海外視察報告	800	野田小学校校長　松山隆	野田町
1.19	軍縮会議に就いて	420	本会主事　杉本幸雄	本会
1.29	口腔衛生に就いて	700	歯科医　武藤功次郎	千葉県保課長・野田醬油会社
同	受診心得	同	千葉県衛生課　曲梶惣平	同
2.3	六大恩黙禱並選挙ニ対スル本館ノ立場に就テ	1,000	本会主事　杉本幸雄	本会
同	挨拶	同	篠原睦朗	同氏
同	民生党ノ政策	同	大蔵大臣　井上準之助	同
2.15	政見発表演説会	500	鈴木隆	同氏
2.16	同	600	本多貞次郎	同氏
同	同	650	川島正次郎	同
2.19	同	800	多田満長	同
同	同	800	篠原睦朗	同
2.21	悟について	500	文学博士　木村泰賢	よろこび会
3.6	地久節について	600	明治会講演部長　志村伊三郎	本会
3.10	日露戦争の回顧	1,500	陸軍中将　會田豊樹	同
3.12	降魔の生活	1,830	協調会　宮澤説成	野田醬油会社
3.17	社会問題ト思想的背景	250	文学博士　矢吹慶輝	野田醬油会社
3.18	本会設立目的ニ就テ	150	本会主事　杉本幸雄	同
同	不景気ニ対スル国民ノ覚悟	同	主税局長　青木得三	同
3.20	社会問題続講	250	文学博士　矢吹慶輝	同
4.7	前社長追悼演説	800	東京瓦斯社長　岩崎清七	同
同	同	同	横浜市長　有吉忠一	同
4.25	西蔵探検と真正の仏教	500	河口慧海	よろこび会
5.5	金太さんとお花さん（小学児童へ）	400	童話家　巌谷小波	本会
同	家庭教育（一般へ）	1,450	同	同
5.27	日露戦役実戦談	2,200	本会主事　杉本幸雄	同
同	同		兵曹長　村松功	同
6.11	総選挙ヨリ臨時議会マデ	2,300	代議士　川島正次郎	同
同	何故不景気ニナッタカ		代議士　大口喜六	同
同	野党ノ立場ヨリ		代議士　犬養毅	同
同	景気回復ノ道		代議士　砂田重政	同
6.15	国民生活の真意義	150	皇訓協会主幹　富田貢	本会
同	野田町民に告ぐ		子爵　三室戸敬光	同
6.16	御国体団に就て	640	皇訓協会主幹　富田貢	同
同	皇室の御事ども		子爵　三室戸敬光	同
6.17	桃太郎（児童ニ）	1,500	童話家　岸邊福雄	五十鈴婦人会・本会
同	婦人のために（一般）	400	同	同
7.2	平等主義	150	境野黄洋	よろこび会
7.14	富士行者	1,880	協調会参事　惣田太郎吉	野田醬油会社
9.2	国産品使用奨励について	740	千葉県社会課長　岡尊信	本会
同	震災七周年に際して		千葉県学務部長　竹田武男	同
9.8	我国の現状と無駄排除	1,832	報知新聞能率増進協会　倉橋醫博	野田醬油会社
9.18	能率増進と婦人	1,200	報知新聞副社長　寺田四郎	同
同	無駄の排除		東京第三高女教諭　中沢みよ	同
同	家庭生活の合理化		通信省嘱託　服部東一	同
9.24	自治の精神と野田の将来	3,300	本会主事　杉本幸雄	本会
9.26	仏教の真精神		和光堅正	同氏
10.29	仏教のお話	550	早大教授　武田豊四郎	本会
10.30	記念式ニ臨ミテ	3,700	公爵　一条実孝	同

10.30	明治大帝ノ御聖徳ニ就テ		宮中顧問官　川島金次郎	本会
11.1	体育の必要なわけ	128	本会主事　杉本幸雄	同
11.20	犯罪予防に就て	620	千葉刑務所長　中村基吉	同
11.22	一指動乾坤	1,300	童話家　天野雉彦	東葛北部十ヶ町村連合青年団
11.23	長槍の誉れ	2,600	同	本会
12.1	防火について	350	野田署長早川清一郎	同

表4-2　興風会館における講演会の教化活動（昭和12年度）

月日	題　名	入場者数	講　師	主　催　者（本会：㈶興風会）
1.12	近まわりより遠まわり	230	京都山科一燈園主　西田天香師	本会
同	修養講話	80	同	野田高等女学校
1.22	今後の経済はどうなるか	18	興業銀行調査部長　小平省三	商誘銀行
2.6	満洲移民講演会	700	千葉県社会教育主事　安田亀一	千葉県・町役場・本会
同	同		千葉県社会課員　太田三喜雄	同
2.11	我が国体の本義	700	社会教育協会理事・前文部省普通学務局長　武部欽一	本会
2.18	軍事思想普及講演会	800	千葉連隊区司令官　森村大佐	千葉連隊司令部・東葛北部連隊分会・本会
2.19	法規説明会	700	千葉県衛生課　坂本政濤	野田署・本会
2.22	中正なる革新的精神	120	宗教家　江部鴨村	よろこび会
3.9	日露戦争の想出と国民の覚悟	800	陸軍中将　赤井春海	本会
3.18	若き日の乃木将軍夫妻	1,615	三浦楽堂	野田醤油株式会社
4.19	政見発表演説会	1,600	篠原睦朗	同氏
4.22	同	1,700	同	同
同	同		代議士　永井柳太郎	同
4.29	同	200	白井荘一	同氏
同	同	1,900	川島正次郎	同氏
5.10	乃木大将の話（童話）	1,700	ワカバ幼稚園長　荒川西峯	本会
5.25	航空全般に就いて	1,700	陸軍中将　本田農	野田醤油株式会社
5.28	32年前の日本海戦を回顧して現下の海軍無条約時代に及ぶ	2,000	海軍少将　向田金一	役場・分会・国婦・本会
6.24	働きながら悟る仏教	120	智山宗教専門学校教授　高神覚	よろこび会
7.2	家庭経済と物価の話	500	経済学博士　太田正孝	五十鈴婦人会
7.14	廃物の利用	183	東京小石川高等女学校長　河口愛子	本会
8.9	北支事変に就て	2,000	陸軍新聞班員陸軍少佐星駒太郎	町各種団体・本会
8.22	北支より帰りて	1,800	東京日々新聞社顧問　伊藤金次郎	野田消防組・同三和会
10.5	遵法週間記念後援会	1,300	判事　安藤弘	同
同	同		検事　山下茂三郎	同
10.15	支那事変と日本と世界	1,200	前逓信省政務次官・代議士　中野正剛	東葛北部十ヶ町村連合会
10.16	支那事変に就て	1,800	陸軍新聞班員陸軍少佐　大久保弘一	本会
同	銃後の譲りと母の覚悟	1,400	東京小石川高等女学校長　河口愛子	同
10.27	結核予防講演会	1,700	医師　根本博	野田署・役場・医師会・薬剤師会・本会
11.6	支那上海戦線より帰りて	1,300	吉屋信子	本会
11.10	支那事変と国民精神の訓練	500	文学博士　河野省三	野田各種団体・本会
11.20	映画教育に就て	43	東京市視学　関野嘉雄	本会
11.22	北支・上海戦線視察談	1,700	陸軍少将　桜井忠温	よろこび会
12.1	国民精神総動員防火後援会	1,500	本会主事保安課長	野田署・同消防組・本会
同	同		野田警察署長	同
同	同		本会主事　岩口石蔵	同
12.3	航空と戦争	150	陸軍省航空本部陸軍少佐　有馬廣士	野田醤油株式会社　工場課

この発言は戦中の昭和19年当時のものであることを考慮する必要があるとしても、「忠君愛国」「挙国一致」などが叫ばれた戦中の国家意識を鼓舞することが背景にあったことがわかる。確かに興風会の活動は、国民総動員運動による教化活動が顕著である。
　教化事業は、開館した翌年の昭和5年度の講演会をみると表4−1の通りである。その内容は、政治・経済・軍事・宗教・保健衛生・教育・学術文化・社会一般などのように広範囲にわたっている。主催者は、興風会以外にも野田醬油株式会社、野田町役場や千葉県、住民団体、個人などによる。一部を除けば、全体的な傾向としては「教化総動員運動」の実施案に沿うものとなっていることが分かる。
　さらに昭和12年7月7日の盧溝橋事件を契機として、日中戦争が始まると、戦況の報告会や対策に関する講演会が突然開催されるようになり、また「国民精神総動員」の実施により、国民教化運動の色彩は一層強まるようになる（表4−2）。
　戦争の拡大化につれて国の財政支出は激増した。鉄鋼や機械などの軍需生産が増大する一方で、国民の民需生産は制限を受けて輸出量が減り、国民生活は圧迫を受けた。しかし、近衛文麿内閣は「国民精神総動員運動」を提唱して、思想的結束と銃後の経済協力を国民に要請した。同年8月24日に決定された「国民精神総動員実施要綱」によると、国民精神総動員とは「現下ノ時局ニ対処スルト共ニ今後持続スベキ時難ヲ克服シテ愈皇運ヲ扶翼シ奉ル為官民一体ト為リテ一大国民運動ヲ起サン」とするもので、目標は「"挙国一致""尽忠報国"ノ精神ヲ鞏ウシ"堅忍持久"総ユル困難ヲ打開シテ所期ノ目的ヲ貫徹スベキ国民ノ決意ヲ固メ」というものである。
　千葉県では同年9月に「国民精神総動員千葉地方実行委員会」を組織した。会長には知事が就任し、官公庁職員・市長村長、貴衆両院議員・教育家・宗教家・社会事業家・各種団体などから62名の委員が任命された。翌月には具体的な実施要目が決定され、県内の市町村のあらゆる機関や個人に対して運動の浸透がはかられた。その実施要綱は次の通りである(註58)。

　一　日本精神ノ発揚
　　1　国体ノ宣明

　　　　イ　国史ノ顕揚　　　　ロ　宮城遥拝　　　　ハ　神社参拝
　　　　ニ　国旗及国家ノ尊敬
　　2　国民道徳ノ涵養
　　　　イ　国旗掲揚　　　　ロ　神棚礼拝　　　　ハ　祖先霊壇礼拝
　　　　ニ　墓地参拝
　　3　尽忠最国ノ精神ノ宣揚
　　　　イ　先烈遺勲ノ顕揚　　　　ロ　陣中及銃後美談ノ普及
　　　　ハ　尽忠報国ニ関スル読物及歌詞ノ選奨普及
二　時局認識ノ徹底
　　1　内外ノ情勢ノ確認
　　2　日本ノ使命ノ自覚
　　3　今次事変ノ意義認識
　　4　国力ニ対スル正シキ認識
　　5　時艱克服ノ意気振作
三　社会風潮ノ一新
　　1　堅忍持久ノ精神ノ涵養
　　　　イ　長期対敵覚悟強調　　　　ロ　造語飛語ニ惑ハザル信念ノ堅持
　　　　ハ　耐久耐熱耐寒ノ鍛練
　　2　困苦欠乏ニ堪フル心身ノ鍛練
　　　　イ　質実剛健ノ気風振作　　　　ロ　「辛抱週間」（日）等ノ設定
　　3　生活ノ刷新
　　　　イ　時間ノ励行　　　　ロ　早起早勤　　　　ハ　節酒節煙
　　　　ニ　虚礼廃止　　　ホ　贅沢品ノ節約　　　ヘ　冠婚葬祭ノ節約
　　　　ト　家屋内外ノ清潔　　　チ　予算生活ノ実行
　　4　小我ヲ捨テテ大我ニ就クノ精神ノ体現
　　　　イ　公徳心ノ向上　　　　ロ　道路其ノ他ノ公共施設ニ対スル奉仕
　　　　ハ　各種紛議ノ排除　　　　ニ　相互扶助ノ実行
　　5　各々ノ職分恪循
四　銃後後援強化持続
　　1　出動兵士ヘノ感謝

　　　　イ　歓送迎　　　ロ　慰問文慰問袋ノ発送　　　ハ　新聞雑誌ノ送付
　　　　ニ　殉国者慰霊　　　ホ　応召家族ニ対スル慰問及援助
　　2　勤労奉仕
　　3　銃後醵金ノ実施
　五　非常時経済政策ヘノ協力
　　1　生産拡充
　　　　イ　勤労倍加運動　　ロ　労資協力ノ強化　　ハ　各自業務ノ研究工夫　　ニ　軍需品ノ増産供出　　ホ　主要食糧ノ増産
　　2　自給ノ拡充
　　　　イ　肥料、飼料ノ自給化　　ロ　家庭用品ノ自給化
　　3　消費ノ合理化
　　　　イ　国産品ノ使用　　ロ　輸入品ノ使用節約　　ハ　国産代用品ノ使用　　ニ　金ノ使用節約　　ホ　鉄「アルミニューム」等ノ金属製品ノ輸入抑制
　　4　国債応募ノ為ノ愛国貯金（貯穀）
　六　資源ノ愛護
　　　　イ　発明創造　　ロ　廃品ノ蒐集提供

　一方、興風会の社会事業は地方史の視座からも解析することができる。救済保護事業は、昭和5年5月から施療事業を開始し、貧困のために医療を受けることができない住民のために施療券を発行して、医療費を興風会が負担した。こうした事業は、戦後は生活保護法が制定されてから行政によっておこなわれるようになったが、戦前はこのような事業を行う団体は稀であったといわれる(註59)。

　その系譜を遡ると、たとえば天明3年（1783）から髙梨順信・忠学父子は二代にわたり、飢饉の際には農民に穀物を供出している。また、天保7年（1836）の飢饉には茂木広右衛門（柏屋七郎右衛門名跡預かり人）、茂木三家（七左衛門・七郎右衛門・佐平治）及び髙梨兵左衛門などが、11月から翌年4月まで自宅前に仮小屋を設置して飢民に施米を行うなどの救済活動をしている(註60)。近世における醬油醸造家のこうした救済保護思想は、昭和期に入ってから興風会の救済保護事業として受け継がれていくことになったと考えられる。

保健衛生事業は、昭和7年2月から小児・妊産婦のための健康相談を始めている。当時は不況下において国民は窮乏状態にあった。そのため産児抑制が行われたり、また乳幼児や児童の健康障害も多かった。これに対して興風会は母親たちの出産や育児の相談などや衛生事業を行うが、こうした思想も江戸時代以来の救済保護の系譜につながると考えられる。

　民衆娯楽事業は、労働争議後の町中の緊迫した社会環境を和らげることにあったと考えられる。そもそも野田町の琴平神社では、明治中期から申年の大祭日には、醬油醸造家ばかりでなく、町民全体をあげての祭りが行われていた。ことに明治から昭和初期には町中の数ヶ所に余興場が設けられ、歌舞伎・演芸・舞踊などが盛大に繰り広げられた。しかし、大祭は13年目に一度のものであることから定着した娯楽事業とはいえず、日常生活のストレスなどを解消するまでには至らなかった。興風会館での娯楽事業は娯楽を日常生活に移行したものであるといえる。

　育英事業は、大正9年2月に茂木七郎右衛門が「野田謝恩会」を設立して、野田町の小学校出身者に学資金を貸与したことに始まる。興風会が設立されてからも野田謝恩会は活動を継続しているが、昭和15年5月に相続人の茂木順三郎が基金を添えて、その活動を興風会に移管した。また、千秋社代表の茂木七左衛門などからも基金の寄付があった。興風会で育英事業を行うようになってからは、学資金の貸与対象者は千葉県内全域に拡張している(註61)。

4．興風会図書館の新設

　興風会図書館は、戊申会簡易図書館から町立図書館の系譜に位置づけられる。その活動は、町立図書館時代に関根が実施した『砂丘』のような文化活動はみられず、図書の閲覧や借出が主な事業であった。その後、図書館の社会的要請が高まり昭和16年10月に新館が完成する。開館式での千葉県知事の祝辞の中に図書館の社会的役割について、次のように触れられている(註62)。

　　　国民精神思想ヲ結集シテ国策ニ帰セシムルト共ニ歓喜ニ充テル勤労国家
　　奉仕ノ力ヲ培フモノ即チ読書ニヨル指導ヲ以テ最モ有効適切ナル方策ノ
　　一ト申サネバナリマセン

　図書館は勤労国家奉仕の精神を養う上で有効とする、当時の地方行政首長の認識が分かる。

昭和15年10月に結成された大政翼賛会は、国民生活の各種統制を実施するなかで国民読書運動を展開していくことになるが、その趣旨は「大東亜戦下国民の教養を高き水準に保持せんとする最善の国民運動」として戦時下では図書館が必要とみなされていたことを示すものである（註63）。

一方、興風会は仙田政雄を図書館主任として奈良県天理から招聘して、近代的な図書館経営が本格化する。仙田は、戦前にワシントンの国会図書館に在勤していた経験をもち、当時の日本の図書館人としては民主主義社会における図書館経営のあり方を経験した人物であった。仙田が興風会図書館に在勤したのはわずか2年程であるが、短期間ながらもNDC四版の採用や辞書体目録の編成の開始、読書相談部の設置、「児童読書倶楽部」（1941年11月発足）や「野田読書会」（1942年6月発足）という住民の文化サークルを発足させた。

野田読書会は、当初は国文学同好者の有志が集まり万葉集研究や読書発表などを行う会として発足したが、その後は次のような部会に分かれて活動が行われた。昭和19年10月当時で会員は491名。中学生部会（付近男子中学生約120名）・高等女学校部会（高等女学校生徒約100名）・大学生部会（大学及専門学校学生生徒約25名）・国文学部会（高等女学校・農工学校・国民学校職員、会社員及び町の有志約25名）・教育部会（国民学校職員＝依リ組織）・俳句部会（会社員、工員及び町の有志約50名）・郷土民俗部会（幹事数名）の部会構成をとっていた（註64）。

読書会は、輪講・研究発表・句会・講演や座談会・講座などを行っている。発足から昭和19年2月までの活動は次の通りである（註65）。

昭和17年6月7日　読書会発会式及び第一回総会を会館に於て開催（未会者百余名、全会員261名）
　　　　　　　　　帝国図書館長松本喜一の講演「非常時局下に於ける読書と生活」開催
　　　11月9日　短歌部会が「短歌講座」を開講（6日間）
　　　12月19日　俳句部会開催（出席者56名）
　　　12月27日　大学生部会、「戦時統制経済問題」について討議
昭和18年1月17日　大学生部会、鈴木濤の講演「日本古代美術史」開催
　　　1月20日　教育部会、前回に引き続き、岡倉天心著『東洋の思想』を論議

1月23日	読書会例会、仙田政雄の講話「大阪に於ける浄瑠璃本由来」を開催
1月30日	郷土民俗部会、野田地方方言採集の具体的方法についての打ち合わせ
1月31日	大学生部会、張谷光太郎の講演「歯の衛生」、森田文男の講演「戦時財政」開催
3月16日	読書会例会、帝国図書館長松本喜一の講演「民族の母としての教養」開催
4月17日	国文学部会、東京帝国大学司書土井重義の講演「俳諧史の子規と紅葉」開催
4月25日	大学生部会開催、高梨久吉「経済の計画化」、上原邦太郎「新生活の動向」等の発表
5月23日	読書会、水野葉舟の講演「郷土民俗の採集に就いて」開催
5月30日	大学生部会開催、渡邊実「戦時下の農村について」の発表
10月16日	読書会、座談会「明治・大正・昭和ニ亘ル文豪　島崎藤村ヲ偲ブ」開催
12月5日	読書会、葛飾野短歌会と共催で歌会を開催
昭和19年1月9日	土岐善麿の講演「万葉の展開について」並びにその座談会を開催
1月30日	中学生部会、第一回読書会開催。東葛中学校5年戸辺健治「ヴィットコップ編、ドイツ戦歿学生書翰集を読みて」の発表。西光院住職勝田光宥の講演「禅精神と日本文化」開催
2月13日	高等女学校部会開催、野田高等女学校4年生上田涼子「交戦各国の女性生活」、同伊東幾子「小説日本婦道記」読書発表。福田恵満師の講演「戦時下に於ける米国女学生気質」開催

短歌部会は当初見られないが活動中に発足したようである。また、島崎藤

が没した昭和18年8月22日から2ヶ月たらずのうちに、藤村を偲ぶ座談会を開催していることも興味深いものである。

註
(1) 山口頼定1905『野田盛況史』p45-46
(2) 神尾武則1973『千葉県教育百年史 第1巻通史編（明治）』千葉県教育委員会、p1432-1437
(3) 註2、p1439
(4) 註1、p46
(5) 註4
(6) 茂木啓三郎1995『茂木啓三郎遺稿集 照于一隅』キッコーマン株式会社、p84
(7) 註1、p58
(8) 註7
(9) 註1、p63-64
(10) 註2、p1375-1382
(11) 註2、p1374
(12) 註2、p1384-1385
(13) 野田市市史編さん室1975『野田市教育史略』野田市役所、p107
(14) 神尾武則1974『千葉県教育百年史 第2巻通史編（大正・明治Ⅰ）』千葉県教育委員会、p354
(15) 註13
(16) 註13、p106-107
(17) 註2、p1391
(18) 註13、p108-109
(19) 註13、p109-110
(20) 大庭宣尊1979「地方改良と社会教育―青年会をめぐって―」京都大学教育学部紀要XXV、p111
(21) 註2、p1420-21
(22) 註2、p1422
(23) 明治38年12月に結成された報徳会の機関誌「斯民」には内務官僚が名を連ねている。水野錬太郎1909「斯の心を以て町村に尽せ」斯民第4編第9号など。
(24) 前田宇治郎1911『地方自治の手引き』p1
(25) 内務省地方局1904『地方自治の指針』

第1章　戦前の社会教育の基盤　261

(26)　斉藤利彦1982「地方改良運動と公民教育の成立」東京大学教育学部紀要第22巻、p175
(27)　註26、p176
(28)　昭和3年2月11日現在、顧問松山隆、戸邊織太郎、小張卯吉、吉澤初五郎、鈴木與八、茂木健吉、飯沼亀之助、山崎龍次郎、鈴木宗吉、米川勝之助、戸邊五右衛門、甲田保三郎、中川仲右衛門の名が見られる。
(29)　野田戊申会1929『會則及略歴』
(30)　鈴木英二1991『財団法人興風図書館の五十年』財団法人興風会、p4-5
(31)　註13、p106
(32)　註29、p3
(33)　註29、p11
(34)　平井孝一1974『千葉県教育百年史　第2巻通史編（大正・明治I）』千葉県教育委員会、p385
(35)　註34、p385-386
(36)　註34、p385
(37)　註34、p385-387
(38)　註30、p5-6
(39)　註30、p6-8
(40)　註30、p13
(41)　関根吟月1977「戊申会図書館の思い出」『岩吉どん九十一年の生涯』戸邊織太郎翁追憶録刊行会、p85-93
(42)　編者1927「編集後記」砂丘創刊号、p47
(43)　編者1929「自己教育を徹底せよ」砂丘第3巻第2号、巻頭言
(44)　編者1927「郷土文芸を興せ」砂丘第1巻第4号、巻頭言
(45)　編者1928「編集後記」砂丘第2巻第5号、p26
(46)　註14、p5
(47)　その後、大正13年12月に「社会教育課」と改称されて、盲唖教育及び特殊教育・教化会関係の事務は学務課に移管され、同課は図書館及び博物館・青年団及び処女会・成人教育・特殊教育・民衆娯楽の改善・通俗図書選定などの事項を管掌する。
(48)　註14、p347-350
(49)　註14、p348-349
(50)　註14、p737
(51)　註14、p740-741

(52) 註14、p741-744
(53) 佐藤真1980「野田戊申会と興風会の活動」『野田郷土史』歴史図書社、p246-249
(54) 財団法人興風会1944『財団法人興風会十五周年略誌』p18-20
(55) 手打明敏1981「興風会の社会教育事業に関する考察」千葉県社会事業史研究第5号、p8
(56) 註55、p10-11
(57) 註54、p41-42
(58) 註14、p1183-1187
(59) 財団法人興風会1960『財団法人興風会三十年畧誌』
(60) 佐藤真編1984『野田の災害年表』野田市郷土博物館
(61) 註54、p180-181
(62) 註54、p241
(63) 註34、p1202
(64) 註54、p202-204
(65) 註54、p248-257

第2章　戦後の住民による文化運動と地域博物館づくり

第1節　民主主義国家と住民による文化運動

　戦後、日本はアメリカの占領政策下に入る。その方針は日本が再び軍国主義の道を歩むことのないように、政治・経済・社会・教育など様々な改革を行い民主主義国家を建設しようとするものであった。

　しかし、ややもすれば、そうした改革はGHQからの一方的なもので、しかも短期間のうちに行われたために国内には戸惑いがあった。全国的に民主主義運動が盛んになるが、その歴史性や意味もわきまえず「民主主義」が一人歩きする傾向をもち、地域の文化運動もお祭り騒ぎの様相を示していた。野田でも、その最初の発生は素人演芸会の流行であったといわれる。「当時"すみれ会"なる素人演芸愛好者のグループがあり、2回3回と発表会を開いて数千の支持者をもった。おそらく戦時中の供給不足がもたらした娯楽の失調回復期であった。数々の軽音楽団が首に花をかざり、ギター、アコーデオン、ウクレレをかきならし、男女が肩を振りハンカチをもみながら拡声器にそれぞれの声を発散させた」という(註1)。中村藤一郎の言葉を借りれば、こうした全国的なお祭り文化の流行は「その生長の過程が異状の発達」をなしていたといわれる(註2)ように、本来の文化活動からはかけ離れたものであった。

1．興風会図書館による「野田文化協会」設立の動き

　このような状況のなかで終戦わずか8ヶ月後に興風会図書館の古谷津順郎が"地方文化ブロックの確立"として、「野田文化協会設立」の提唱理由を次のように述べている。

　　終戦後既に、半歳を経た今日、尚吾等の前には混沌たる政治と世相の廃頽とが横たわって居り、それがいつの日に解決を見る事が出来るか誠に寒心に堪えない。

　　物資の缺乏、物價の高騰はさることながら、それにもまして憂ふべきも

のに、思想、文化の貧困が挙げられねばならぬと思ふ。

　然るに生新潑剌たる思想に裏づけられた眞の文化を育成すべき重責を負ふ文化人は、各地に分散割據して、徒らに経費と基盤獲得に苦しんでゐるかに思はれる。そしていわゆる文化運動の指標は極度に歪曲せられ、單なる低級俗悪な素人演芸や猥褻文学が横行し、配給せられたる"自由なるもの"の処理に手をこまねき冷笑を送ってゐるかのやうにも見えるのである。これはとりも直さず、過去に於いて世界に光輝を放ってゐるとの自惚れがなした結果に外ならないばかりでなく、誤れる中央集権がかくも地方文化を無為ならしめ、その不具的発達を助長せしめたものと信じる。

　ここに於いて地方に於ける眞の文化運動の必要性が強調せられなければならないのである。然るに現今、地方の群小文化団体及文化人等がその獨立を固辞し他の交渉を厭ふ傾向にあることは如何なるものであろうか。

　文化の昂揚が、国民又は人類全体の福祉と安寧とを以て理想とするのであるならば、今後に於ける真の文化運動は、単なる中央依存や、排他的単独行動で運行せらるべき性質のものではなく、地方的に現存する各種団体、そしてそこに居住する文化人が、縦横に提携して地方ブロックを形成確立し、特色ある運動の容易に行う事のできる強力な綜合体を設置すべきであると思ふ。

　その組織は種々考へられるが、先づ(1)地方色を持たしむること、(2)地方文化の綜合的連絡機関たらしむること、(3)事業の共同企画、(4)国家最高機関設置への基盤たらしむると共に、それへの進出、参加、推薦し得べき権威ある内容及施設等を持たしむること。

　等々であろう。そのためには一応現存するすべての文化機関はこの傘下に入り、この綜合組織下にあって運動を展開するならば、只に地方文化の向上に資するのみでなく、国民大衆の文化を目指して真に"日本の民主主義文化の確立"という大目的達成にも遺憾なきを得、ひいては"文化日本として世界文運に寄与する所大なるものがあると信ずる。

　その規模の広さに於いて一見不可能のやうにも見られるが、一地区の組織が縣のブロックへ、縣のブロックから地方のブロックへ、更に中央機関へと進展せしむる意味に於いて、絶対地方には必要切実且つ緊急な課題で

あることと信ずる。
　本町野田文化協会の設立は、かかる意図から企てられ、斯くして既にその第一歩を踏み出したのである。終りに本館の附帯事業たる野田読書会がその重要なる役割を果しつつあることを附言して置きたい（21.4.2）。

文末に「21.4.2」と記されていることから、昭和21年（1946）4月2日に書かれたことが分かる。

その意味するところは、戦後の文化運動は低俗な素人演芸や文学がはびこり、占領軍の教育政策が押しつけられるだけでは本当の民主主義国家は育たない。地方ごとに連携した文化運動を展開することで、地域の人たちによる地域づくりの意識を育て、全国各地のブロックを統合していくことで、民主主義国家の建設に寄与していこうというものである。

この文章は興風会図書館の古谷津順郎として書かれている。当時、古谷津は22歳ぐらいであるが、おそらくは図書館主任の佐藤真との話し合いがあったものだろうと思われる(註3)。

佐藤や古谷津らは、このような理念のもとに「野田文化協会」の設立を試みていたことが理解できる。しかも、その前提は野田読書会がその役割を担っていたようである。『財団法人興風会三十年畧誌』（興風会）には、昭和21年1月20日付で図書館において「綜合文化協会設立相談会開催（出席者一同極めて積極的に設立を要望す）」となっている。あるいは同年2月10日には「野田文協設立記念第一回音楽部発表会開催の為図書館従業員一同会館へ手伝いにつき閲覧休みとす」という記述もある。「（野田読書会は）昭和20年10月幹事会を開き部会規定を定め、各団体に野田読書会への加盟を呼びかけた。この結果、これらの文化団体の多くは野田読書会の部会として位置づけられることとなった」(註4)という、鈴木英二の指摘もある。その詳細は不明であるが、終戦直後に「野田文化協会」という文化団体の連合組織を設立していたことは注目すべきことである。

野田読書会は、昭和20年度に702名の会員をもち、各部会の中でも文学関係が最も活発に活動していた。文学関係の部会は、本来の読書から創作へと発展して専門的研究方面に関心が向けられるようになっていた。そこで、その部会を母体にして昭和21年9月に「野田文学会」が発足する(註5)。

野田文学会は16人の委員からなる。代表委員は佐藤真。常任委員は古谷津順郎。小説部会は楢崎勤・岡田悦哉。詩部会は岡田重正・宇佐美壽宏。短歌部会は市山盛雄・知久正男・岡野久米。俳句部会は髙梨花人・青野白羽・森一汀・細田自黄。児童文学部会は古谷光堂。また、この会には深津釣葭・佐藤雀仙人・池松武之亮・小田倉一・桜田精一・中村藤一郎・戸辺守章なども参加している。これらの人たちは読書会の関係者でありながら、新しく野田文学会をつくり育てることによって、その後の文化運動のリーダー役になっていく。

興風会図書館は、そのような文化活動を支える拠点的な場所であった。さながら「文化サロン」のような雰囲気をもち、様々な人たちが自由に出入りして交流や情報交換をした。その中心的な人物が佐藤真であった。佐藤は仙田政雄の後継者として、昭和18年8月に函館市立図書館から招聘されて興風会図書館の主任となる。昭和25年7月には館長となるが、主任時代から実質的な図書館運営は佐藤に委ねられていた。佐藤の図書館経営の考え方は図書館を地方文化の中心機関にするというものであった。よって、図書館の活動は図書普及に関する活動以外にも、講演会や各種研究会の育成や各種文化団体との連携などを通じて、文化的な人の育成を心掛けていくことにあった。

2．野田地方文化団体協議会の発足

終戦間もない昭和22・3年当時、野田町内に約30余りの文化団体が趣味や教養を目的として生まれていた。その主なものは次の通りである(註6)。

野田読書会：昭和17年4月に興風会図書館の外郭団体として発足する。

野田俳画会：会員11名ほど。

野田学生会：会員30名、事務所は興風会図書館部。野田に住む専門学校以上の学生からなる。機関誌「葦」を発行する。

興風文化会：興風会主事池田遷が中心となり創設する。邦楽部会・囲碁部会・英字新聞部会等からなる。文協が設立されてからは、各部が独立して活動する。

野田邦楽会：興風文化会の1部会として昭和21年2月に発足する。第1回の記念演奏会は興風会館で、洋楽がピアノと声楽・邦楽は箏曲・長唄・清元・琵琶・尺八及び日本舞踊が行われた。昭和24年5月に野田邦楽会として独立する。

野田囲碁会：興風文化会の1部会として昭和22年4月に発足する。興風会館の和室を稽古所にして毎週土・日曜日を稽古日とした。文協設立に野田囲碁会として独立する。

野田醬油株式会社文化委員会：昭和21年9月5日に設置される。会社の経費により、会社組合より選出された委員が各種文化行事の企画・運営を行う。委員会は、教養部（講演会・料理・華道等）、文庫部（図書）、文芸部（俳句・詩文学・短歌）、芸術部（美術・書道・写真等）、親交部（囲碁・将棋・釣魚等）。

野田文学会：昭和21年11月創設。昭和4～5年に発行した岡田悦哉主宰の詩誌「旧式機関車」が母体となる（約1年で廃刊）。小説・短歌・詩・俳句・児童文学の5部会。昭和22年1月に詩部会から「旧式機関車」が再刊される。

野田俳句作家連盟：昭和17年春、金乗院で同好者が集い句会を開いたことが発端である。一方、池松禾川（かせん）・細田自黄（じおう）による「心境句会」、高橋利尚・佐藤雀仙人による「雑草句会」、野田醬油株式会社内の「むらさき吟社」、キノエネ醬油株式会社内の「水仙会」、池松医院内に「落穂句会」、東武鉄道に「東風野句会」、高梨花人の「花俳句会」が開催されるようになり、文協が発足するのに伴い、連盟を結成した。

顔書会（がんしょ）：昭和13年に中国古法顔真卿書法の権威の吉田景道の指導により発足する。当時の会員は野田醬油株式会社社長茂木啓三郎をはじめ約20名。昭和19年から21年に中断する。昭和22年に茂木狐杉が再興する。

野田町青年団：戦前の青年団から脱皮して各種のサークル制をとりそれぞれ同好者によって組織される

下総歌話会：昭和16年1月に市山盛雄・知久正男・戸辺守章・横銭重吉・小島政吉・布川初枝が発起人となり発足した葛飾野短歌会が前身。敗戦により途絶えたが、昭和23年に再発足する。昭和27年、中根八幡前遺跡の万葉歌碑の建設に尽力する。

ジャイロ・コンパス・クラブ：町内の有識者を囲み音楽・美術・文学のサ

ロンを開いたり、会報の発行・映画会・音楽会・ダンス会などを行う。会員約40名。

鳴子と案山子：染谷才一郎が主宰する民謡の募集と普及団体。

丁亥会（ていがい）：昭和20年に町内の画家が集い結成した美術団体。桜田精一（洋画）・小野具定（ぐてい）・須田青輔（せいほ）・渡辺阿以湖（あいこ）（日本画）等。

昭和22年5月の町会議員選挙に野田でも平和と自由を求める環境のなかで、「文化」を標榜する議員を選出しようということで、文化を愛好する人たちのなかで、野田醬油株式会社から深津釣葭、住民から池松武之亮を推すことになり、2人の「文化代表議員」が誕生した。そして昭和22年11月頃から池松宅に集い、今後の野田の文化活動の在り方について議論されるようになった (註7)。

池松や深津は町会議員という立場から、次のような文面 (註8) の案内状を各団体の代表者に出して呼び掛けている。

　謹啓、終戦以来未だ社会状態は混沌としている時側聞するに貴団体におかれてはよく諸兄姉糾合せられ日夜多忙にも拘らず明日への希望を以て活動して居られる事は慶賀に堪へません。就いては私共僭越ではありますが諸団体の代表の方々をお招きして兼々の御高見承りたく存じます。別に議題等もないのでありますから何かと秋の一夜を語り合う事が出来ますなれば甚幸と存じ御案内申し上げますので御出席御願いします。

　　日時　昭和二十二年十月、
　　場所　池松耳鼻咽喉科、
　　右　町会議員文化委員池松武之亮、
　　　　同　　　　　　深津釣葭

しかし、それには興風会図書館の佐藤や古谷津をはじめ野田文学会のメンバーたちの賛同があったことによるだろう。後日、池松は次のように回想している (註9)。

　昭和22年11月11日、深津氏と相談の上、当時既に発足していた住民の文化サークルである俳句会・文学会・読書会・華道会・邦楽会・短歌会・囲碁会・音楽会・書道会・謡曲会・美術会・学校会・宗教会・婦人会・青年会等の代表の方々に池松医院の二階に集まって貰った。その時の案内状は"終戦後の落ちつかない社会に文化運動を通じて、お互に知り合い、灯を

点じるための放談の集いを致しませう"という意味の案内状であった。初めて知り合う面々は腹ふくるる思いを持っていたのか、談論風発、秋の夜の更け行くのも知らない程であった。この会合が文協の意義ある記念日になったと思う。

　昭和23年2月15日、池松や深津等が発起人となり、関係団体代表者による第1回懇談会を池松宅にて開き、席上、懇談会をただちに協議会設立準備委員会に切替え、規約起草委員として野田文学会・野田町青年団・野田青年文化会・野田読書会の代表者があたることになった。続いて3月1日に興風会図書館で各種団体代表者会議を開いて、経過報告・規約案の審議・役員選出・発会式挙行の件等を協議し事実上の発足をみた(註10)。

　野田地方文化団体協議会の結成大会は4月18日、興風会館大講堂において行われた。発足時の加盟団体と代表者は次の通りである(註11)。

　会長池田遷、副会長池松武之亮、同佐藤真。
　　加盟団体：野田醬油文化委員会（深津釣葭）　野田仏教会（鈴木栄観）
　　　　　　　野田町記者クラブ（大塚関城）　　野田町青年団（岡崎精一）
　　　　　　　野田中学校（内田毅）　　　　　　野田文学会（佐藤真）
　　　　　　　野田俳句作家連盟（髙梨花人）　　野田読書会（市山盛雄）
　　　　　　　野田学生会（石塚利男）　　　　　野田囲碁会（茂木房五郎）
　　　　　　　ジャイロコンパス（飯田嘉久）　　野田高等学校（古藤秋夫）
　　　　　　　かつしか会（戸辺昭二）　　　　　丁亥会（渡辺阿以湖）
　　　　　　　野田絵画研究会（細田賢作）　　　彩々会（須永青輔）
　　　　　　　下総歌話会（戸辺守章）　　　　　旧式機関車（古谷津順郎）
　　　　　　　県立工業学校（新島庄衛）　　　　弘楓会（高崎貞八）
　　　　　　　鳴子と案山子（染谷才一郎）　　　興風文化会（池田遷）

　住民による文化団体の外に、興風会が設立した諸団体や野田醬油株式会社の福利厚生事業としての「文化委員会」が、文協に加盟していることは見逃せない。また興風会図書館を文協の事務所にしたが、その職員たちは興風会の職員である。職員たちが、いわば文協の裏方に多大な貢献を果たしている。地元の企業が営利を度外視して地域の文化育成に貢献する、今日の企業メセナの原形をここにみることができる。

3．野田地方文化団体協議会の文化運動による「まちづくり」

　文協が発足してからの活動は、単なる住民による文化サークルの親睦会というものではなく、戦後、真の民主主義国家をつくり日本を再構築していこうといものであった。そのための手段の一つとして文化活動があり、それがひいては「まちづくり」そのものであるという認識があったようである。そして「まちづくり」を基盤にして、「くにづくり」をしていこうという方向性をもっていた。

　なお、その運営は加盟団体からの年会費や支出金の外に野田醬油株式会社などの地元企業からの寄付金、野田町という行政からの支出金により賄われた。

　古代遺跡の発掘調査と普及活動　昭和23年3月末に野田高等女学校（現千葉県立野田高等学校）の社会科の担当教師であった田中則雄は、國學院大學の樋口清之の指導により八木村（現流山市）初石の古墳と貝塚の発掘を企画した。田中は前年に樋口に講演を依頼したことから面識をもっており、それまであまり調査の行われることがなかった野田地方の古代遺跡について興味をもち、生徒の実家の所有地が遺跡であったことから、樋口の指導を仰ぎ調査するはこびとなった。

　実質的に発足したばかりの文協の人々は、この調査を全面的に支援することになる。まさに文協として最初の活動であった。調査は、國學院大學学生・野田高等女学校生徒らにより古墳調査（27～29日）・貝塚調査（30～31日）が行われた。なお、調査期間中の29日夜には興風会図書館において文協は加盟団体の人たちによる座談会も行なわれ、戦後初の学術調査に対する周知をはかっている。

　この調査は野田の住民たちが古代文化に関心をもつことに寄与した。そこに文協が関わりをもったことは、文協が文化団体として団結する精神的な力になったといわれる(註12)。また、樋口が文協の人々と親睦を深めていく契機ともなり、以後、学者として文化活動を支援していくことになった。

　その後、古代遺跡の調査は、東深井古墳群（流山市）・天神台古墳（柏市）・船戸古墳（沼南町）・中根八幡前遺跡（野田市）等のように精力的に行われることになった。なかでも東深井古墳群の調査は昭和24年7月25日（1週間）に國學院大學学生・野田高等女学校生徒らによって行われたが、それには文協が主

催者となり経費の負担をしている。調査終了直後の28日、興風会図書館において、樋口は「新川村東深井大和時代古墳発掘報告」という講演を文協の人たちに対して行い、多くの聴衆を魅了したといわれる。

あるいは、中根八幡前遺跡では、調査終了後に万葉集の「葛飾早稲」（巻十四）にちなみ、その地に万葉歌碑を建立した。歌碑は国文学者の尾上柴舟（さいしゅう）の書によるもので、昭和27年12月14日に除幕式が行われた。また、住居跡には樋口が考証した復元家屋が建てられた。こうした活動も文協の本部が企画して、下総歌話会などの加盟団体が協力して実施したものである（註13）。

選挙の啓発運動 昭和23年教育委員会法が公布された。野田町は千葉県内では千葉市と共に同年に教育委員会を設置した。それには当時町会議員をしていた文協の主力メンバーである池松や深津の尽力があったようである。現在では市議会の同意を得て市長が任命する制度となっているが、当時は公選制として発足した（1956年に現在の制度に改正）。

文協では、教育委員会は教育が不当な支配に服することなく、土地の実情に即した地域社会の民意に基づいた教育行政ができるように、またその委員が住民選挙によって公選されることから、教育委員会の精神を一般町民に知らせるための普及を積極的に行った（註14）。教育委員会制度の仕組みを説明するために紙芝居やスライドを作成して解り易く工夫し、野田町中央青年団が町内全域で街頭説明会を行った。教育委員公選は10月5日に実施された。昭和23年12月1日付けの会計報告をみると、全体支出44,399円の内、教育委員会選挙啓発運動費として9,320円を支出しており、この年で最も高額な費目となっていることから、文協の活動として力点をおいていたことが分かる。

そのほかの選挙でも積極的な啓発活動を展開している。たとえば、野田市が市制を施行した昭和25年5月から6月の野田市長・市議会選挙（5月31日投票日）、参議院選挙（6月4日）の活動は注目に値する。当時のガリ版刷りの選挙啓蒙チラシの文面は次の通りである。

　　四万市民の皆様！5月3日に誕生した私達の野田市を、正しく、明るく、美しく、育てていくために、四万市民の中から、自分たちの意志を代表して政治を行う代表者を選ぶ日がきました。又、八千万国民に代って法律を作る仕事をする、国会議員を選ぶ日も公示されました。この三つの代

表にどんな人を選ぶかによって、民主主義を成功させるか、平和な文化都市が建設出来るかどうかの大きな分かれめの日なのです。鍵は市民の皆さん一人一人が握っています。

あらゆる政治の源は全市民、全国民の意志にあります。云い換えれば、主権は国民に存するのであります。

つまり選挙は、国民主権を行使する唯一の機会であると共に、最高至大の権利でもあります。従って、この機会をのがし、この権利を放棄することは、自分たち個々別々の力では実行しえないような大切な事業、たとえば、学校を作ったり、道路を開いたり、水利を図ったり、疫病や火災や犯罪を防止したり、公園を造ったり、図書館や博物館を建てる。私達が幸福な生活をおくる事が出来る社会を築く仕事を適当でない人々でいいかげんに行はなれても泣きねいりしなければならなくなるのです。

そういう弊害を防ぐために、あらゆる権力や、いろいろの誘惑に迷うことなく、自分の良識と、正しい判断によって立派な人々を選び、市会に、国会に送らねばなりません。それなら立派な人々というのはどのような人をさすのでしょう。

　　第一に、人間を愛し、市を愛し、国を愛する人
　　第二に、公明正大な論議の出来る人
　　第三に、高い知性と強い信念を持つ人
　　第四に、真実を愛し、それを守ろうとする人
　　第五に、正しい方針を責任をもって実行する人
　　第六に、社会公共の福祉のため盡そうとする誠意と勇気を持つ人
　　第七に、個人の自由と権利を踏みにじらない人

四万市民の皆様！

野田市の文化と教育の向上、産業の発展の為、識見の高い人格者に必ず投票して下さい。

野田地方文化団体協議会

これは、議会制民主主義の根本原理を実に分かりやすく説いている。文協は、単なる自己満足的な文化人の集まりではなく「まちづくり」という社会的使命をもった活動を展開していることが、これによって理解することができ

る。また、今日の選挙の普及活動は「投票をしてください」というだけのものであるのに比べて、文協の主張は小田倉一の言うように文化活動として良識を普及するものであり、選挙については「良識ある人材を住民の代表者として選ぼう」というものであった。

この選挙啓蒙運動は、文協本部が計画して加盟団体の野田市中央青年団が「選挙啓蒙幻灯会」を実施した。それは市内全域の寺院・神社・学校・集会所・商店・病院前の街頭等41ヶ所で夜に行われ、住民に対する選挙の意味や意義の普及となった。野田町教育委員として山下平兵衛・茂木七郎治・上田良三・立沢晋・張谷寿満が当選した。その直後に文協は公選された教育委員を招いて、「教育・学術・文化」問題について協議懇談をしている。

文化の普及活動　文協に加盟する各団体はそれぞれ自主的な文化団体としての諸活動をする。その一方、文協の本部は加盟団体や一般住民を対象にした文化の普及活動を実施した。これには講演会・座談会・音楽会等がある。

昭和23年（1948）4月の文協結成の記念講演会「文化と教養」は、その後の文協の活動を方向づけることに寄与したと思われる。記念講演は、哲学・教育者として知られる天野貞祐（1884-1980）によるものである。

天野はカント哲学を学び『純粋理性批判』の翻訳を完成させ、昭和6年（1931）に京都帝国大学教授となった後に、第一高等学校長等を歴任して昭和25年に文部大臣となる。野田で講演を行った当時は、文部大臣になる前で元第一高等学校長という肩書きであった。戦後の日本人が価値観の転換を迫られる状況のもとで、天野は教育改革に取り組んだ主力メンバーの一人である。昭和21年8月に総理大臣の諮問機関として設置された教育刷新委員会の委員であった天野は、民主主義の導入における個人尊重の論理を認めながらも、自分個人のために生きるのでなく「公」のために生きる教育方針を表明している。天野による記念講演を皮切りに結成した、その後の文協の活動は教育刷新委員会でも論議された「公」と「個人」の両立を考える足掛かりとなっていく。

これは、後年に池松武之亮が述べているように、「私共が常に心した事は、ややもすると進歩的立場を取ろうとすることを避けるべく努力してきた事であります。この事は年と共に文協の政治的なものが微塵もない事が理解されて来ました」(註15)というように、民主主義の意味を十分に考えようとする態度を

読み取ることができる。天野は日本にとってふさわしい民主主義教育のあり様を考えた人物であり、当時のGHQが一方的に進めようとする自由主義教育には懐疑的な立場をとっていた。

その後の講演会は多彩なものであった。古代遺跡の調査が活発に行われていたこともあり、樋口清之による講演は盛況であった。昭和25年11月3日には哲学者の谷川徹三の文化講演会（市教育委員会・興風会と共催）、昭和29年7月16日には民俗学者の柳田国男による「津久舞について」の講演（野田醬油株式会社と共催）や、昭和32年の創立10周年記念には、評論家の亀井勝一郎による「宗教と文学」という講演会（興風会・野田醬油文化委員会と共催）も行われた。

展覧会は、たとえば、「東葛飾地方古代文化展」（1949年10月）、「住居の歴史展」（1951年11月）、「食生活展」（1952年11月）等が行われた。いずれも樋口清之の監修によるもので、國學院大學考古学資料室からも展示資料を借用し、樋口による記念講演も行われた。

また、昭和26年4月には文協内に「美術鑑賞会」が発足して美術展が活発に行われた。これは文協の会員の愛蔵品の日本画・洋画・刀剣などを一般に公開するものであった。美術展は毎月のように行われ、「草雲・椿・栖鳳」「深水・大観・玉堂」「鉄斎・玉章・一蝶」「青山熊治・中村研一・板倉鼎」「和田英作・石井柏亭・安井曾太郎」などのようにテーマを設定して公開したり、有識者を招いた座談会も行われた。

あるいは、地域の子供たちを対象にした作文や図画のコンクールも企画している。子供たちから寄せられた作品は興風会館を会場にして展覧会や受賞式が行われた。昭和23年9月16日に第1回「野田地方児童生徒図画・作文展」（5日間）を開いて以来、毎年実施されたが、12年後には教育委員会に引きつがれることになった。

文化祭の実施　文協が発足した昭和23年の11月に第1回野田町文化祭が行われた。主催は文協のほかに千葉県や野田町となっているが、実質的には文協に加盟している団体が実施したもので、行政は補助金を出していることから主催者として名を連ねている。「文化の日」をはさんだ10日ほどの期間に町内の各地で、各加盟団体ごとに展覧会・講座・研究会・演劇芸能等が行われた。当時のガリ版刷りの「行事予定一覧表」によれば、次のような内容である。

第2章　戦後の住民による文化運動と地域博物館づくり　275

・展覧会	（名称）	（会場）	（団体）
1～5日	読書週間ポスター作文展	図書館	興風会図書館・野田読書会
1～7日	街頭詩展	街頭	旧式機関車
3～4日	北総民謡作品展	香取神社前	鳴子と案山子同人会
3～7日	合同美術展	興風会館画廊	丁亥会・彩々会・野田絵画研究会
・講座			
6日	絵画講座（絵画の見方）	興風会館画廊	丁亥会
3～5日	近代詩講座	図書館	旧式機関車
8日	女性文化講座1　市山盛雄「北総の文化をかへりみて」	高等学校内	野田高等学校
10日	女性文化講座2　黒川　忠「北界暦について」	同	同
12日	女性文化講座3　佐藤　真「学校図書館について」	同	同
13日	女性文化講座4「放送と文化」NHK見学	同	同
・研究会			
2日	野田俳句作家連盟句会	図書館	野田俳句作家連盟
6日	読書発表と学術研究発表	高等学校内	野田高等学校
7日	文化囲碁会	門松別館	野田囲碁会
7日	北総歌話会歌会	興風会館和室	北総歌話会
・演劇芸能			
9～10日	琴平神社例祭NJK文化祭（人形劇・軽音楽・幻燈）	本店前広場	野田醬油従業員組合
14日	野田高等学校芸能発表会	高等学校内	野田高等学校

　文化祭は、翌年からさらに会期を延長して、多くの催し物が行われるようになり今日まで継続している。

二六クラブの設立　文協のメンバーの溜まり場は興風会図書館の佐藤真の部屋であったという。図書館に顔を出せば必ず誰かが佐藤と話している。いなければ、会員同士が雑談をしているといった様子であったという。そのうちに市山盛雄の提唱で無目的な集まりの放談会をもつことになった。「無目的の中から生まれるものが本物」だという考え方から、昭和26年4月26日の日付をとって、「二六クラブ」と名付けられた (註16)。

一般公募をしたところ第1回の参加者は46名に及んだ。集会所は図書館である。話題は様々であった。毎月の例会は放談の場であった。「御高説拝聴とかしこまらず、一碗の茶に苦甘を啜って放談をなす、これ一夕の歓ならずや」(註17)と小田倉白流子が評するように、放談は遊びのようなものでもあり、現実を見直す眼をもつための場でもあった。

また、年に1回程度は講師を招いて懇談することもあった。たとえば次のような人たちがいる。千葉県社会教育課長井内慶次郎を囲み文化運動全般について懇談する（1951年10月）。石川雅章による「透視術、催眠術、気合術」等の実演、「迷信、妖怪変化等の不思議現象」の講演（1952年8月）、千葉県保護観察所長柏木尚武と共に「青少年のヒロポンの禍の実態」について協議する（1953年7月）、歌舞伎評論家安部豊と共に「演劇縦横談」を行う（1954年2月）、フランス文学者平野威馬「フランス小話」を聞く（1955年4月）、童話家荒川西峯「手品と種明かし」実演を行う（1957年6月）、山本杉「ネール首相を語る」・録音を聞き座談会を開く（1957年7月）、植物学者佐藤潤平「植物と漢方」講演会を開く（1958年10月）などである。

このクラブの会長であった小田倉一（白流子）は次のような文化活動論を述べている (註18)。

> 文化団体に関係して以来、つくづく思うのは文化というものが得体の知れない、定義も何も出来ないものだが、関係する人達の持つ雰囲気の集合によって支えられている。それは危うく支えられてる。一朝間違へばそれは固定し、非文化となる様なものである。それであるから文化的な良識と、俗悪な良識とが常に撰分されなければならない。文化団体の持つべき感覚もそんなところにピントを合はせて行くべきであろうと思っている。これは態度としては文明批評であり、情感的には洗練であり、哲学的には

大悟でなければならない。これは大仕事である。しかし文化団体の使命はそれ以外にはないのであるから、消極的には俗悪を駆逐し、積極的には良識を普及しなければならない責務をもつのである。

第2節　住民による「郷土博物館」の建設運動

　野田市郷土博物館は、そもそもは文協が野田町教育委員会に要望書を出したことに始まる。文協は発足した年の12月19日に、次のような要望書を出しているが、そのなかに「郷土博物館」の設置が述べられている。

　　要望書
　　　野田地方文化団体協議会は、本町並近接地方の文化向上のため、心を一にし力をあわせ、所期の目的に向かつて活動をなして居るものでありますが、本町の教育、学術、文化の振興と繁栄は、今回公選されました教育委員各位の深い理解と、本協議会との表裏一体的活動がなされて始めて達成されることを信じ、本協議会加盟団体の総意により、全体会議の決議を以つて左記の事項を遂行せられる様要望するものであります。
　　　　　　　　　　　記
　一、野田町教育委員会は「教育委員会法」第一条の精神を理解し、公正なる民意により不当な支配に屈する事なく職務を執行すべき事
　二、野田町教育委員会の会議は、事前に本協議会に通達すると共に、町民一般に周知徹底する様講ぜられたき事
　三、野田町教育委員会は、教育委員、各学校PTA、本協議会の連絡会議を、少なくとも年3回以上開催する様努力せられたき事
　四、野田町教育委員会は、各学校、幼稚園、其他の教育機関の設備並運営および教職員の資質向上の為の研修と生活安定について万全を期せられたき事
　五、野田町教育委員会は、各種の社会教育並文化運動の振興を計る為に、其の自主的活動を促進する様講ぜられたき事
　六、野田町教育委員会は、本地方の教育、学術、文化の振興のため、将来本町に大学設置について世論の喚起に務むべき事
　七、野田町教育委員会は、学校図書館、公共図書館、公民館並郷土博物館

の設置拡充につき努力せられたき事

　八、野田町教育委員会は、前各項を実現する為、必要なる調査統計を作成し、その実態を公衆に周知認識せしめられたき事

　それより前に文協は樋口清之の指導による初石古墳群などの調査に協力したことを契機にして、会としても古代遺跡の調査や普及を手掛けていた。また、文協のメンバーたちは樋口の学者としての謦咳に接して、その魅力に惹かれて親交が行われていた。

1. 郷土博物館建設の陳情と博物館構想の作成

　文協が博物館建設に積極的に取り組むようになるのは、昭和24年7月の東深井古墳群の調査以降のようである。樋口の指導により調査された出土品は図書館に展示・収蔵された。樋口による発掘成果の報告会や、文協による東葛地方古代文化展も行われた。この頃から、住民による博物館をつくろうという動きが出てきたらしい。そして、文協は翌年8月30日、野田に市制が施行される機会に、行政に対して市制記念事業として「郷土博物館」の建設を要望した。先に示した教育委員会への要望書は、総論的な内容のものであったのに比べて、今度は市長と市議会議長に対する「郷土博物館建設の陳情書」であった。それは次のような文面である。

　　　名勝を訪れ、旧跡を探り、物産を開き、風俗を見るということは、ただ自然に知見をひろめるというばかりでなく、自分達の住んでいる社会についての積極的な反省と将来の発展に対する希望が養われる事が多いと考えます。"百聞は一見に如かず"という言葉は、実物教育の要諦を十分に道破していると思うのであります。ただそれが長い時代が経過してしまうと、近代的な工場や、人家が櫛比する唯中にあつては、名跡を指標するただ一基の石碑を見るだけでは、その史実に深く感銘して、われわれの祖先の偉業を想い起こすことは困難であります。又如何に数理に秀でた生徒児童であっても縦横に馳駆する各種交通機関、大建築、明滅するネオンサインを眺めるだけでは、たとえ万巻の書類によって日頃研究するところがあるにしても、近代科学や産業の真髄にふれることはむずかしいでありましょう。

　　　郷土の博物館こそは、この一局一部に、しかも浅く偏し勝ちな知見を、

広く深くして、市民生活をより豊かにさせる最大の助手であります。

　側聞する所、貴市会は"野田市制実施記念事業"として、恒久的な文化的施設を建設し、市民の為に残したいとの議が起りつつあるとの事を伺っておるのであります。

　本市には御案内のように施設並運営については日本国中既に定評ある財団法人興風会図書館があり、昭和十六年現在の独立館舎が新築されたことによって年々七万余人の利用者を得て市民各層より常に感謝され又誇りとされているのであります。

　元来図書館と博物館は車の両輪にたとえられ、鳥の翼のように申されていることは、今更述べる迄もない所であります。然しながら、博物館に対する一般の理解は、従来甚だ浅く、一種の骨董、奇物陳列所視されて来たのでありましたが、今や歴史、美術、科学、産業、文学、郷土風土と殆どわれわれ市民生活全般にわたって"実際に見る"ことから"考えて経験させる"域にまで進んで来ているのであって、市民は博物館を訪れることによって生活に対する綜合的な知識を得るのであります。また、本市を訪れる人々に対しては郷土発達の実際を示すことにより、観光の真意を伝え、更に夫々の郷土に持ちかえってその地域の文化の発展に資するという大きなねらいもあるのであります。

　われわれ、本地方の文化の繁栄を念願する有志は、"野田地方文化団体協議会"に據り、設立以来市民の協力を得て、いささかなりとも運動を展開して参りましたが、貴市会が恒久的な記念事業を考慮下さると聞き、各加盟団体代表相寄り総会を開き、全会一致をもって、この際記念事業には是非"郷土博物館を建設"せられるよう陳情致し、その運動に各員全力を挙げて協力する事を決議したのであります。

　この議が一部に流布されると共に、国学院大学教授樋口清之氏は、この計画に対し、考古学研究室の資料を全面的に提供されることを約され、また詳細な設計図を作成せられると共に、東京大新聞も積極的な応援を送っているのであります。

　願わくば、貴市会は、われわれの熱望をお汲みとり下さいまして、全会一致をもって採択の上議決せらるる様伏して懇願致す次第であります。

右陳情致します。

　　昭和二十五年八月三十日

　　　　　　　　　　　　　　　野田地方文化団体協議会長
　　　　　　　　　　　　　　　　　　池松　武之亮

　また、この陳情書には博物館構想が添付されている。これは、陳情書にも述べられているように樋口の指導により作成されたものと思われる。「野田郷土博物館の構想」として、建設の目的、施設の内容とその事業・運営・建設法・費用概算推定が詳細に掲載されている。

　野田郷土博物館の構想
　一、建設の目的
　　郷土野田の自然・文化・歴史・産業を理解せしめ、愛郷土を振興して、郷土発展の基礎とするのを目的とする。兼て野田を外来者に紹介し、その文化的・自然的特性を理解せしめるのを目的とする。
　一、施設の内容とその事業
　　郷土博物館（Home Museum）の必須条件として陳列・展示・講演・集会・資料収集保存・映写・其他の催物を行うに足る施設として左記の如き建築物と、施設と展示収集品を必要とする。
　　(1)　建築物
　　環境閑寂にして交通便に、火災・天災の難少なく、水利宜しく、かつ、野外陳列（貝塚・植物群落・史跡・古美術等）の便ある場所に、相当の空地をその周に有して建設すること。
　　陳列室・映写室・集会室・応接室・休憩室・読書室・保存庫・事務室・館長室・宿直室・使丁室・物置・便所等を有すること（以上二室を一室に兼用するも可）
　　(2)　設備
　　陳列ケース・模型・事務机・椅子・カード箱・金庫・集会室用机及椅子・映写機・幻灯機・拡声機・下足箱・救急具・救急箱・電話・ラジオ・小型運搬車・自転車・清掃器具・保存棚・保存箱・寝具・応接セット・黒板・掲示板等
　　(3)　収集品

<歴史資料>
　遺跡（貝塚・遺物出土地・遺物包含地・古墳・古社寺・古街道・古城跡・古運河・古戦場・名勝等）の分布図と分布模型

　石器・土器・古墳出土物・古武器・古風俗資料・古貨幣・古算盤・交通具・農具・工具・宗教遺物・照明具・発火器・古建築・古美術品・古楽器・古食器・古調度・座臥具・古遊戯・古文房具・玩具・古紡績具と布地・古漁具・古狩猟具・古看板等・古通信文・証文・起請文・売券・検地帳・五人組帳・公文書・私文書（訴状・願書・縁切状等）・制札・古日記・各種記録・古帳簿・系図・縁起・過去帳・町村年代記・寄進帳・棟札・銘記・板碑・古塔婆・古写経古刊本の奥書等梵鐘・石塔・石碑・石鳥居・石燈篭・道しるべ・庚申塚・記念碑・境界標等

　古祭礼・民間信仰・婚礼・葬礼・農耕儀礼及び風習・娯楽遊戯・古風俗・禁呪・講杜・宮座・踊り・年中行事等に関する資料

　古書籍・古教科書・古書見机・貼り札・古護符・古番付等の刊行物

　古地名・方言・陰語・古俚謡・わらべ歌等・其他古代生活を知り得る一切の史料

<産業資料>
　地方産業発達史資料と現行産業資料・商標・包装・容器製品・製造過程・原料運搬・販路・価格変動表・帳簿・諸国産業との比較表・特に醬油・味噌・農産物に重点をおくこと

<自然資料>
　一般動植物（陸・水棲）と特殊動植物・地質・岩石・水系水質・気温・風土に関する資料・地理模型

<厚生資料>
　郷土病・郷土の衛生知識の現状紹介と保健衛生思想の啓蒙資料（標本・写真・図表）

<特殊資料>
　—偉人資料—
　偉人の生家・教育・経歴・思想・功績を示す筆跡・日記・伝記・使用品・肖像等一切の資料

一、運営
　市の管理に属し、館長・事務員・使丁・嘱託・顧問を以て組織し、市会議員・学識経験者・教育者・図書館長・公民館長・興風会主事等を以て組織する評議会を設け、その運営・改善・人事等を決する。資金は市の一般会計中、郷土博物館の項を立てて支出する。解散又は廃止・転用は評議会と市会の全会一致を以てするの外は出来ない事にする。

一、建設法
　市と有志の支出費を年度に分割支出は可とするも、責任者の給与旅費、収集費は初年度当初より支出すること。収集は即刻開始し、同時に図表・模型の準備をはじめること。そのため執務場所・収集品保管庫を用意すること。

一、費用概算推定
　(1) 建築費
　　第一期工事（別紙平面図）（坪二万八千円）
　　　　本館・百二十坪・三百三十六万円
　　　　附属倉庫・便所六十四万円合計四百万円
　　第二期工事　第一期完成以後に集合室・第四陳列室・第五陳列室等を本館南翼に増設してゆくこと。費用不明。
　(2) 施設費
　　陳列ケース約五十万円、事務机其他約十五万円
　(3) 収集費
　　　模型・図表作製費約八万円、購入運搬費約八十万円
　　累計　約五百五十三万円也
　　　内　市の予算　三年間に四百万円
　　　　　寄付　百五十三万円也

　博物館は、本館建坪120坪、1階は醤油室、物産・地理・衛生室、歴史室からなる展示室や事務室、中2階は映写室、音楽室、中央ホールの壁面を映写面に使用し、ホールは補助椅子が搬入できるもので、大谷石づくりの別棟倉庫を付設するものであった。また将来陳列室等を増築する余地を残しておくことも計画されていた。

この内容は日本の博物館史上において貴重な知見である。当時は全国的にもまだ地域博物館は少なく、たとえあったとしても、このような博物館構想を示したものは稀であったといえる。

2．郷土博物館の建設準備と完成

　一般に陳情書を提出すれば、その後は行政の対応を見守る姿勢が多いが、文協はたたみかけるように博物館の建設運動を継続した。翌月には、「郷土博物館建設促進特別委員会」を文協内部に設置した。毎週1回会合をもち、博物館の具体案を検討すると共に、博物館をつくるには資料が不可欠であることから資料収集も始めた。

　一方、博物館の必要性を啓蒙する普及活動も展開した。ひとつは、昭和26年11月に文協と市教育委員会が共催して、興風会館を会場として行った「住居の歴史展」がある。もうひとつは、昭和27年11月の「食生活展」であった。いづれも樋口清之の学術的な支援があったことを見過ごすことはできない。ことに「食生活展」は、4ヶ月以上前から樋口を囲んで準備会が行われ、企画立案は樋口の手によるもので、多くの文協メンバーが各役割分担（総務企画・保健衛生・資料・調味食品・設備・郷土食資料・資金会計・宣伝）をこなし、展覧会に関する印刷物まで発行したが、当時としては画期的なものであった(註19)。

　こうした文協の活動は行政を動かすことになり、昭和29年2月8日に市制記念事業として市議会の議決により、「野田市郷土博物館設立準備会」が発足した。市長から委嘱を受けた委員はほとんどが文協メンバーであった。委員長は文協の市山盛雄、副委員長も文協の佐藤真・池松武之亮、また小田倉一などの文協メンバーも入り、教育長や社会教育課長が加わった。準備委員会は興風会図書館に事務所をおき、毎週木曜日午後4時から開かれ、醸酵科学・人文科学・自然科学・産業厚生・博物館建設ごとに専門部会を設け、資料収集や博物館設立に必要な啓発活動や、用地の選定などについて活発な意見が交わされた。専門部会の内容は次の通りである。

　　醸酵科学部会：醬油・味噌に関する資料
　　人文科学部会：郷土の歴史・伝記・年中行事・美術工芸及び日本全般の歴
　　　　　　　　　史資料
　　自然科学部会：郷土の自然地学・動植物・理化学資料

産業・厚生部会：郷土の産業、主として畜産・副業資料及び衛生保健資料
　博物館建設部会：敷地の選定及び博物館設計
　その内容は逐一樋口に報告された。行政が設置した委員会とはいえ、活動そのものはNPO活動といえるもので、文協メンバーの博物館建設にかける情熱が色濃く反映したものであった。また樋口は、メンバーたちと「郷土博物館の理想について」を協議懇談するなど、博物館づくりに積極的な支援を惜しまなかった。昭和29年5月に発表された委員長の市山盛雄の文章から、当時の博物館構想を窺い知ることができる (註20)。

　　　今日の博物館法は社会教育法の精神に則り、昭和二十六年に発布されているのであるが、世人稍もすれば博物館は単に、特殊な研究者が個人的趣味の満足のために存在するかの如く考えられている。また事実今日までの博物館には、その様な内容のものもあつたが、社会教育施設としての近代博物館の性格は、動的な面を強調し、関係機関との立体的な活動を促進すべき機能であることを明らかにしている。率直にいうならば単なる歴史的懐古展でなく生活文化の向上に、経済発展の為に大きくとりあげられ、飽くまでも庶民生活に結びつくべきものである。

　　　委員会では、まず野田市郷土博物館の性格が問題になつたが、これは新しい博物館の精神に則り郷土の特殊性を生かした観光的役割と生活に直結する地方民衆の啓蒙的な役割をもつものでありたいということであつた。そこで大雑把に言つて、前者は醱酵科学資料である。これは野田の特殊的使命であり、もつとも権威ある充実したものとし、軈ては醱酵学都として装備を整えるに至であろう日に備えて、世界的に輝かしい存在を示すに至らしめる基盤となるべきもの、後者は郷土産業資料の一部として副業資料を採りあげ生活文化に寄与するものでありたい。勿論、郷土史料、一般資料の収集を疎かにするのではないが、野田市の郷土博物館に特殊性をもたせる為に、この二点を強く打ち出したい念願をもつのである。

またその熱意は、

　　　何としても郷土をよくすることが、新しい日本の建設であり、世界人類の幸福に寄与する道でもある。お互は今少し高い広い視野に立つて、一段と愛郷心をふるい起し、郷土の再認識をすることが緊要であろう。次代を

担う学生や青年、成人の各層の為にも、輝かしい産業野田市建設の為にも、これが支柱となる立派な郷土博物館を実現させたいものである。
　という(註21)。このところは、戦前の郷土博物館にみられる主情的郷土教育論や地方改良運動の考え方がまだ残存している。とはいえ、それは戦後日本の再建に対する意欲が伝わってくる。
　一方、準備委員会は樋口の指導を受けて作成した、次の大綱に基づき建設準備を進めた。
　　1、施設そのものが、郷土にふさわしいものでありたい。
　　2、位置は、郷土人の便を第一条件として、火災も考慮する。
　　3、醸酵科学の現状・発達・歴史等を、見学できる博物館。
　　4、郷土人を対象として、郷土の特性を知らしめ、おのずから郷土のもつ
　　　文化・自然・産業方面に、郷土愛を振興する博物館。
　　5、地域社会の社会教育的使命を果たす博物館でありたい。
　　6、観光的性格よりも、郷土に根ざした教育的施設に重点を置く。
　　7、中央博物館の模倣や、分館に等しいものは好ましくない。
　その後は文協メンバーが中心となり、資料収集や調査が行われた。収集は市からの購入予算のほかに、それまでの野田や周辺地域の考古学調査の資料や、住民に資料の提供を呼び掛けたり、文教加盟団体からの寄付や樋口自身のコレクションも寄贈され、それらは図書館に保管された。
　昭和30年5月に市制施行5周年を記念して、これまで収集した資料を一般公開するために「郷土資料展」を開催し、同年10月には郷土博物館設立準備委員会編集による「資料展示会目録」も刊行された。
　昭和31年10月には、文協が中心となって活動している博物館建設運動に対して、野田醬油株式会社(現キッコーマン株式会社)から創業40周年を記念して、市に「郷土博物館建設資金」として1,000万円が寄付された。文協メンバーで準備委員長の市山は野田醬油の社史編纂を担当するなどして、経営者の信頼を得ていたという。いわばこれまでの文協主体の博物館建設運動に地元企業が支援を表明したことによって、博物館建設は本格化することになる。
　昭和32年6月には、「野田市博物館建設特別委員会規則」が制定されて20名の委員が任命され、設計は逓信建築の第一人者で東海大学の山田守があたり、

写真2　野田市郷土博物館

建築は竹中工務店が施工した（写真2）。

　昭和34年4月10日、博物館の開館式典は皇太子成婚記念として、博物館前庭において盛大に挙行された。初代館長は教育長市原一郎が兼務し、学芸員・事務員・用務員の職員体制で発足した。国の登録博物館としては千葉県内で最初の博物館となった。

註
(1)　中村藤一郎1950「興風会図書館を中心とする野田地方の文化運動」房総展望、p81（佐藤真1951『中小図書館の経営』理想社に所収）
(2)　註1
(3)　中村藤一郎氏のご教示による。
(4)　鈴木英二1991『財団法人興風会図書館の五十年』財団法人興風会、p83-84
(5)　古谷津順郎1946「綜合読書指導機関としての一形態」NDK Vol. 1 No. 6、p1-5
(6)　野田地方文化団体協議会1963『創立十五年特集　文化祭と團体の沿革』、野田地方公民館活動史編さん委員会1992『野田地方公民館活動史』野田市教育委員会
(7)　佐藤真1978「（座談会）文協30年の歩みと今後の展望」『文協創立30周年記念誌』野田地方文化団体協議会、p9

(8) 池松武之亮1953「文協に想ふ」『野田地方文化團体協議會回顧録』野田地方文化團体協議會、p 3
(9) 池松武之亮1963『創立十五年特集 文化祭と團体の沿革』野田地方文化団体協議会、p 5
(10) 野田地方文化団体協議会1963『創立十五年特集『文化祭と團体の沿革』p37
(11) 註10
(12) 池松武之亮1978「(座談会)文協30年の歩みと今後の展望」『文協創立30周年記念誌』野田地方文化団体協議会、p13
(13) 佐藤真1978「(座談会)文協30年の歩みと今後の展望」『文協創立30周年記念誌』野田地方文化団体協議会、p13
(14) 市原一郎1953「文協と教委」『野田地方文化團体協議會回顧録』野田地方文化團体協議會、p 6
(15) 池松武之亮1953「文協と教委」『野田地方文化團体協議會回顧録』野田地方文化團体協議會、p 4
(16) 註13
(17) 小田倉白流子1953「二六クラブのこと」『野田地方文化團体協議會回顧録』野田地方文化團体協議會、p16
(18) 小田倉一1953「回顧断片」『野田地方文化團体協議會回顧録』野田地方文化團体協議會、p 5
(19) 下津谷達男1997「樋口先生と野田」國學院大學考古学資料館紀要第13輯、p219
(20) 市山盛雄1954「野田市郷土博物館設立準備に就いて」野田週刊1954年 5 月31日号
(21) 註20

第 3 部　現代地域博物館論

第1章　地方分権社会における地域博物館の現状と課題

第1節　地域博物館の登録博物館離れ現象

　近年設立される地域博物館の多くは、博物館法上に規定する登録博物館の認可を受けない、博物館類似施設の割合が多くなっている（図3）。図中の「その他」は類似施設を示す。つまり、博物館の「登録離れ」現象が急速に進んでいる。周知のように、登録博物館は法律上に規定された「博物館」のことをさす。それは社会教育機関としての機能を備えたものである。しかし、類似施設は法律上の「博物館」とはいえない。しかも公立館でそのような現象が著しくなっている。本来、法律に準拠する公立博物館が、なぜ博物館法によらない博物館経営をするのであろうか。

　その理由は博物館をどのような目的で設立するのかに深く関わっている。「歴史民俗資料館」のように文化財保存を主要な目的としていれば、法律的には文化財保護法の適用を受けることになる。行政上の記念事業で建設したものは記念物である。あるいは文化のシンボルとして行政のアクセサリー的な意味あいや、観光の目玉として集客や地元経済の発展を目的としたものもある。そこには従来の文部科学省中軸による博物館の支援体制から、総務省・経済産業省・農林水産省などの補助金制度が背景としてある。

　つまり、現代の地域博物館は、その多くが確実に社会教育機関から遊離している。昭和26年（1951）に公布された博物館法にみられる社会教育の精神は、今大きく揺らいでいるといってもよい。

　文部省は平成10年（1998）4月に「博物館相当施設」の指定の要件を改定した。これまで地方公共団体がその申請をするには、教育委員会の所管であることが条件であったものが、ここで地方公共団体の長などが所管する施設においても許可されるようになった。当時の文部省生涯学習局長から各都道府県教育委員会教育長にあてられた通知は次の通りである(註1)。

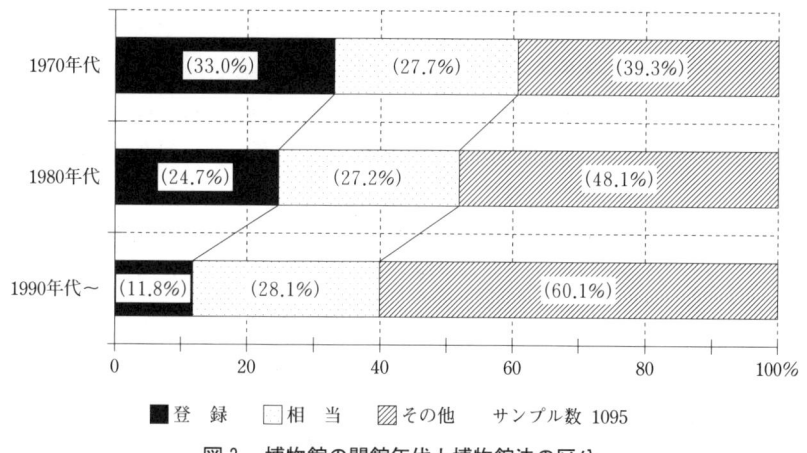

1970年代	(33.0%)	(27.7%)	(39.3%)
1980年代	(24.7%)	(27.2%)	(48.1%)
1990年代〜	(11.8%)	(28.1%)	(60.1%)

■ 登 録　□ 相 当　▨ その他　サンプル数 1095

図3　博物館の開館年代と博物館法の区分
（丹青研究所1996『季刊ミュージアム・データ』No. 32より）

　博物館法第29条の規定に基づく博物館に相当する施設（以下「博物館相当施設」という）として教育委員会が指定するに当たっては、昭和46年6月5日付け文社社第22号各都道府県教育委員会教育長あて社会教育局長通知において、公立の施設は、教育委員会が所管しなければならないとしております。
　しかしながら、生涯学習社会の構築に向けて、多様化する人々の学習ニーズに対応していくためには、それぞれの博物館及び博物館に類似する事業を行う施設が、その特色を発揮しつつ適切に運営されることが期待されていることから、地方公共団体の長等が所管する施設についても博物館相当施設として指定することが適当であります。
　しかし、文部省のこうした一種の「規制緩和」は、社会教育機関としての博物館が直面している諸問題の解決につながるものとはいえない。むしろ社会情勢に迎合した小手先の対処療法であり、博物館法の理念を形骸化していく危険性をはらんでいる。
　やはりここで課題となることは、博物館法の原点に立ち戻り、"社会教育"とは何かということを改めて問い直すことである。そのことは、これまでの地域博物館の歴史的な経緯を振り返り、博物館学の立場から再考することにより21世紀の日本社会の再構築にもつながる。

現在、日本人は国際的にも国内的にも自立化することが求められている。それはバブル経済の崩壊によって、戦後の経済成長最優先の国づくりであった社会環境が、大きく変化していることとも符号する。国際的には、これまでアメリカの傘の下で日本は経済大国になったが、もはやアメリカがそれを許さなくなったことから、自立を余儀なくされている(註2)という見解が一例である。国内では、経済成長期には税収が見込めたことから、地方公共団体は住民の要求にこまめに対応してきた。そのため、「おんぶにだっこ」式の依存心の強い住民が出現した。公共性が乏しく「私」の権利のみを主張する。家族制度の変化や核家族化の増加により、地域の連帯意識も希薄化している。地域の住民たちはそれぞれが孤立化している。

　しかし、地方分権の「くにづくり」が目指されるこれからは、住民ひとりづつが自立化する「個」の確立が前提条件といえる。それは地域づくりの基盤となり、日本を再建する上でも好機のはずである。

　そもそも社会教育は、人間の自立化を促すものであった。戦後、日本国憲法の制定を受けて、昭和22年（1947）3月に教育基本法が制定された。その第一条は、"教育の目的"として、「教育は、人格の完成をめざし、平和的な国家及び社会の形成者として、真理と正義を愛し、個人の価値をたつとび、勤労と責任を重んじ、自主的精神に充ちた心身ともに健康な国民の育成を期して行わなければならない」としている。

　これは、まさしく国民として、「公」と「私」の両立のセンスをそなえた人間の育成、すなわち「個」の確立が戦後教育の基本軸であることを示したものである(註3)。昭和24年6月の社会教育法、その後さらに図書館法や博物館法などが整備されて、社会教育行政の法体系が完成した。したがって、社会教育機関としての博物館の目的は、博物館法の第二条の定義の「この法律において"博物館"とは歴史、芸術、民俗、産業、自然科学等に関する資料を収集し、保管し、展示して教育的配慮の下に一般公衆の利用に供し、その教養、調査研究、レクリエーションなどに資するために必要な事業を行い、あわせてこれらの資料に関する調査研究をすることを目的とする機関」だけにとらわれることなく、その精神は教育基本法に基づくものである。

第2節　地域博物館の現状

　しかしながら、現実の地域博物館は登録博物館でさえも「浮き世離れ」現象をきたしている。地域博物館の機能はいまさら述べるまでもないが、地域資料の収集、整理・保管、調査・研究、教育普及活動である。しかし、現実にはそれらの機能がうまく循環していなかったり、時代の要請にそぐわない状態のまま放置されている。

　たとえば、長い期間の準備を経て、特別展をようやく実施しても、それで終わってしまう一過性のものでしかない。あるいは資料は外部からの借用で済ませ、調査研究成果は特段目だったものもなく、テーマに基づいた関連資料を各地から寄せ集めて紹介するだけの特別展さえ珍しくない。

　また、博物館は情報発信の場といわれながらも、その情報性は限られたものでしかない。住民の側に立たずに、行政の側から都合の悪い情報は提供しない。「事実」としての客観的情報を提供することもなく、一種の情報操作が行われている。公害問題がその一例である。それらは一方的に展示という手法で伝達される。あるいは、現代的視座に欠けた常設展示や特別展示が多く、過去のみにベクトルが向けられる。「昔はこうだった」という提示にとどまり、「だからどうした」という質問に応じない懐古趣味的な形式のものが目立つ。よって、来館者はつまらないからリピーターとはならない。

　あるいは、また学芸員の方にも問題がある。それは学芸員が地域の住民たちと交流せずに研究室に閉じこもる傾向がある。その地域では、よそ者的な立場にいて、地域住民を冷淡視している。「メシの種」に博物館に勤めているだけで、自分の専門分野の研究ができることに満足している。よって、今、地域の人たちが何を考えて、どうしようとしているのか、住民の文化的ニーズを摑もうとしていない。

　学芸員の専門分野は限られているが、地域の文化的資源は学芸員の専門分野だけにおさまるものではない。当然、地域全体の文化資源を視野に入れて、住民の文化的ニーズと照らし合わせたり、時代の要請に応える姿勢が求められる。だが、自分の専門分野の殻から抜け出そうとせずに孤立化してしまっているために、地域の文化資源の多くは看過され、それらは消滅していく運命をた

どる。また、仮に専門分野の特別展を企画して実施しても、担当学芸員が図録の本文を執筆せずに、外部の研究者に委託するといったやり方は、どうしても理解できない。

　もちろん、こうしたことは全ての地域博物館にあてはまることではない。地域に密着した活動を展開しているところもある。しかし、このように「浮き世離れ」した博物館のあることは事実である。このような博物館は、住民から支持を得られず、行政の枠内からもしだいに外されていくことになるだろう。

第3節　パラダイムの転換

　それでは、これからの地域博物館はどのような課題があるのだろうか。この課題とは、現代の地域社会の人たちにとって必要とされる博物館は何か、そのためにどのような博物館経営が求められるのか、ということである。

　まず、博物館が住民から"信頼"されることである。厳密にいうと、そうしたことを心掛けていくことである。そのために、博物館は住民の側に立ち、「事実」としての客観的な情報を発信することである。また、博物館が所有する情報は、住民共有の財産であることから、情報公開することである。個人情報などは非公開のものもあるが、多くは公開できるはずである。収蔵資料リストの検索は博物館以外でもインターネットで検索すれば利用率は確実に高まる。資料の公開は博物館内の閲覧や館外貸出しを行う。学芸員が資料の扱い方などを指導すれば、破損などの事故の危険は未然に防げる。

　また、財政的な裏付けに対する住民への説明も求められる。地方公共団体が経営する地域博物館の財源は税金である。よって、その支出の内容は住民に公開することが義務である。実際は議会において費目や金額などが報告されるが、住民により、身近な形でなされることが博物館の立場から検討されるべきであろう。その前提として、学芸員は事務部門や館長と協議しながら、限られた予算から大きな効果を得ることを絶えず考えることである。無駄使いは住民の支持を得ることができなくなる。仮に、予算が10に対して10の効果ならば当たり前のことであるが、10を100の効果に高める知恵や訓練が必要となる。これからの博物館経営においては、10を10のままとする従来型の発想では通用しない、あるいはそのような博物館は行財政改革の見地からも、淘汰されること

になるだろう。

　高度経済成長期やバブル経済の時期には、施設や設備の規模をただ競う傾向があった。まず「ハコモノ」を作り、中身は後から考えればよいといった、本末転倒した博物館建設が実際に行われてきた。その結果、維持管理費（人件費や事業費別）だけで年間数億円もかかる大規模博物館ができあがった。これまで規模のみを誇ってきた博物館の行く末は未知数であるが、今後の地域博物館はこじんまりとしたものであっても、地域の人たちに信頼され、新しい地域文化の創造活動の拠点のひとつになるところに、その必要性があるといえる。

　また、学芸員の問題であるが、学芸員は地域社会の一員として住民たちとの交流を心掛けることである。できれば、その地域に住み住民と寝食をともにするようなライフ・スタイルが望ましい。地域外では、どうも住民との一体感や信頼感に欠けるものがある。

　地域博物館の学芸員は、研究者である以前に住民との人的な交流関係を築くことの方が大切である。なぜならば、住民は博物館活動とは切り離すことのできない「民」だからである。資料の収集にはじまり調査研究に関する情報は住民が寄せてくれるし、展覧会などの普及活動は住民のために行うもので、学芸員の個人的な満足のために行うものではない。住民のためになる活動は、住民から反響が必ず寄せられる。それがその後の活動にもつながっていくのである。

　それに関連して、博物館の事業を通じた地域の人たちのコミュニケーションの場づくりも大切である。地域の人たちの世代間や異業種間の交わりを促進する。あるいは博物館が主体となったり、他の団体や機関の企画に参画して、地域住民・市役所・学校・公民館・文化会館・企業などとも連携した活動を行う。学芸員が個人的に参加することがあってもいいだろう。連携には無限の可能性が生まれる。地域博物館の活動領域は館内にとどまらず、地域社会そのものである。地域の住民たちとインタラクティブ（双方向）の関係をもち、「地域を変革する」という発想が重要である。

1．地域博物館と「まちづくり」

　そこで、地域博物館に求められることは、「まちづくり」を射程にいれることである。それまでのように地域の文化や自然資源を対象とした博物館機能論

（収集・整理保管・調査研究・教育普及）にとどまるパラダイムから、「まちづくり」を射程にいれた地域博物館論へとパラダイムを転換することである。それは「個」の確立を意識したものである。「まちづくり」といっても、初めから個人を犠牲にして地域のため、国家のためという発想ではなく、その前提はあくまでも個人であり、その次に地域が位置するものである。「まちづくり」に博物館が関わる意義は、それを媒介にすることで、住民それぞれが「個」を確立することを意図しているのである。その具体的な事業は次の通りである。

地域資料の収集・整理保管・調査研究活動　住民が地域を理解することは、「まちづくり」の第一歩であるという観点から、住民に教育普及することを前提として、その歴史・民俗・美術・自然などの資料を収集・整理保管・調査研究をする。重視すべき環境変化として、生活様式の変化にともない、歴史的な文化財が急速に消滅しつつある。また、高齢化にともない地域社会の生活ぶりを知る人も年々減少している。そのため、住民が所有に限界を生じた場合で、それが地域の文化遺産として認められるものについては、地域の文化的財産として博物館に寄贈することを呼び掛けるなどして地域資料を収集する。また資料の分類整理および基礎データの作成や収蔵資料の修復・保存処理を行う。そして収蔵資料やそれに関する住民からの聞き取り調査や、地域の文化的資源の掘り起こしに着目した調査研究などを行う。

教育普及活動　地域に埋もれた文化・自然的な資源を学術的に評価し、それを教育普及することで、地域への理解や愛着を住民に促していく。また、「まちづくり」の諸問題の解決に貢献することも留意する。たとえば、千葉県野田市では新総合計画の策定に先立ち、"まちづくり市民100人委員会"が組織され、行政への提言書(註4)がまとめられた。あるいは市内各地域ごとの住民から行政への要望などの意見を聴く"地区別懇談会"も行われた。公立の地域博物館には、それまでの地域文化などの教育普及のみにとらわれず、行政内の各部課との横断的な取り組みが求められている。たとえば、「自然環境に対する市民意識の高揚と緑の保全」「廃棄物（ごみ）処理・リサイクル」の住民から出された意見については、社会教育の立場からも啓発普及することが必要である。自然環境や廃棄物問題などを住民一人一人が考える契機をつくることが博物館にもできるはずである。または「野田市の資源と資質を活用した"野田

らしい文化の創出"」という意見については、これまでに博物館が意識している基本的な考え方であり、具体的には各事業において取り組むことを検討していく。そのために野田市郷土博物館では、特別展・企画展の開催、出版物（特別展図録など）の刊行、講演会や講座の開催、市内の史跡巡り、住民参加による事業などを実施している。

地域の文化遺産や自然遺産の保護と継承　地域の歴史的・文化的遺産や自然遺産を保存して後世に伝え残すことも、地域博物館の役割として求められる。歴史的・文化的遺産や自然遺産の保存について、現行の行政組織では一般に教育委員会の文化課などが所管する。それは、博物館は社会教育機関であるために文部省の所管、文化財保護は文化庁の所管となっているためである。両者はそれぞれ法的根拠を異にしている。そのために、これまでの地域博物館は地域の文化遺産や自然遺産の保護と継承には、やや消極的な態度であった。博物館は動産としての資料を扱い、不動産としての歴史的景観や自然景観の保護にはあまり積極的な取り組みをしていない。しかし、今日のようにそれらが急速に失われつつある状況においては、とにかく早急に保護しなければならない。これまでの縦割り行政にとらわれず、博物館としても、その必要性や意義についての調査研究や教育普及を心掛けていく。伝統技術や芸能などについても、これまでのように記録や資料の保存・展示というだけでなく、後世に伝えながら保護育成する活動も責務の一つである。

学校教育を補完する地域文化の学習活動　近年、地域博物館と学校の連携による学習活動が盛んである。現状では社会科授業などの限られた単元や時間のなかで、教員が生徒たちを引率して地域博物館を訪れたり、学芸員が資料を持参して学校に出向く「移動博物館」などがみられる。しかし、平成14年の教育改革にともなう新学習指導要綱により、これまでよりも地域重視の学習教材が求められるようになると、地域博物館と学校の連携はいっそう重視されることになる(註5)。

また、学校授業だけに限らず、完全週休2日制になることで、子供たちの自由時間が増すことにも対応していかなければならない。それは従来の「詰め込み教育」を解消して、ゆとりをもち自発的な学習能力を育てることを目的にしている。確かに教育改革はこれまでの閉塞した教育を変えるチャンスである。

その機会を有効に生かすかどうかは学校現場の教師にかかっているとしても、地域全体の支援が不可欠である。当然、地域博物館の役割も重要である。先日、私は野田市内の小学校で「出前授業」を行った。そこでは、実物を用いて教科書に書かれていないことを子供たちに話したり、ワークショップを行ったりした。最後に「学校の教科書には君たちが知りたいことの一部しか載っていないよ。もっと多くの知識や、あるいは君たちが本当に知りたいことは先生や地域の人に聞いたり、博物館や図書館などで自分自身で調べてください」と告げた。「週休2日制になったら、自分の時間をうまく使い、自分が知りたいことを見つけて調べることを覚えてください。そうすれば勉強はもっと面白くなるし、そうした訓練を身に付けると将来きっと役立つ」ということを話した。地域博物館は、いつでもそうした子供たちを受け入れる準備を整えておかなければならない。

　その逆は、時間をもて余した子どもが非行に走る場合である。地域社会が崩壊化するなかで、犯罪の若年化が顕在化している。週休2日制に異議を唱える識者は、このことを危惧しているが、そのためには博物館を含め地域社会全体が、子供たちの教育を支援していくことが何よりも大切である。

　住民のコミュニケーションづくりの促進　　現代社会は、核家族化がすすみ高齢者の一人暮らしも多いことから、人々のコミュニケーションが不足している。あるいは、子供たちも年齢や地域を隔てた人々との出会いが限られている。地域博物館は、地域の文化的な「もの」や各種事業を通じて、人々のコミュニケーションの場をつくることができる。特別展の会場では学芸員による展示品の解説などを通じて、住民とのコミュニケーションをはかる。展示資料を媒体にして、来館者同士がめぐりあうこともあるだろう。世間話でも何でも結構である。学芸員と共に調査したり、講座や見学会などを通じて、同好の人々が集うことで新しいコミュニケーションができる。

　地域情報の発信　　地域の崩壊化が進むと、何事にも無関心や無感動になるといわれる。博物館は絶えず情報を地域の人たちに発信することで、地域に対する関心を起こさせることができる。そのために地域の文化や歴史などを様々な切り口から調査研究することで、地域の新しい面を発見して、それを住民に情報として提供していくことである。たとえ来館しなくとも、地域が活性化し

ていれば住民はその気配を感じ取り、地域社会に対して無関心に陥ることを避けることができる。平成12年野田市は市制50周年を迎え、その記念事業としてその１年はいつでも市内のどこかで市民参加の事業を行なった。理念は、行政と住民が連携して約12万人の住民が最低１つの事業に参加することをめざした。博物館も特別展などを通じて、その事業に参画したが、特別展に来館した人たちは記念事業の参加者として数えられることになる。

２．戦前の郷土博物館との違い

このような「まちづくり」を意識した地域博物館のあり方は、戦前の郷土教育運動の一環とした郷土博物館の設立運動にも見られた。その中心的な役割を担った棚橋源太郎は、当時日本博物館協會（現財団法人日本博物館協会）の理事として、郷土博物館の社会的な役割を次のように述べている(註6)。

> 郷土博物館は、学校教育の補助機関であると同時に、また町村及び地方の青年を始め、全住民社会教育の中央機関たらしめなければならぬ。社会教育と云えば種々な方面に関係し、頗る広い範囲に亘るけれども、郷土博物館としては、特に公民としての教養、愛郷土精神の養成に、その重点を置かなければならぬ。郷土博物館はかうした多方面の社会教育によって、地方の発展、特に民風の作興、産業の発達に寄与貢献するところがなくてはならぬ。

また、「その機能を発揮せんとするには、ただ陳列品の見張番をしてゐるばかりでなく、進んで種々な方面に活動し、社会教育を始め、種々な事業の遂行に努めなければならぬ」というように、郷土偉人の記念祭・特別展の開催・講演会・講習会・趣味娯楽会を実施する、となっている。

しかし、その目的理念は社会教化や地域経済の振興であり、その方策として郷土博物館を位置づけている。事業では、たとえば記念祭については、「その地方の青年を教育し、住民を感化し、延いては民心の作興産業経済の発展上に偉大な効果のある」ものとし、特別展は「科学産業美術歴史及び土俗等に関するもので、地方の発展特に地方産業の改善、住民の健康福祉の増進、民風の作興に効果の多いものであらねばならぬ」というものである。

こうした見解は、一見すると、ここでいう「まちづくり」を意識した地域博物館と重なるように思えるかもしれないが、両者は本質的に異なることを確認

しておきたい。

棚橋の見解は、約70年前の満州事変後の国内の社会状況において出されたことを考慮しておかなければならない。文部官僚の経験をもつ棚橋は、博物館を当時の国策に積極的に活用していくことを推進した。郷土博物館構想はその一つといえるもので、それは昭和恐慌後の地域経済の振興や、労働運動などの社会運動を抑止するための国民教化活動であった。

これに対して、「まちづくり」を射程にいれた地域博物館は、地域住民の自立的な心を育てる「個」の確立を目指すものであり、それは決して一定の方向に誘導したり強要するものではなく、選択権は住民自身にある。それは開放的で地域外に開かれたものであり、情報を地域外にも発信することにより地域外の住民も参加し、地域内だけでなく地域外の人々とのコミュニケーションの生成を目的としている。

3. 戦後の社会教育の変質

教育基本法が制定された戦後まもない頃は、全国的に社会教育運動が活発となった。野田市では、先述のように昭和23年4月に野田地方文化団体協議会が発足して、住民が文化活動を通じて「まちづくり」を実践する、民主主義の実現を目標にした住民運動が行われた（第2部第2章第1節参照）。それは、日本を再建するために新しい地域文化を創造しようとするものでもあった。あるいは日本の再構築のために文化活動を利用したともいえる。GHQの政策が一方的に押しつけられることを避けるために、その活動は趣味的な集まりではなく、住民が主体となる「まちづくり」に重点がおかれていた。

戦後まもない頃の公民館は、住民の親睦交友を深め相互協力の精神を養い、町村自治の向上の基礎をなすような社交機関であり、かつ民主主義的な訓練の場として機能していた(註7)。その後、社会教育法などの法的な整備が行われ、昭和30年代の高度経済成長期をむかえるようになると、公民館は施設論や管理論に関心がむけられるようになり、当初の民主主義や自治の向上に資する人間の育成という視座はみられなくなった。青年学級・定期講座・講習会・講演会・実習会・展示会・体育やレクリエーションなどの事業そのものが目的化していくことになる。

こうした変化の背景は、アメリカの占領政策の変化との関わりがある。昭和

23年になると、それまで民主主義国家の建設をめざした政策から、日本を反共の防壁とするために経済復興を最優先させる政策に転換がはかられたことである(註8)。その具体的な方策がドッジ・ラインやシャウプ税制勧告などをはじめとするものであり、それ以後の日本は経済復興の道をまっしぐらに突き進み経済大国となっていった。その結果、日本人は「エコノミック・アニマル」と国際的に皮肉られたりするほどに「金持ち」となり、「一億総中流意識」といわれ経済的に不自由のない状態となった。

しかし、バブル経済が崩壊して、戦後の経済復興の路線がもはや国際的に通用しなくなり、日本人はなす術を知らずに混迷の状況に陥っている。その根本原因の一つは、真の民主主義による自立化の道を怠ってきたことによる。

公民館の活動は、当初は民主主義の訓練の場であったが、社会状況の変化にともない、その精神はいつしか忘れ去られ、今日のような無料の「カルチャーセンター」に形骸化してしまった。知的な満足や趣味的なものならば民間の方が有料ではあるが、その内容は充実している。したがって、公費で運営する必要もなく「公営公民館無用論」が取り沙汰されることもある。

第4節 「個」の確立にむけて

住民のなかには博物館の活動に参加することによって、地域の歴史や文化を知り、地域に対して愛着や誇りをもつようになる。あるいは、これまで以上に博物館から質・量ともにまさる情報が入手できるようになれば、地域社会のことを個人的に調査研究してみようという人たちも現れるだろう。あるいは野田市郷土博物館が実施したように、山中直治の特別展の開催を契機として、その後は住民が普及の原動力となり、様々な活動を展開している(第3部第4章参照)。住民・行政・企業などが連携して、世代間のコミュニケーションの輪が確実に広がり、いわば住民たちが新しい地域文化を創造している。それらに共通することは、まず地域の歴史を理解することである。地域史を知ることは日常生活を送るうえでは不用かもしれない。しかし、それは近視眼的なものの見方であり、新しい地域文化を創造する上では必要不可欠な情報となる。

人間としての自立化、すなわち「個」の確立を促すことは、まず"変わる"ことであろう。地域の人たちが変わることである(註9・10)。そのなかから、地

域社会に対する様々な貢献事業も発生してくる。NPO活動は、住民が自立化するためのツール（道具）だといってよい。しかし、別段「社会貢献」という気負いをもつことはない。司馬遼太郎がいうように、共同体が夢をもち、それを現実化する秘訣は簡単なことで、推進者が名誉や利益にとらわれずに、「名利に対して無私であればいい」のである(註11)。そんな気風が生まれれば素晴らしいことである。そうなれば、政治家を選ぶ資質も向上するだろう。日本をより良い国家とするためには、まず地域住民が自立化することから始まり、それにより政治が変わり、行政も変わるという構図が描ける。こうした理由から、地域博物館が今後変化することが強く求められている。

　もっとも、行政にとっても住民が自立化することは、浪費を押さえて予算を有効に活用していくことにつながる。その活用法は政治家が決めるが、政治家を選ぶのは住民である。したがって、住民の自立化は行政に利用されることではなく、住民→政治→行政→住民という循環関係である。出発点はあくまでも住民の自立化であることがポイントとなる。

　文化は日々新たに変化するといってよい。地域の文化も同じである。伝統文化を保持したり育成することは大切であるが、伝統文化だけが文化ではない。時代は変化する。それに併せて社会も変貌する。昔ながらの村落共同体のような仲間意識はますます希薄化している。「昔はよかった」といっても何も解決しない。あるいは逆の場合もあるだろうが、いずれにしても過去にとどまることは許されない。したがって、私たちは地域の将来を見据えた新しい文化を創造することが求められる。そのうえに、自然保護、伝統文化の育成、歴史的建造物の保存、遺跡の保存などは当然のこととしてある。

　21世紀の日本にもちこされた社会問題の解決をうながす第一歩は、住民が自立化する「個」の確立を前提とした、"新しい地域文化づくり"が基盤になければならないといえる。現在のところ、そのひとつの出発点としてはNPO（非営利民間団体）があげられる。それらが地域に次々と生まれることが理想である。21世紀の地域博物館は、NPOが組織運営することで、自立的な人の育成に貢献していくようなものでありたい。

註

（1） 文生社第194号　平成10年4月17日　各都道府県教育委員会教育長あて　文部省生涯学習局長通知
（2） 田原総一郎2000「新しい"戦争の時代"が始まった」中央公論第115巻第2号、p100-113
（3） 久保義三1994「教育基本法の成立」『昭和教育史（下）戦後編』三一書房、p130-163
（4） 野田市まちづくり市民100人委員会1999『野田市まちづくり100人委員会提言書』野田市まちづくり市民100人委員会
（5） 金山喜昭・平岡健・長島雄一・古澤立巳・廣瀬隆人2000『学ぶ心を育てる博物館「総合的な学習の時間」への最新実践例』ミュゼ
（6） 棚橋源太郎1932「郷土博物館と社會教育」博物館研究第5巻第3号、p3
（7） 鈴木健次郎1950「公民館の現状と将来」自治時報1950年1月号、p31
（8） 古関彰一1982「占領政策の転換」『昭和史』有斐閣選書、p274-284
（9） 廣瀬隆人1997「生涯学習の理念と博物館活動」紋別市立博物館報告第10号、p3-19
（10） 廣瀬隆人1998「ひと・まち・まなびの地域づくり」epoca22　vol. 4、p17-21
（11） 司馬遼太郎1979『街道をゆく(8)　熊野・古座街道、種子島みちほか』朝日文庫、p129

第2章 「まちづくり」と市民意識の形成に関する地域博物館の可能性

第1節 市民とは

　社会経済学者の佐伯啓思は、ヨーロッパの市民概念は歴史的に培われてきたものであることを説明する。それは、「シビィック」と「シヴィル」の両面から成り立っており、「シビィック」は国家や社会に対して義務と責任を果たす「市民」、「シヴィル」は私的権利や私的関心などから出発した近代的な「市民」、あるいは「私民」を表し、両者のバランスがとれた状態がヨーロッパの市民であるという (註1)。ところが、戦後の日本はアメリカの民主化政策により近代化はしたものの、国民としての義務や役割を遠ざけて自由や個人の権利ばかりを主張する偏った民主主義の道を歩んできた。その結果、日本人はヨーロッパに比べて、私的意識の強い「シヴィル」としての「私民」に傾斜している。つまり「市民」とは、まちに住む住民という程度の意味しかもたないのが実情である。その理由のひとつは、「まちづくり」を見れば明らかである。それは、「お上（かみ）」としての官がとり仕切り、自治体すら「お上」の下請け機関であり、「市民」が参加するどころか、被害意識しかもてない状況が続いてきたからである。そこで重要なことは、これからの日本人は、日本の風土にあわせた日本人なりの市民意識をどのように形成させることができるかにある (註2)。
　地域博物館が市民意識の形成に貢献できるとすれば、それには「まちづくり」を介在させることが有効である。

第2節 「まちづくり」とは

1.「まちづくり」に関する見解

　かつて横浜の先駆的な「まちづくり」を推進した田村明は「まちづくり」を次のように規定する。

　　"まちづくり"とは、一定の地域に住む人々が、自分たちの生活を支え、

便利に、より人間らしく生活してゆくための共同の場を如何につくるかということである。その共同の場こそが"まち"である(註3)。

"まちづくり"とはその共同の場を、市民が共同してつくりあげてゆくことである(註4)。

あるいは、吉野正治は次のように述べる(註5)。

"まちづくり、それは住民・市民と行政とそこに居をおいて活動している企業・団体、そしてそこに権利をもっている人たち、例えば土地所有者など、の共同作業である"そのなかで住民が中心的担い手であり、現実的にはそれを支援する行政があり、両者の緊密な共同作業としてまちづくりは成り立つのだ、というのがこれまでのまちづくりの到達点で、住民主体のまちづくりと呼ばれています。

また、西山夘三は次のように規定する(註6)。

私たち国民は、誰かにそこに住まわせてもらっているのでない。地域の主人公は私たち住民である。私たちは、主権者たる国民として、その住んでいる地域を管理し、それをよりよくしてゆく責任をもっている。地域は住民の"共有物"である。……だから私たちは、そこで働き、暮らしている住民は力をあわせて、そこを住みよく、働きやすく、暮らしやすくするため、そのよさを守り、さらによりよいものに改善してゆかなければならない。

ここにみられる「まち」は住民の「共同の場」「共有物」であり、「まちづくり」とは、そこに住む人々による「共同作業」にほかならない。そして、その主体は住民であるということがほぼ共通の認識だといってよい。

また、本間義人は、これまでの「街づくり」はもっぱら都市計画や住宅建設計画などハード面に偏った傾向が強いので、「まちづくり」という用語を採用することを表明する(註7)。

(まちづくりとは)単に道路をよくするとかホールをつくるとかではなくて地域住民の生活に関わるすべての部面を豊かなものにするのを目標にした総合的なものでなければならないとする。

本間の見解はこれまでの住民を無視した都市計画の反省に立脚している。また、ここで用いる「まちづくり」という概念は、後述するように本間のそれを

参考にしている。

　現在でも、日本の都市計画は街路事業を中心とするハード事業思想である。それは元来、明治政府が国際的地位を確保する一環として、東京を欧米の都市に見劣りしない威容にする方針を決定したことに起因する。よって明治5年(1872)の銀座煉瓦街計画、明治19年の日比谷官庁集中計画、明治21年の東京市区改正条例などを通して、都市計画とは街路計画だという系譜ができあがった。これは市民生活や住宅などと一体としては考えられたものではない(註8)。戦後もその流れは衰えず、たとえば現代のような自動車社会になると、歩行者より自動車優先の道路づくりが行われているからである。

　しかし、これまで紹介してきた「まちづくり」の概念は、その多くが「まちづくり」とは理想郷の追及であるかのように受け取れる。本間は、「地域住民の生活に関わるすべての部面を豊かなものにする」といっているが、豊かさとは何かについて、それは明記されていないし、仮にあったとしても各自異なるところである。あるいは、田村は便利さや豊かさを求めているし、西山はよりよく改善してゆくこと自体を目的としている。

2.「まちづくり」像

　戦後の日本は進歩主義を唱えてきた。それは、現状を懐疑し、現状を改編し、合理的に変革することによってよりよい社会を作ることができるというものであり、それは近代化の原動力となった(註9)。しかし、それによって、それまでの日本の社会秩序や文化・伝統・自然などの多くのものが破壊されてきたことは周知であり、その発想から脱皮できなければ今後もさらに破壊現象が進行する。単なる豊かさや便利さを求めるという行為は、たえず危険をはらんでいるのである。このような進歩主義の観念は、自ずと限界があるものであり、むしろその限界をわきまえた「まちづくり」をすることが、これからは重要になってくる。

　「まちづくり」とは、そこに住む人々が住みやすさを感じることのできる「まち」をつくることである。ハード面に傾斜してきたこれまでの「街づくり」に対して、本間はさらに次のように述べる(註10)。

　　　　地域空間は、その時代の社会における政治構造や政治意識・技術の集
　　　　積・産業構造、あるいは市民の文化意識を反映して変容していくものにし

ても、その空間を市民生活にとって豊かな水準のものにするうえで、そこには変わってはならないものがあるはずである。それは地域空間としてのあるべき目標である。右に掲げた状況がどう変わるにせよ、その目標だけは継続的に追及されていかなければならない。それをまちづくりの目標と呼ぼう。

　本間が指摘する、「変わってはならないもの」という認識は、1980年代以降に顕著にみられるポストモダンの風潮に一石を投ずるものといってよいだろう。これは、それまでの日本の社会秩序や文化・伝統などが次々に崩壊してゆく実情を、「まちづくり」として食い止めて、それを活かせるようにしていこうとするものである。本間は、これまでの「まちづくり」には希薄であったものだとしながら、「まちづくり」の目標を次のように述べている(註11)。

　まず人権が保障されることである。これには、福祉や医療ばかりでなく、差別や災害に脅かされないことや、また地域ごとに教育の機会に格差があってはならない。

　次に、地域の住民がその地域の地場産業で生活できるようにすることである。特に農山漁村においては第一次産業で生計が成り立つようにすることである。地場産業の崩壊は「まち」を空洞化させ、住民の人権も保障されないことになる。

　そして、自然との共生をはかることである。戦後の国による高度経済成長政策により、日本列島のいたるところで、自然は開発により破壊されてきた。そのため都市の緑は失われ、地方の農山村では第一次産業の資源が失われ、それが第一次産業を衰退させることにつながっている。

　また、個性のある「まち」をつくることも重要である。その土地の歴史や自然環境にねざした風土や伝統を生かしたものにする。戦前まで江戸時代の城下町であった「まち」には当時の面影を残したものがみられたが、戦後の戦災復興による国の全国一律、画一的な国土計画、さらに昭和43年に制定施行された都市計画法が拍車をかけたことも本間は指摘する。

　こうした「まちづくり」を実行に移すのは「お上（かみ）」ではなく、自治体であり、そして何よりも地域住民である。しばしば「まちづくり」にはリーダーの存在が重要であり、リーダーがいなければ「まちづくり」は成功しないといわ

れる。一村一品運動の提唱者として知られる大分県知事の平松守彦は「地域おこし」は「人づくり」で、よきリーダーを育てることが必要であることを力説している(註12)。あるいは、田村明は横浜市伊勢佐木町の「まちづくり」にはリーダーがいたから動いたといい、そこに重要なのはリーダーが生まれてゆく土壌であることを述べている。さらに、せっかくリーダーの素質がある人がいても、地域の中の足の引っぱり合いで表に出られなければ、それはその地域が未成熟なまでだとしている(註13)。

　確かに、現実的な「まちづくり」においては、市民のリーダー的存在は不可欠である。しかし、それよりも重要なことは、「シビィック」と「シヴィル」のバランス感覚を含めて、その地域の住民の意識が成熟することである。

第3節　地域博物館の基本理念

　これまでの日本の実情を考慮すれば、日本なりの市民意識の形成とは、住民が「まちづくり」の心をいかに育むのかという課題に通じる。そして、その意識が「まちづくり」の原動力になる。

　昭和54年（1979）に後藤和民は、「郷土」について、次のように説明している(註14)。

　　もともと、"郷土"という概念は先祖代々から受け継がれてきた土着の土地であり、自分もそこに生まれ育ち、生活しながら子孫に引き渡してゆくべき累代的継承観念から、血縁的な縦のつながりをもつ。と同時に、同じ風土と環境を共有してきた"幼な友情"とか"同郷人"とかという連帯感から、地縁的なつながりをもっている。その意味で、従来の郷土の概念は、明らかに一つの"共同体"であり、基礎的な共同社会の一つである。

　さらに続けて、後藤は次のように述べる。

　　しかし、近代社会の構造は、従来の郷土という土地の広がりの中に、旧来の"土地っ子"ばかりでなく、他のさまざまな土地で生まれ育った人びとが、通学・通勤・転任・結婚・移転などによって流入し、まさに植民地混血現象を招来している。したがって、かつてのような運命共同体的な郷土意識は稀薄になり、その実体は消滅しつつある。

　ここで後藤は「新しい郷土意識」を提唱している。それは自らの地域を開発

から守り、子供や孫の教育環境を整備することとしたうえで、「そのための自然や風土、歴史や文化財、文化的・教育環境、あらゆる生活や文化活動を行うための条件、そしてそれらに関わる人間集団や社会関係を含めたもの」を、新しい「郷土」とし、そこでの郷土意識を、「新しい郷土意識」と称して、それは「自主的・積極的・創造的な連帯意識」であるとしている(註15)。後藤の主張は、戦前の「郷土」概念が国家の下位の地域として、国体観念の養成を目的とする国策に利用された歴史を踏まえたものである。

そこで、後藤の見解を考慮しながら、地域博物館が「まちづくり」の心を育てることを射程に入れることにする。その基本理念は次の通りである。

一つめは、地域をよく知り理解することである。歴史・文化・伝統などの地域にゆかりのあることを実感することである。あるいは発見することである。それは地域に愛着をもち、地域を守り、人々との意識の共有や共感につながる。

二つめは、自分がその地域に属しているという帰属意識、すなわち仲間意識としての社会的連帯感をもつことである。しかし、連帯感が稀薄なところに、それを強要しても無理である。そのために人々とのコミュニケーションをはかることが大切である。「まちづくり」の見解からも抽出されたように、「まち」は住民の「共同の場」「共有物」であり、「まちづくり」はそこに住む人々による「共同作業」であるというように、住民の連帯感は不可欠の要素である。

三つめは、地域の風俗・習慣などの生活・自然・景観などを守ることである。これも現実には、社会構造の変化にともない急速に消滅しつつある。先述したように本間義人のいう「変わってはならないもの」とは、その風土がつくりあげた文化遺産や自然遺産であり、一度破壊すれば取り戻すことができないものである。

次に各項目を説明する。

1. 地域を理解する

ここでは、まず展示活動を通じて地域に関する人文・自然科学の情報を提供することにより、人々へ地域に対する理解をうながすことにある。たとえば、松戸市立博物館では、総合展示と主題展示に分けている。総合展示は、松戸を舞台にして"人類の登場"から"都市のあゆみ"の歴史を通観できる。主題展

示では、特産品の二十世紀梨の発祥地という土地柄を生かして、原木を復元してその歴史的な経緯などを紹介している。あるいは、杉並区立郷土博物館では、区内の遺跡から発掘された先史時代の石器や土器の展示から、現代の原水爆禁止の「市民運動」までを項目ごとに展示している。トピックとしては、杉並に住んでいた作家の井伏鱒二の『荻窪風土記』をビデオにしている。東村山ふるさと歴史館も地域の原始古代から現代までの歴史を展示している。郷土博物館は、このように歴史系博物館が多く、それらにほぼ共通していることは、地域の通史を展示していることである。

しかし、同じ歴史系の地域博物館でも豊島区郷土資料館のように、通史展示の手法をとらずに、近世以降の地域の歴史をトピック的に紹介しているところもある。それは、「雑司が谷鬼子母神」「駒込・巣鴨の園芸」「池袋ヤミ市」「長崎アトリエ村」などであり、昭和61年以来は戦争体験の掘り起こしや、その継承のために集団学童疎開についても調査して、企画展を毎年実施している。

自然系をあわせた地域博物館には、平塚市博物館、滋賀県立琵琶湖博物館、横須賀市自然・人文博物館、府中市郷土の森などがあり、地域の身近な自然についての理解をうながしている。このような地域博物館では「住民参加」の活動も充実しており、地域の新たな発見や理解を促している。

平塚市博物館は、全国の地域博物館のなかでも、こうした活動を積極的に実施している博物館の一つである。開館以来20年間の活動 (註16) は多彩であるが、その具体例をいくつかあげる。平塚の空襲と戦災を記録する会は平成元年度に結成された。住民により平塚空襲に関する資料の収集や空襲体験の聞き取り調査などが行われ、その記録は『炎の証言』という冊子にまとめられた。相模川を歩く会は、昭和62年度からはじまり平成5年に終了したが、延べ2,000人以上の参加があり、その成果は『相模川事典』としてまとめられた。また、漂着物を拾う会は平成2年度からはじまった。平塚海岸の砂浜に打ち上げられた物を収集して観察する会で、漂着物の分類や整理を通じて地域の海の生態や海洋汚染を知ることにつながり、平成4年には特別展「砂浜の発見」が開催された。

また、近年では滋賀県立琵琶湖博物館の活動をあげることができる。ここでは博物館利用者が身近な情報を寄せ合い、解析して成果をあげるという研究ス

タイルのもとに、「水環境カルテ」調査を実施している。住民が調査員になり、琵琶湖の周囲の集落ごとに30年前までの水利用を聞き取りしたり、現在の水利用も併せて調査して過去と比較する。その成果を、展示室のコーナー「くらしの中の水をしらべる」において地図や写真・情報ファイル・パソコンで検索できるようにする。参加した住民たちについて担当の布谷知夫は次のように評価している(註17)。

> 自分の知った調査結果と他の地域の結果とを比較的に見る事で自分の地域を見直すきっかけともなっており、身近な水環境について、さらに関心を深め、自分でももっと他の地域の調査をし、また異なる分野についても関心を持ち、調査に参加するようになっている。

つまり、参加するという行為は住民が地域を理解するために効果的な手法であることが分かる。これは、展示のように一方的な情報の伝達方式では得られない、双方向的な情報交換であるばかりでなく、「事実」を示す情報公開にもなる。また、調査者と学芸員、あるいは住民とのコミュニケーションや、地域の連帯感のような意識を育むことにもつながるのである。

2. 住民同士のコミュニケーションづくり

「まちづくり」に住民が参加していくためには、住民同士のコミュニケーションや社会的連帯感を育成するという視座もこれからは要求される。従来からの友の会活動(註18)に加えて、近年では福祉社会に対応するためにボランティア活動(註19)も注目されている。たとえば、神奈川県立歴史博物館では、ボランティアは展示室の各フロアごとの解説に従事しているが、参加者の多くは高齢者であることから高齢者福祉にも貢献している。参加者は地元の歴史や文化を学び、その知識を来館者に提供する。学ぶばかりでなく、人に教える喜びを感じたり、そこから仲間同士の意識も生まれる。板橋区立郷土資料館では、まちを再認識してもらい活性化していくために、まちは博物館「まち博」という発想により、区の広報誌で一般公募をして「地域リーダー」の養成講座を開講した。その後、修了者の有志により「まち博友の会」が結成され、ボランティアとして区内の史跡や文化財などの調査や紹介活動が行われている。

博物館が主催する講演会や映画会などのような集会活動は、来館者に一方的な情報を提供するものであるが、昭和50年代頃から野外観察会・講座・体験学

習などのような「住民参加」の事業が活発化するようになり、博物館は住民同士のコミュニケーションの場から、親近感や連帯感を育む場にもなっている。

なかでも東村山ふるさと歴史館ではユニークな郷土料理の講座を実施している。それは地元の人がボランティアとして講師になり、「新住民」に地元に伝わる料理を普及するものである。これまでにうどんづくり・柏餅づくり・団子づくりなどを実施してきたが、いずれも好評であり、「旧住民」と「新住民」のコミュニケーションがはかられている。「新住民」は郷土料理を契機にして、地域に親しみを覚え、それが地域への理解や愛着につながるという。

また、旧石器時代遺跡として著名な岩宿遺跡のある笠懸野岩宿文化資料館では、1泊のキャンプをして、「石器を作って、使ってみる」「火を起こして、石蒸しで料理を食べる」という、旧石器人の生活にチャレンジする企画がある。参加者の感想は次の通りである (註20)。

> 僕は体験学習に参加して良かったと思います。それはいろんな体験ができたからです。小学校の時、歴史の勉強で黒曜石のことを知って、一度見てみたいと思っていました。それなのに実際に石槍まで作れて良かったです。自分で作ったナイフで肉が切れたときはうれしいというか、感動しました。(中略) 正直いって最初はどうなるかと思いました。メンバーの中に同年代の人が全然いなくて楽しくなるのか心配でした。でも、先生も親切に接してくれて大学生とも仲良くなったりしたので思い出の一つになりました。本当にありがとうございました。(男子15歳)

このように、参加者は指導者や参加者とのコミュニケーションにも喜びを表している。

あるいは、博物館の設立が契機となり住民のコミュニケーションが活発化して、「まちづくり」に必要な住民の連帯感や共通認識が形成されたところもある。代表例として、滋賀県長浜市の市立長浜城歴史博物館をとりあげることができる。長浜は、かつて城主であった豊臣秀吉から町衆の保護と自立を目的にして「町屋敷年貢免除」の朱印状が認められたことから、商工業が盛んになり、それと共に町衆による自治の気風も培われていた。明治時代になると県下で最初の小学校が明治4年 (1871) に誕生したが、明治7年に新築した洋風建築の校舎は町民の寄付により建設された。あるいは明治10年に開業した第二

十一国立銀行は、他の国立銀行の出資者のほとんどが旧華族・士族であったのに比べて、長浜町の出資者は地場産業である養蚕・生糸・縮緬・蚊帳・肥料業など12人の商人からなり、資本金は10万円であった(註21)。また、秀吉が長浜城主時代に男子の誕生を祝って町衆に金子を与え、町衆はそれをもとに曳山をつくって町中を曳きまわす曳山祭りは現在まで伝わり、旧町内では町内会とは別組織の山組による住民組織が息づいている。

　市立長浜城歴史博物館の設立は、昭和58年4月である。市制40周年の記念事業という行政主導によるものであったが、秀吉ゆかりの地として長浜城を再建しようという気運が住民の間に盛り上がり、8,000人以上の住民から4億円を越える寄付金が寄せられて博物館が建設された。公立博物館の建設に住民からこれだけの支持が寄せられた例は珍しい。この辺りに長浜の歴史に培われた住民意識の高まりを感じることができる。そして住民の募金活動により博物館を設立した自信や自覚が契機となり、住民による様々なまちづくりの活動が展開することになる。ここで注目すべきことは、地域博物館が「まちづくり」の一翼を担っていくことである。

　博物館は地域の歴史や文化を取り扱うことにより、その調査研究を通じてその成果を住民に普及することで、地域に対する理解や住民の自覚を促してゆくことができる。そこで博物館が開館して、まもない昭和62年頃の活動をみることにする(註22)。

　博物館は、常設展示「湖北・長浜のあゆみ」のほかに『国友鉄砲鍛冶—その世界』(1985年)、『長浜町絵図の世界』(1987年)、『羽柴秀吉と湖北・長浜』(1988年)などの特別展や、「小牧・長久手合戦と湖北・長浜」(1985年)、「北近江ゆかりの人びと」(1986年)などの企画展を実施した。また、学芸員などによる講演や講座を通じた普及活動も積極的に実施されている。「博物館講座」では、毎月1回、3人の学芸員が講師になり湖北・長浜に密着した話題を取り上げている。それぞれ「湖北の民家」「湖北・長浜と秀吉」「古絵図との対話」をテーマにした。あるいは企画展のより深い理解をはかるために「歴史文化講座」を開催したり、特別展にあわせて「講演会」を開催したり、夏休みを利用して小・中学校の生徒を対象にして、竹馬づくりや中世の城を歩くなどの野外体験学習も実施した。そのほかに学芸員に対する講演依頼もあり、その内容は

「長浜の歴史について」「長浜の町屋について」などからなる。派遣先は高齢者クラブや学校関係者、郷土史研究会など様々である。また、湖北地域に残る郷土芸能を公開することで無形文化財の関心を呼びおこし、その保存や継承を促すために「出世祭り」と協賛による民俗芸能の公開などがある。

こうした博物館の設立を契機とした、住民を中心とする「まちづくり」の動きのなかで、平成8年4月7日から11月30日に長浜市で開催された北近江秀吉博覧会は、これまでの「まちづくり」活動ではみられない最大規模のイベントとなった(註23)。参加者は、個人708人・363団体にのぼった。なかでもボランティアとして参加した108人の高齢者は、会場のコンパニオン役として活躍した。メイン会場の映画館や商家だったものを改造したNHK大河ドラマ館では、当時放映されていた大河ドラマ『秀吉』で使われた衣裳などや、マルチスクリーン映像で秀吉の夢を追体験するというものである。大通寺という寺院の会場では建物の多くが重要文化財であり、円山応挙の襖絵などの文化財を公開しながら、所縁の蓮如と秀吉に関する資料を展示した。そして会期中には博物館も博覧会の会場の一部として、次のような展覧会を実施している。

　　4月9日〜6月9日　　企画展「天下人への序章　湖北・長浜と秀吉」
　　6月11日〜7月21日　常設展「秀吉関連　新収館蔵品展」「知善院の至宝展」
　　8月2日〜9月11日　常設展「湖北の土豪ゆかりの刀剣展」
　　9月24日〜10月27日　常設展「戦国合戦図展」「新市指定文化財展」「長浜八幡宮所蔵品展」
　　10月29日〜12月1日　常設展「湖北ゆかりの秀吉画像展」「湖北・長浜ゆかりの甲冑展」「秀吉をめぐる人々─秀勝・三成展」

このように博覧会の会期中に秀吉や湖北に関連する歴史資料の展覧会を繰り返して行なうことにより、博覧会が娯楽的な傾向になりがちなところにある種の歯止めをかける役割を果たした。最終的に博覧会の来場者は、目標の40万人を上回る67万人余りとなった。

閉幕後、住民は博覧会を契機にして「フィナーレからプロローグへ」を合言葉に、さらなる「まちづくり」を進めるために実行委員会会長は、長浜市長に対して3つの提言を行なった。

ひとつは、「プラチナプラザ構想」の実現化である。これは、博覧会に参加した高齢者ボランティアに、継続して社会貢献のできる場を設けてゆこうというものである。当面、商店街での商業活動を目的にして、公益性をもち自主的な運営によるNPOのような組織を意識する。次は「秀吉青春大学」の継続化である。これは博覧会により生まれものであるが、「まちづくりは人づくり」といわれるように、地域をフィールドにして歴史を学び、アイデンティティの形成をはかろうとする。もうひとつは「まちづくりセンター」の設立である。長浜市の計画には第3セクター方式の「まちづくりセンター（仮称）」の設立が提案されていることから、そうした組織を設立して、主に中心市街地の住環境を基礎にした整備などを求めるというものである。

　このように長浜でみられることは、当初の博物館をつくるにあたり博物館をつくること自体よりも、プロセスが重要であったことを示している。それまで潜在化していた住民たちの力が博物館建設で結集され、かつての町衆という市民意識が想起され、再び活力や自信を与えることになり、それを出発点として住民と行政が車の両輪のような関係を保ちながら「まちづくり」運動に発展したのである。

3．地域の文化や生活を保護・育成する

　これまでのところ、地域の文化や生活を守り育てるという発想に基づいた博物館の活動はあまり活発ではなかった。しかし、昭和60年頃から日本に本格的に導入されるようになったエコミュージアム (註24) は、博物館のこうした姿勢に対して刺激を与えている。

　そもそも、エコミュージアムとは1960年代にフランス人のジョルジュ・アンリ・リヴィエールにより提唱されたフランスの地方文化の再評価と中央集権の排除という思想に基づいて生まれた。エコミュージアムはフランス語のエコミュゼの英語訳で、日本語では「生活・環境博物館」と訳される。だが博物館といっても、従来型の博物館を指すわけではないようである。従来型の博物館は設置者が主導的な役割を果たし、資料を収集・保管・研究して、住民を対象にして展示などの教育活動を実施する機関である。これに対して、エコミュージアムは人間と自然との調和を重視しながら、自然や文化遺産を現地保存して、住民が活動の中心になって地域社会を育成する運動であるといわれる（註

25)。

　博物館では、「自然や文化遺産を現地保存する」ことは一般に領域外のことのように思われるが、遺跡保存や古民家保存などを実施している。しかし、「人間と自然との調和を重視する」「住民が活動の中心になって地域社会を育成する」という思想については、博物館でも認識しているだろうが、現実にそのような活動を実施しているところは少ない。

　三重県の海の博物館では、昭和46年に開館して以来、海を守ることを意味するSOS（Save Our Sea）運動を展開している。建設準備のために資料収集をしていた当時、漁師が口をそろえて海が汚れて魚が獲れなくなったことを訴えていたことが契機となり、それから博物館活動の目的の一つとして、海の現状を人々に伝え海を守る行動への参加を呼びかけている(註26)。SOS運動の参加を募るチラシには、運動の趣旨が次のように述べられている。

　　SOS運動とは。工場の排水が、産業廃棄物が、船の廃油が、生活排水などが、海を汚染しつづけています。このまま手をこまねいていれば、海は死に絶えてしまうでしょう。私たちは、美しく豊かな海が、汚染され荒廃させられてゆくのを黙って見過ごすことはできません。私たちの海を汚す者を、私たちの海を奪う者を許すことはできません。SOS運動とは、病める海が発する悲痛な"SOS"を聞き取り、なによりもまず私たち自身の"海への愛"を回復する運動です。

　この運動には全国で約1,000人ほどの会員(註27)が参加して、SOS運動の情報誌やサマースクールなどを通じて海を守る活動を行っている。

　また、滋賀県立琵琶湖博物館は、環境と人間の関わりを課題とする意味においては、エコミュージアムの思想に通じている。しかし、ここの活動の発想はもう少し奥が深い。それは、環境破壊は人類が近代工業化をはかりながら発展するためには避けられない宿命のようなものであり、その限りにおいて自然と人間が共生することは簡単にはできない。琵琶湖汚染という地域の問題から、地球規模の環境問題まで共通するものであり、人類はまだその解決法を見い出していない。必要なのは環境問題の背後にある、この"関係性の構造"を表現することであるという視点にたっていることである(註28)。したがって、博物館が主導的な立場にたって環境保護を普及するということではなく、展示をみ

た来館者一人一人が感じたり考えたりすることができるような企画構成をしている。環境保護の判断は来館者一人一人にゆだねることになる。

　たとえば、先述したような「水環境カルテ」調査以外にも、タンポポやヒガンバナなどの開花日を調査する住民の「参加型調査」や、川をせき止めて魚を捕まえる「かいどり大作戦」と称する野外観察会、県内各地から定期的に情報をよせてもらい、それを展示にも生かすフィールドレポーター（地域情報通信員）制度などの多彩な活動を展開している。展示室には「フィールドレポーターからのレポート」というコーナーがあり、提供された情報は整理されパネルにして展示される。「各地のいきものやくらしのようす、人と自然のかかわりを比べてみてください」という解説により、「セイタカアワダチソウのイメージ（花言葉）」「水辺の貝を調べよう」などが展示されている(註29)。

　展示室のオピニオンコーナーに張り出された来館者の意見には、次のようなものがある(註30)。

　　私は洗濯する時、フロの残り湯をバケツでくんで一杯でも水を節約するようにしています。（京都市・女性）

　　今まで、ただ近畿の水ガメと思っていた琵琶湖にとても長く歴史があったことが、この博物館でよく分かりました。これからもキレイな湖であり続けるように皆で協力しましょう。（奈良県・男性）

このコーナーは来館者の意見交換の場として、あるいは博物館の自己評価の場にもなっている。

　海の博物館は、公的な補助金を受けずに、財団法人として独立採算で運営している。NPOの活動について、ピーター・ドラッカー（Peter F. Drucker）は次のように指摘している(註31)。

　　非営利機関は、人と社会の変革を目的としている。したがって、まず取り上げなければならないのは、いかなる使命を非営利機関は果たしうるか、いかなる使命は果たしえないか、そして、その使命をどのように定めるかという問題である

　海の博物館は、初代館長の石原円吉の抱いた博物館としての使命を継承・発展させ、今日においても海洋文化の保存・伝承、海洋環境の保護活動を展開している。日本の多くの財団法人博物館が「公設民営博物館」(註32)や節税対策

のために設置したものであるの比べて、海の博物館はドラッカーのいうNPO活動の理念を実践している数少ないものである。

　また、公立博物館の場合には、一般に開発行為に対する各種の保護活動は、自治体にとってマイナス要素として受け取られることが多い。しかし、滋賀県では昭和47年に開始した琵琶湖総合開発により、琵琶湖周辺の都市化や工業化にともない、昭和52年に初めて淡水赤潮が発生するなどの環境異変が問題になった。昭和54年には富栄養化の原因になるような栄養分を流さないことにする、「富栄養化防止条例」（石鹸条例）が県条例として制定されたことなどを契機として、行政や住民レベルでも環境問題に高い関心が向けられるようになった。琵琶湖博物館の設立には、このような歴史的な背景を無視することはできない。

　一般に自治体が設立した博物館では、現実の文化や伝統・自然環境などを守り育てていこうということには消極的な傾向がある。資料の収集は失われゆく文化や自然などを守れない、あるいは守ろうとしないことへの免罪符だとは思いたくないが、現実にはそのようになっている。しかも変化の波は突然で、急速にそれまでの生活を押し流す。せめて資料だけでも集めて保管する、それが「過去の遺物の収集所」(註33)だといわれても、現実の博物館にできることはそれが限界なのかもしれない。しかし、琵琶湖博物館の活動は公立博物館の新たな地平を示すものである。

　野田市郷土博物館では、地域の歴史や自然を守り育てるという視点から、これからの「まちづくり」を考えるために、平成9年に特別展「写真が語る野田の歴史と文化」と「野田の新しいまちづくりフォーラム」を開催した(註34)。

　ここでは「市民意識の形成」という課題に関連するところを述べる。特別展においては、明治・大正・昭和（1960年代まで）の古写真を展示することにより、住民に地域に対する理解や愛着の気持ちをもたらすことができた。また、30歳代以前は、初めて当時の野田を知りえたという発見の喜びをもったのに対して、40歳代以後には、懐かしさや癒しを得たという人たちが多くみられた。フォーラムでは、パネルディスカッション「未来を創る、今～野田の新しいまちづくりを語る」を通じて、10～50歳代の人達のなかに自分も「まちづくりに参加したい」という積極的な意見が現れるという成果もあがった。

第2章 「まちづくり」と市民意識の形成に関する地域博物館の可能性　319

　フォーラムは、博物館・野田商工会議所・財団法人興風会が共催して、それにまちづくりの民間団体や商工会議所の青年部・婦人部、青色申告会などの住民の各団体により実行委員会をつくり、開催費は主催者や地元企業などからも提供を受けた。フォーラムの中心はパネルディスカッションであり、これには野田における各界の代表者が参加した。行政からは野田市の根本崇市長、商工業からは野田商工会議所の茂木克己会頭、自然保護からは野田自然保護連合会の石山啓二郎会長、「市民」からは俳優の山下真司氏、司会進行は実行委員会から歴史・民俗を研究する県立高校教諭の小川浩氏である。このうち山下氏は、野田には仕事の関係で来られたことがある程度で直接の関連はないが、仕事柄全国を見聞していることから広域的な「市民」という立場による。

　パネルディスカッションは、過去を踏まえ現状をどのように認識して、将来の「まちづくり」をしていくのか、しかもここでは、「地域の歴史や自然を守り育てる」ということを柱にして、それぞれ率直な意見が交わされた。従来、野田ではこのような形の意見公開やコミュニケーションの場がなかった(註35)が、それはこれからの「まちづくり」の情報として、当日の来場者ばかりでなく出版物(註36)を通じて市内の住民や周辺地域の人たちへの情報提供となった。

　つまり、この企画は特別展のベクトルが「過去」である一方、フォーラムは「将来」という構成からなる。一般の博物館の展示は、しばしば一方的に過去のベクトルのみに向き、現在や将来が見えてこない場合が多い。フォーラムを開催した目的は、現在や将来を視野に入れて、これからの「まちづくり」に寄与する観点から、これまでの博物館の事業としてはやや異色のものであった。

　なお、パネルディスカッションのなかで、根本市長が注目すべき発言をしている。それは市民意識の形成について触れていることである(註37)。これまでの「まちづくり」というと、住民は行政がするものという現状認識をもっているが、これからは住民も役割を担う必要性を説いていることである。たとえば、水路の水質を改善するために住民が汚さない努力をすること、地球の温暖化を防止するために役所は節電をするので多少の暑さや寒さは我慢すること、あるいはゴミの減量は住民が主体者であることなどである。市長は、その場合に行政と住民、あるいは住民同士でコンセンサスをもち、話し合いの中から決

めていくことを主張しているが、このことはすなわち市民意識の形成を意味している。行政の役割と住民の役割が相互にかみあいながら「まちづくり」が展開すれば、それはこれまでにない日本の新しい「まちづくり」の姿になるのである。

第4節　地域博物館の可能性

　近代化により本来日本人がもっていた精神性は、地域ごとに衰微したり断絶するなどの地域差がある。しかし、博物館としては「地域を理解する」「住民同士のコミュニケーションづくり」「地域の文化や生活を保護と育成」という基本理念にもとづき、「まちづくり」に参画することができる。それは、「まちづくり」の心を育成して市民意識の形成に寄与するという構図を描くことができる。

　しかしながら、ここで留意しなければならないことがある。それは博物館にできることは、住民に対して、あくまでも「まちづくり」の心を育むような契機をつくることである。それは地域への誇りや愛着、人々の連帯感を育む上で、必要な情報を提供したり関連事業を展開するまでで、住民を一定方向に社会教化するものではない。住民が、それを受け入れて、どのように発展させていくのかは住民自身によるものである。住民が、それを自らの問題として受け入れて活動していこうとするならば、博物館は住民に協力したり支援していくことができるというスタンスをもつことである。

1. 滋賀県国友町と鉄砲の里資料館の活動

　滋賀県長浜市の中心市街地から離れた国友町では、現在でも日本人なりの市民意識をみる思いがする。国友町は鉄砲が日本に渡来した天文12年（1543）の翌年から火縄銃の生産がはじまり、信長・秀吉・家康の保護を受けながら鉄砲生産地として繁栄した。江戸時代中期以降には、花火や彫金を手掛け、天体望遠鏡を発明した国友一貫斎、茶道家・辻宗範らを輩出した地である。

　ここは人口移動が少なく、町民の多くが生粋人からなる。昭和55年頃から、国友の歴史や文化を町民の誇りとして語り継ごうと、「国友文化村づくり」という住民運動が盛り上がった。それは国友町歴史文化保存会と呼ばれ、国友町180戸のうち90％が加入している。あるいは地元自治会は自らで「まちづくり」

の長期構想を作っている。つまり、住民主体の「まちづくり」が行われているのである。住民は、まちの歴史的景観を保全した環境整備などの日常生活空間の改善について自らが協議してから、行政（長浜市）に要望書を提出して実現化している。あるいは自らが民間企業の協力を仰ぎながら環境整備をしている。資料館の建設・モニュメントや歌碑の建立・道路や河川整備・電柱の移設などは、住民が主体となり行政の援助を受けながら行われている。あるいは、行政に援助を受けなくてもすむことは自らで行う。「まちづくり」を通して郷土意識が育まれる。また郷土意識をもち「まちづくり」が行われる。この町の住民には日本人としての市民意識のような、ある種の精神的態度を感じさせるものがある。

　それを象徴するものが国友鉄砲の里資料館である。資料館は、長浜市が用地や建設費の大部分を出資したが、その後の運営は地元住民が行なっている。展示資料は、それまでの私立の国友鉄砲鍛冶資料館のものを母体として移管した。当時の館長が、新しい資料館の館長になり運営する。職員は館長を含めて地元住民である。基本的には入館料収入から人件費や運営費を賄うもので、住民自身が博物館をマネージメントしているのである。館長の国友昌三氏は、「損得を考えたら博物館活動はできません。全てボランティアですよ」(註38)という。国友氏の話によれば、確かに単に施設を管理するだけではないことが分かる。住民が所有する鉄砲関係などの郷土資料の収集・保管や、展示替え、特別展・文化セミナーの開催、国友の鉄砲の歴史的研究や、全国に散逸した国友の鉄砲を買い戻すことなど多彩な活動をしている。それは館長のもつ郷土意識、あるいはある種の使命感のようなものが博物館活動を支えているといってもよい。また背景に地元住民の市民意識が旺盛であることにも起因しているのだろう。なお、建設時には地元住民が費用の一部を負担していることも付け加えておく。

　現在のところ、国友町のような「まちづくり」は特異な例かもしれない。しかし、それは決して歴史遺産のようなものではなく、先述したように長浜市の中心市街地の住民にも影響を及ぼし、これまで忘れられていた日本人なりの市民意識を覚醒するものである。

2. 展　　望

　日本人が自らの市民意識を形成することは、換言すれば戦後教育が目的としてきたところの「個」の確立につながる。それは、まず「個人」を確立して、「家族」「地域」「国家」というように意識の移行がはかれるもので、はじめから「地域」や「国家」のためを目的とするものではない。とはいっても「個人」の領域にとどまっていれば、それは利己主義に陥るものであり、それは「個」の確立とはならない。「個」の確立は市民意識の成熟と重なるものであり、21世紀社会の日本における重要な精神的基盤となる。

　それは、我々を取り巻く社会全体をどのように導くのかというあり様にもつながることである。周知のように、今日の日本は様々な問題を抱えている。政治・経済・行政・社会・教育・国際関係などにおいても危機的な状況に向かっている。改革する主体者は、市民意識をもった市民にほかならない。たとえば、住民が行政に依存する体質から抜け出すことである。そうすれば地方は中央政府の依存から抜け出ることができる(註39)。地方分権は、国と地方の役割分担を明確にすることであるが、それができれば中央政府による巨大な公共投資・護送船団方式による業界育成もなくなる。そして、地方分権の基盤は地方行政の自立であり、ひいては住民が「シビック」と「シヴィル」を両立する市民に成長することである。

　あるいは深刻化する環境問題の解決についても市民意識をもつことは不可欠である。ダイオキシン・ゴミ・大気汚染などの対策としては、まず個人が汚さない努力をしなければならない。エネルギーや資源問題についても個人が無駄を省くことに努めるべきである。環境保全に努めない企業の製品は、たとえ安価でも買わないようにするなど、個人としての自覚が大切である。

　ボランティア活動にしても、本来的には市民意識のうえに成り立つものである。今後ますます高齢者が増加するが、行政の介護保険制度には自ずと限界がある。それを補助するには、市民ボランティアが必要になる。環境保護・教育・福祉など、社会のあらゆる面でボランティアの価値が高まる。ボランティアは自己を育てると共に社会を育てる行為である。アメリカでは国民の2人に1人が週5時間以上のボランティア活動に参加するといわれるが、それは社会奉仕の精神に基づくものである。日本でも少しでも多くの人たちが市民意識を

もち参加することを期待したい。

　行政の施策にしても、市民が参加して民意を反映したものにしていくことである。そのために行政は情報公開をすることが必要である。住民が市民として育つようになれば、これまでの多選首長や絶対多数の議会与党の利益優先の自治体の政策について、市民が優先順位をつけることができるようになる(註40)。

　重要なことは、国民が政治に関心をもつことである。日本が今日のように混迷の危機に陥ったのを政治や行政の責任にするのではない。最大の責任は国民が政治に無関心となり選挙投票を怠ってきたことにある。利害に囚われずに、市民意識をもち、地域や国の将来を真摯に捉えて、それに尽力してくれる政治家を選ぶことは国民としての義務であり責任だといえる。

　かつて福沢諭吉が、著書『文明論之概略』(1875年)で述べたように「一身独立して一国独立す」(註41)、あるいは『瘠我慢の説』(1901年)で述べたように「立国は私なり、公に非ざるなり」(註42)という命題は、今日でも変わらない。国民が単なる住民から脱却して、「個」を確立することが何よりも求められている現在において、地域博物館のこれからの可能性を求めていきたい。

註

（１）　佐伯啓思1997『「市民」とは誰か（戦後民主主義を問いなおす）』PHP新書、p201
（２）　註1
（３）　田村明1987『まちづくりの発想』岩波新書、p52-53
（４）　註3、p121
（５）　吉野正治1997『市民のためのまちづくり入門』学芸出版社、p13
（６）　西山夘三1990『まちづくりの構想』都市文化社、p 8
（７）　本間義人1994『まちづくりの思想』有斐閣選書、ii
（８）　註3、p103-106
（９）　佐伯啓思1997『現代民主主義の病理』NHKブックス、p180
（10）　註7、p358
（11）　註7、p360-365
（12）　平松守彦1990『地方からの発想』岩波新書、p82-86
（13）　註3、p81
（14）　後藤和民1979「歴史系博物館」『博物館学講座4（博物館と地域社会）』雄山閣

出版、p190-204
(15) 後藤和民1979「郷土博物館」『博物館学講座4（博物館と地域社会）』雄山閣出版、p173-189
(16) 平塚市博物館1996『開館20周年記念展　博物館のできるまで』平塚市博物館、p60
(17) 布谷知夫1998「参加型博物館に関する考察－琵琶湖博物館を材料にして－」博物館学雑誌第23巻第2号、p15-24
(18) 友の会とは、博物館が直接あるいは間接に関わりながら、博物館利用者の住民により組織された博物館の外郭団体。運営は、一般に会員の会費により賄われ、博物館の事業への参加・協力や、博物館発行の刊行物の配付や入館料の減免をうけることができる。だが、実際の組織体制や活動内容は多様である。また組織率は平均21％（『博物館白書（平5年版）』）と低率である。その背景には、友の会が自主的な住民サークルとして育たずに、博物館が運営しなければ維持できない場合がある。よって、博物館の人員や経費の負担が増える。あるいは、自主的な住民サークルとして、博物館の事業などに対して要望ばかりをする一種の圧力団体に化すことなどである。このようなジレンマにはまり込んでいるのが、友の会の現状のようである。そのため、博物館が友の会の組織に慎重になっているのであるが、このジレンマを解消していくことは、なによりも博物館自身にその役割と責任がある。
(19) 博物館ボランティアとは、金銭的な報酬によらずに、博物館活動を通じて、社会奉仕する人をいう。活動は、展示資料の解説・展示室での監視・利用者の世話・資料整理・館内清掃や草木の手入れなど多岐におよぶ。博物館ボランティア活動は、参加者が博物館の活動を通じて交流をはかり、地域や博物館に対する理解を深めることが大切である。しかし、公立博物館のなかにはボランティアの導入により、博物館の人員不足を賄う手段という認識しかもたずに実施しているところもある。あるいは福祉政策という認識しか持ち合わせていない。それに比べて、アメリカのボランティア制度は、多くの博物館が財団であることから、住民が博物館活動に支援や協力するという社会環境があり、社会奉仕や社会的使命感の達成につながっている。
(20) 笠懸野岩宿文化資料館1998「参加者の感想は…」Origin第24号
(21) 市立長浜歴史博物館1988『常設展示（湖北長浜の歩み）』市立長浜歴史博物館
(22) 市立長浜歴史博物館1988『市立長浜歴史博物館　年報（昭和62年度）』第2号、市立長浜歴史博物館
(23) 北近江秀吉博覧会実行委員会記念誌編集委員会1997『フィナーレからプロロー

グヘ　北近江秀吉博覧会記念誌』北近江秀吉博覧会実行委員会、p48
(24)　新井重三1987「エコミュージアムとその思想」丹青6巻10号、丹青社
(25)　新井重三他1993『地球にやさしい博物館：エコミュージアム、国際エコミュージアム・シンポジウム基調講演集』(山形県)朝日町
(26)　海の博物館1996『海の博物館』財団法人東海水産科学協会
(27)　1997年1月現在。
(28)　嘉田由紀子1998「地域から地球環境を考える拠点としての博物館」季刊ミュージアム・データ41、p1-10
(29)　1998年6月に見学する。
(30)　註29
(31)　P・F・ドラッカー1991『非営利組織の経営』ダイヤモンド社、p5
(32)　国の行財政改革の動きにともない、自治体が建設した博物館の管理運営を自治体が設立した財団法人に委託する博物館をいう。
(33)　註28
(34)　金山喜昭1998「野田市郷土博物館における特別展"写真が語る野田の歴史と文化"と"野田の新しいまちづくりフォーラム"の開催(郷土博物館における「まちづくり」活動の一例)」博物館学雑誌第24巻第1号、p55-74
(35)　利根コカ・コーラボトリング(株)社長(当時)茂木克己氏のご教示による。
(36)　ふるさと工房1998年1月「特集・野田の新しいまちづくりを語る」タウン総合誌『月刊とも』NO.222、p16-29、野田市企画財政部秘書広報課1998『グラフ野田』NO.31、p12-15p など。
(37)　ふるさと工房1998年1月「特集・野田の新しいまちづくりを語る」タウン総合誌『月刊とも』NO.222、p16-29
(38)　1998年6月23日、国友鉄砲の里資料館館長の国友昌三氏のご教示による。
(39)　山口二郎1997.11.3「開発主義からの脱却を」日本経済新聞朝刊
(40)　日本経済新聞社経済解説部1998.9.29「地方分権　参加と連携」13、日本経済新聞朝刊
(41)　福沢諭吉1875『文明論之概略』(永井道雄編1984『福沢諭吉』日本の名著33、中央公論社に所収)
(42)　福沢諭吉1901『瘠我慢の説』(1985『明治拾年丁丑公論・瘠我慢の説』講談社学術文庫に所収)

第3章　資料調査研究論

第1節　人文系博物館の調査研究活動

　人文系博物館の調査研究活動について、かつて宮本馨太郎は次のように述べている。

　　博物館における研究調査活動は、資料の収集・保管の研究調査、専門学術の研究調査、展示・教育活動の研究調査の三分野にわたって実施されねばならないが、それらはそれぞれ専門の技術員・研究者によってばらばらに実施される性質のものではなく、三分野にわたる研究調査は三位一体をもって展開されねばならぬ性質のものである。

　これをみると、たとえばアメリカのように分業化されて、それぞれがスペシャリストであることを、むしろ否定的に考えているように思われる。その成否については、ここで据え置くとして、そのまま宮本の見解を続ける。

　　学芸員は研究者として専門学術の研究を行うと共に、学術研究の立場から資料の収集・保管に従い、学術研究の成果にもとづいて展示・教育活動を行わなければならない。資料の収集・保管が学術研究の立場からされないならば、いかに大量の収集がなされたとしても、いかに収蔵庫内が清潔に整頓されたとしても、また学術研究の成果によらないならば、いかに資料の展示が見事であったとしても、いかに熱心な教育活動が繰り返されたとしても、それらはいずれも絵そらごとに過ぎず、博物館の機能を発揮するものとならないのである。このように考えてくると、学芸員は資料の収集・保管、専門学術の研究、展示・教育活動の三分野にわたる研究調査を兼ねて実施せねばならないが、なによりもまず学芸員の資質として専門学術の研究者であることが要請せられると共に、博物館の研究調査活動において専門学術の研究調査が優先することが要望せられるのである。

　以上は、昭和39年（1964）の日本博物館協会による第2回学芸員研修会の講演

による宮本の発言である(註1)。

　これを博物館の実務に照らし合わせるならば、博物館機能としての資料の収集・整理保管・調査研究・教育普及は、それぞれが要素的分析ではなく、全体との関連のなかで問題となる全体のなかの構成部分である。つまり個々の要素は完全に独立したものではなく、相互に関連しあい、それらは循環するものである。そして機能的な中軸になるのは専門学術の調査研究ということになる。

　ここでは地域博物館の調査研究を扱うことにするが、その範囲は広汎・多岐であることから、私が実際に携わったものを実例としながら論じることにする。

第2節　押絵行燈の収集と保管

　押絵行燈は押絵仕立ての行燈である（写真3）。製作者は勝文斎という人物である。これは扁額を行燈本体に組み込む方式のもので、全国でも他に類品を見ない。扁額は明治の人気役者が演じる歌舞伎の一場面を押絵仕立てにしたものである。明り窓には絹絵が嵌め込まれ、そこには全国各地の特産品や名所が描かれる。行燈本体の前面に扁額が嵌め込まれ、内部で灯した蠟燭の明りが絹絵を透けて外に洩れるようになっている(註2～4)。

　当資料は、明治17年(1884)の千葉県野田市の茂木家が所有する琴平神社の大祭に篤志家から奉納されたものである。祭りは毎年11月9・10日だが、13年目ごとの申歳の大祭に境内で披露され、昭和43年の大祭まで実際に使用された。

　資料は昭和45年10月に所有者の茂木克己氏から野田市郷土博物館に寄託された。その理由は「自宅にあっても宝の持ち腐れだから、博物館において教育活動に役立ててもらいたい」ということであった。早速その年の11月に一般公開を行い、それからも数回公開したようであるが、その

写真3　勝文斎の押絵行燈

後収蔵庫に長く保管されることとなった。一般公開は作品自体を紹介する展示で、それに関する調査研究が行われることはなかった。

第3節　押絵行燈の調査研究

　私の学術的専門分野は考古学であるため、調査研究には外部の研究者の協力を必要とした。そこで近世文化史研究者の岩崎均史氏（たばこと塩の博物館）に伺い調査の進め方を相談した。大略は次のようになる。
　　　1、勝文斎の調査　　　2、押絵行燈の調査　　　3、明り窓に嵌め込まれた絹絵の調査など。
1は私が担当し、2は岩崎氏に担当していただいた。3については、近世絵画の研究者の安村敏信氏（板橋区立美術館）にも参加していただくことになった。そして近世文芸研究者の鈴木重三氏に押絵行燈全般に関する指導助言をあおいだ。

1．勝文斎に関する調査

　それまでの研究状況　　作者の勝文斎については、山田徳兵衛が昭和38年に『人形百話』という著書のなかで「勝文の絵馬」という項目を設定して次のように述べている（註5）。

　　今月は歌舞伎座で中村勘三郎が"水天宮利生深川"の筆屋幸兵衛を演じているが、明治18年に五代目菊五郎が黙阿弥に書かせてこれを初演したときから、幸兵衛が舞台で使う押絵細工の碇の絵馬は、人形町の勝文がつくっていた。
　　勝文というのはいまの寄席の末広亭の向う側の堀留に近いところに見世があり、押絵細工や縮緬細工の名手で、羽子板や人形も手がけていた。勝文斎椿月と号し、画家淡島椿岳の愛弟子であったが、非常な大酒豪家でいろいろ奇行も伝えられ、人形町の名物男になっていた。
　　たいへんひいき先が多く、いろいろのものを誂えられたが、いまも、野田市の茂木家には彼の力作の押絵細工が残っている。一つは、間口4メートルに及ぶ醬油醸造の場面の大額であるが、これは明治10年の作で、醸造場の仕掛けと40数名の人物がみんな押絵でつくられている。
　　もう一つは、同屋敷内にある金比羅宮に納めた間口80センチほどの額

で、これは実に40数枚ある。東海道五十三次にちなむ演劇の人物を勝文が押絵でつくり、バックの一部に絵絹を張り、これに暁斎・玉章・和亭・永湖・光峨など当時の名画伯に絵を描かせている。これは明治17年に完成したものである。

　五代目菊五郎がたいへんひいきにしていたので、六代目も筆屋幸兵衛を演じるときはかならず絵馬をつくらせて用いた。勝文は、その孫に当る代までつづき、大正の終わりごろ、見世を閉じたと覚えている。

　これが勝文斎についての最も具体的な記述であった。著者の店（吉徳）がある浅草橋から人形町は近い。当然人形町の事情を熟知していただろうから、その情報は精度の高いものと思われた。この記述から得られる情報を整理すると次のようになる。

　①歌舞伎演目「水天宮利生深川」で筆屋幸兵衛が舞台で使う押絵細工の碇の額は勝文斎が製作したものを当てた。
　②勝文斎は通称、人形町の勝文と呼ばれ、大酒家で奇行があり人形町の名物男であった。
　③見世（店）は人形町の末広亭の堀留に近いところにあった。
　④押絵細工や縮緬細工の名手で羽子板や人形も手がけていた。
　⑤号は勝文斎椿月。画家淡島椿岳の弟子。
　⑥五代目菊五郎が贔屓にしていた。
　⑦孫の代まで続き、大正の終わりごろに見世を閉じた。
　⑧野田市の茂木家には間口４メートルの醬油醸造の大額がある。
　⑨茂木家の屋敷内の金比羅宮に間口80センチほどの額が40数枚ある。

このうち、⑨についてはここで扱う押絵行燈のことを指している。また、⑧については現在、野田市郷土博物館で展示している押絵扁額「野田醬油醸造之圖」のことである。

　また、岩崎氏の教示により、『浮世絵事典』には「勝文」という名が掲載されていることもわかった。それによれば「狂画堂と号した。天保より嘉永に作品があるが、小形錦絵などが多く社寺の絵馬などにも作がある。軽妙な筆致に見るべきものがあるが、あまり知られていない。人形町に住んでいたという」（註6）というもので、これも看過できないものとなった。

山田徳兵衛の記述の実証作業　調査は、まず最初に山田徳兵衛の著書の記載③を手掛かりにして人形町を歩くことにした。そこで岩崎氏の紹介により地元郷土史家の有田芳男氏を訪ねてみた。さっそく有田氏に人形町を案内していただき、水天宮・吉原遊廓跡・小伝町から勝文斎の店があったといわれる人形町通りの堀留付近を歩く。付近はオフィスビルが立ち並び明治の面影を全く失っている。有田氏は地元のことに精通しているので、誰に聞けば反応があるかを知っているようであった。ある葬祭店の前に来ると、「社長さんがいるようだから聞いてみましょう」といって店に入っていった。その人は70歳ほどの男性であった。私は勝文斎のことや店のあった所を調査していることを告げると、「勝文(かつぶん)さんでしたらすぐそこですよ」と、思いがけない返事であった。私は思わず「どこですか」と驚いた。勝文斎の旧宅が現存していたのだ。ビルの狭間に小さな２階建の木造家屋が確かに建っていた。葬祭店から20mほど先の並びであった。１階が不動産店、２階が住宅になっている。不動産店の主人は間借りしているのでわからないという。残念ながら住宅の入り口は閉ざされて人が住んでいる気配はなかった。

　社長によると、勝文斎の店は関東大震災で焼けてから、一時丸ノ内方面に転居して、その後戻ったが、太平洋戦争がはじまり所在がわからなくなったらしい。島台(しまだい)飾りの職人で方々から注文があり、夜なべ仕事を厭わず励んでいた。中年の人物で、名前は勝川だが通称「勝文」と呼ばれていたという。また、付近の「うぶけや」という江戸時代から伝わる刃物の老舗の主人も、"勝文さん"と呼び子供たちのことも記憶していた。

　勝文斎の店の所在が確認されたことによって、文献にもあたってみることにした。すると有田氏から教示された大正6年（1917）に発行した『日本各種営業者姓名録』(註7)に勝川文吉の名が出ていた。日本橋新乗物(しんのりもの)町四番地で際物(きわもの)商(しょう)を営むとある。また大正15年に発行した『人形町氣分』(註8)にも、勝文斎装飾店となっていた。こうして勝文斎は確かに人形町に店を構えていたことが判明した。

　次に調査は、これを契機として⑦について実施した。住所が判明したことから、その子孫が捜し出せれば新知見を得ることが期待できる。さっそく中央区役所に戸籍の照会をおこなったところ、戸籍は幸い戦災を逃れて残っていた。

その結果、勝文斎は本名勝川文吉、息子の岩吉は野田の"こう"という名の女性と結婚したことが判明した。葬祭店などの地元の人たちが称した"勝文さん"とは息子の岩吉のことであった。また子孫の所在もわかったので、直接調査することにした。

その人は埼玉県春日部市に住んでいた。祖父（岩吉）のことを記憶していたが、その先代にあたる勝文斎については何も知らなかった。勝文斎の仕事ぶりや作品の素晴らしさを説明すると、こちらの調査に協力的に対応してくれた。人形町の家屋は昭和初年に建てられたものだが、土地を転売したために取り壊し寸前の状態であること。屋根裏には昔から伝わった道具類があったというが、最近全て処分してしまったという。

なお、祖父の末娘が健在だというので、神奈川県相模原市の自宅に伺い、当時の様子を聞くことができた。岩吉は「父親の勝文斎を裸一貫からやった人」だといって尊敬していたそうである。

また、春日部の子孫と共に菩提寺の東京都巣鴨の本妙寺で過去帳の調査をした。その寺は関宿藩主久世大和守や歴代本因坊などの墓がある名刹である。本郷丸山に所在していた当時に明暦の大火に見舞われ、巣鴨に移転してから戦災にも遭遇して、昔の過去帳は残念ながら残っていなかった。墓石は3基あった。最も古い墓石は大関家と記され、越後屋六兵衛が建立したものとなっている。隣の墓石には、勝川代々と記されており、明治41年（1908）3月25日に勝川久六が建立したもの。もう一つは勝川家之墓と記され、昭和8年（1933）に勝川長次郎が建立したものである。大関家と勝川家はどのような関係なのだろうか、同じ墓域に所在することは姻戚関係でもあるのだろうか、と思いながらそこをあとにした。

次に問題となるのは、④で指摘しているように押絵師としての勝文斎に関することである。彼の羽子板作りの腕前については、小林すみ江氏（吉徳資料室）の教示により、磯萍水が著書『秋灯記』に記していることがわかった。それは次のように勝文斎を紹介している(註9)。

　　五代目菊五郎が最贔にしていた押絵師に、勝文斎といふのがある。いや勝文斎などと他處行きな呼びようをせずに、人形町の勝文と呼びたい。
　　これが明治の名人だ、國周の下絵で、世間の羽子板なら、一種百本二百

本、という處を、一本か二本しきや揃えない、好みの繪も至極澁いもの
で、たとえば四ッ谷怪談の隠坊堀、お岩さまの戸板がえし、遉に正月だか
らお岩さまは出てゐないが、直助横兵衛と與茂七の二人立、赤つ氣のな
い、渋いよりも、陰氣なもの、而もそれが飛びつきたいやうな上出來で、
この幽霊氣のあるこのが、一本で何千本と云ふ市中の羽子板を舐めてしま
ふ、その一本が多くの場合、五代目にまっ先に買はれる、罪な話だが、五
代目としては自分の手足の指のような氣がして、他人に渡せなかったので
あらう、然しそこは、買ひ手も、賣り手も、苦勞人だ、市の濟むまで其儘
にして置く、だが、考えると、これが反って罪なようだ。

　これは、勝文斎が押絵職人として非常に高い評価を受けていたことを伝える
重要な資料である。羽子板は現在の映画のブロマイドのようなもので、羽子板
の題材になることは人気のバロメータのようなものであった。そこで最もでき
ばえの良い羽子板を五代目菊五郎本人が買い占めてしまうとはおもしろい話で
ある。

　しかし、勝文斎の才能は押絵にとどまるものではなかった。⑤のように彼は
絵師でもあったらしい。まず、『大日本書畫名家大鑑』(しょが)(註10)を調べると、肖像
畫の項目に「椿月」(ちんげつ)が掲載されていた。「勝川椿月、名は文吉、天保六年、江
戸に生る、春雄の子、大西椿年(ちんねん)の門人、四條派畫家、明治年間」という内容で
ある。山田は淡島椿岳の弟子ということだが、ここでは大西椿年の門人となっ
ている。詳細は不明であるが、ともかく勝文斎は絵師の教育を受けたことは間
違いなさそうである。

　少し角度を変えて内国勧業博覧会資料にも当たってみることにした。当時は
芸術文化や産業育成のために、職人の腕を競わせるために博覧会やそれに類す
る催し物が盛行していた。絵師として活動していれば、必ずどこかに痕跡があ
るにちがいない。しかし残念ながら絵を出品した形跡はなかった。しかし、佐
藤道信氏（東京国立文化財研究所）の教示で共進会関係の資料に当たってみたと
ころ、明治15年（1882）の第1回内国絵画共進会に「松ニ鷹」「鶴」の2作品
を出品していたことが判明した。

　次に⑥については、先にみた磯萍水が指摘しているように、勝文斎は五代目
菊五郎から贔屓を受けていたようである。これは①とも密接な繋がりをもつ。

歌舞伎演目「水天宮利生深川」で筆屋幸兵衛が舞台で使う押絵細工の碇の額を勝文斎に作らせていたことも、菊五郎が贔屓にしていたからであろう。幸兵衛のセリフには次のようなくだりがある。「水天宮様に上げようと人形町の勝文さんへ、筆を売りにいった次手に、親方にお頼み申し別段負けて下すった。これは上等の碇の額だ」(註11)。幸兵衛が発狂する以前に、水天宮に奉納するために額を誂えた場面であるが、ここに登場する勝文とは、まさしく勝文斎のことである。

②の勝文斎の通称については、人形町の「勝文」と呼ばれていたとみてよい。それは幸兵衛のセリフにも見て取れるし、後述するが河鍋暁斎も彼のことをそう呼んでいる。後年だが磯萍水も同調している。また岩吉の代になってからも、通称"勝文"といわれてきたことが人形町の葬祭店や刃物屋での聞き取り調査によって判明している。

勝文斎調査の新たな展開　山田徳兵衛の記述についての実証作業がほぼ完了すると、さらに新たな調査成果が得られた。

まず勝文斎の系譜に関することである。「勝川」姓と、勝文狂画堂に見られる「浮世絵師」との関係を照合すると、浮世絵師勝川派の系譜が浮かび上がる。勝川派といえば、春英・春章の名がすぐ想起されるが、そこで勝川派の研究に当たって見ることにした。調査を開始してわかったことだが、浮世絵師の人物研究はあまり進んでおらず、著名な浮世絵師ですらその生涯は不明なことが多い。極論すれば浮世絵研究は、たとえば写楽・歌麿・北斎・広重など著名な絵師を拾い出した作品研究が主体といえる。江戸から明治に及ぶ浮世絵師は大勢いるが、研究対象としているものは氷山の一角に過ぎない。

勝川派は、江戸後期に一時は歌川派と競い合うほど人気を博した実力派である。その代表が春章・春英などである。春章は勝川派の始祖で役者似顔絵を確立した絵師として知られる。春英は勝川派の俊才と言われ、軽妙洒脱な役者絵を得意とした。文献にあたったり、勝川派研究者の内藤正人氏(出光美術館)にも伺ったが、残念ながら手掛かりは得られなかった。そこで勝川派関係の人物を取り上げた文献に当たってみたところ、木村捨三が著した「勝川春山の代々」(註12)という研究ノートが見つかった。

木村は昭和15年に知人の紹介で東京・東蒲田の女性を訪ねたという。その女

性とは勝文斎の孫娘で、当時の勝川家の当主のことであった。私が調査した春日部の子孫の母親にあたる。木村は春山を調査していた関係で、その人物から勝川家の系譜を直接調査できたようである。先に処分されたといわれる位牌もあり、木村は次のように記している。

　　位牌には、初代　勝文斎　画名春英
　　　如是院皆悟日眼　天保十二年丑年　四月上七日
　　　皆聞院妙本日寿　明治十九年　七月廿九日

とあり、その裏の中央に"二代目春山"と記されている。

ここに見られる春英は、まさしく浮世絵勝川派の勝川春英をさす。春山は春英の弟子の勝川春山（しゅんざん）をさす。このことから初代勝文斎は春英、二代は春山、三代は二代春山ということになる。木村は当主から過去帳に基づいた詳細な内容を聞き取りしている。

つまり春山は、本姓が大関家であったが、勝川春英に教えを受けた恩返しに勝川の画姓を名乗るようになり一家を立てるにあたり、春英を画系の上から初代にした。これで本妙寺の大関家の墓石の謎が解けた。二代春山は春山の門人で、一人娘の"おぎん"を嫁にしたが、天保12年（1841）に春山が没した翌々年に没した。そこで後妻として"おみつ"を迎えたが、おみつも10年も経たず嘉永5年（1852）に没した。実は、その夫の二代春山が狂画堂勝文であり、狂歌もよみ狂名を出久廼坊画安（でくのぼうきやす）といい、三代勝文斎でもある。彼は明治4年（1871）に没した。次に登

写真4　『暁斎日記』に描かれた勝文斎の似顔絵、明治21年3月31日付

場するのが押絵行燈の製作者である勝文斎である。正式には四代勝文斎となる。春雄の子。勝川家に養子として入り、清元のうまい"おつね"という美人を妻としたが、妻の浮気により離婚してから、"ます"という女性と再婚して生まれたのが岩吉である。ますは明治19年に没し皆聞院妙本日寿と化した。四代勝文斎は明治41年に没し、法名を実道院光乗日如信士という。子の岩吉は五代勝文斎を名乗るが、跡取り息子の勇に先立たれて力を落として昭和6年に没した。こうして五代続いた勝文斎の系譜は事実上これで跡絶えることになった。

次は、その交遊関係を調査した。勝文斎の交遊関係は押絵行燈の製作を究明する上で興味深い。その手掛かりを資料に即して考えると、嵌め込み絵の製作に関与している絵師たちが浮かぶ。絵師の詳細は専門家の安村氏に委ねていたが、絵師の一人河鍋暁斎については、埼玉県蕨市に暁斎記念美術館があることから調査した。

館長の河鍋楠美氏は暁斎の孫娘であった。勝文斎のことを尋ねると、勝文さんだったらよく子ども時分に母親から名前を聞いたことがあるという。鹿鳴館などの設計で有名な、お雇い外人のコンデルと勝文の名前はよく耳にしたことがあり、『暁斎絵日記』(註13)に登場するというのである。早速、『暁斎絵日記』(1887〜89年)を見せてもらうと、確かに登場している（写真4）。暁斎は自宅の訪問者やその日の出来事について毎日絵日記をつけていた。勝文斎とコンデルが同じ日に描かれていることもある。勝文斎は「人形丁勝文」という書き付けがある。絵筆をもった姿や、風呂敷を広げた姿、土産物をもって来た姿など様々である。ギョロ目で顎が張った四角張った顔形をした人物に描かれているが、似顔絵に卓越し才能を発揮した暁斎のことだから、勝文斎の特徴をよく表しているのだろう。

『暁斎絵日記』は暁斎の没後に各地に散逸してしまった。それは東京芸術大学などに所蔵するものを複製出版したもので、その他は大東急文庫（五島美術館）やパリのギメ美術館や所在不明のものもある。後日、大東急文庫でも現物を確認調査したが、明治8年〜11年の『暁斎絵日記』中に勝文斎は認められなかった。

勝文斎資料の新たな発見　野田市郷土博物館が所蔵する押絵扁額「野田醬油

醸造之圖」は、第一回内国勧業博覧会に出品したといわれることから、東京国立博物館の所蔵目録を検索した。すると旧松方コレクションの中に狂画堂勝文の作品が1点あることが判明した。絵柄は易者の営業活動を2匹の犬が茶化している場面を描いた戯画であり軽妙な画風である。

　勝文斎の他の作品は、まず野田で確認された。市内の琴平神社の額堂には数枚の絵馬類があったが、そのうちの1枚がまさしく勝文斎の扁額であった。図柄は天狗の団扇を金具で誂えたもので、琴平神社に奉納されたものである。明治29年の作である。

　また、モースコレクションのなかにも勝文斎の扁額が少なくとも2点あることを確認した。これは都立産業貿易センターを会場にして行われた「モースの見た江戸東京展」（1991年3月6日〜4月14日）に出品されていた。一つは金具を取り付けた扁額「心と鍵」で明治20年（1887）の作である。他方は書額「家内安全」で、これも同じ年代の作である。いづれもアメリカのセイラムピーポディー博物館に所蔵されている。

　次に、関東各地の博物館で発行した絵馬や古美術関係の図録、各自治体で発行した文化財調査報告書などにできるだけ多く当たった。すると成田山霊光館では絵馬を1点所蔵していることも判明した (註14)。また川越市立博物館では、特別展「うまどしの絵馬展」において勝文斎の扁額を、市内の寺から借用して出品したことも判明した (註15)。さらに浅草寺絵馬調査団が調査した東京都浅草寺の絵馬の中にも扁額が4点まとまって所蔵されていることも判明した (註16)。

2．押絵行燈の調査

　本調査は岩崎均史氏に担当していただいたが、その成果は次の通りである (註17)（写真5）。

　現存する押絵は41点で、全てが明治の人気役者の似顔半身からなり、歌舞伎の一場面を描いているが、狂言名はなく役者の名前・役名・府県名が押絵と共に額面に書かれ、明り窓の部分に絹絵が嵌め込まれている。縦横が3：5（35.8×50.4cm）の横長で、浮世絵版画の大判錦絵横版に近いサイズである。押絵の枚数は、当時の府県数が3府44県で、その前後に多少の変動があったことや、府県によっては複数の押絵があることなどを考慮すると、現存の41枚より

多い。役者の面相は豊原國周を思わせる明治歌川派の役者似顔絵で、國周の浮世絵版画と類似する構図が見られることから、先行して出された浮世絵版画を押絵製作の粉本としたことがわかった。

押絵は全て歌舞伎の一場面を題材にしているが、押絵に記された役者や役

写真5　勝文斎の押絵扁額
（大阪府　芦屋道満大内鑑　尾上菊五郎の「葛の葉」）

名を手掛かりにして実際に何時・どこの劇場で上演されたものかという調査により、41枚のうち17枚については外題(げだい)・開演月日・劇場が判明した。しかし、残りについては東京以外の開演も記している『歌舞伎年表』を調査しても不明であった。しかし題材として選ばれた狂言は種々雑多で、特別の傾向のないことから、それらの選択は特定人物の好みで、しかも非常に歌舞伎に精通している人物像も浮かび上がった。

また、それは役者の選択についても同じである。五代目尾上菊五郎が8面、九代目市川団十郎が6面、市川左団次・二代目助高屋高助・二代目尾上多賀之丞が4面、四代目中村芝翫(しかん)が3枚、八代目岩井半四郎・坂東家橘(ばんどうかきつ)・中村宗十郎が2面、三代目中村仲蔵・五代目市川小団次・三代目片岡我童・三代目市川九蔵・沢村百之助・二代目中村鶴蔵が1面である。つまり立役ばかりでなく、脇役まで含まれていることから、選択した人物は当時の人気よりも自分の好みを優先させたことになる。五代目菊五郎が最多であることは、勝文斎が贔屓(ひいき)を受けていたこととも符合する。

3．押絵行燈の絹絵の調査

行燈に嵌め込まれた絹絵の調査は安村敏信氏に担当していただいたが、その成果は次の通りである(註18)。

絹絵には植物や昆虫を題材として府県名を特定できないものと、名所や名産品を題材として府県名が知られるものがあり、なぜ2種類になるのか不明で

あった。ところが安村氏の調査によりその理由が判明した。前者には朴庵(ぼくあん)の作品7枚と滝和亭(かてい)の作品2枚があてられているが、朴庵の作品の中には「庚申初冬」の年記があることから大正9年ということになる。つまり朴庵の作品は当時のもので、押絵行燈が製作された明治17年以後に補填されたものだと判明した。また和亭は朴庵の師で明治34年に没していることから、大正9年に朴庵が補作をした際に師の作品を混入したものではないかという推理がくだされた。

後者は押絵行燈が製作された当時の作品であるが、参加した絵師についての解明も行われた。絵師は次の人たちである。川端玉章11枚・飯島光峨7枚・佐竹永湖5枚・勝文斎3枚・河鍋暁斎3枚・梅幸(ばいこう)1枚・柴田是真(ぜしん)1枚。このうち梅幸は五代目菊五郎の号で、それにちなんで太宰府の天神の梅を描いているらしい。また勝文斎も参加しているが、その他の絵師は次のような共通点が浮かび上がった。

まず第一に、いずれも明治にフェノロサの唱導による新日本画運動に関わりをもたず、伝統的な絵画技法による旧派で幕末から明治に活躍した絵師たちである。次に、彼らのうち河鍋暁斎を除く4人はいずれも円山もしくは四条派の作風を得意とした。暁斎にしても狩野派正系の意識は強いが、風俗や人物描写では四条派をこなしているので、それに近いことになる。なお勝文斎も絵師としては四条派に属すると紹介されていることから、同じ系列に連なることも判明した。

第4節　調査研究にもとづく教育普及活動

1．特別展「華ひらく押絵の新世界（勝文斎の偉業）」

調査研究成果の普及の場として、まず特別展を開催した。初日から新聞やテレビニュースの取材があった。それらは直ちに報道されたため、当初から多くの来館者が訪れた。マスコミの話題になるかどうかによって、入館者数は桁違いに違ってくる。来館者は市内ばかりでなく県内外からも多く訪れた。私が知る限りでは、静岡や新潟から日帰りで来館した人もいた。結局、来館者は7,255人に及び、特別展としては、これまでで最高の記録となった。それ以外にも雑誌の取材や展覧会や作品に関する記事の依頼が、その後しばらく続くことになった。

2．博物館セミナー

　また、特別展に併せて講演会や公開座談会を開催した。講演会は小林すみ江氏による講演「押絵の美を探る」である。それは押絵を歴史的に紹介することを通して、勝文斎の押絵を評価するものであった。また、公開座談会は岩崎・安村・丸山伸彦氏（国立歴史民俗博物館）と私の司会進行により「勝文斎と押絵」が行われた。ここでは、それぞれの調査研究の立場から勝文斎の押絵行燈を学術的に評価するものであった。なお丸山氏は染織の立場から押絵を考察した。

第5節　収集・整理保管・調査研究・教育普及の循環機構

　これまでの押絵行燈に関する収集・整理保管・調査研究・教育普及の諸活動は、さらに次の段階としての収集・整理保管・調査研究・教育普及に発展することになる。

1．収　集

押絵行燈の寄贈　押絵行燈は、先述したように茂木氏から寄託を受けていたが、調査研究の成果や特別展の開催のことを茂木氏に話したところ感謝された。そして、博物館の教育活動に活用してもらえるならば寄贈してもかまわないということになった。

　寄贈の経緯は、通常は所有者からの申し出によるものが多いが、このように特別展の企画を契機にして寄託品が寄贈されることもある。この場合、寄贈の理由は寄託資料に対する調査研究と、特別展に発展化させたことに対する感謝の気持ちによるとみてよい。それは寄託者が博物館に所有する品物を預けてからも、どのように活用されるのかを注視していることを物語る。

五代勝文斎資料の寄贈　勝文斎調査においても、子孫から五代目の岩吉に関する品物が寄贈された。岩吉による書画の短冊8点である。「五代目勝文斎隠居記念為之作」とする一連のものである。それらは特別展において五代勝文斎の展示コーナーに展示した。

勝文斎の押絵羽子板の購入　特別展以来、勝文斎に関連する資料収集を心掛けていたところ、小林すみ江氏から東京・神楽坂の古物店に勝文斎の羽子板があるという知らせを受けたので、さっそくその店に出向いた。羽子板の裏には

「勝文」という刻印があり、間違いなく本人の作品であることが確認された。図柄は、着物姿の二人の女性が羽子板をもつもので、正月に合わせた見立て風のものである。勝文斎の調査においては、関連する博物館・美術館や古物商にその作品の所在を照会したことがあるが、回答は全て不明であった。価格は33,000円と安価であった。入手先の店には照会をしていなかったことが幸いしたようだ。店の主人は、勝文斎の作品に関する見識を持ち合わせていなかったのであろう。

2．整理保管

押絵行燈の修復　押絵行燈の調査研究活動により、その学術的価値が認識されるようになると、資料の修復や保管環境の整備に目が向けられるようになった。従来は木箱に収納し、ほとんど出し入れが行われなかったため、保存状態は概ね良好であった。しかし押絵部分の繊維製品には僅かに劣化が見られ、絹絵には褐色化した染みや絵の具の剥落も見られ、早急に修復を要する状態であった。

修復は東京国立文化財研究所の増田勝彦氏に相談した。修復の基本はなるべく現状保存することが望ましく、必要最小限に手を加えることで止めるべきとのことであった。それは修復により資料が有する機能性を損なわせない。また、修復をしてからでも必要に応じて修復前の状態に戻せることである。絹絵については、絹そのものが劣化していることから薄い和紙で裏打ちをして補強する。この際注意すべき点は、明りを灯しても使用時と変わらない状態で明りが外に洩れるようにしておくことである。また渇色化が進んでいるものについては、ぬるま湯で洗浄して少しでも汚れを落とし、顔料が剥落したものはその時点で剥落止めを施すことなどを指導していただいた。実際の作業は、そのような条件をこなせる修復者に委託することになるが、問題はそのための予算を獲得しなければならないことであった。

専門業者の見積額は総額640万円。従来これほど高額な修復費を財政当局に要求したことはなかった。そこで文化財としての重要性、特別展の盛況ぶり、押絵行燈に対する社会的関心の高さなどを説明しながら、その修復の必要性を主張したところ、2カ年にわたる修復予算が認められることになり、修復を実施することができた。

収納箱の製作　押絵行燈が寄託された当初からの木製収納箱に換えて、新規の収納箱として桐箱3箱を誂えた。桐は調湿機能や防虫効果をもつことから、押絵行燈の収納には最適である。内部は1点単位で取り出しができるようにアクリル製のケースに調湿紙をセットして1箱に14箱ほど収納する。貸し出しの際には、アクリルケースに収納した状態のまま移動できるように工夫した。

3．調査研究

三遊亭円朝の幽霊画コレクションと勝文斎の幽霊画　東京・谷中の全生庵（ぜんしょうあん）には落語家の三遊亭円朝の幽霊画コレクションが所蔵されている。それは、生前に円朝が日本橋区柳橋で怪談会を催した明治8年頃から収集しはじめたという幽霊の画幅約100点のうち、40点が全生庵に今日まで伝えられているものである。

　近年、この円朝コレクションの調査が実施された。メンバーの一員でもあり、絹絵調査を担当した安村氏によりその性格が明らかにされた (註19)。それによれば、作品群の中核をなす一翼に押絵行燈の絹絵を描いた四条派系の絵師たちがいる。勝文斎をはじめとして飯島光峨・川端玉章・佐竹永湖・柴田是真らが名を連ねていることが判明した。このうち光峨は明治6年に円朝が日本橋区浜町に転居して以来、近所づきあいをする間柄であり、同じ日本橋区に住む勝文・玉章・永湖らとも光峨を通じて直接の親交があったらしく、コレクションは円朝が彼等に依頼して描かせた可能性が高いという。このようなことから、当時は日本橋区を拠点にした四条派系のグループが押絵行燈の他にも円朝から依頼を受けた幽霊画を手掛けるなどの活躍をしていたことがわかり、勝文斎はその中のれっきとした一員であったことが判明した。

現存最古の岐阜提灯の絵柄の発見　特別展の図録は、全国の関連する博物館に情報提供資料として送ったところ、岐阜市歴史博物館から次のような問い合わせがあった。それは押絵行燈のうちの1枚、「市川団十郎の熊坂長範」にはめ込まれた「岐阜縣国産涼ミ提灯」という絵柄が、現存する最古の岐阜提灯の姿ではないかということであった。担当学芸員の大塚清史氏によれば、岐阜県の名産として知られる岐阜提灯は、慶長年間（1596～1615）に御所の涼灯を模したものが起源だとされている。幕末の社会的混乱で一時衰退したところ、明治10年頃に豪商たちが再興した。押絵行燈の絹絵に筆をふるった飯島光峨・柴田

是真・川端玉章などが提灯の下絵を手掛けている。「岐阜提灯」として知られるようになったのは、その頃からであるが、その後の戦災で一切の資料が失われてしまい、当時の姿を知ることができなかった。ところが、特別展の図録から明治17年頃の岐阜提灯の姿を知ることができた。岐阜市歴史博物館からは、平成8年度特別展「ちょうちん大百科（伝統の技と美）」に出品するための借用依頼があり特別出品された。また、大塚氏は特別展やその後の知見をまじえて岐阜提灯の歴史をまとめた (註20)。

4．教育普及

マスコミによる普及活動　博物館の教育普及活動は、一般に博物館が主催する事業をいうが、特別展などによる博物館の主催事業が契機となり、マスコミによって普及されることがある。特別展終了後にテレビ番組の製作の依頼が2件あった。それは博物館の調査研究活動が評価されたことを意味するし、その成果を普及することにもなるために協力した。

最初は『素敵！！名画の旅』(1992年12月19日放映) の取材である。この番組は全国の博物館や美術館で所蔵する作品を対象にしながら、その町や風土も紹介する紀行的な番組構成である。もう一方は、『極める　日本の美と心』(1993年9月10日放映) である。この番組は全国の文化財を対象にして、その職人や技に焦点をあてることによって、日本の伝統美の抽出を試みようとする構成である。したがって、『素敵！！名画の旅』の観点とは別に、押絵を伝統工芸品と把えて、勝文斎の作品の秀逸ぶりを評価しようとするものであった。

これらの番組の素材となる全てのデータは、こちらの調査研究に基づくものであり、それを構成作家がシナリオにしたものである。両者は異なる観点や構成をとっていたが、結論はほぼ共通する。それは江戸から明治という時代の端境期に生きた勝文斎の生きざまに郷愁を見出そうとしたことである。江戸の文化は明治に入ると時代遅れのものと見なされ次々に廃棄された。番組のエンディングに登場する、押絵行燈に灯された仄かな明りの映像は忘れ去られた時代の光景を彷彿とさせる一方、時代の波に翻弄された一人の職人の影を映し出すものであった。

里帰り展「名匠勝文斎と明治の絵師たち　押絵行燈の世界展」の開催　東京銀座のミキモトホールにおいて「里帰り展」(1995年1月6日〜17日) を開催した。

第3章　資料調査研究論　343

展示構成は、勝文斎とその作品を紹介することに主眼をおき、里帰り展の意義を主張するために野田と日本橋の関係についても触れることにした。会期中の入場者は約3,500人に及んだ。会場が銀座4丁目の繁華街に立地する地の利の良さも手伝って、都内の人々ばかりでなく野田からも市民が来場した。野田市の文化財が都内で公開される初めてのケースとなった。

　史跡めぐり「勝文斎のふる里を訪ねて」の実施　野田市郷土博物館では、年1回市民を対象とした史跡めぐりを実施している。里帰り展の開催に併せて、私が調査した勝文斎に所縁の場所や野田と歴史的な関係をもつ小網町の醬油問屋があった付近などを見学する、史跡めぐり「勝文斎のふる里を訪ねて」を実施した。参加者は約30名。講師は地元の郷土史家で勝文斎の調査でも協力していただいた有田芳男氏にお願いした。小伝馬町の牢屋跡・勝文斎の旧宅・人形町通り・水天宮・行徳河岸跡を案内していただき、銀座で開催中の「里帰り展」を見学した。

第6節　博物館機能論における調査研究の位置づけ

　かつて鶴田総一郎は、収集→整理保管→調査研究→教育普及という一連の流れの構造について、仮に大循環と呼び、終局を教育普及としながらも、二つの機能間では小循環や、三つの機能間では中循環があり、相互の機能に循環関係が働くという仮説を提出した（註21）。この指摘が興味深いのは、それぞれの機能が動的であり、しかも一方通行で終わらず機能間で循環するということである。

　押絵行燈の調査研究は、その循環機能を実証したことになる。つまり「博物館循環機能論」だといえる。押絵行燈は、当初寄託（収集）されて、保管（整理保管）してきたが、その（調査研究）中に寄託者から寄贈される（収集）ことになったり、子孫の方から五代勝文斎資料の寄贈（収集）もあり、調査研究を経て、特別展（教育普及）が実施された。その後、特別展の盛行により資料価値が認識され、修復作業（整理保管）が本格的に行われた。特別展の反響や図録を通じて押絵行燈の存在を知ったテレビ製作者から番組製作の依頼があり製作して放映された（教育普及）。また、収納箱の製作（整理保管）も行われた。その後、里帰り展（教育普及）を開催したが、これは主催者の申し出と、こち

らの意向が一致したこともさることながら、その前提として修復を済ませていたことも要件であった。またその後、羽子板の購入（収集）や円朝の幽霊画コレクションの研究や岐阜提灯の現存最古の姿の発見（調査研究）などもある。

このような循環機能を発揮できたのは宮本馨太郎が述べたように、学術専門の調査研究が原動力となったためである。しかも、それは学際的な研究であり「博物館の研究調査活動において専門学術の調査研究が優先することが要望せられるのである」(註22)ということに符合する。

その一方で、博物館機能論の各機能は、加藤有次が指摘するように理念上はそれぞれ等しい価値におかれるという見解もある(註23)。実際のところは時代背景などの諸条件によって、どこに重点をおくかが決定される。たとえば、戦前には国威発揚や愛国心の育成のために郷土教育運動が奨励され、博物館でも郷土教育が盛んに実施された。戦時中には博物館の資料を戦災から守るため保管に重点がおかれた。あるいは、戦後の高度成長経済期になると生活様式の変化にともない、各地で大量の民具が処分される事態を招き、保護のために盛んに収集されたことなどである。

つまり、これらを整理すると、現代博物館の各機能は理念的に等しい価値にあるものの、実際にはその時代の社会的要因と関連しながら、主要機能が選択されることになる。

勝文斎の押絵行燈の調査研究は、現代の地域博物館において、専門学術の調査研究が博物館機能を発揮するうえで、まず基本になることを提示するものである。

註
（1） 宮本馨太郎1964「人文系博物館の研究調査活動について」『第二回学芸員研修講演会』日本博物館協会（宮本馨太郎1985「人文系博物館の研究調査活動」『民俗博物館論考』p122-127に再録）
（2） 金山喜昭1991『華開く押絵の新世界（勝文斎の偉業）』野田市郷土博物館、p41-47
（3） 金山喜昭1992「四代勝文斎と押絵細工」月刊文化財340号、p36-45
（4） 金山喜昭1995「勝文斎の押絵行灯」目の眼 No221 33-41
（5） 山田徳兵衛1963『人形百話』未来社、p207

（ 6 ）　吉田暎二1965「勝文」『浮世絵事典』緑園書房
（ 7 ）　啓新会1917『日本各種営業者姓名録』
（ 8 ）　廣告文化研究会1926『人形町氣分』
（ 9 ）　磯萍水1947『秋灯記』婦人文化社
（10）　荒木矩編1934『大日本書畫名家大鑑』大日本書畫名家大鑑刊行會
（11）　河竹繁俊編1925『河竹黙阿弥全集』第18巻、春陽社、p 1 -171
（12）　木村捨三1963「勝川春山代々」『浮世絵芸術』 2 、p43-44
（13）　河鍋楠美編1985『暁斎絵日記』暁斎記念館
（14）　大野政治・小倉博1979『成田山新勝寺の絵馬』成田山史料館
（15）　川越市立博物館1990『うまどしの絵馬展』川越市立博物館
（16）　浅草寺絵馬調査団1990『浅草寺絵馬扁額調査報告』東京都教育委員会、p116
（17）　岩崎均史1990「押絵行燈資料の周辺」『華ひらく押絵の新世界（勝文斎の偉業）』野田市郷土博物館、p51-56
（18）　安村敏信1990「行燈の嵌め込み絵について」『華ひらく押絵の新世界（勝文斎の偉業）』野田市郷土博物館、p57-59
（19）　安村敏信1995「全生庵の幽霊画コレクション」『幽霊名画集（全生庵・三遊亭円朝コレクション）』ペリカン社、p148-151
（20）　大塚清史1997「岐阜提灯の創製と復興に関する検討」岐阜市歴史博物館研究紀要第11号、p39-58
（21）　鶴田総一郎1956「博物館学総論」『博物館学入門』理想社、p10-122
（22）　註 1
（23）　加藤有次1977『博物館学序論』雄山閣出版、p93-98

第4章　ソーシャル・マーケティング理論による地域博物館の戦略

第1節　ソーシャル・マーケティング理論とは

　日本は世界有数の「博物館国家」といえる。その数は7,000とも8,000ともいわれ、種類も多種多様である。そのうち最も多いのは、都道府県や市町村などで設立され、地域の人文・自然資料を題材にし、調査・研究を通じて教育普及活動をする地域博物館である。

　教育普及活動には、展示・講演会・体験学習・出版などの活動がある。それらは手段的なものであり、目的とはいえない。それでは本来的な意味での教育普及とは果たして何であろうか。

　博物館法には、その概念規定はみられず目的も不明確である。学校教育の補完的教育をしたり、一般の知的需要を満たしたり、知的好奇心を刺激するなどの説明も一部に見られるが、博物館本来の教育機能はもっと幅広く、社会教育に限らず一般社会に関連した幅広い視点から議論すべきものであろう。博物館における教育普及の目的は、たとえば知的向上心を育む学習の動機づけの達成を目的にする、あるいは市民の精神文化の質的向上を目的にする、自然環境保護の考え方を普及するなどのように、状況に応じて多様な目的を設定すべきであり、その目的は私たちの生活を今より良いものにすることである。

　また、教育普及活動は目的や対象者の選定を吟味し、実施プログラムは綿密な計画を立て多様な角度から評価する必要がある。目的が達成されれば、来館者はそれまでの認識を改め、新たな行動を実施することを意味する。従来の教育普及活動一般に見られるような、情報の一方的提供で終始するものとは異なり、目的の達成は一種の変革となって表れるのである。ここに、従来の教育普及活動に見られない、ソーシャル・マーケティング理論に基づく新しい視点と展開がある(註1)。ソーシャル・マーケティングとは、コトラーらによれば次のように説明される(註2)。

第4章 ソーシャル・マーケティング理論による地域博物館の戦略

ソーシャル・マーケティングという用語は、社会的目的、社会的アイディア、社会的行動を浸透させるためにマーケティングの原理と技術を活用するという意味で、1971年にはじめて用いられた。それ以来、この用語は、単一あるいは複数の標的採用者集団に対して、社会的アイディアや社会的習慣をもっと受け入れてもらうためのプログラムの企画・実施・管理に関連した、社会変革のためのマネジメント技術を意味するようになった。ソーシャル・マーケティングは、標的採用者の反応を最大限に生かすために、市場細分化・消費者調査・プロダクト・コンセプトの開発と実験、直接的コミュニケーション、助成、促進的機能、インセンティブ、交換理論などを活用する。ソーシャル・マーケティングを実施する機関や組織は社会的目的を掲げ、それが個人および社会の最善の利益に貢献すると考えて、変革目標を追及していく。

ここでは、野田市郷土博物館における特別展『よみがえる　山中直治　童謡の世界』（1996年10月15日～11月17日開催）を題材にして、ソーシャル・マーケティング理論に基づく博物館の教育普及活動を計画し実施することを通じて、これからの市民社会のあり方を検討する。

山中直治（やまなかなおじ）は、明治39年（1906）千葉県東葛飾郡梅郷村（ひがしかつしかぐんうめさとむら）（現野田市山崎）に生まれた。子ども時分に音楽に憧れ、千葉県師範学校に入学して音楽を学び、卒業後の大正14年（1925）に野田尋常高等小学校（現野田市立中央小学校）の教員となった。教育活動のかたわら童謡の作曲活動を活発に展開し、その作品が30曲以上もレコード化されるなど、当時の童謡会の一翼を担っていたが、惜しくも昭和12年（1937）に31歳の若さで亡くなったこともあり、その名と共に長く歴史の中に埋もれたままになっていた（写真6）。

写真6　山中直治

没後、直治の遺品類は家族によって全

て処分されたといわれてきたが、平成5年に生家から楽譜ノートやレコードなどの遺品が発見された。野田市郷土博物館では、それらの寄贈を受けて調査研究したところ、220曲以上にのぼる作品を作曲していたことが明らかになると共に、直治のプロフィールなどに関する様々な新事実が判明した。

　特別展の目的は、山中直治の存在や、その童謡を住民に情報提供して認知してもらうだけでなく、住民に信念・態度・価値観の変革や、山中直治の遺産を実生活に習慣として定着させていくことである。結論から先にいえば、今までにかなりの割合で達成がはかられている。

　山中直治の教え子をはじめとする高齢者たちには、当時を回想して癒し(いや)とすることで高齢者福祉に貢献し、直治の存在を通じて地域に愛着をもつ住民も増え、また子どもの情操教育に役立つように、教育委員会はその童謡を市内小中学校の音楽教材に活用することも促している。また、住民による「山中直治研究会」の発足や合唱クラブによる普及など、新たな住民のコミュニケーションづくりにも発展している。

第2節　特別展とソーシャル・マーケティング理論の応用

1．社会変革としての博物館理念

　フィリップ・コトラー（P.Kotler）は、ノースウェスタン大学経営大学院（通称ケロッグスクール）のマーケティング教授である。これまでに『マーケティング原理』『マーケティング・マネジメント』をはじめとする著書をあらわし、各国の主要企業にマーケティング戦略のコンサルティングをするマーケティング学の世界的権威といわれる。また、エデュアルト・L・ロベルト（E.L.Roberto）は、アジア経営研究所（マニラ）のマーケティング教授で、人口計画や農村開発などの分野の社会変革プログラムを手掛けている。

　コトラーらは、どのような社会運動でも達成すべき社会的目的をもっていることを述べている。それらは「変化」させることについて容易な順からあげている。まず認知を変えること＜認知変革キャンペーン＞、行為を変えること＜行為変革キャンペーン＞、行動を変えること＜行動変革キャンペーン＞、価値観を変えること＜価値観変革キャンペーン＞である。

　認知変革キャンペーンは、人々に新しい情報を提供し、望ましい目標につい

て認知を変える。行為変革キャンペーンは、一定時間内に最大多数の人々に特定の行為をさせる、あるいは特定の習慣を採用させることである。行動変革キャンペーンは、人々に自らの幸福のために行動パターンを変えさせることである。これは認知変革や行為変革よりも達成が困難かもしれない。しかし、更に難しいのは価値変革である。価値変革キャンペーンは、人々の心に深く浸透している信念や価値観を変革させることである(註3)。

　一般に、これまでの博物館の教育普及は、認知変革キャンペーンに属するものであった。その多くは、情報を提供したり、認識を高めたりしようとするものである。たとえば、歴史資料を展示解説したり、自然観察会では動物の生態を学習したり、体験学習によって草鞋(ぞうり)づくりを教えたり、出版物により情報を提供したりするが、一般にそれらは住民のそれまでの考え方や行動を変えるまでには至らないようである。

　教育的戦略は、変革のための手段として技術・経済・政治・法律などの戦略とともに主要なものの一つであり、社会変革を目的とする上においては、博物館の教育普及は目的を設定して達成することが必要である。その目的は、住民に何らかの変化を起こすことである。

　ソーシャル・マーケッティングの目標は、反対の考えを持つ人や反対の行動を取る人々を変えたり、あるいは新しいアイディアや行動を採用させることである。その目標を「社会的プロダクト」と呼ぶ。それは社会的アイディアと社会的習慣などから成り立つ。前者は信念・態度・価値観という形態をとる。後者は単一の行為や行動パターンをとる(図4)(註4)。

　これを山中直治の特別展の目標に置き換えると、特別展タイトルに見られる「よみがえる山中直治の童謡世界」とは信念である。これまで歴史的に埋も

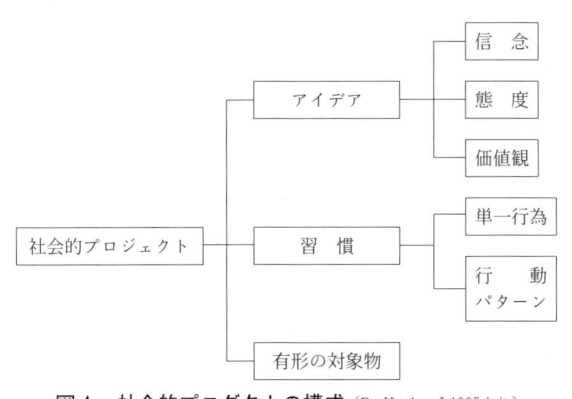

図4　社会的プロダクトの構成 (P. Kotlerら1995より)

れていた彼の存在やその業績の調査研究成果を通じて評価することである。信念は客観的なもので認識に依存するものであるから、良い悪いという評価は入り込む余地がない。態度は、山中直治やその童謡を普及する姿勢である。価値観は、一般に正しいか悪いかに関する判断であるが、ここでは山中直治とその作品を通じて地域に対する誇りや愛着の生成につなげる。また地域社会において自分の位置付けを自覚することも大切である。子どもは創造性を育むことである。社会的習慣は、単一行為や行動パターンのいずれにおいても山中直治やその童謡の普及が住民参加によって自主的な活動として合唱や演奏などの形態をとり住民生活に新たなコミュニケーションの場をつくり出すことである。あるいは学校教育の場においても教材としての活用により、子供たちに普及することである。以上の具体的な目標を総称して、ここでは「社会的プロダクト」と呼ぶことにする。

2. 住民の要求と必要性

　特別展の実施にあたり、まず検討すべきことは対象者を設定することである。従来は、不特定の一般住民を対象としていたが、ソーシャル・マーケティングの手法では、単一または複数の対象者をあらかじめ設定することになる。これには、社会階層・所得・教育・年齢・家族規模など外的属性による社会的・人口統計学的特性や、態度・価値観・動機・パーソナリティなどの内的属性による心理学的特性や、行動パターン・購買習慣・意思決定特性による行動学的特性による知識を不可欠とする(註5)。そのために、まず住民はどのような要求や必要性を感じているのかを知らなければならない。そこで、山中直治の童謡というテーマが、住民の要求や必要性とどのように整合するかどうかを検討して、対象者を設定することにする。

　野田市民は約12万人である。野田市では住民の意識調査を5年ごとに実施することにより、住民の要求や必要性を抽出している。平成7年の意識調査(註6)による市政全般に対する要望を上位からみると、老人福祉の充実（総合的な高齢者対策）32％、公共交通の整備（バス・鉄道など）25.6％、保健・医療の充実19.5％、生活道路の整備18.5％、下水道の整備16.8％、自然の保全・保護14.9％、社会福祉の充実（児童福祉・障害者福祉など）10.9％、幹線道路の整備10.7％、公園緑地の整備10.6％、ごみの処理対策8.9％である。

これらの要望のうち、公共交通・道路や下水道の整備などは都市整備の問題であり、むしろハード面の課題であるが、老人福祉・自然保護・ごみ対策などは、ハード面ばかりでなくソフト面の比重も大きく、現代社会そのものが抱える大きな問題である。その他の住民要望としては、学校教育の充実・社会教育の推進・農業の振興・商業の振興・消防防災対策など様々なものがあるが、これらは一定水準の達成がはかられていることから、さほど高い要望とはなっていない。

　まずは、学校教育との関連性から山中直治の童謡を位置づけることができる。学校教育の充実については、施設面での一定水準がはかられていることから、住民要望としては高い値を示していない。住民要望はハード面の充実を望む声が大きい。その背景には、調査法が質的な問題を設問する方式を採用していないためであり、その結果質的問題の要望が出てこない。しかしながら、質的な向上は当然目指されなければならない。地元の学校教員であった山中直治が作曲した童謡は、学校教育の質的向上をはかる上で有効である。

　また住民要望で最も上位の高齢者福祉の充実とは、果たしてどのような内容を示すのだろうか。一般に行政が実施する高齢者福祉事業は、施設の設置や高齢者看護システムの整備などであるが、住民要望の具体的な内容に関するデータは今のところ得られていない。

　福祉とは、そもそも「幸福」を意味するわけであるから、高齢者福祉事業は高齢者に幸福感を提供するものである。すると現行の高齢者福祉事業にみられる施設の設置や高齢者看護システムの整備だけが高齢者福祉とは必ずしもいえないことになる。高齢者福祉とは、高齢者に癒しを提供したり知的向上心を高めたりすることによって、生きがいを見出してもらい病気を未然に防ぐような対策をたててゆくこともあてはまる。このような観点にたてば、博物館活動においても高齢者福祉事業を位置づけることが可能となってくる。山中直治の教え子の住民の年齢層は60歳後半以上になるが、恩師の業績に親しむことは、高齢者福祉のうえからいっても有効である。

　よって、山中直治の童謡に整合する対象者は、住民を対象者にするものの、まずその主眼は市内の小学・中学生と高齢者におくことにする。

表5　社会改革のためマネジメント技法 (P.kotler ら1995より)

設問	達成すべきこと
1．アイディアあるいは社会的習慣と標的採用者が求めていることとのあいだで適合するものは何か？	適合する組み合わせを規定すること
2．どうすれば適合する組み合わせが見つかるだろうか？	適合する組み合わせを設計すること
3．適合する組み合わせをどのようにして標的採用者に伝えたらよいだろうか？	適合する組み合わせを伝達すること
4．適合する組み合わせを早期に衰退させないようにするためには、どのようにしてこの組み合わせを維持もしくは変更すればよいのだろうか？	適合する組み合わせを防御すること

3．特別展のためのマネジメント技法

　社会変革のためのマネジメント技法は、表5のように4つの設問に適切に解答できることが必要である (註7)。これを特別展に適応させると次のようになる。

　⑴は、社会的プロダクトと対象者間の適合性。

　⑵は、社会的プロダクトと対象者の適合的組み合わせの設計。

　⑶は、社会的プロダクトの対象者への伝達。

　⑷は、特別展の実施前後に社会的プロダクトと対象者の適合性の組み合わせを再検討する。

社会的プロダクトと対象者間の適合性　社会的プロダクトと対象者との組み合わせが適当かどうかにより、特別展の有効性が決定されることになる。つまり特別展の目標を達成するためには、「山中直治」や「童謡」などのキーワードに基づく情報提供が対象者にどのような影響を及ぼすかを検討しなければならない。

　近年の学校における「校内暴力」や「いじめ」などや、老人福祉に関する諸問題は社会的に大きな課題となっている。それらの諸問題を解決するためには多様な手段があるだろうが、博物館活動もその解決策として有効となる。

　まず、子供たちにとって直治の業績や音楽は地域を基盤にした「生きた教材」になる。彼等は直治を先輩として身近に感じることで、感動を覚えたり尊敬の気持ちを抱くようになるかもしれない。「いじめ」や「校内暴力」は、本来は人間が有する闘争本能が表面にでた現象であるといわれる。直治の童謡

は、殺風景な学校環境に潤いをもたらし、感性の育成につながるだろう。

また、直治の教え子などの高齢者には、子ども時代を回顧する契機になり、懐かしい恩師の童謡メロディーに癒しや感動を覚えて生きがいづくりにつながるのではないだろうか。

高齢者や子どもは、このような特別展を必ずしも要望しているわけではないだろう。しかしながら、特別展の目標が達成できれば、こうした諸問題の解決に役立つ可能性が出てくる。

社会的プロダクトと対象者の適合的組み合わせの設計　コトラーは、ソーシャル・マーケターの仕事を次のように規定する。

①プロダクトと市場の適合的組み合わせを、対応する社会的アイディアまたは社会的習慣のポジショニングに変換する。

②選定されたポジショニングを強化するために、適合的組み合わせを整飾（dressing up）する。

③改革運動の性格と一致するような強化イメージを展開する。

これを特別展の準備作業の中に位置付けると、まず対象者にこちらの目標を達成する方法を効果的に提示することである。そこで、ここでは直治が昭和12年(1937)に31歳の若さで亡くなったという事実に着目する。直治は生存していれば90歳（特別展を企画した1996年の時点）になる。その名が埋もれてしまった理由は、その後の戦争による混乱期や社会体制が変化したこともあるが、夭折したことも見逃せない。千葉県師範学校を卒業して、19歳で野田尋常高等小学校に教員として赴任してから作曲活動を始め、26歳でコロムビアの専属作曲家になり、30曲以上の作品がレコードとして発売されたり、個人童謡曲集を出版しながら、直治は自分の童謡世界を確立してゆく矢先に結核で不慮の死をとげた。作品は220曲以上に及ぶ。その一部は山田耕作にも紹介されたり、北原白秋・野口雨情・島田芳文・斎藤信夫・林柳波などの著名な詩人が多くの作品に詩を寄せていることから、当時の童謡音楽界の一翼を担っていたことが分かる。藤田圭雄（たまお）は童謡史の研究について、「当時の童謡の大部分が時代の塵の底に埋没してしまって、ほとんど誰の目にも触れる機会がない状況である」と述べている (註8) が、直治もそうした逸名作曲家の一人といえる。

そこで、まずポジショニングとなる特別展の姿勢や態度は、山中直治という

人物の復活とその童謡の普及を目標にして、「生誕90年よみがえる山中直治の童謡世界」と位置づける。しかし、それを仮に「野田の童謡作曲家山中直治の生涯」と位置づけたらどうなるだろうか。情報の伝達地域は日本全国ということを前提にすると、まず「野田」という地名は醬油を連想する。醬油と童謡作曲家とはイメージが合わない。山中直治の名前を初めて耳にする大多数の人々は違和感を覚えるかもしれない。また「生涯」としては、歴史展示を強調して情報提供や認識を高めることが目標になり、復活して社会変革をめざす姿勢や態度が伝わりにくい。ポジショニングとは、主催者がその展覧会によって何をどうしたいのかを端的に伝えるもので、しかも対象者に十分効果を発揮する内容でなければならない。

次に、「生誕90年よみがえる山中直治の童謡世界」というポジショニングをイメージアップする方法が必要になる。ソーシャル・マーケティングによると、ブランドネーム・象徴的パッケージ・物理的パッケージなどにより整飾する。これには、直治が小学校に赴任した19歳当時の顔写真と「山中直治」のロゴマークを制作して両者を組み合わせてブランド化して、図録装丁・ポスター・チラシ・展示会場のエントランスなどの場では全て統一デザインを採用することにした。

社会的プロダクトの対象者への伝達　　コトラーは、社会的プロダクトを対象者に伝達するためには、2つの要因のあることを指摘する。

①対象者が社会的アイディアや社会的習慣を受け入れるために人的サービスを必要としているか。
②有形プロダクトがかかわってくるかどうか。両者の要因の扱い方は、伝達プロセスを規定することになる。

特別展では両者が必要不可欠である。人的サービスは学芸員や住民ボランティアなどの活動をさす。そして有形プロダクトは、資料を展示したり、図録の刊行などの教育普及の方法である。これらが有機的に機能することで、対象者に社会的プロダクトが効果的に伝達される。その具体的内容は次の通りである。

a.　教育普及のための人材

教育普及の準備作業は学芸員による資料収集から開始する。まず、平成5年

8月に生家から遺品類が発見されてから12月に寄贈された。その後も断続的に発見されるたびに寄贈され、資料整理が続けられ、平成8年8月までの約3年間に直筆楽譜・レコード・書籍・日記・小学校通信簿・ノート・遺品類など約600点を収集整理した。調査研究は、これらの資料に基づき実施した。その留意点は次の通りである。

　①直治の生涯や業績と年譜を作成する。
　②生涯に作曲した作品のリストを作成する。
　③直治と所縁の人々（詩人）のプロフィールと直治の交遊関係を解明する。

　学芸員は、資料収集と並行しながら、1年以上に及ぶ調査研究により、それらの留意点をほぼ達成した。そこで特別展の準備に取り掛かることにした。

b. 教育普及の方法

　ポジショニングを受けて、特別展のタイトルは、『よみがえる 山中直治 童謡世界（昭和初期に活躍した郷土の作曲家）』とする。

　次に、そのアプローチであるが、まず直治の人物史を辿るという観点からは、活字メディアや写真を中心とする「見るアプローチ」が適切である。一方、童謡を普及するためには、「聴くアプローチ」により直治の童謡を実際に聴かせて理解を促すことも必要である。特別展は、この両方のアプローチを適切に調和させ、対象者に効果的に伝達できるかどうかが成功のポイントになる。

○「見るアプローチ」

・展示活動

　これは特別展の中心的な活動である。調査研究成果の発表の場である。展示構成は、ひとつは直治の生涯を辿り、そのなかに童謡作曲家としての直治の業績を位置づけて評価する。もうひとつは、直治とゆかりの詩人たちを取り上げて、直治との交流関係を浮き彫りにする。なお、エントランスパネルのデザインや特設の壁面パネルの造作工事、文字や図表パネルの印刷は専門業者に委託する。この際、エントランスパネルのデザインには、直治のブランドである顔写真とロゴマークを組み入れる。

・図録の作成

これも調査研究成果の発表の場である。図録は、それ自体が1冊の著作物になるように構成する。

まず第1部は、最初に直治の業績を音楽教育史上に位置づけて学問的な評価を行うために、東京学芸大学の澤崎眞彦教授に依頼する (註9)。次は、調査研究により判明した直治の生涯や業績を記述する (註10)。その他の成果は、直治の作曲年譜、発売されたレコード一覧、『里の秋』の作詞者として知られる斎藤信夫（故人）の千葉県成東町の自宅の調査で披見した、直治が斎藤信夫に宛てた便りを資料として掲載する。また、直治を直接知る、実子・小学校教員の同僚・教え子などの人たちの思い出を掲載して、直治の人間性を多角的に理解することを試みる。

第2部は、未刊行となった第2集目の個人童謡曲集41曲のうち、17曲の楽譜を掲載する。図録はA4版、78ページ、2,500部を印刷する (註11)。

・ポスターとチラシの作成

図録の装丁とポスター、チラシのデザインは野田市役所広報課の北野浩之氏の協力による。北野氏はイラストの創作意欲が旺盛であり、博物館事業の良き理解者である。山中直治のロゴマークも彼の制作による。

ポスターは、直治が活躍した昭和初期の時代性を踏まえて、全体はセピア系のモノトーンの色調で統一する。また背景には幻の個人童謡集となった清書済みの直筆楽譜を拡大して配置し、特別展タイトル『よみがえる　山中直治　童謡世界（昭和初期に活躍した郷土の作曲家）』の活字を重ねる。ポスターは全紙サイズ、チラシはB5サイズである。ポスターは300部、チラシは10,000部印刷する。

ポスターは市内の公共施設や商店に掲示する。また、千葉県内の全ての博物館や、文献交換を実施している全国の博物館や、個人音楽家の記念館などにも情報提供のためにポスターやチラシを送付して周知をはかる。なお、チラシは展示会場でも来館者に無料で配布して参考資料とする。

○「聴くアプローチ」

・BGMの作成

「聴くアプローチ」から、展示会場で直治の童謡をBGMとして流す。BGMの製作には、市内の音楽バンドのメンバーである、山崎健一・奥住淳・平井賢

吾氏がボランティアとして協力してくれた。彼等は、コンピュータミュージックも手掛けていることから、直治の童謡の再現には多様な楽器の音色を組み合わせて取り組もうと意欲をもってくれた。コンピュータミュージックは、音色・リズムなどの操作が自由に扱えるため、作品ごとに変化をつけて現代的な感覚でアレンジを加えて、単に再現するにとどまらず、彼等のセンスを尊重してある程度自由な雰囲気で作業してもらうことにした。演奏曲は10曲を目標にした。

4．社会的プロダクトと対象者の適合的組み合わせの再検討

一般にソーシャル・マーケティングを成功させるためには、社会環境や対象者の変化に対応して、これまでの社会的プロダクトと対象者の適合的組み合わせを維持させるか、または変更することが必要になる。このためには対象者について事前に調査やモニター調査をして、この結果を効果的に利用するために必要に応じてマーケティング計画の調整や変更を行うことになる。

そのことは、山中直治の評価とその童謡の普及という目標を達成するために、これまでの教育普及方法が果たして最も有効であるかどうかを再検討することを意味する。そこで、博物館職員や館外協力者に意見を求めることにより、次のような選択肢が抽出された。

①教育普及方法の変更は一切しない。これまでの方法を具体的に実行する。
②「聴くアプローチ」を強化するために、たとえば山中直治童謡復活コンサートを特別展の事業に組み入れる。
③BGMの制作はコンピュータミュージックによる演奏だけではなく、歌声を挿入する。
④広報活動を強化するために、ポスターやチラシ以外にも、野田市に乗り入れている東武野田線の電車内に広告をだす。

協議の結果は、これまでの教育普及方法を大きく変更するものではなく、①を除けばすべて建設的な意見である。したがって、基本的にはこれまでの方法を保持しながら、可能なものは新たに導入し、不可能なものは代わりの手段を検討することにする。

まず、②は、直治の童謡を普及するためには重要な意見である。今回の特別

展は、「聴くアプローチ」を強化しなければ目標は達成しにくいと思われる。しかし問題は予算である。コンサートの実施には、普通は出演料、会場借用料、その他の諸経費がかかる。しかしそのための予算は皆無である。この問題を解決するために、出演者は住民ボランティアを採用することにする。しかしまた新たな問題が生じる。ボランティアは誰でもよいということではなく、入場者に感銘を与えるために、一定の音楽レベルを有していなければならない。これには、まず直治にゆかりの野田市立中央小学校合唱部の子供たちに参加してもらい、もう一つは市内の住民サークル「童謡を歌う会」の人たちに相談して大人にも歌唱をしてもらうことで賛同が得られた。演奏者も知人にお願いして賛同が得られた。

　このような場合の住民ボランティアの活用は、単に予算の問題解決策ということではない。学芸員の能力には限界があるところを住民に協力してもらい、住民の出番をつくることで社会参加を促すことである。それはその後の普及活動にも影響する。その理由は、地域の童謡を育成するためには、その地域の人たちが主体者となり参加することが必要だからである。プロの音楽家に委託すれば、確かに水準は高いものができるだろうが、地域に対する思い入れもなければ、一過的で普及してゆくための継続性もない。ところが、ボランティアとして参加した住民たちは、コンサートを契機にして演奏して住民同士が普及していく原動力になってゆくのである。

　もうひとつは会場の問題である。それは、野田市内の興風会館に依頼した。ここは昭和4年に、東京神田駿河台の明治大学校舎を設計した大森茂が手掛けたもので、昭和8年に直治はここでコンサートを開いた所縁の場所である。ホールの定員は約700名。復活記念コンサートの会場としては最適である。さっそく、運営者の財団法人興風会に相談したところ、コンサートの趣旨を理解してもらい、会場およびピアノ、照明や音響機材などを全て無償提供してもらえることになり、復活記念コンサートは財団法人興風会との共催事業とした。

　③の歌声が挿入できないかという課題は、メンバーたちが録音装置を保有していないことから、予算的な問題により不可能である。しかしBGM製作を発展させることにする。それはBGMとして製作するコンピューターミュージッ

第4章　ソーシャル・マーケティング理論による地域博物館の戦略　359

```
「見る」アプローチ ─┬─ 展覧会 ─ 図録 ─ ポスター・チラシ ─┐
社会的プロダクト →                                        → 対象者 → 採用の開始 →
「聴く」アプローチ ─┴─ コンサート ─ 館内BGM ─ CD ──────┘
```

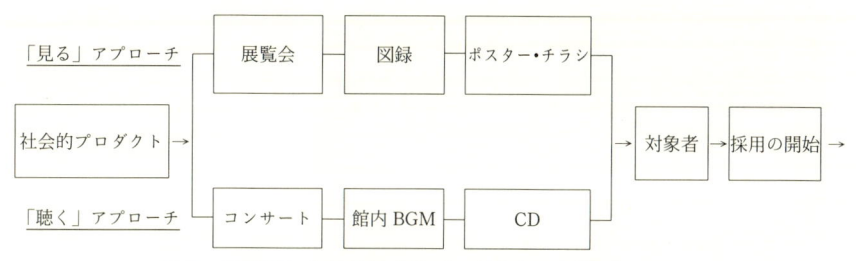

図5　特別展における社会的プロダクトの伝達プロセス

クをカセットテープかCDにすれば、いっそうの教育普及がはかれる。単品で製作すると、パッケージの印刷やプラスチックケースなどの費用がかかるため、図録に添付する体裁にすれば効率的である。問題は予算であるが、印刷業者から見積りを要請したところ、当初の図録製作予算内で賄えることが判明した。この場合、カセットテープよりCDの方が薄形で普及性が高いのでCDを採用して、図録に添付することにした。また図録には演奏曲の歌詞や製作者の解説も掲載することにした。

　④については、広報活動の強化はぜひとも必要なことであるが、その広告には予算外の経費がかかるため不可能である。しかし、事前に東武鉄道本社に申請すれば、各駅のホームに無料でポスターを掲示してもらえることが判明したので、それを活用する。

　こうして、当初の社会的プロダクトの対象者への伝達に再検討が加えられて、図5のように「見るアプローチ」と「聴くアプローチ」の組み合わせより、教育普及活動がはかられることになった。それは、特別展を対象者に伝達してから後に、対象者は社会的プロダクトの採用を開始していくという構図である。つまり、これまでの特別展のように、終了したら後に残るものは実績としての入館者数や図録ぐらいというものではなく、ソーシャル・マーケティングによる新しい特別展は、それを出発点として新たに社会的プロダクトの達成にむけて動きだすことになるのである。

第3節　特別展の実施

1．特別展『よみがえる　山中直治　童謡の世界』

展覧会　　展覧会は、平成8年10月15日〜11月17日の約1ヶ月間に野田市郷

土博物館において実施した（写真7）。会場は、直治の生涯や業績を評価するコーナーと、直治に所縁の詩人たちのコーナーの2部構成からなる。前半の主な解説や展示資料は次の通りである。

（山中直治の小学〜師範学校時代）

山中直治は、明治39年（1906）に千葉県東葛飾郡梅郷村（現野田市山崎）に生まれた。小学校は付近の梅郷尋常小学校（現野田市立南部小学校）に入学した。その後、野田尋常高等小学校の高等科に進んだ。実家は農家であり、当時音楽の女性教師が下宿していたことから音楽に興味を覚えたという。成績が優秀で、さらに音楽に対する強い憧れから、大正10年に千葉県師範学校（現千葉大学教育学部）に入学して教育者としての道を志した。

　　展示品：小学校時代の書道作品や通信簿など。
　　展示写真：小学校の卒業写真・家族写真・師範学校の仲間たちとの記念写真など。

（小学校教員としての山中直治）

直治は師範学校を卒業した大正14年に野田尋常高等小学校の教員になる。同じ年には校長として松山隆も赴任した。松山は野田町の出身であり、千葉県師範学校から広島県高等師範学校を卒業して、愛媛県師範学校や千葉県師範学校教諭等を経て野田に帰郷した。いわば当時の教育界のエリートコースを歩んできた人物であった。松山校長は直治の才能に注目して、その作曲活動のよき理解者であった。

　　展示品：自作のガリ版刷楽譜・直治の教案綴り・直治の時間表案・直治の記載による学校日誌・昭和10年の学芸会予定曲目のメモ書きなど。
　　展示写真：小学校教員たちとの記念写真・遠足会の記念写真・松山校長・

写真7　特別展のパネル

野田尋常高等小学校の校舎など。

(童謡作曲家としての山中直治)

　直治が作曲家としてデビューした契機は、昭和4年に東京日々新聞社が募集した「新鉄道唱歌」の作曲が入選したことによる。昭和7年にコロムビアの専属になり、「だんだん畑」(作詞：島田芳文)など30曲以上がレコードとして発売された。昭和8年に初めての童謡集『山中直治童謡曲集』が出版され、野田町の興風会館では記念コンサートが行われた。将来を期待されたが、昭和12年に突然の病に倒れ不帰の人となった。享年31歳。

　　展示品：直治作曲のレコード・同レコード歌詞カード・作曲依頼状・直筆楽譜ノート・童謡集『山中直治童謡曲集』・直治の曲が掲載された雑誌類・山中直治記念コンサートのパンフレット(1933年)・著作権使用願など。

　　展示パネル：山中直治年譜・山中直治作品年譜・山中直治作曲レコード一覧など。

(山中直治の音楽に関する品々)

　直治は実に多彩な音楽に興味をもっていたことがわかる。愛用のレコードには、童謡以外にもクラッシック・民謡・小唄・浪速節・軍歌・歌謡曲などがある。

　　展示品：各種の愛用レコード・楽譜・蓄音器など。

(未刊となった個人童謡曲集)

　山中直治童謡曲集は第1集が昭和8年8月に発売された。直治は、それに続く第2集を出版しようと準備していたが、無念にもその志しを実現できずに昭和12年に病により没した。それらの楽譜は、生前に直治が曲目選定や順序を決めて清書していたものである。

　　展示品：目次原稿・直筆楽譜原稿など。

　また、後半は直治に所縁の詩人として、野口雨情・北原白秋・林柳波(りゅうは)・島田芳文(ほうぶん)・市原三郎・斎藤信夫・穂積久のプロフィールや関連の資料を個別に紹介したり、特に斎藤信夫のコーナーでは直治との親交について手紙類を展示して解説した。

　　展覧会に対する来館者の評価　　来館者は5,630人にのぼった。来館者にアン

ケート調査(来館者評価)を実施したところ、850人(回収率16%)から回答を得ることができた。それによれば、小・中学生(35%)・20代(3%)・30代(6%)・40代(14%)・50代(16%)・60代(16%)・70代以上(6%)である。一般に小・中学生はアンケート調査に積極的に協力してくれることから、この数字が来館者の年齢分布を直接示すとは限らないが、当初計画したように小・中学生や高齢者という対象者にはかなりの割合で普及がはかられたとみてよい。

表6 来館者が入手した特別展の情報メディア
(単位: 人)

情報メディア	市内	市外
市広報紙	(30%) 211	(12%) 11
ポスター	(26%) 193	(24%) 22
タウン紙	(11%) 86	(4%) 4
チラシ	(10%) 76	(16%) 14
新聞	(5%) 34	(24%) 22
テレビ		3	0
ラジオ		1	(2%) 2
その他(口コミなど)	(18%) 135	(17%) 15
合計	749	90

表7 山中直治に関する感想 (単位: 人)

回答	市内	市外
誇りに思う	(37%) 261	(14%) 28
愛着を感じる	(19%) 133	(30%) 60
感心する	(29%) 209	(36%) 71
理解できた	(10%) 70	(17%) 33
興味ない	(4%) 31	(1%) 2
その他	(1%) 5	(3%) 6
合計	709	200

まず、来館者の居住地は野田市が8割近くで圧倒的に多い。市外では近隣の柏・流山・松戸市が順次多く、東京・埼玉・茨城方面からの来館者もみられた。来館の動機は、全てが展覧会の見学を目的にしたものではなく、観光などで偶然訪れたりする場合もある。しかし、このうち展覧会を目的にした来館者は全体の7割にのぼる。野田市民では8割、市外の人では4割が展覧会を意図して訪れている。つまり野田市民はほとんどが展覧会を見学するために来館する一方、市外の人はむしろ観光的な目的などで来館して偶然見学した人たちの方が多い。

それでは来館者の情報の入手手段はどうであろうか(表6)。報道メディアは、野田市民においては市広報紙が最も効果的である。広報紙は市内各自治会を通じて市民に配布されるため普及性が最も高い。次いでポスターも効果的である。これは市内の商店や公共施設に掲示したが、予想外に普及することも判明した。その他は主に口コミによるものであるが、学校の教員や家庭や友人などを通じて普及したらしく、これも予想外の効果であることが判った。市外の

人たちでは、新聞やポスターが効果的である。新聞は、記事が千葉県内版の掲載であるため千葉県内全域に普及した。また県外の博物館にも送付したポスターの掲示を見て来館した人も目立つ。チラシも同様の博物館に送付したので入手したのだろう。これに対して、テレビやラジオによる来館者は予想外に少ない。それらは一過性のものであることから、伝達力はあるにしても、動機づけを行い来館に導くまでには至らないようである。そのためにはコマーシャルのように情報を繰返して伝達することが必要かもしれない。

　次に、特別展を通じて山中直治に関する社会的プロダクトに関してどのような印象を抱いたのかを質問した。特に野田市民においては、直治の存在は野田という地域に誇りや愛着をもってもらうことが、特別展のまず最初の目標である。それを評価する質問と回答（選択式）は次の通りである。
(質問)「山中直治は、昭和初期に活躍した野田の童謡作曲家ですが、彼の音楽は全国的にも高く評価されていました。そうした人物の存在や作品をお知りになりどの様に思いますか？」
(回答)「誇りに思う／愛着を感じる／感心する／理解できた／興味ない／その他」

　これを、野田市内と市外の人とを分けて見ると、野田市民では「誇りに思う」が最も多い。これに対して、市外の人では「感心する」が最も多い（表7）。この違いは、野田市民には同じ地域の人物として時代性を越えて直治に親近感を抱き、その業績を評価して心で感じるものがあったからであろう。しかし、市外の人はむしろ歴史上の人物として客観的にその業績を評価している。つまり、山中直治に関する社会的プロダクトの一部として、野田市民に地域に対する「誇り」という価値観を多少なりとも生成したことになる。

　さらに市内の人たちの印象を年齢別にみる（図6）。それによると、小・中学生では「感心する」が顕著であるものの、年齢が高齢化するに伴い「誇りに思う」「愛着を感じる」という回答が多くなる。一般に年齢が高くなるにつれて野田の在住年数も増すことから、在住年数が多く高齢化するにつれて、そうした価値観の生成が顕著となることが理解できる。

　また、来館者の具体的な感想は次のようである。まず。小・中学生の傾向は、

364　第3部　現代地域博物館論

	回答人数(単位1人)

小・中学生　(24%)　(6%)　(45%)　(13%)　(11%)　141
20歳代　(41%)　(29%)　(18%)　(12%)　17
30歳代　(32%)　(19%)　(42%)　(3%)(8%)　31
40歳代　(34%)　(42%)　(12%)　(12%)(1%)　86
50歳代　(47%)　(29%)　(15%)　(9%)(1%)　94
60歳代　(55%)　(21%)　(19%)　(5%)　95
70歳代以上　(52%)　(41%)　(2%)(4%)　46

□ 誇りに思う　▨ 愛着を感じる　▨ 理解できた　▥ 感心する
■ 興味ない

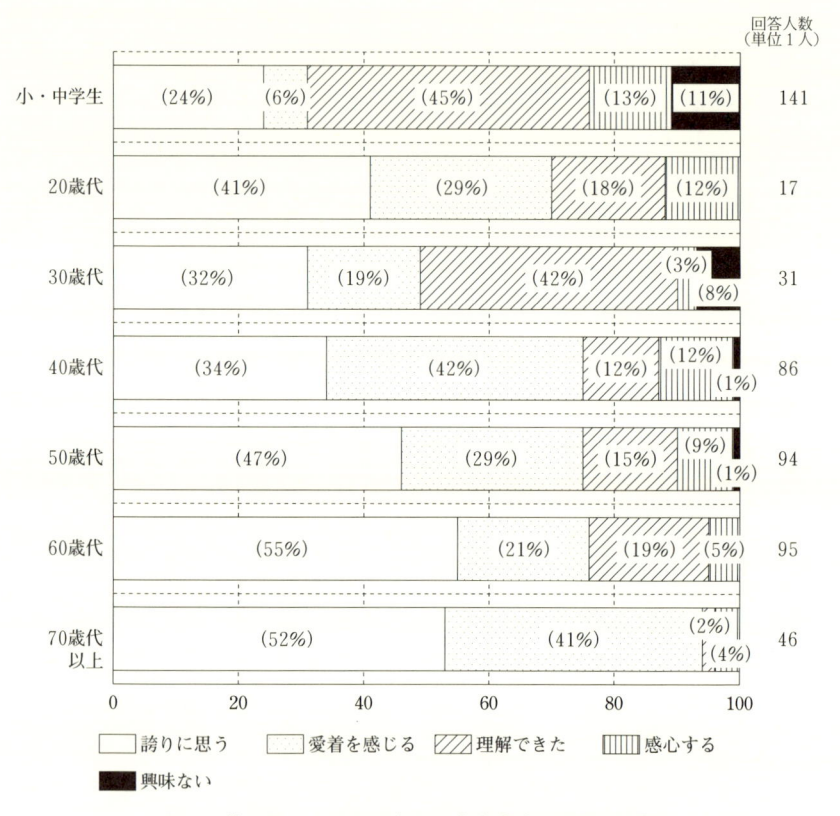

図6　特別展による野田市民の山中直治に関する感想

「山中直治の名前を初めて知り、作曲家としての仕事ぶりに驚いた」
「山中直治は31歳という若さで亡くなりかわいそうに思う」
「このような人物がいた郷土・野田に誇りを感じる」
「山中直治が中央小学校の先生だったということを初めて知って驚いた」
「山中直治の歴史が理解できた」

さらに印象的な感想を原文のまま紹介すると、

「中央小の音楽の先生だった山中直治さんのこととか、いっしょにさくしした人とかのこととかしれて、このとくべつてんがひらかれて山中直治さんのことがよくしれてよかった。」（男子小学4年生）
「山中直治さんはとてもすごい人だと思いました。だって人の役になった

り、人のためにいろいろかんがえている人だから。山中直治さんの曲はすごく愛着を感じました。（BGM を聴いて）とてもやさしい曲です。ずっとこの曲をきいていたいです」（女子小学4年生）

「31年の間にあんなにたくさんの曲をつくって、いろいろな風に親しまれてきたなんて、とてもうれしくなりました」（女子中学2年生）

「山中さんは小学校の時から成績がよかったのがびっくり。31才という若さで亡くなったのがあまりにも悲しすぎる」（女子中学2年生）

などである。

展示資料では、直治が作曲したレコードが最も人気があり、全て「甲」の小学校時代の通信簿や達筆な字で書かれた手紙や書道作品をあげる子どももいる。このように見ると、小・中学生は展示内容に親近感をもち知的に理解して感動したことが分かる。

しかしこれに対して、高齢者の反応は異なる。直治の教え子だった人達は、当時を回顧してほぼ一様に懐かしさを示す。その一例を原文のまま紹介する。

「たいへん懐かしく遠い昔を思い出します。その頃に教わった吉岡先生、前田先生、渡野辺先生などなど。江ノ島の一泊旅行、軍艦三笠の前の写真等、今も瞼に映ります。唱歌の時間に山中先生に習ったこともありましたっけ」（男性76歳）

「幼い頃に教わった歌が山中さんの歌とは思わなかったし、知ったときは感無量」（男性68歳）

「担任であった私の先生がみんなの先生になったような嬉しさを感じました」（男性72歳）

「当時、野田小学校は松山名校長のもと優秀な先生方が多勢居ったことは有名ですが、山中先生もその中のお一人だったことをあらためて思いを新たにしました。」（男性76歳）

これらの人たちは、一様に感動している。また、同じ高齢者においても直治を知らない人たちは、「野田にこのように素晴らしい作曲家がいた事を誇りに思ったり感激した」という感想が一般的である。それ以外の年齢層の人たちの中には童謡に関する評価もある。たとえば、

「久しぶりで童謡に接してとても懐かしく思いました。時代が変わっても

人の心をうつ歌はこれからも聞くことができればいいのですが…」（男性56歳）

童謡の世界は年がいくつになってもほっとするものがあって良いと思います。」（女性56歳）

などである。

コンピューターミュージックによる館内のBGMについては、「館内に流れている直治作曲の曲も静かな館内に調和して作曲家・直治の思いに浸りました」（女性22歳）、「会場に流れる曲に懐かしさや、心の休まる気がしました」（女性57歳）というように、直治の作品の理解に有効であると共に、環境音楽としても効果的であったことが分かる。

さらに、今後とも山中直治の童謡を住民の社会的習慣として定着させてゆくための方策を調査するために、次のような質問をした。

（質問）「これまで山中直治の音楽は歴史に埋もれていましたが、今回の特別展によりその存在が広く紹介されることになりました。これからその音楽を住民の皆さんに親しんでいただくために、具体的な方法として何かご意見やご要望があれば、なんでも結構ですからお書き下さい」

これに対する回答の傾向は、

「小・中学生や童謡サークルの発表会や童謡歌手によるコンサートの開催」

「盆踊り・童謡コンテスト・文化祭などのイベントで活用」

「教科書として活用、授業に使用するなど学校教育での普及」

「公共施設・商業施設におけるBGM、夕方の児童の帰宅を促す放送に使用する」

「CD・レコード・カセットテープ類の製作」

「出版物（楽譜集・伝記・小説など）の刊行」

このような要望は、今後の山中直治の普及活動に大いに参考になるものである。それらは、博物館ばかりでなく、住民・教育行政・一般行政などのそれぞれのレベルで実施できるものが含まれている。要は、それらを機能的に調整し、相互補関的な関係を構築して効率的な活動を実施してゆくことである。

生誕90年山中直治童謡コンサート　コンサートは平成8年10月26日に市内の興風会館大ホールで開かれた（写真8）。入場料は無料。出演者は、直治がかつ

写真8　山中直治童謡コンサート

て教鞭をとった野田市立中央小学校合唱部の子供たちや、主婦らを中心とする音楽サークルのメンバーや、商店主、音楽教室の教師などからなる。

準備は半年程前から会合を行い、選曲や分担などについて検討し、夏以降に音合わせなどの本格的な練習が続けられた。選曲は、未刊行となった2冊目の童謡集からの作品を中心に22曲を演奏した。子供たちと大人の歌唱はほぼ半数づつとし、子どもが担当する歌のなかでは、当時の振り付けを加え、詩と曲と振り付けが三位一体である本来の童謡活動を考慮して、昭和初期の様子を再現することにした。コンサートは、2部構成で合間にはスライドとナレーションで、直治のプロフィールや生涯を解説した。

入場者は500名を超す盛況ぶりであった。そこで入場者の感想をいくつか紹介する。「昭和8年から63年ぶりに、この様に同じ場所でコンサートが開かれたことは大変素晴らしいと思います。そういう意味でも今日の会は本当に素晴らしく深い感銘をおぼえた次第です」(女性69歳)、「現在の世の中ではあまり童謡が聴けませんが、久しぶりの昔にかえったように感動しました」(女性63歳)、「童謡が歌われなくなった今の子供の世界と重なり合わせて聴いていました。一時の素晴らしい空間でした」(女性59歳)というものである。また、児童たちの振り付けも好評であり、「児童たちの振り付けが変わっていて、とても面白くよかったです。とてもかわいらしかったですね」(女性46歳)という感想もあった。

広報メディアの活用　教育普及をするためには広報活動も重要である。それは特別展の展示活動やコンサートなどを案内して来館者を誘導する。一方、来館しなくとも広報に接した人に山中直治の名前や業績などが伝達されるのである。

次に、メディアの検討であるが、これも「見る」と「聴く」という二つのアプローチから検討すると、音楽を伝達する最も有効なメディアはテレビとラジオである。テレビは映像と音声メディアの「見る」「聴く」両方のアプローチをもち、ラジオは「聴くアプローチ」をもつ。したがって、テレビが最も効果的なメディアとなる。これに対して、「見るアプローチ」は活字メディアによる新聞などが代表例である。

資料寄贈を受けてから特別展に至るまでの約3年間の活動は、それぞれの段階ごとに野田市の定例記者会見で発表したものを、各新聞社の記者がその興味や関心に従い記事にした。その結果、社会的プロダクトの一部を普及することになった。また、新聞は、ある意味において社会的評価のバロメータともなっていることから、記事になるということは社会的知名度を高める上でも有効となる。

市報と郵便局発行の記念タトウ　野田市の住民に対しては、野田市が発行する野田市報である。これは行政の情報誌で月2回発行する。ここでも特別展に至るまでの活動は逐一掲載され、住民に対して直治の童謡を普及した。またタウン紙にも随時紹介され同じように普及がはかられた。

野田郵便局では、郷土の童謡作曲家山中直治の生誕90年を記念して、特別展の初日に記念タトウが発売された。タトウには、菱川師宣「見返り美人」と安藤広重「月に雁」の復刻版と「国際音楽の日」（いずれも額面80円）の切手3枚がセットになり、切手には直治の肖像をあしらった小型印や野田市の風景印が押印される。当初、郵便局から相談を受けた時点で、ブランドの統一化をはかった。料金は240円。これを2,000部発行して野田市内11ヶ所の郵便局で発売した。記念タトウの愛好者は全国に及ぶことから、これは全国に普及すると共に、住民にも山中直治の記念品として親しまれた。

2. 社会的プロダクトの採用の開始

山中直治に関する社会的プロダクトの伝達プロセスは、特別展を通じて対象者に働きかけてから、いよいよ対象者であるところの住民による採用の開始として行動に発展することになる。この採用の開始とは、すなわち住民活動であり、その自主的な活動をさす。それには、既存の住民サークルが直治の曲を活動の一環に組み入れたり、あるいは直治に関することを活動のテーマにおいた

新しい住民サークルの誕生などである。それらの主な活動をあげる。

住民サークル「山中直治を歌う会」の結成　　千葉県婦人合唱連盟交歓会については後述（第4節3参照）するが、野田市で開かれたその交歓会が終了してから、「山中直治コール・モガ」は解散することになっていた。しかし、会員同士の話し合いで、今後も直治の童謡を歌い続けてゆく住民サークルを継続していくことになり、「コール・モガ」を母体にして、新しく「山中直治を歌う会」が結成された。

会の指導者はコール・モガを指導した秋葉啓子氏で「上手にやるより楽しい集まりにしたい」という。毎月第2土曜日に、市役所のエントランスホールで定期的に練習を行う。参加者の半数ほどは「コール・モガ」の女性たちであったが、市内外の男性や女性たちも新たに加わり会員は80名ほどに達した。

練習日に、市役所ホールを訪れてみると、そこで練習をしているといってもサロンのようでもあり、別段会員でなくとも飛び入りで参加してもよい、あるいは聴くだけでもよい自由な雰囲気が漂う。

平成9年11月には、野田市の文化祭に参加して住民に披露した。あるいは柏市のさわやかちば県民プラザで開催された「ちば文化祭　97東葛飾地域文化祭」（千葉県主催）にも参加して周辺地域の人たちに直治の童謡を普及した。

住民サークル「童謡の会」によるコンサート　　住民サークル「童謡の会」は、直治に早い時期から関心をもち、直治の童謡を積極的に取り入れた活動をしている。

この会では、毎月第4日曜日の午後に市役所のエントランスホールでコンサートを開いている。平成9年の活動では、直治の曲をピアノ伴奏で歌う他に、その都度趣向を凝らした試みを行っている。たとえば、ピアノ伴奏にフルートなどの管楽器を組み合わせたり、千葉ニューフィル・オーケストラのメンバーからなるプラトゥム・ムジクム室内合奏団によるチェロやバイオリンの演奏や、伴奏で歌うことも行われた。その姿勢は、音楽を愛好する住民の感性で直治の曲に磨きをかけようとしているように思える。

また、平成9年秋の野田市文化祭には、野田市文化会館において、「郷土の作曲家〜山中直治の童謡の世界〜」というテーマで、20余名の会員により「つばめ」「雨だれ電車」「睡蓮」「友を呼ぶ鹿」など9曲が歌われた。

住民サークル「津久太鼓"響"」による演奏　この会は、太鼓の住民サークルである。平成9年5月に開催した発表会において、直治の作品「お祭り」が演奏された。

この会は、地元の津久囃子(つくばやし)を後世に伝えることを目的に平成6年に設立され、野田の地に深く根ざした芸能文化を研究したり発表している。会員は約30名。練習は毎週、市内の小学校の体育館や公民館などで行っている。また、2〜3か月に1度、初心者を対象にした太鼓教室なども開催している。

直治の作品を取り上げたのは初めてのことである。この演奏曲について、パンフレットには、「野田の作曲家山中直治の作品を響(ひびき)風にアレンジしてみました。ガンガラを叩くリズムは野田の御輿(おみこし)風です。メロディの部分は、音を出すのが難しい篠笛で、子供達がよく頑張ってきました」というように、その様子が紹介される。会では、これをレパートリーに加えて、地域振興の催しなど演奏する機会には、今後紹介していきたいとしている。

住民サークル「山中直治研究会」の発足　直治に関する未解明の部分に光をあてるような研究をしようとする住民サークルが平成9年10月に発足した。会員は約30人。会員には、音楽を愛好する人ばかりでなく、直治の人物に関心を寄せる人や直治の親類など幅広い。毎月1回、興風会館で研究会をもち、直治の人間像や作品の背景など直治に関する幅広い研究活動を行っている。また、未公表の作品にも着目して、博物館から資料の提供を受けて検討している

また、山中直治の童謡を普及させるためにコンサートの主催や共催事業を行ったり、生涯学習フェスティバル（教育委員会主催）における普及活動などもしている。最近では、研究会として独自にCDを製作販売している。それは野田市立中央小学校の合唱部の子供たちによるもので、パッケージに童画家の谷内六郎の「かごめかごめ」の絵を用いて、かつて直治が採譜した「かごめかごめ」をはじめ直治の作品22曲を収録する。CDは、市内の商店などで販売して地域振興にも貢献している。

住民オーケストラによる演奏　千葉県沼南町では、地元の住民ら約40名でつくる「沼南町ジュニア・ストリング・オーケストラ」という住民サークルが、直治の童謡に着目してオーケストラによる演奏を始めている。

初めての演奏は、平成9年10月に沼南町の国際交流のイベントで行われた。

これは、沼南町がオーストリアのキャムデン市と友好都市を提携したのを記念したもので、町の国際交流協会の主催でキャムデン市の高校生などを特別招待した。

メンバーは、この会のために山中直治童謡メドレーとして「秋」を用意した。外国からの来客に日本のメロディーに親しんでもらおうと、地元千葉県の作曲家として直治の曲を選んだ。曲は、「海辺の夕」「友を呼ぶ鹿」など4曲を童謡メドレーに仕立て、アレンジを加えて演奏された。メンバーたちは、これからも直治の曲を取り上げていきたいという。

第4節　地域社会への普及
1．特別展以後の博物館の活動

一般に博物館の教育普及活動は、情報の提供や認知を変える、認知変革キャンペーンの段階を目標に設定しているために、対象者に影響を与えればその後の活用は対象者それぞれに委ねてゆくのが普通である。しかし、その方式は社会を変革する機動力に乏しく、信念や価値観の変革という目標を達成することはできない。ソーシャル・マーケティングに基づく行動戦略により社会変革を実施するうえで、博物館は特別展が終了した後にも、引き続き社会的プロダクトの普及につとめる役割と責任がある。これは、前述したように特別展のためのマネジメント技法の4番目（第2節3参照）にあたる「特別展の実施前後に社会的プロダクトと対象者の適合性の組み合わせを再検討する」にも対応する。

そこで、山中直治に関する社会的プロダクトの普及をはかるために、博物館は情報公開をはかったり、住民運動に対する指導助言などもするが、博物館としては次のような活動を行っている。

老人ホーム移動博物館の実施　野田市では全国の市町村と同じように、平成元年に厚生・大蔵・自治省によって合意・発表された「高齢者保健福祉推進十か年戦略（ゴールドプラン）」に基づき老人保健福祉計画を作成して高齢社会の対策を実施している。

ゴールドプランの概要は次の通りである (註12)。

・市町村における在宅福祉対策の緊急整備

・「ねたきり老人ゼロ作戦」の展開
・在宅福祉等充実のための「長寿社会福祉基金」の設置
・施設の緊急整備
・高齢者の生きがい対策の推進
・長寿科学研究推進十か年事業
・高齢者のための総合的な福祉施設の整備

　これらは、おおよそ「タテ割り行政」の範疇の計画であり、その対策や実施は高齢者福祉を担当する特定の部局の職掌となっている。

　しかし、特別展において示された「山中直治とその童謡の普及」というテーマは、ゴールドプランでいえば、たとえば「ねたきり老人ゼロ作戦」の展開、高齢者の生きがい対策の推進の対策に活用をはかることができる。実際、特別展やコンサートに来場した高齢者の反響が非常に良いものであったことは、その証左であろう。博物館はあらゆる年齢層を対象にしていることから、もちろん高齢者福祉にも対応することができるはずである。

　そこで、社会的プロダクトを成立させてゆくために、通常の特別展の方法では情報を享受することができない高齢者を対象にしてみることにした。その場合、在宅老人や老人ホームに入所している高齢者などがいるが、博物館として対応しやすく、しかも効果が期待できるのは「老人ホーム」である。こうして、展示会とミニコンサートの2本立てによる、全国的にも珍しい「老人ホーム移動博物館」を実施してみることになった。

　老人ホームの市立楽寿園は、日頃から歌謡歌手や地域の子供たちが慰問に訪れるので、こちらの申し入れを歓迎してくれた。展覧会の会場は、入居者が毎日往来する廊下をあてた。また、ミニコンサートは集会所において展覧会初日に開くことになった。

　　a.　ミニコンサート

　移動博物館は、平成9年2月22日〜27日に実施した。展覧会の初日には、野田市立中央小学校合唱部の子供たちによる山中直治の童謡ミニコンサートが開かれた。合唱部の子供たちは、特別展の『生誕90年山中直治童謡コンサート』に出演した小学4〜6年生である。老人ホーム側では、事前に「歓迎 移動博物館 山中直治の童謡ミニコンサート」という看板を作成してくれ歓迎ムード

に盛り上がりをみせた。

　ミニコンサートでは、まずこちらから山中直治のプロフィールを紹介した。それには、特別展で作成した写真パネルを使用して紙芝居方式で直治にまつわる画面を次々に紹介しながら進めた。実際のところ、直治の名前を聞いたり知っている人はあまりいなかったので、これは効果的であった。ここで配慮したことは、直治が野田という地域で生まれ育ち活躍した人物であるということを強調して、地域の特性を意識的に感じてもらうこと。また、直治は生存していれば90歳になるから、入所者と同世代であることも明示して親近感をもたせた。

　演奏曲目は、いづれも直治の作曲による「こんこん小山の白狐」（作詞：野口雨情）、「つばめ」（作詞：穂積久）、「だんだん畑」（作詞：島田芳文）など11曲。それらは歴史的に長い間埋もれたままの童謡であったことから、一般に馴染みのないものばかりである。そこで、入所者に理解を促すために、作品ごとに解説を行う。これは、主に作詩者の紹介や、直治と特別に親交のあった人物のことや、詩の内容についても話した。

　「だんだん畑」は、特別展の調査段階で音楽教育の雑誌『遊戯と唱歌』（1932年発行）に振り付けが紹介されていたので、中央小学校の教師の指導により再現した。最初のコンサートでは少し戸惑いを見せていた子供たちも馴れた様子であった。現代の振り付けとは異質であるが、高齢者には違和感がないようであり「かわいらしい」と評判がよかった。最後は、「つばめ」を子どもと高齢者とが一緒になって合唱した。子供たちからの一方通行によるコンサートではなく、高齢者も参加する。強制することはできないが、事前に歌詞を配布しておき、歌いたい人は自由に参加できるようにした。

　b.　展覧会

　展覧会は、博物館から展示ケースを運び込み、直治の関連資料（レコード・楽譜・歌詞カード・作曲依頼状など）を約20点を展示する。また、壁面には、直治の年譜・作曲一覧・発売レコード一覧や、幼少年期から青年期・小学校教員期などに関する解説パネルや写真パネルを展示した。

　直治を知る人は、資料の1点づつを懐かしそうに見ていたり、直治を知らなかった人もコンサートを通じて直治を知り、興味深げに見入る光景がしばしば

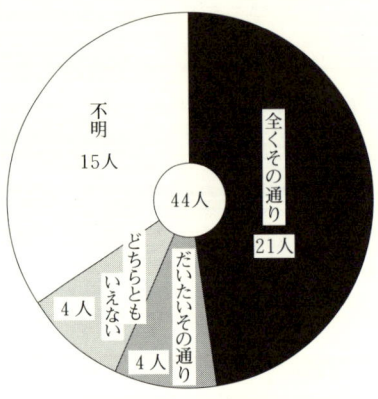

図7 子どもが歌う山中直治の童謡を聴いて喜びを感じましたか？
（全くその通り 21人、だいたいその通り 4人、どちらともいえない 4人、不明 15人、44人）

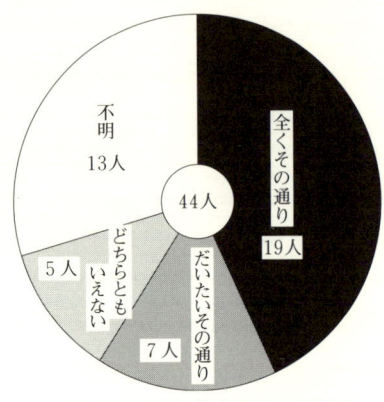

図8 子どもが歌う山中直治の童謡を聴いて自分も歌いたいですか？
（全くその通り 19人、だいたいその通り 7人、どちらともいえない 5人、不明 13人、44人）

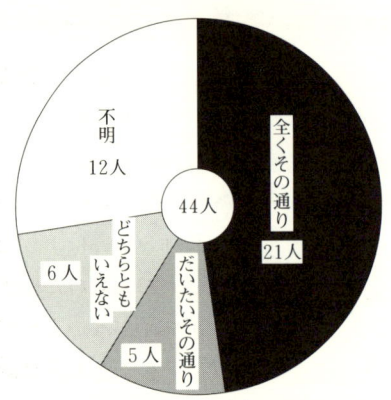

図9 また山中直治の童謡を聴いてみたいですか？
（全くその通り 21人、だいたいその通り 5人、どちらともいえない 6人、不明 12人、44人）

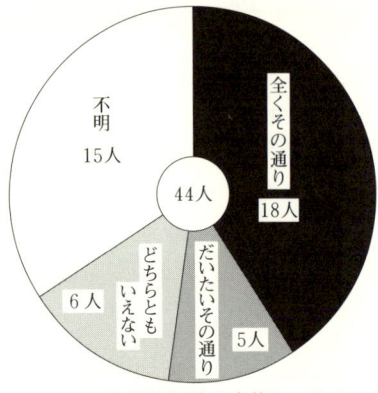

図10 また移動博物館を実施してもらいたいですか？
（全くその通り 18人、だいたいその通り 5人、どちらともいえない 6人、不明 15人、44人）

見られた。

　c. 高齢者の評価

　老人ホームには51名が入所している。入所以前の住まいは野田市以外にも千葉県内各地や東京都の人もいる。年齢的には、一般に65歳以上の人が対象であり、平均年齢は79歳（男性75歳、女性81歳）である。アンケート調査の回答者は、そのうち44名である。移動博物館に対する入所者の評価はおおむね好評であった。

（設問）「直治の人物や童謡についてどう思うか」

（回答）「誇りに思う」「愛着を感じる」「感心する」「理解できる」「興味なし」

　その結果、全体的には「感心する」という人が最も多く27％、「愛着を感じる」20％、「誇りに思う」17％…と続く。しかし、野田市の出身者については、他の出身者に比べて「誇りに思う」と答えた人が目立つ。これは、野田市の出身者は、直治の存在を通して「郷土意識」が高まったことを意味する。これに対して、「感心する」という人は野田市以外の出身者に多いが、これは地域とは分離してその業績を評価しているのだろう。

　子供たちによるミニコンサートに対する入所者の感想は図7～9の通りである。子どもが歌う直治の童謡を聴いて喜びを感じたり、自らも歌いたいと思ったり、また直治の童謡を聴きたいと思う人は全体の50％以上に及ぶ。これを多いと見るかどうかは意見が分かれるだろうが、「そうは思わない」という人が皆無であることと比べると、全体的に好意的に受け取られたとみてよいだろう。

　会期中、入所者はよく展示資料を見学していた。パネル解説を読んでいた人からは質問が出たり、仲間と記念写真を撮る人もいた。また、図10のように今後もこのような移動博物館をやって欲しいという人が50％以上もいることがわかる。

　d．高齢者の感想

　アンケート調査には「移動博物館について良かったと思うこと」について自由に記述してもらったので、その感想を紹介する。

　「また、やってください」

　「良かったと思います」

　「とても立派な方だと思います。また展覧会をやって欲しいと思います。こんな立派な先生（山中直治）を尊敬します。どうもありがとうございました」

　「メロディのやわらかさにうっとりしました。でも知らない曲でさびしく思いました」「本当によかった」

　「おめでとうございます」

　「歌がそろっていてすてきでした」

　「中央小の合唱にやさしい気持ちになれました。可愛い童謡を聞かせてく

ださい」
「子供達が一生懸命歌ったので喜びを感じました」
　これらを総合すると、今回の移動博物館は、まず山中直治と童謡という素材が適切であったことが理解できる。それを展示会とミニコンサートの2部構成にしたことも効果的であったように思う。その結果、高齢者たちは山中直治とその童謡を知り、精神的な安堵感や生きがいを感じたのではないだろうか。
　e．移動博物館の意義
　老人ホームの入所者は、日頃外出の機会が少なく社会から隔絶して孤立しがちである。老人ホーム内の行動は集団行動が基本となっている。そこでは、自分一人で思考したり感じたりする機会が、一般の社会生活に比べればはるかに少ない。
　しかし、そのような社会環境だからこそ、アイデンティティーをもつような契機が必要ではなかと思う。私は、老人ホームの掲示板に書かれていた次の文句を見てある種のショックを覚えた。それは、老人の言葉として「私たちは口を出すまい」というものである。何に対して口を出すまいというのか不明瞭であるが、老人ホームの日常生活のことか、あるいは社会に対してのことなのであろうか。しかし、ここに高齢者たちの心が閉ざされている状況が読み取れる。今回の移動博物館は、こうした高齢者たちの精神生活にある種の刺激を与えたのではないかと思う。

市内の書店における特別展図録の販売　　次は、図録を市内の書店で販売した。図録は2,500部を印刷した。博物館同士の図書交換や協力者などに寄贈したり、特別展期間中に博物館で販売したが、残部はおよそ1,000部となった。そこで、残りの図録を住民が少しでも手軽に入手できるように書店に依頼して販売してもらうことにした。
　その方法は、販売価格1,000円のものを収益2割として800円で事前に買い取ってもらう。本来、販売価格は原価であることから、予め市の財政部に決済をとり、市としての損益を了解してもらわなければならない。早速、市報に図録販売委託の為の説明会を実施することを公募したが、いずれの書店からも応募はなかった。そこで、こちらから各書店を巡り説明して依頼することにした。この場合、郊外型の大形店は、利益率が安いことなどから了解が得られな

かったが、地元の書店はいずれも趣旨を理解してくれて、地域の振興に少しでも役立つならば協力することで了解が得られた。

山中直治の常設展示コーナーの設置　山中直治の人柄やその業績などをいつでも触れることができる場として、平成10年1月16日から博物館に常設展示コーナーを設置した。

特別展以後、後述するように住民の関心が高まるにつれて、山中直治の存在は一つの「市民権」を獲得するようになってきた。それは、社会的プロダクトの伝達成果として評価すべきことであるが、その内容はむしろ童謡を歌うという行為に傾斜している。しかし将来の変化として直治が虚像化してゆく危険性をはらんでいることを意味する。それを未然に防ぐためには、住民に正確な情報を絶えず提供することである。

常設コーナーでの見どころはなんといっても実物資料である。直治の直筆楽譜を見れば、同じ大きさで整然と書かれた音符から直治の几帳面な人柄や性格が伝わる。あるいは当時のレコードを見て懐かしさを覚える人もいるだろう。実物展示は、直治の実像を感じ取ったり、直治に関する情報を入手する場となる。

展示資料は、直治の直筆の草稿ノート・楽譜、戦前に出版された『山中直治童謡曲集』、直治の童謡が収録されたレコード、写真パネル（千葉師範当時、小学校教員当時など）など20点。これらは随時展示替を行ってゆくことにする。

楽譜集『山中直治童謡曲集』の刊行　特別展のアンケート調査で、直治の童謡を普及してゆくための効果的な方法を質問したところ、作品を公表して出版してほしいという要望が多く寄せられた。博物館が所蔵する山中直治資料にはまだ相当数の作品が未公開であることから、直治の61回忌の平成10年2月13日に『山中直治童謡曲集（1）』を刊行した。

直治は生前の昭和8年（1933）に東京・シンフォニー楽譜出版社から個人童謡集を出版している。このときの曲数は50曲である。直治は引き続き第2集目の童謡集を出そうと準備していた。全ての楽譜の清書を済ませていたが、無念にもその思いを実現できずに昭和12年に亡くなった。掲載予定曲は41曲。特別展図録には、そのうちの17曲を掲載した。新しい童謡集は、それには未掲載のもので戦時色を反映しない童謡と、ノートやガリ版刷りとして残されていた童

謡をあわせて26曲を掲載した。
　この童謡曲集は1,000部印刷して、市内の小中学校や公民館などの公共機関、県内の図書館などには無償配布して、住民には原価1,200円で販売した。今後も直治の童謡は、歴史的に埋もれてしまったものも含めて、未公表の作品を校閲して順次童謡集として情報公開していく予定である。
　所蔵資料の情報公開　博物館が所蔵する山中直治の情報資料は、住民の希望があれば公開する。ただし、未公表作品については、あくまでも個人的な研究資料とすることとし、またプライバシーの問題に関わるものは除外する。主な対象品は、直治の所蔵レコード・直筆楽譜・草稿ノート・当時の音楽雑誌・小学校教員時代の書類など。このうち紙本類は、あらかじめ全てコピーをとっておき閲覧できるようにしておく。
　それに対する住民の反響は次の通りである。童話作家の浜田広介に関心を持つ住民は、図録に記載された直治の作品年譜から浜田の作品があることを知り、その詩の具体的な内容公開を依頼してきた。その人の話では、浜田の詩は寡作でありながら、図録に掲載された作品名はほとんどこれまで知られていないという。また、直治との交流関係についても、その作品を一つの手掛かりにして調べていきたいという。このような視点は、これまで博物館としても手付かずの分野であったことから、かえって今後の調査研究の参考になったりする。
　また、山中直治研究会からは、直治の草稿ノートや直筆楽譜などのように公開できる全ての資料を閲覧したいという依頼があった。研究会では、それによって各会員が各々の研究テーマを見つけたり研究の素材を入手する。この依頼に対して、博物館ではあらかじめコピー化した全ての資料と、以前の調査研究で収集した直治に所縁の詩人に関する書籍なども合わせて提供した。
　２．社会的プロダクトの学校教育への導入
　かつて、野口雨情が童謡を学校教育の正科として導入することを唱えた[註13]が、その教育効果を期待して市内の小中学校では直治の童謡を音楽の教材やクラブ活動などに取り入れようとする動きが出てきた。
　企画展『山中直治先生を偲んで』の開催　直治が教鞭をとっていた野田市立中央小学校の記念館では、平成9年2月15日の創立記念日にあわせて、企画展

「山中直治先生を偲んで」が開催された。企画展には、学校が所蔵する当時の日誌などのほか、博物館からも特別展で作成したパネル類や直治の実物資料を貸し出した。

　主催は父兄会による。私は父兄会からの依頼で、初日に山中直治についての講演を行い、父兄会の人たちに理解を促した。また、創立記念日には体育館に全校児童約1,000人が集まり、合唱部による直治の童謡も歌われた。

　教材としての利用　同校では、直治のコンパクトな歌集（Ｂ６判）を作成して、音楽の授業の教材として利用することになった。歌集は手書きのもので、学年ごとの課題曲６曲を含めて10曲掲載されている。学年ごとの課題曲は、「雨だれ電車」（１年生）、「一番星」（２年生）、「つばめ」（３年生）、「こんこん小山の白狐」（４年生）、「私のおうち」（５年生）、「海辺の夕」（６年生）というもの。その他、全体合唱用に「世界の子供」など４曲。對比地勇校長は、「１年生から６年生までがそれぞれテーマを決めて授業の中で練習をして、卒業までに最低６曲を覚えれば、野田で育った記念になるだろう」と、その抱負を語る。

　近年では、一時期に比べて、童謡が再び教材に復活してきたといわれる。直治のように地域の人物であり、かつて同じ学校の先生が作曲した作品を歌えるということは、子供たちにとっては幸せなことである。校内では、昼休みの時間などに、合唱部が歌う直治メロディーも放送されている。

　クラブ活動の活用　平成８年12月初旬に開催された野田市の南部地区の３つの小・中学校による合同演奏会では、各学校が直治の作品を取り上げた。合唱部や吹奏楽部などの児童・生徒は、初めての曲に興味を示しながらも熱心に取り組んでいた。

　南部地区は直治の生家のある場所である。参加校の一つである市立南部小学校の前身は、直治が卒業した梅郷尋常小学校である。同じ学校の先輩が作曲した作品に触れるということは、彼等にとっては一つの「出会いの場」である。それは、教育の画一化が進む中で、地域の資源を掘り起こす個性的な教育につながる。

　小学校における「総合的な学習」の試み　最近、中央小学校では平成14年度から実施される「総合的な学習」にも山中直治の童謡を取り入れた課題授業の試

みがなされている。これは、「鼠の祭」という童謡が題材である。小学3年生の各クラスごとに、歌詞からイメージしてお話を作り、振付を考えてたり、衣装や小道具を作ったり、楽器（ピアノ・太鼓・リコーダー）を演奏するグループをそれぞれ編成して、それらを組み合わせて一種のオペレッタを創作するものである。つまり音楽以外にも社会・国語・図工などの要素を複合させたもの。教師はアドバイスをするが、あくまでも子どもが主体的に創る。学年全体の発表会ではクラスごとに出来ばえを披露した。

　発表会では、まず担当教師の谷口芳恵氏が掲示した直治の顔写真を子供たちに示す。すると「山ちゃん」という喚声があがる。山中直治は子供たちに「山ちゃん」と呼ばれている。谷口氏による「山中直治先生について」の説明の後に、各クラスごとの発表が始まる。話・歌・囃子・音楽・踊りが繰り広げられる。4クラスの発表はそれぞれ個性的である。話がよくできている、踊りがうまい、小道具の御輿もそれぞれ工夫がこらされている、ビニール袋を利用して衣装にしているクラスもある。

　子供たちの表現力や創造力は予想以上に素晴らしく、子供たちの顔や行動が生き生きしていることも印象的であった。まさに筋書きのないドラマを見る思いであった。そして、何よりも担当した教師が子供たちの反響の良さに手応えを感じたという成果は大きい。

　「総合的な学習」の目的の一つには、これまでのように教師が一方的に「教える」授業から脱却して、子どもが主体的に授業を創るという発想の転換をはかることがあげられる。また、教師の力量は子どもを指導的に管理することなく、子供たちを信じてどれだけ任せられるかにかかっているのではないだろうか。こうして教師と子どもが共感するような授業づくりができれば、閉塞化している学校教育の新地平が見えてくるはずである。野田市立中央小学校では、これからの学校の新たなスタイルづくりが始まりつつある。そして、何よりも子供たちの心の中に山中直治の童謡がよみがえってきたのである。

3．社会的プロダクトの行政への影響

　特別展以後、山中直治の社会的プロダクトは行政にも様々な影響を及ぼすようになっている。

千葉県婦人合唱連盟合唱交歓会と「山中直治コール・モガ」の結成　　千葉県内の

第 4 章　ソーシャル・マーケティング理論による地域博物館の戦略　381

合唱の住民サークルが一堂に会する千葉県婦人合唱連盟合唱交歓会が平成9年4月6日に野田市文化会館で行われた。

　実は、野田市で開催されるこの会のために、市教育委員会の社会教育課によって「山中直治の童謡を歌う会」を結成して、当日のスペシャル・イベントとして披露する計画が立てられた。早速、住民に募集をしたところ、特別展などを通じて直治の童謡は住民に認知されていることもあり、60名ほどの人たちからの応募があった。歌う会は、「山中直治コール・モガ」（モダンガールの意味）として結成され、元中学校の音楽教師の秋葉啓子氏の指導により練習が行われた。そして当日の会場には、県内の合唱団の人たち500名以上が詰めかけた。そこで、山中直治コール・モガは、「つばめ」「こんこん小山の白狐」など直治作品を8曲披露した。

　なお、交歓会の最初に開催市を代表して野田市の根本崇市長が次のような挨拶を述べた。「今は市内の清水公園の桜がきれいであることをお話すべきかもしれませんが、ここではそのことを少し脇においておきます。実は、野田市にはかつて山中直治さんという方がいました。市内の小学校の先生でした。しかし、残念なことにその方は多くの作品を作曲しながら若くして亡くなってしまいました。そして、何十年もそれらの作品が埋もれてしまいました。しかし、ここのところ、直治さんの歌を皆さん方で歌ってもらおうではないかという市民の方々の活動がおこってきています……」というもの。これは、市長が初めて公式の場で住民による山中直治の社会的プロダクトの採用に理解を示す発言であった。

　ソプラノ歌手のコンサートに直治の作品が歌われる　野田市文化会館主催の『本宮寛子（註14）コンサート』において、山中直治の童謡が歌われた。実はプロの音楽家に直治の童謡が歌われたのは、これが初めてのことである。

　それは、直治の存在がクローズアップされるにつれて、文化会館としても自主事業のなかで直治を取り上げてみたいという意欲が芽生えてきたためである。担当者の野本忠夫氏から相談を受けたことから、博物館としても協力してゆくことにした。

　私は、特別展の当初から、直治の曲をプロの音楽家にも取り上げてもらいたい希望をもっていた。プロの音楽家が好んで歌ってくれれば、全国的に普及し

ていくこともあるだろう。それは、単に広く知られるという自己満足のようなものではなく地元に還元してくる。外部で客観的に評価されることにより、それまで直治に関心を寄せていた野田の住民は再認識をするであろうし、それまで無関心であった人たちも興味をもつかもしれない。直治の童謡を通して、地域に対する愛着や誇りも生成される。

しかし、それを博物館の方で実施することは困難である。ちょうど、そこに文化会館からの打診があった。本宮氏と話し合いがついて、直治の童謡が歌われることになったというので、こちらは当日のプログラムに掲載する直治のプロフィールの紹介記事を用意した。そして、平成9年7月13日のコンサートでは、本宮寛子氏の選曲により「ゆりかごの歌」「友を呼ぶ鹿」が歌われた。

周到な広報活動　広報課が発行する野田市報には、特別展以後も直治に関する博物館事業や住民活動などを周到に掲載して住民に普及をはかっている。特別展以後の関連記事は次のとおりである（1999年4月15日まで）。

　「山中直治図録　市内書店でも」(97. 2. 15号)
　フォト短信：「教員時代の品々を記念館で特別公開」(97. 2. 15号)
　フォト短信：「全国でも珍しい試み　楽寿園に移動博物館」(97. 3. 15号)
　トピックス：「婦人合唱交歓会で直治の童謡を披露」(97. 5. 1号)
　フォト短信：「オリジナルや直治の曲を"響"が演奏」(97. 6. 15号)
　募集：「郷土の作曲家山中直治の童謡を」(97. 9. 1号)
　フォト短信：「直治メロディをみんなで歌い継ごう」(97. 10. 15号)
　市民訪問：「早川茂さん　山中直治のすばらしさを多くの人に伝えたい」
　　　　　(97. 11. 1号)
　野田に縁の人びと：「作詞家・斎藤信夫」(97. 11. 1号)
　フォト短信：「山中直治の偉業を常設コーナーで紹介」(98. 1. 15号)
　野田に縁の人びと：「詩人・野口雨情（1）」(98. 2. 1号)
　募集：「あなたも直治の童謡を」(98. 2. 15号)
　野田に縁の人びと：「詩人・野口雨情（2）」(98. 3. 1号)
　お知らせ：「『山中直治童謡曲集』発行」(98. 3. 1号)
　トピックス：「童謡コンサートで山中先生の思い出も」(98. 6. 1号)
　フォト短信：「音楽と絵画がジョイント　復活5周年の直治コンサート」

(99.4.15号)

4. 影響集団の分析

　ソーシャル・マーケティングにより社会変革を追及してゆくためには、その手続きの一つに影響者の存在を考慮することが大切である。コトラーらは、それについて次のように述べている(註15)。

　　　ソーシャル・マーケターは、標的採用者集団を区別し、選定することに加え、プログラムの成否に影響を与える集団、すなわち影響者を明確にしておく必要がある。たとえば宗教団体から反対される可能性もある。医師を雇わなければならないかもしれない。資金を提供してくれる団体を探さなければならないこともある。議員に活動内容を知らせなければならないかもしれない。そのねらいは、プログラムに反対する勢力を中立化し、プログラムに影響をもつ人々の支持を得ることである。

　そのような団体は、許認可集団・支持集団・反対集団・評価集団に分類できる。そして効果的な成果を得るためには、影響力をもっている各集団の特性を把握するとともに、各集団のニーズにも対応してゆくことが必要であるとしている。

　これは、プログラムを実施するための準備段階で行うことが一般的であるが、実際のところはプログラムを実施してからも影響集団の様態は変化する。よって、ここでは特別展以前と、それ以後を比較しながら各集団の様態を見ることにする。

　許認可集団　　許認可集団は、野田市郷土博物館の場合には教育委員会の所管であるところから、事業の実施については教育委員会、財源については市が所管している。教育委員会は、学校教育との有効活用がはかれるという観点から当初より支持を示していた。市の方は、特別な関心をはらっていた様子はなかったが、特別展以後に住民サークルが誕生したり、住民に直治の童謡が演奏されるようになると、市当局にもある種の変化が現れた。

　その分岐点は、なんといっても、先述したように千葉県婦人合唱交歓会における市長の挨拶である。それ以後、市長は「山中直治研究会」の発足式にも来賓として参加したり、住民サークルの活動にも積極的に参加して応援する姿勢を示すようになった。これは、行政の役割として住民参加の意識を育ていこ

うする、市長の認識の表れであると思う。また市の一般予算は市議会の承認を経て、正式に予算が成立することになっていることから、市議会も許認可集団として不可欠である。

　公立博物館は、特別展以後の活動においても、社会的プロダクトを生成してゆくために財源は必要である。教育委員会・市・市議会の支援は、童謡曲集を作成・出版したり、常設展示コーナーの設置などを実施するための必要条件となる。

　支持集団　　支持集団は、新聞社・放送局・タウン紙などのマスコミである。

　野田市では、教育委員会や市長部局に関する情報は、広報課がとりまとめて各社に提供するシステムを採用している。したがって、博物館の情報も広報課に提供する。提供する情報については広報課と十分協議しながら、効果的なプレス・リリースの作成をする。また時期的なタイミングなども考慮しながら、マスコミに情報を提供する。これは、野田市が毎月1回実施している定例記者会見 (註16) で発表されたり、随時記者クラブなどに情報を提供する。その他に記者が関心をもち独自に取材する場合もある。

　山中直治の情報については、博物館に生家から遺品が寄贈された平成5年12月以来、特別展を開催した平成8年10月まで、様々な角度から報道され、マスコミの支持を得てきた。記者の中には個人的に好意を寄せる人もいるほどである。こうして、特別展以後も活動の経過に合わせた様々な角度から情報提供が行われている。その結果、マスコミ報道は継続して行われ、社会的な支持は徐々に大きくなっている。

　反対集団　　反対集団は、明確なものはない。しかし、反対という明確な意思表示はないものの、無関心や無反応をその範疇に入れると、中央小学校以外の市内小中学校はまだ全体的な盛りあがりがみられない。南部地区のように一部の小中学校のクラブ活動では、直治の童謡を取り上げる気運があるものの、中央小学校の動向に比べれば低調である。

　特別展の当初から、小・中学校の児童・生徒たちにも直治の童謡を普及していくことを射程内にいれていたため、音楽の担当教員に情報提供や協力を要請したこともある。しかし、まだ学校全体としてみると、目立った活動の動きは

出てこない。伝え聞くところでは、たとえばクラブ活動ではコンクールを意識すると、曲目は知名度のあるものの方が有利だという。授業でも、教科書に楽譜が掲載されていれば取り上げやすいという。しかしながら、障害となっていることは果たしてそれだけなのか。教育という立場からいえば、地域の作曲家の作品を一つでも扱うことは、子供たちの将来に精神的な遺産を残すことにつながる。

しかし、こうした問題は決して強制することはできない。それは民主主義のルールに反する行為であるばかりでなく、強要しても根付くものではないからである。今後、博物館としてはその原因を明らかにして解決の方策を検討してゆく一方、山中直治の童謡に関する様々な情報を提供していくことが必要である。

評価集団　　評価集団としては、市議会をあげることができる。それは、特別展終了直後の平成8年12月議会における小俣文宣議員の一般質問である。その内容は次の通りである。

　　今年は郷土の誇る童謡作曲家・山中直治の生誕90年ということで、郷土博物館を中心に氏の業績を称える数々の企画が催されました。音楽の中でも童謡と言うジャンルは世界に類のない日本独特のものだと聞いております。私も10月26日に興風会館で行われたコンサートを聴きましたが、とても素晴らしい曲が多いのに驚きました。同時にこれだけのものを再び世に知らしめた関係者のご努力に敬意を表します。

　　ところで、折角、コンピューター音楽を使ったCDを出すなどの新機軸の催しも、生誕90年の今年だけで終わってしまうのは大変に惜しい気がします。また、今回舞台発表したり、CDに収められた作品以外の曲についても聴いてみたいと思うのは私一人ではないと思います。

　　そこで、氏の音楽をもっと知っていただく為に、この度の催しを一過性のものとしないで、小学校の音楽教育に取り入れるなどして、長く続けて欲しいと思う次第ですが、教育委員会としてはどの様にお考えでしょうか。

このように特別展やコンサートの開催は、市会議員から評価を受けた。さらに、そうした催しを今後も継続してほしいというニーズに対しては、すでに

ソーシャル・マーケティングの戦略の中で、特別展が社会的プロダクトを生成する出発点であるという認識と符号することになる。

第5節　博物館・住民・行政の参加と連携

平成5年12月に山中直治の遺品が生家から郷土博物館に寄贈されてから5年をむかえることを記念して、平成11年3月14日に野田市文化会館において住民コンサート「山中直治の童謡と谷内六郎ふるさとの四季」が開催された。主催は野田市文化会館、共催は財団法人興風会・山中直治研究会。実行委員会は参加する住民が主体になり、文化会館が事務局を務め経費などの負担をした。

住民コンサートの目的　そもそもコンサートの企画は、文化会館の担当者の野本忠夫氏が発案した。それは、特別展以来3年間に野田市とその周辺地域の住民たちに直治の童謡が親しまれるようになってきたことから、住民参加による合同のコンサートを目指したことに始まる。私も実行委員会のメンバーの一人として企画づくりに携わったが、あらかじめ次の3つの留意点を設けることにした。

一つは「連携」である。行政と住民の連携、行政内でも文化会館と博物館、あるいは市長部局との連携、そして住民同士の連携など様々なものがある。コンサートでは、これまでの普及活動の経緯を踏まえて、少しでも多くの住民や団体などが相互に連携をはかることを念頭におくことにした。

次に「参加」である。これまでの参加者に加えて、より多くの人々にも参加してもらうために一般公募する。市の広報課の協力により、市報や新聞などで周知することをはかり、「開かれた」コンサートにすることを心掛けた。

最後は、コンサートの参加者が自分たちの問題として来場者（住民）に問うことである。住民が住民を評価することである。その背景には、ただ楽しいから、好きだからということで参加するのでなく、社会貢献としてのフィランソロピーの意識を共有することを考慮した。

コンサートの準備作業　実行委員会は、主催者側を含めて、これまで直治の童謡を普及してきた住民の代表者など10人で8ヶ月前から始まった。なお、主催者の意向により、入場料は前売り（大人1,000円、高校生以下500円／当日大人1,500円、高校生以下700円）に設定された。しかも会場は約1,300人収容の大ホー

ルである。これまでの中・小ホールの各種コンサートは全て無料であったことから、実行委員会としては相当のプレッシャーを感じた。それは復活5周年により、コンサートを通じて山中直治の普及活動そのものが試されることを意味した。そこで皆が協力して良いものをつくろう、そして少しでも多くの人々に来場してもらおうという意気込みが湧き出した。

　最初はコンサートの企画や構成が検討された。これまで直治の童謡を演奏する人たちは、一部の限られた団体が中心となってきた。しかし実際には他の団体でも手掛けていることから、そうした人たちにも呼び掛けをはかり、多彩なジャンルから直治の童謡を一堂に披露することになった。出演団体は、山中直治を歌う会・野田市立第一中学校合唱部・野田市立中央小学校合唱部・西武台千葉高等学校吹奏楽部・下総之国津久太鼓"響"・沼南フィルハーモニー・オーケストラである。それにピアノ・フルート・ハーモニカなどの演奏者が加わる。さらに市内ばかりでなく市外の人々も対象に「山中直治の童謡をいっしょに歌いませんか」という個人参加者の募集をしたところ、市外から40人ほどの応募があり、山中直治を歌う会に合流して参加してもらうことにした。

　次に、来場者を呼び込むための工夫づくりをした。実行委員の一人北野浩之氏の提案は、かつて週刊新潮の表紙のイラストで馴染みの、谷内六郎（1920-1981）の作品を舞台上でドッキングさせることで、谷内六郎のファンも呼び込もうとするもの。その作品には、野田を題材にした「かごめかごめ」もあり、かつて市内の興風会館において展覧会をしたこともあり親近感がある。山中直治と谷内六郎は、自然や子どもを愛したという共通点もある。北野氏が夫人の谷内達子氏と親交があることも幸いした。そこで、構成上の骨子を「四季」に置き、春夏秋冬の順序で谷内六郎の作品を舞台の両脇でスライド上映しながら、それにあわせて直治の童謡を演じていくことにした。そして最後は、フィナーレとして直治の「お祭り」を参加者全員で歌うということにした。

　コンサートが近づくにつれて、実行委員会の人数も増し、出演者同士の打ち合わせや演出関係の作業も入ってくる。都庁職員で市内在住の原博昭氏も演出家として参加した。これまでのコンサートより垢抜けたものになることが期待できた。

　コンサートの開催　当日は穏やかな日和であった。開場の1時間前から会

館の入口に人が並びだし、入場者は1,000人を越える盛況となった。エントランスホールには、博物館も協力して山中直治と谷内六郎の展示コーナーを設けて、解説や写真パネルなどで山中直治と谷内俊郎の理解をはかった。またグッズの販売コーナーも用意し、山中直治関係はこれまでに博物館で刊行した図録や童謡曲集、谷内六郎は絵葉書・テレホンカード・文庫本・カレンダーなどを販売して雰囲気を盛り上げた。

開演に先立ち、主催者を代表して根本崇市長が挨拶した。まず市長は入場者の多さに驚いた様子で次のように語った。

> 文化が生まれて、文化が育っていくというのは、こういうことなのかなと思います。山中直治さんは野田で生まれました。野田で学校の先生をしていましたが、残念ながら若くしてお亡くなりになりました。学校の教鞭をとられていた時につくられた作品がずっと埋もれていました。この５年間に皆で発掘して、それを野田のまちで歌い広めてきて、こういう形にもってきた。まさに文化が生まれたままではそのままになってしまう。それを育ててくれる担い手の人たちがいて、初めて文化というのは大きく花開く。今日、この会場の皆さん方の数を見て、そう感じました。

そして、最後に「皆さん方それぞれが（文化の）担い手です。これから一緒になってがんばっていただきたい」と結んだ。

コンサートは、まず直治が昭和初期に採譜した「かごめかごめ」からスタートした。それに続き季節ごとの歌が繰り広げられた。中央小学校合唱部の子供たちや山中直治を歌う会の大人たちの合唱は、その数年間に相当上達した。子供たちの歌声には愛らしさが良く出ている。大人はしっとり歌い上げる。曲の合間に谷内六郎の作品が舞台の両脇のスクリーンに大きく映しだされて郷愁を誘う。西武台千葉高等学校吹奏楽部は７曲演奏したが、いずれも部員たちで編曲したものである。部員の自主性を尊重する教師の姿勢が伝わる。沼南町フィルハーモニー・オーケストラは沼南町と近郊の子どもや大人たちによって編成され、新日本フィルハーモニー交響楽団の石田常文氏が指導している。直治の作品の中から季節にちなむ７曲を選び「四季」というタイトルでメドレー演奏をした。あるいは津久太鼓"響"はピアノ調律師の染谷雅義氏の指導により軽快なリズムと迫力で「汽車のマーチ」を演奏した。結成されて間もないものの

若者の姿が目立つ。一見調和しそうもない童謡を見事にアレンジして自らのものとしてしまった。いずれも会場から大きな拍手が巻き起こった。フィナーレの「お祭り」では、参加者約200人全員が舞台に立ち子供御輿も繰り出し、会場と一体になり手拍子をとりながら大合唱が行われて幕を閉じた。

来場者の評価　コンサートは大盛況であった。そう言ってしまえばそれまでのことになる。では具体的にどうだったのか。参加者である住民が来場者としての住民に行ったアンケート調査は次の通りである。

　回答者は351人（回収率33％）。来場者の約80％は女性。年齢別では60歳代（30％）が最も多く、50歳代（25％）・40歳代（15％）・70歳代（11％）・30歳代（9％）と続く。居住地は、市内が80％・市外20％である。市外では近隣の柏・我孫子・流山市が多いが、中には新聞を見て千葉市から訪れた人たちもいる。職業は、主婦が約50％と圧倒的に多く、無職（15％）・会社員（11％）・公務員・自営業・学生（各6％）・教員（1％）となる。ここで気がかりなのは教員の来場者の少なさである。集計には退職した元教員も含んでいることから、現職の小中学校教員はほとんど来場していないことになる。この問題については後述する。なお、コンサート情報の入手手段は市内居住者と市外とでは異なる。市内は、口コミ（43％）・市報（40％）・タウン誌（10％）など。市外では、口コミ（70％）・市報（10％）・新聞（10％）などである。いずれも口コミが最も多い。前売り券を販売した関係もあり口コミが普及したのだろうが、その普及力には驚かされる。

　次は、特に興味のあるところである。まず山中直治の認知度について市内では、「これまでに山中直治を知っていた」来場者は84％にのぼるが、市外は36％と少ない。3年前の電話によるアンケート調査では半数の市内居住者が認知していたが、それから3年間の諸活動の影響で認知者は70〜80％にのぼると予想していた。来場者という条件はあるものの、ほぼ適当な値である。一方、市外の半数以上の人たちが「これまで山中直治を知らない」にもかかわらず、訪れてくれた意義は大きい。

　また、アンケートの中には「この5年間に行政と市民がいっしょになり復活活動をしてきました。その活動の中から、今、野田では、子どもと大人、地域を隔てた人々との新しいコミュニケーションが生まれています。そのような活

動についてどのように思いますか？」という設問を用意した。これについては大部分の人が「良いことだと思う」と賛同してくれた。特に市内では「自分も参加したい」という意向をもつ人が10％ほどいることもわかり、活動の広がりはこれからもまだ見込めることが判明した。

最後に感想である。全体の傾向としては次の通りである。「合唱・吹奏楽・オーケストラ・太鼓・踊りなど多彩な構成が良かった」「谷内六郎の絵が良かった」「これからも続けて欲しい」「大人と子供たちが一緒にコンサートをすることは良いことだと思う」などである。

その他、印象に残る感想を原文のまま紹介する。

（市内在住者）

「大変感動しました。幼い頃の野田のなつかしい自然が甦ってきました。残された自然を大切にしたいものです。市長さんよろしくお願いします」（女性72歳・在住72年）

「子供から大人までいろいろの世代の人達が参加して協力して一つのものを作り上げていることが素晴らしいと思いました。今の時代に欠けてしまったものを見ることができたような気がしてうれしかったです」（女性37歳・在住37年）

「山中直治のコンサートを初めて聞かせていただきました。やさしく懐かしいメロディーで、合唱をしている者として、私たちも何曲かとりいれて歌ってみたいと思いました。吹奏楽やフィルハーモニーオーケストラの童謡もなかなか素敵でした。津久太鼓はとても楽しく元気がわいてきました」（女性58歳・在住35年）

「すばらしかったです。みなさんの力と客席が一体になってよかったですね」（女性50歳・在住）

「今までにない最高の演出でした。久し振りに心の洗われる一日でした」（女性63歳・在住63年）

「世の中テンポの速い歌ばかり流行っていますが、久々に落ち着いた心にしみる歌を聞き楽しい一日を過ごせませた」（女性54歳・在住22年）

「第一回の興風会館での発表を見させていただきました。それから見るとすばらしい発表会だったと思います」（女性75歳・在住50年）

「山中直治のメロディーは今ひとつピンとこなかったが、段々と聴いているうちに味がでてきました。今後の活躍を祈ります」（女性・在住17年）

「大変中味の濃いものでした。ここまでくるには大変だったと思います」（女性61歳）

「今までとは違い、歌、ハーモニカ、フルート以外で山中直治の童謡を楽しむことができた。津久太鼓を取り入れたこともとても良かった」（女性39歳・在住17年）

「お祭りで盛り上がってとてもよかったです。子供が出ているので来てみたが、思いがけずよいものを見られた」（女性40歳・在住12年）

「童謡と谷内六郎の絵がすごくマッチしていてよかった。子供の着物姿とハーモニカの間中さんの服装も感動した」（女性・在住16年）

（市外在住者）

「市長が率先して会の前に挨拶されたのはよかった。市をあげての印象が強く、明るい市政という感じがする。谷内六郎のスライド、とても効果的。ラストの構成よく考えたもの」（女性65歳・我孫子市）

「人々の荒涼きわまりない現代社会の中にあって、"心のふるさと"とも考え、またいわれる童謡が、野田市特産の作品として流れる数々のメロディーにはいずれの曲からもその時代の情景を懐かしみ、人々のやさしさと、心のゆたかさを感じ取ることが出来まして、ともに心の安らぎを覚え、有意義なひとときを過ごさせていただきました」（女性・千葉市）

「何十年ぶりで童謡を真剣に聴き、その美しさに改めて感動致しました」（男性53歳・越谷市）

「吹奏楽部の方々の演奏がよかったです（つばめのアレンジ良かったです）。太鼓も迫力がありました。両サイドのスライドの絵が短かったです」（女性30歳・船橋市）

「同じ曲でも歌と演奏でこんなに違うものか。聞いていて最後は感激しました。津久太鼓「響」も非常に良かった」（男性55歳・柏市）

今後の展望　　山中直治の復活5周年を記念した住民コンサートは、一般にみられる単なるイベントの一つとして終わるものではない。

その成果をまとめると、まずこれまでになく「連携」がはかられたことであ

る。出演団体や個人はもとより、中央小学校PTAの人々が昼食の用意やグッズ販売に協力してくれたし、行政では郷土博物館が展示コーナーを設置したり、市長自らが主催者を代表して挨拶した。

また、「参加型」をはかったところ、新たな参加者が加わったこともあげられる。「山中直治を歌う会」には、事前の公募により市内をはじめ市外の人たちの参加があった。また、復活活動を始めた当時に中央小学校の合唱部員であった子供たちが、今回は中学校の合唱部員として大人たちに混じり参加している。

それらの結果として新しいコミュニケーションがますます広がるようになった。根本市長が述べたように、「文化が生まれたままではそのままになってしまう。それを育ててくれる担い手の人達がいて、初めて文化というのは大きく花開く」とは、このことをさしているのだろう。またこうした動向について住民が「良いことだと思う」という評価をしている。換言すれば、住民も求めているのだろう。また地域といっても、それは野田市内に限るものではない。偏狭な"お国自慢"にならず、市外の人々とも連携した地域のコミュニケーションづくりである。

そして、このようなコミュニケーションは何よりも子供たちに求められる。教育改革の一つとして、学校現場では平成14年度から新学習指導要領に基づいた新しい授業が行われる。しかし、それによって今日問題となっている「学級崩壊」「いじめ」「登校拒否」「自殺」などがすぐに改善できるとは思えない。ある意味では、学校側には限界があるように思われる。

今回予想外だったことは小中学生が出演するにもかかわらず、現職の教員がほとんど来場しなかったことである。教師が地域社会の催しに参加しないという現実がある。あえて憶測はしないが、このことは今日的な学校と教員の在り方をシンボライズしているようである。

これからの教育は、明治時代以来の近代教育による学校中心の教育から、「地域が子供を育てる」ような教育に転換していかざるえない。地域の中には、もちろん学校もあり家庭もあり、そして地域のコミュニケーションなどがある。自分の学校以外の子供たちと友だちになる、若者や大人たちとも知り合い、子供たちを育てていく。学校の教員も地域の一員として学校外で地域活動

に参加して社会性を身に付けていくことも大切である。

第6節　地域博物館のソーシャル・マーケティング戦略
1．ソーシャル・マーケティングの留意点
　博物館では、山中直治の童謡を題材にした社会的プロダクトを設定したところ、特別展の実施やその後の住民活動などにより、着実にその達成がはかられている。

　ソーシャル・マーケティングは今後の博物館活動において、必要かつ有効な戦略であるが、ソーシャル・マーケティングそのものがもつ危険性もわきまえておかなければならない。「諸刃の剣」の諺のように、敵を攻撃するための優れた武器でも、使い方を誤れば自らの命を落としかねないのである。

　情報操作の危険性　　一つは、社会変革の目的を誤らないことである。社会変革のための戦略は一歩間違えば、多数の人々を誤った一つの方向に誘導しようとする、情報操作に陥る危険性をはらんでいる。コトラーらのいう認知変革・行為変革・行動変革・価値観変革キャンペーンは、その順序に従えば、それは人の「こころ」の領域に入り込むことになる。したがって、その場合の正しい方向を見極めることが重要である。

　戦前では、昭和11年に満州事変後の国際的孤立のなかで国策宣伝機関として政府が設立した（社）同盟通信社は情報操作の典型例である。政府は、国内の報道を掌握するために、新聞社などに情報を提供する通信社を一本化して、国家政策に都合のよい情報のみを流していたことは周知の通りである。

　あるいは、田原総一朗は戦後のマスコミ界では電通が超権力として君臨し、日本の情報戦略を掌握してきたことを指摘する。それは、広告代理店は広告を通じて情報を伝達する本来の領域を越えて、情報操作により企業や政府などのクライアントの恩恵を消費者としての国民に押しつけてきたことを意味する。たとえば、昭和27年の総選挙では、サンフランシスコ講和条約と日米安全保障条約に調印した吉田茂首相は自由党による保守政権の地盤を固めるために、国民に対する大規模なPR作戦を展開したが、そのプロデューサーになったのが電通であった。あるいは1980年代には"ジャパネスク"ブームが起こったが、その仕掛人も電通であった。日本独自の浪漫をコンセプトにして、日米伊合作

によるテレビ映画「マルコ・ポーロ」の制作、大手出版社による美術全集の出版、テレビ局では"ジャパネスク・スペシャル"として空海や坂本竜馬などのドラマや"演歌ジャパネスク"などの制作、ウイスキーの宣伝には"ジャパネスク"の名称入りのコマーシャルの放送、レコード制作、旅行代理店と組んだ"ジャパネスク・ツアー"、あるいは海外から高名なデザイナーを招き、磯崎新・三宅一生・松岡正剛などとの"ジャパネスク・シンポジウム"などを企画した。これらは、あらゆる角度から一方的に国民に情報を流して、ブームをひき起こすことで、"ジャパネスク"の消費を喚起して、企業として収益をあげようとするものであった。また、昭和54年には滋賀県議会において琵琶湖の汚染を防止するために、日本で初めて合成洗剤追放条例が可決されたが、それに先立ち電通は日本石鹸洗剤工業会から合成洗剤追放を阻止するキャンペーンの依頼を受けている(註17)。

　これらの例でわかることは、電通のマネージメントは企業としての収益をあげることを第一義としたもので、PR はクライアントの利益のために国民を対象とした情報操作そのものということになる。田原が結論で指摘することは(註18)、

　　（電通は）国民のために、というはっきりとした視点に立っていないために、思い切った情報戦略が展開できない、ということだ。もし国民のためにならないようなことをやっていたら、そんな企業、あるいは政府は、結局淘汰されてしまう。だから国民のために、という視点に立っての進言・企画は、つまりクライアントのためになる…。

ということである。

　山中直治の童謡を題材にした社会的プロダクトは、以上のような情報操作とは違う。都合の悪い情報を遮断して都合の良いものばかりを流したり、意図的にある決められた方向に誘導するものではない。それは、特別展の段階から「住民参加」が行われたことでもわかる。つまり、この活動は初期の段階から、住民に透明であり、博物館はいつでも住民に活動の内容を説明することができるようにしてきた。確かに、最初の参加者は限られた人数であったが、その後の活動では人数が飛躍的に増加している。博物館とは協力関係をもちながらも、それぞれの活動は自主的な運営がはかられている。

また、特定の者が利益を得ることを目的としているわけでもない。田原が指摘するところの国民を住民に置き換えることができる。つまり、山中直治の童謡普及活動は、住民のために実施しているのである。それだから、少ない予算ながらも知恵を出し合い、それが博物館としての活動の支えになり、住民にも受け入れられて広がっているのである。

地域主義に陥る危険性　地域の住民がもつ「誇り」とは果たしてどういうことなのかという問題もある。これは、国家の偉人を顕彰する地方版なのだろうか。そうではない。戦前の「おらがクニ」的なお国自慢ということではない。それらは閉鎖的で排他的なものである。戦前においては、郷土教育による地域主義が国家主義にすり替えられて、愛国心教育の思想的な枠組みとなった苦い経験がある。

それに対して、山中直治の童謡普及活動は地域の外にも開かれている。特別展を開催した段階から市外の人たちの関心も高く、アンケート調査に見るように、野田市民では「誇りに思う」という感想を持った人が最も多かったのに対して、市外の人は「感心する」が最も多かった。このような市外の人々の反応は、野田という地域にも興味をもつことにつながっている。

その後に展開した各種の活動においても地域内外に対して情報を開くという姿勢は絶えず持ち続けている。それは住民サークルの活動についても同じことである。先述したように広報メディアはそのために活用がはかられ、地域の内外の人々に情報が同時に伝達されている。

直治の童謡を歌う活動においては、市外の人々の参加も顕著である。住民サークル「山中直治を歌う会」の会員は100名ほどにのぼるが、そのうちの1割ほどは市外の人たちが参加している。あるいは復活5周年記念『山中直治の童謡と谷内六郎ふるさとの四季』（共催：野田市文化会館、（財）興風会・山中直治研究会）の住民コンサートでは、参加者を公募したところ市外から40名ほどの申し込みがあり関心の高さを窺わせた。

つまり、直治の童謡普及活動は、決して地域内にとどまらず、地域外にも情報を伝え、他の地域の人々が参加することにより、新しいコミュニケーションづくりがはかられているのである。

博物館と住民との信頼関係　博物館は果たしてどれだけ住民に信頼されてい

るのだろうか。仮に、博物館と住民との信頼関係が全くない状態において、ソーシャル・マーケィングによる博物館活動を実施したらどうだろうか。それには2通りの結果が予想される。ひとつは、住民が必要とせず、また要望もしない予期せぬ誤った方向へ誘導されることになる。もう一つは、住民のためという視点をもっていたとしても失敗することである。いずれも不幸なことである。

　ソーシャル・マーケィングによる博物館活動により、社会的プロダクトを達成する上で必要なことは「信任」である。信任とは、「他の人のために一定の仕事を行うことを信頼によって任されている」と定義される。たとえば、医者は患者の生命を預かり治療に万全を期す義務と責任がある。裁判官は公正な裁判を執行する義務と責任がある。いずれも住民は医者や裁判官を信頼して任せることが、職務執行の前提となっている。同じように、学芸員は住民のために活動をする義務と責任がなければならない。住民に博物館に対する信任があれば、博物館は住民を誤った方向へ誘導することもなく、また失敗することもないはずである。しかし、この信任を得るためには、博物館側が住民に対して心掛けなければならないことがある。

　それには、まず学芸員が社会に対して開かれていることである。住民との付きあいを通じて、その考え方やニーズをつかむこと。専門知識ばかりでなく地域全般の知識をもち、いつでも地域の相談役になれるような資質をもつことも必要である。博物館実習生などの学生からは意見を聞いたり、次の世代を継ぐ子供たちの立場からも地域の将来を考えることも大切である。いずれにしても、学芸員は自分の専門分野の研究に凝り固まって、研究室に閉じこもっているようでは、とても社会に開かれた学芸員とはいえない。つまり「開かれた博物館」になるためには、学芸員そのものが社会に開かれることが何よりも必要である。

　もうひとつは、博物館に関する情報公開である。博物館とはどんなところなのかを住民に説明することである。そもそも日本の地域博物館は、行政主導で設立されたものが多いため、博物館の機能や役割などについては住民への理解があまりはかられてこなかった。滋賀県立琵琶湖博物館では、平成8年10月の開館から間もない翌年3月に企画展『博物館ができるまで』を開催した。この

第4章　ソーシャル・マーケティング理論による地域博物館の戦略　397

展覧会は、まさに博物館に関する情報公開の場であった(註19)。「博物館は何をしているところなのか」では、博物館の働きとして研究・調査、交流サービス、資料の整理保管などの業務の必要性や内容を紹介したり、「日本の博物館の歴史」を辿りながら琵琶湖博物館が時代の要請として誕生したことを説明し、「琵琶湖博物館ができるまで」により開館準備の諸作業を紹介して博物館の裏方の理解をはかり、「琵琶湖博物館の楽しみ方」では博物館で住民が参加したり調べたりする行為を促している。

　日常業務においては、博物館は住民に対する報告や説明をするということも必要である。一般には、年報・ニュースや行政報告書などの出版物や議会報告などにより業務報告をしているが、これからはインターネットによる情報通信などを利用して、なるべく多数の人々に対して業務の透明性を確保することである。まして公立博物館の場合には地域の納税者に対して、このようなアカウンタビリティとしての説明をおうことは当然のことである。

2. 社会的プロダクトの達成に関する評価

　社会的プロダクトとは、図4のようになるが、ここでは地域の人々が山中直治を認知して、それが歌や演奏などによる行為や行動につながり、地域に対する誇りや愛着となり、新しく人々のコミュニケーションが生まれる。さらに、価値観のレベルにおいては、地域における自分の社会的位置づけを自覚するなどして、自己学習や自発性が生まれ、「個」を自覚した市民意識につながることをめざす。あるいは、子供の場合には、これまでの学校教育が暗記教育に傾斜してきた弊害を改めて、新たに創造性の育成をめざすことが価値観として求められる。

　そこで、このような社会的プロダクトが果たしてどれほど達成されたのかをみることにする。しかし、特別展の準備段階から5年余りと短期間であることから、まだ最終的な評価とはいえず、これはあくまでも途中経過である。正直なところ、社会的プロダクトの実現化に向けて運動体として絶えず進行中であることから、最終的な評価はくだせないだろう。しかし、それにしてもここで注目すべきことは、大人も子どもも共にこれまでの価値観に対する新しい価値観への変革の兆しが見え出したことである。

　まず、特別展が終了してから、社会的プロダクトの採用を開始した住民は、

直治の童謡普及に直接参加してきた人々と、そうでない人々の二通りに大別することができる。

山中直治の童謡普及活動に参加する人たち　ひとつは、特別展の段階からコンサートやコンピューターミュージックの製作などに参加した人たちや、特別展後に結成された住民サークルの山中直治を歌う会や山中直治研究会、あるいは既存の住民サークルでも童謡の会や津久太鼓"響"や住民オーケストラなどが直治の作品を取り上げるようになった。これらの人たちは、直治の童謡の普及に参加することにより、各自にとって新たな行為や行動変革に発展している。だが、その人数は、野田市の人口約12万人のわずか2～3％の少数にとどまる。また、参加する多くの人たちは、好きだから参加する程度の趣味の一部とみなしている。つまり、社会的プロダクトの採用を開始した人々の多くは、行為や行動という「習慣」レベルにとどまっている。それなりに結構なことであり別段批判すべきことではないが、目標はもう少し先の価値観をはじめとする「アイディア」のレベルに達することができるかどうかである。

　最近、山中直治研究会では、それに関して興味深い活動がなされている。実は私も会員の一人となっているが、会員は30名ほどである。元小学校校長・現職の小学校校長・小学校教員・医者・会社員・公務員・団体職員・自由業・主婦など様々な職種の人々からなる。月1回の会合をもち、直治の音楽研究や人物などにも関心をもち、また地域の人々への直治の童謡の普及にもつとめている。つまり、この会は単なる趣味の会や親睦会というものではなく、社会貢献の使命をもっている。

　そこで、研究会では次のようなことが話し合われている。ひとつは、研究会の会合では「先生」という呼称をせずに、なるべく「さん」づけとする。直治を研究したり普及することは、全員が同じ志をもって活動しているわけであるから、職種に囚われずに、民主的に「さん」と呼称するというものである。また、研究会は他のグループが直治の童謡を歌ったり演奏することについて、干渉したりせず相手の自立心を認めること。たとえば、童謡の普及についての固定観念を押しつけたりせず、地域の人々がそれぞれの流儀で直治の童謡に触れることを奨励することが大切である。

　もうひとつは、野田市立中央小学校の音楽の授業においては、これまでの直

治の童謡を歌う形式から、総合的学習の展開が試みられている(註20)。子供たちにとっては、直治を認知しているし、これまでの授業で歌うという行為や行動は身についているが、最も関心となることは子どもに対する新しい価値観ともいえる創造性が育まれているかどうかである。発表会を見て、私が感じたことは、子供たちの表現力や創作力が予想外に素晴らしいのに驚いた。子供たちの顔や行動が生き生きしていたことも印象的であった。多くの子どもが創造性を創出したことを感じたし、私が用意したアンケート調査によっても、子供たちの感想からそれを裏付けることができた。あるいは、担当教師の一人谷口芳恵氏はこう語る。いままで心を閉ざしたように口数の少なかったある児童が、「山中直治先生は天国でもきっとたくさんの童謡をつくっているのでしょう」と感想文に表現した。それまでコミュニケーションがうまくとれずに心配していたが、今回の学習を契機として、その子には実に豊かな想像力のあることが分かったし、その子の内面を知ることができて嬉しかったという。

　このように価値観の変革を達成しつつある人たちは、まだほんの一部にすぎないが、これまで困難と思われてきた価値観の変革が、少しずつ進行していることは事実であり評価したい。

　そして、これまでに判明したことは、価値観の変革といっても大人と子どもは設定した価値観の内容に違いがあるものの、子どもの方が大人より自己変革する速度が早く、しかも鋭敏であるということである。大人は価値観の変革を知識としては理解できても、信念や姿勢としてはなかなか身につきにくい。あるいは体に馴染みにくい。しかし、子どもはそれとは対照的に多分に感覚的なところがあり、行為や行動で理解しながら止揚していく能力が高いようである。

　価値観の変革は、多数の人たちを一度に実施することはできない。少数ながらも、価値観の変革を達成した大人が、正しい価値観の変革を子供たちに促していくことであろう。先述した例でいえば、総合的な学習を試みた小学校の音楽教師は、それまでの認知・行為・行動変革を経てから価値観の変革に到達した人たちにほかならない。

山中直治の童謡を認知している人たち　　この場合は、直治の童謡普及の活動に直接参加していないが、特別展やコンサートに来場したり広報活動などを通

じて、童謡作曲家としての山中直治を認識していることをさす。特別展が終了した平成8年12月に野田市民100人をランダムに抽出して電話によるアンケート調査を実施したところ、46％の人達が認知していることが判明した。その後、住民サークルの活動や、博物館としても常設展示を開設したり、童謡曲集を刊行するなど直治をめぐる多彩な活動が展開している。平成11年3月の復活5周年記念コンサートの来場者のアンケートでは野田市内の84％が認知していた。このなかには活動に参加している人たちも含まれることになるが、ここでは参加せずに認知段階でとどまっている人たちを対象にする。

ここにあげた人たちは、現状においては野田市民のかなりの割合を占めている。この人たちは、行為や行動変革を実施していく予備的な存在である。住民サークルの活動が継続され充実化がはかられることも必要であるが、博物館としても特別展をはじめとして、老人ホーム移動博物館、特別展図録の書店での販売、山中直治の常設展示コーナーの設置、直治の童謡曲集の刊行、直治情報の公開などを通じて普及をはかってきた。もちろん全てではないにしても少しづつ活動に参加することが予想される。

3．新しい市民社会の誕生をめざして

山中直治の童謡普及では、博物館の特別展をソーシャル・マーケティングの目的とその技法を用いて実施したところ、その社会的プロダクトの実現に向けて対象者とした住民による諸活動が進行中である。しかし、ここでまず明示しておかなければならないことは、何のために社会的プロダクトを実現するのかという問題である。今までは、このことについて特別に触れてこなかったが、それはソーシャル・マーケティングが目的とする社会変革のことである。では、なぜ社会変革が求められているのか。その理由は次の通りである。

地方分権の社会づくり　　戦後50余年のうちに、日本は戦後復興のために高度経済成長策を打ち出し、政・官・財が一体となって経済成長を最優先した国づくりを行ってきた。その結果、日本は世界有数の経済力をつけたが、その後のバブル経済とその崩壊を経て経済力そのものが衰えをみせながら、日本の社会空間も大きく変質しつつある。たとえば家庭は親子関係が稀薄化した単なる個体の集合体になることで、子どもの健全な成長に支障が生じる。学校の管理教育は、今日では「学級崩壊」という危機に直面している。リストラや競争原理

が支配する社会は、人々の連帯意識や思いやりという気風を排除する。少年犯罪のこれまでに類を見ない凶悪化や増加現象も、これまで通りの戦後社会ではもはや通用しないことを如実に物語っている。政・官・財による経済成長の最優先策の歪みがバブル経済とその崩壊となり、諸問題が一挙に顕在化しているのである。もっとも国民もその恩恵を受けて、大多数の国民が「中流意識」をもつに至った。しかし、このまま戦後路線を突き進めば、日本が滅びることさえ絵空事ではない。さらに国内問題の一例をあげれば、金融機関の破綻による経済危機、官僚や中央官庁の不祥事、乱開発や大気汚染などによる環境問題、犯罪の若年化、農業をはじめとする第一次産業の衰退化など様々である。

　そこで今後求められるのは、これまでの「国づくり」のあり方から、地方がそれぞれの事情に応じた行政政策を企画立案して実施する地方分権による「くにづくり」である。これは、中央官庁が県や市町村へ行政上の権限を委譲したり、企業社会では規制緩和により競争原理を導入して経済性を高めていくことだけではなく、その基本は市民主体の「まちづくり」が基盤にならなければ成立しない。地方が主体的に「まちづくり」を通じて「くにづくり」をしていく方向性は、諸問題の解決化や日本を再生するための一つ路線となる。

　これまでの日本人は官主導に慣らされてきたために、自らが「まちづくり」を行うという市民意識が稀薄である。地方行政は地方分権の体力づくりを進めているが、それと共に必要なことは、地域住民が地域を理解して愛着や誇りをもち、自立的な態度をもつことである。地方分権は地域が自らの主体性をもち、「まちづくり」を実施することであり、その主人公は市民なのである。

　これからの地域社会づくりは、地方分権社会の構築であろう。これまでの住民は、「まちづくり」の主体者とはなりえず、行政主導のもとに追従してきた「おんぶに抱っこ」式の依頼心の強い住民であった。

　野田市の場合にも、その例外にもれず、これまでやはり行政が主導してきたし、それ以前には大宅荘一が野田を「醬油藩の城下町」(註21)とも呼んだように、企業が主導してきた。

　現在の地方分権論議は、財政の行き詰まりから国の裁量を減らし、中央省庁から地方自治体に権限を移譲する「官官」分権が進められている。しかし、これまでの社会的な諸矛盾を是正して財政難を克服ために構造改革をする原動力

は、市民・行政・企業が連携して生活環境の保全に取り組む「官民」分権でなければならない(註22)。これまで何事にも依存的であった住民が自立的になり、できることは自らがやろうという気風をもち、自らの住む地域は自らが「まちづくり」をするという自治意識をもつことこそが、これからの市民社会だといえる。

市民意識の萌芽 　市民意識を形成していくうえでの第一歩は、地域社会のなかで自分はどのような社会的な役割や位置付けにあるのかを自覚することである。住民が直治の童謡を再評価している諸活動には、野田という地域社会で、各自が直治をどのように評価し、その評価によって地域社会における自分の社会的な位置付けを確認しているようにも思われる。それにより、今までよりも地域を身近に感じ、直治に対する誇りや愛着が郷土意識にもつながる。つまり、直治とその童謡によって、住民は野田という地域を見つめ直し、地域が今後どのようにあるべきかについて考える契機になれば、それは市民意識を形成する最初の段階であるともいえる。

　先述したように、それは価値観の変革に至らなくとも、行為や行動変革をした人々や、あるいは認知段階にとどまっていても、市民意識の萌芽が見られるかもしれない。

　さらに、その後の段階は自分の住んでいる地域に関心をもち、起きている諸問題を自分のこととして考え、それがよりよい方向に進むように解決していこうという自治意識のようなものをもち、そのために行動したり参加することである。

　ところで、かつて宮崎県綾町では、農地解放や高度経済成長による豊かさのために失われた人々の自治意識、"結い"の心を復活させようと、前町長の郷田實の主導による復活活動が行われた。郷田は次のように述べる(註23)。

　　昭和20年代、30年代半ば頃までは、町民の生活の中に、自治の心、結いの心がありました。互いに助け合いながら自分たちの身の回りをよくするために、足らないところを足し合ったり、工夫したり、工面しながら生活していました。ところが農地解放によって自作農創設となり、やがて経済の高度成長とともに、貧しいながらも生活が安定するにしたがって、物質的なものへの要求が高まり、知らず知らずのうちに、人々の心の中から

"結い"や"自治"が失われ始めました。自分さえよければ人はどうでもいい、お金さえあれば人に頼らなくとも自分たち一家だけでやっていけるという空気が広がり、いつしか"結い"はなくなってしまったのです。

農村では1961年の農業基本法の指導方針で、「選択拡大」の農法により地域の特性に合った単一作物の大量生産という合理化が奨励されたこともあり、それまで農民が維持してきた生活の知恵や工夫、物を大切にする習慣も失われ、行政への依存や、都合が悪くなれば行政を批判する体質になってしまったことも指摘する(註24)。

そこで、当時町長だった郷田は、地域づくりは住民が自発的にならなければ地方自治は成り立たないこと、また地方の発展もなければ、日本の将来もないのではないかという危機感を抱き、"結い"の心を復活させるために自治公民館運動を始めた。それは公民館という場において、各地区の住民が「町政に対して議論する場をもつ」というものであり、日頃議論する習慣のない日本人にとっては馴染みにくかったようであったが、各地区の小単位ごとに実施することにより自治意識に対する関心は高まりをみせたといわれる(註25)。

このように、市民意識の萌芽をつくる活動は評価すべきことであるが、行政としてどこまで関与すべきなのかは注意しなければならない。それは、直治の童謡普及活動でも同じことがいえる。当面は、日本で少しづつ始まっている各地の市民意識づくりの活動を相互に連携させながら、それぞれ意識と行動の変革を促していくことであろう。

コミュニケーションの促進 当初、博物館が計画した直治の童謡普及活動は、特別展の段階における住民参加をもちながら、さらに特別展終了後には住民サークルの発足や学校の授業やクラブ活動での導入などにより、新しいコミュニケーションが生まれ、その輪が次第に広がりをもつようになっている。住民サークルの山中直治を歌う会には、成人と共に中学生たちが参加しているし、野田市外の人たちの参加も顕著である。老人ホーム移動博物館やコンサートなどでは、子どもと高齢者などとの世代間のコミュニケーションも行われている。あるいは沼南町の国際イベントで住民オーケストラが直治の童謡メドレーを演奏したように、他地域とも新しいコミュニケーションの輪が広がりつつある。行政と住民、あるいは行政内部のコミュニケーションもはかられるよ

うになっている。行政は博物館ばかりでなく、学校・社会教育・文化会館・老人ホーム・広報・郵便局などであり、また企業や市内団体などとも直治とその童謡を媒体にした連携づくりが行われている。そして、復活5周年記念の住民コンサートはそれまでの諸活動の集大成となった。

こうしたコミュニケーションの原動力は何かといえば、その基底にあるものは直治の魅力ではないだろうか。直治の童謡の普及の一連の活動に関わる北野浩之は、「山中直治が残した楽譜や音楽、そして直治という人物自身は宝石の原石のようなものでしょうね」(註26)というが、まさしく直治はうまく磨けば光り輝く宝石の原石であった。世代を超え、地域を超えて参加する人々が、その原石を磨きはじめたところ、未知なる光り輝き、直治の童謡の魅力に引き寄せられるようになった。その活動は、決して経済効果で計れるようなものではなく、現代社会では稀薄化する一方の人々の出会いや心のかよい合いを求めている。管理されるという受動的、束縛的、無責任なタテ型社会から、住民ひとりひとりが自由で、責任をもち、積極的に参加できるヨコ型社会への転換ともいえる。つまり、直治とその童謡に取り組むことにより、隔離した世代間のコミュニケーションを生み出すということばかりでなく、こうしたヨコ型社会への転換の契機をつくりつつあるのである。

子供たちをつつむ「新たな共同体」　教育の問題は学校を批判する以前に、家庭が土台であることはいうまでもない。しかし、このことはもはや過去のことになりつつあるようである。教育評論家の尾木直樹は、急激に変化する現代社会のなかで家族の共同性が薄くなり、子供の側から実感できる「家族」がもはや実在しなくなっていることを指摘する。子供が気軽に家出する。親はそれに無関心だという(註27)。

先日、私は都内の電車内で、20歳ぐらいの二人の女性の会話を耳にした。「全く、親がうるさくてしょうがないよ。門限が夜12時なんだから」「外泊したらしつこく聞くし…、全くイヤになっちゃう」「あんな親にはなりたくない」「私に子供ができたら人様には迷惑をかけたり、警察のご厄介にはならないようにいう。だけど、他のことは何をやっても構わない。酒、タバコ、男…」というものだった。まさに現代問題になっている親たちの姿そのものではないだろうか。

尾木は、親が自分の子供に関心をもつことは、今日では不可能なことかもしれないとしながら次のように述べる。「かつて家庭が持っていた失われし機能の回復を、時間的にさかのぼる形で今日に求めようとしても、これほど激しい社会文化構造が急変する中では、ほとんど不可能に近いのではないか。逆に、家庭の実態が消失していくのなら、それはそれで認めざる得まい。しかしその上で、社会システムとして、地域として、いかに選択的な"新たな共同体"を発揮して私たち大人が生きるのか、そして、そこにどのようにして子どもを参加させればよいのか―このようにまったく新しい視点が必要な時代にさしかかっているのだ」(註28)。尾木は、そうした場を、これからの学校に期待しており、むしろこれからの学校はこれまで果たしてきた知的・実践的リーダーとしての役割ではなく、保護者会などを通して、子供が父母と一緒に家族や共同体について考える契機となることが求められているという。

これを、山中直治の童謡普及活動に照らし合わせてみると、住民サークルの活動はまさしく、子供たちを取り込んだ「新たな共同体」づくりになっている。「山中直治を歌う会」には90人ほどの大人たちに混じり10人ほどの女子中学生たちが参加している。子供たちは、山中直治の復活5周年記念コンサートに参加を希望している市内中学校の合唱部に属している。かつて特別展のコンサートの際に中央小学校合唱部の部員として直治の童謡を歌った子供たちが、中学生となって大人たちといっしょに直治の童謡を歌うようになったのだ。

一般の住民合唱サークル活動は、大人と子どもを区別したものが多いようであるが、このように大人と子どもが共に参加する合唱サークル活動は、少なくとも野田では初めてのことであり、このことは合唱を通して「新たな共同体」が生まれようとしていることを意味している。月数回の集まりであるが、子供たちにとって、その会合はあるいは失われいく家族の実態を補う「癒しの空間」として機能しているのかもしれない。

学校教育の原点　これまでの学校教育は、「学ぶ」ことは、すなわち知識を生徒に与えるという発想であったが、そもそも教育の原点は生徒がいかに学習意欲をもち自己学習にむすびつけていくかということである。

今のところは、まだ一部の小学校ではあるが、平成14年度に実施される新学習指導要領の眼目となっている「総合的な学習」を直治の童謡を題材にして取

り組みが始まっている。総合的な学習の指導は、これまでの知識伝達式の教育から、教師が自らの発想で地域に密着した題材を選び、多様な学習ジャンルを複合させて子どもの自己学習を引き出そうというものである。先述したように、その試みは予想外の成果をおさめている。既に、市内小中学校の研究部会でも実践例が報告されていることから、各地の学校にもその取り組みは紹介されている。

　子どもにとって直治の童謡という身近な題材から学ぶことは、理屈よりも体験や経験を通じて実感として認識することができ、それは新たな興味を引き起こし自己学習へとつながる。また、現代の教育に欠けている創造性の育成は、やはり自己学習と不可分の関係にあるものであり、自発的に行動することにより、自らの知識を獲得することにつながるのである。

第7節　これからの地域博物館の方向性

　日本は、これまでの「中央集権型行政システム」から、地方がそれぞれの事情に応じた「まちづくり」を意識した方向性に変化しつつある。地方分権は、地方が主体者として都道府県や市町村が自立する。身近なことは自らの責任と判断により処理することである。自治体はその行政能力が問われることになる一方で、住民は地域の主体者としての自覚をもち「まちづくり」に参加することが求められる。こうした動向については、私も賛成である。

　全国各地の地域博物館は、これまではその多くが行政の記念物や、隣のマチで建てたからウチでも建てるといった行政のアクセサリー施設となってきた傾向がある。博物館建設においては、建設を先行させて、人員の配置はその後にする。あらかじめ設置された「博物館設立準備委員会」の答申にもとづいて博物館は建築されるが、実際にそこに従事する学芸員は、博物館が完成してから配属されることがしばしばである。よって、何をどうしてよいのか分からず、施設の維持管理に追われて、本来地域博物館が有する役割や責任を十分検討して、それを実施することが難しくなっている。「ハコモノ」行政といわれ、税金の無駄使いとなる。

　それでも、各地の地域博物館は施設の維持管理にとどまらず、資料の収集・整理保管・調査研究・教育普及を行っている。そして、その目的とするものは

「生涯学習」あるいは「社会教育」ということになる。しかしながら、戦後50余年が経ち社会環境が大きく変容した今日、それらの目的を再検討することが必要になってきている。生涯学習は、人間の生涯における学習活動（学校教育や職業教育のほかに、スポーツ・趣味・娯楽・レクリエーションなど）を学習者が主体的に進めることで、自ら人間として質的向上を目指して豊かな人生を送ることだといわれる。だが、それは「何のためか」という社会的な目的がよく分からない。最近はネットワークの構築化が推進されているが、何のために学ぶのかを理解しなければ、単なる伝達手段の整備に終わるだけであろう。あるいは、「娯楽」「レクリエーション」を意識すれば、テーマパークのような博物館が登場する。博物館もテーマパークから学ぶべきところはあるが、博物館は娯楽施設としてのテーマパークとは本質的に区別すべきものである。

　むしろ、これからの地域博物館は、「まちづくり」を射程に入れていくことである。「まちづくり」は「ひとづくり」でもあることから、生涯学習もそのなかに包括される。そこで何より求められるのは、住民が自立的になり、できることは自らがやろうという気風をもち、自らの地域に対する自治意識をもつような市民社会の構築を意識することである。地域博物館としては、その実現化のために地域資料の収集・整理保管・調査研究・教育普及という機能を備えているのである。

　つまり、これからの地域博物館は、地方分権社会を実現するために、住民による「まちづくりの心を育てる」ことを、新しいパラダイムとして提唱したい。地域博物館は、これまでのように生涯学習機関というだけでなく、地方分権社会を視座に入れた「まちづくり」という観点を考慮した活動をすることである。

註
（1）　フィリップ・コトラー、エデュアルド・L・ロベルト（井関利明訳）1995
　　　『ソーシャル・マーケティング（行動変革のための戦略）』ダイヤモンド社
（2）　註1、p27-28
（3）　註1、p20-22
（4）　註1、p28-30

（5）　註1、p30-31
（6）　野田市役所企画財政部秘書広報課1996『平成7年度第10回野田市民意識調査報告書』野田市
（7）　註1、p32-42
（8）　藤田圭雄1971『日本童謡史』あかね書房
（9）　澤崎眞彦1996「山中直治と童謡」『よみがえる山中直治の童謡世界』野田市郷土博物館、p5－6
（10）　金山喜昭1996「山中直治の生涯」『よみがえる山中直治の童謡世界』野田市郷土博物館、p7-13
（11）　野田市郷土博物館1996『よみがえる山中直治の童謡世界』野田市郷土博物館
（12）　野口典子1996「老人福祉の歩みと老人福祉の理念」『老人福祉論』（小笠原裕次編）ミネルヴァ書房、p36-45
（13）　野口雨情1923『童謡と児童の教育』イデア書院
（14）　国立音楽大学声楽科卒業。四家文子に師事するほか、73年から75年にイタリア・フランスに留学してリア・グラリーニ、M・コルドーネ等に師事。
（15）　註1、p30-31
（16）　野田市の活動や予定行事などを報道各社に公表する。出席者は、市長・助役・収入役・教育長・総務部長など。記者は、記者クラブに所属している新聞社（全国紙5社、地方紙1社）、放送局（NHK）。
（17）　田原総一朗1984『電通』朝日文庫
（18）　註17、p222-223
（19）　滋賀県立琵琶湖博物館1997『博物館ができるまで』滋賀県立琵琶湖博物館
（20）　野田市立中央小学校において1998年9月から実施されている。
（21）　大宅荘一1957「（日本拝見）野田―醬油藩の城下町―」『僕の日本拝見』中央公論社、p68-76
（22）　井上　繁1998.12.13「（中外時評）分権、"官官"から"官民"へ」日本経済新聞朝刊。
（23）　郷田　實1998『結いの心』ビジネス社、p74-75
（24）　註23、p75-76
（25）　註23、p241
（26）　柘植千夏1997「いい原石をそれぞれの力で磨いてきた」月刊ミュゼVOL.25、p10
（27）　尾木直樹1998『学校は再生できるか』NHKブックス、p71-74
（28）　註27、p74-75

あとがき

　私が博物館学に出会ったのは、昭和48年当時、國學院大學の1年生として加藤有次先生の研究室に初めて伺ったことが契機であった。その後考古学を専攻する一方、全国各地の博物館を歩きまわった。加藤先生からは、博物館学のご指導をうけたことから、昭和54年から4年間、先生の助手を務めさせていただいた。この頃から博物館学に関する論文等を研究室の紀要等に掲載するようになった。当時は、博物館を外側から観察するという立場をとっていたことから、主な関心は展示論に関するものであった。

　ところが、昭和59年に野田市郷土博物館の学芸員として勤務するようになると、博物館を内側から観察したり、実行する当事者に転換した。まず直面したことは、理想と現実の落差であった。博物館は「かくあるべき」という理想論は、現場ではほとんど通用しない。人員や予算等の不足に象徴されるように、現実の博物館の大多数は問題を抱えていた。

　私の博物館学の出発は、現実の問題を受け入れて、与えられた条件のもとで、博物館として地域にどのような社会貢献ができるのかを考えて実行することであった。野田市郷土博物館は、昭和34年に開館した千葉県内で最初の登録博物館である。野田地方文化団体協議会による地域住民の文化運動が博物館建設の推進母体となり、國學院大學の樋口清之先生の学術的な支援を受けて完成した。その後は、元館長の下津谷達男先生が資料収集を充実させてきた。予算や人員不足などの問題を有しながらも、まずは本書に掲載した勝文斎の押絵行燈の調査研究を行い、その研究成果を特別展として一般公開した。詳細は本文の通りであるが、調査研究を端緒にして博物館の各機能が循環するようになり、それが新たな予算の獲得にもつながった。つまり、現実に問題があるから「できない」というのではなく、その状況に応じた取り組みをすれば、結果として問題解決につながる一例を示したつもりである。

　次は、本書の主要部分となる博物館史についてである。現実の博物館を内側から観察していると、やはり突き当たる問題として「日本の博物館とは何か」ということであった。これまで日本の博物館は「官」主導で行われてきた。戦

後も経済復興のなかで、博物館がもつ社会教育の目的論はなおざりにされて、いつしか施設論や管理論に置き換わってしまった。今後は「民」主導の博物館づくりを進めていくことが、現代の社会的諸問題を解決するためのひとつの方向性といえる。しかし、現状の「官」主導の博物館行政の枠内では、「個」の確立を目指す博物館づくりは困難である。教育行政は一般行政から形式的には独立していても、実際は独立していない現状において、市民の自己判断を促すような博物館活動はしにくく、当たり障りのない牧歌的な行政サイドの情報しか提供できないからである。

そこで、小規模でも、「民」が自主的に活動するNPOとしての博物館づくりが注目される。自主的な財源をもち、行政や企業等からの補助を得て、自らも収益をあげる。外部からは、「Support but no control」の精神により活動を支援してもらうことも必要となる。あるいは、「情報公開法」を踏まえて、博物館としても情報公開に積極的に取り組んでいくことである。それは、反旗を翻すといった前衛的な姿勢ではなく、当たり前の情報を「市民」に提供することにより「官」と「民」で情報を共有してよりよい方向をさぐることである。

なお、本書はこれまでに発表した、次の出版物の内容を一部改変・増補して収録している。

　第1部
　　第1章～第2章第8節：「近代以前の博物館思想と近現代博物館の形成史に関する一考察（前編）」國學院大學博物館學紀要第24輯（2000.3）
　　第2章第9節～第3章第5節：「同（中編）」同25輯(2001.3)
　第2部：『野田文化の芽ばえ』野田市郷土博物館（1999.10）
　第3部第1章：「地方分権社会における地域博物館の現状と課題」月刊ミュゼ第39号(2000.2)
　　第2章：「"まちづくり"と市民意識の形成に関する地域博物館の可能性」博物館学雑誌第24巻第2号（1999.3）
　　第3章：「博物館資料調査研究論（試論）」博物館学雑誌第21巻第2号（1996.8）
　　第4章：「博物館の特別展とその教育普及成果に関する研究（前編）（中

編)(後編)」國學院大學博物館學紀要第21輯(1997.3)・22輯(1998.3)・23輯(1999.3)／『地域博物館のソーシャル・マーケティング戦略』ミュゼ(1999.9)。

　本書を上梓するにあたり、多くの方々のご指導があった。学生時代から助手時代、その後も一貫してご指導いただいている加藤有次先生(國學院大學教授)をはじめ、小林達雄先生(國學院大學教授)・段木一行先生(法政大学教授)には、本書の刊行にあたりご指導及びご鞭撻を賜り厚く感謝申し上げます。

　野田市郷土博物館への就職の機会を与えてくださった下津谷達男先生(元野田市郷土博物館長)にも感謝申し上げなければならない。在職して18年間、学芸員としてこれまで活動してきたのは、先生が築き上げてきた野田市郷土博物館の基礎があったお陰である。また、大島敏史氏からは日頃ご鞭撻をいただいた。

　地元の野田では、今から5年ほど前に元キッコーマン株式会社社長の茂木克己氏(利根コカコーラボトリング社長)を囲み、自由放談の場として毎月1回興風会館で会合がもたれるようになった。その名を淡交会という。会員は20名ほどからなり、いずれも市内在住の人たちで、会社経営者・会社役員・僧侶・団体役員・大手新聞社の元論説委員・市議会議員・中学校長・公民館長など多士済々の顔ぶれである。私も若輩ながらその会に参加させていただいている。毎回各自が酒や肴を持ち寄り、思い思いのことを話題にする。地域や国内の社会・経済・政治情勢など様々である。会員の方々からは博物館の活動などについて、これまで多くの励ましやご意見をいただいてきた。淡交会は私にとって、よき社会批評の場となってきたし、日頃のお付き合いのお陰で専門研究に閉じ込もらずに、社会貢献を意識した博物館活動をすることができる。

　また、北野浩之氏(野田市役所秘書広報課)は、私の博物館活動のよき助言者であり協力者である。ことに山中直治の童謡普及については、おそらく北野氏の存在がなければ成功しなかったのではないかと思うぐらいである。

　博物館史の調査については、特に椎名仙卓先生(聖徳大学図書館事務長)に資料調査などで大変お世話いただいた。吉見俊哉先生(東京大学教授)からは、資料の掲載をご快諾いただいた。また、國學院大學博物館学研究室・野田市郷土博物館・全日本博物館学会・株式会社ミュゼには、これまで掲載したものに

ついての再録のご了解をいただき感謝申し上げたい。

　これまで自分の著作物は私と妻の両親に贈ることにしてきた。妻の母は４年前に他界したが、今でも健在な両親と妻の父に感謝の気持ちを込めて本書を贈りたい。妻の母の墓前にも献げたい。また、日頃から妻弥生の協力があったお陰であり、子どもの友喜と桜子にもお礼を言いたい。

　最後になったが、本書の校正には、大友真一氏と猪股寛氏が協力してくれた。また、本書の刊行については、慶友社の伊藤ゆり氏、原木加都子氏には労を惜しまずにご協力をいただいた。末筆ながら厚く感謝申し上げたい。

　本書は、本年７月に國學院大學で博士（歴史学）の学位を授与されたものであり、学位論文『日本の近現代博物館史論』を『日本の博物館史』と改題した。なお、本書の第１部第２章～第４章は財団法人日本科学協会の笹川科学研究助成による「現代博物館の形成過程の研究」（2000年度）の研究成果である。

索　引

事 項 索 引

あ

愛郷心 …………………………………95
愛好家 …………………………………168
愛知県博覧会 ……………………119, 121
青具記念館 ……………………………132
赤穂尋常高等小学校 …………………134
秋田博物館 ………………………117, 120
秋田博覧会 ……………………………117
安積開拓 ………………………………110
浅草奥山 ………………………………31
足半の研究 ……………………………179
足羽県博覧会社 ………………………116
新しい郷土意識 ………………………308
アチックの成長 …………………173, 193
アチック・ミューゼアム ………173, 192
アチック・ミューゼアム彙報 ………182
アチックミューゼアムノート
　　……………………………………177, 183
網走市立郷土博物館 …………………160
阿武隈考古館 …………………………168
育英事業 …………………………250, 257
板橋区立郷土資料館 …………………311
厳島神社宝物陳列所 …………………113
伊能嘉矩先生記念郷土学会 …………170
異物同名 ………………………………21
岩倉使節団 ……………………………57
岩手県勧業物産陳列会 ………………118
ウィーン万国博覧会 ……38, 52, 53, 116
海の博物館 ………………………316, 317
雲根誌 …………………………………29
江刺郡昔話 ……………………………169
NPO ……190, 195, 217, 284, 302, 315

縁日 ……………………………………30
墺国博覧会事務局 …………………44, 53
墺国博覧会報告書 ……………………65
大垣市郷土博物館 ……………………159
大垣城郷土博物館 ……………………159
大倉集古館 ………………………188, 234
大阪城 …………………………………157
大阪博物場 ………………………119, 124
大原社会問題研究所 …………………186
大原美術館 ……………………………186
岡山県郷土館 …………………………158
岡山県立郷土館 ………………………147
岡山通俗教育館 ………………………129
沖禎介記念館 …………………………136
沖縄博物館 ……………………………158
押絵行燈 ………………………………327
おはなし会 ………………………234, 235
小浜通俗博物館 ………………………128

か

花彙 ……………………………………19
海軍参考館 ……………………………132
改正教授術 ……………………………91
開成校 …………………………………35
開帳 ……………………………………30
貝尽浦の錦 ……………………………19
科学思想 …………………………90, 96
香川郡の展覧会「通俗博物館」……126
学芸員 …………………………………295
学術技芸若ハ考古ノ資料トナルヘキ埋葬
　物取扱ニ関スル件 …………………81
学制 ………………………………84, 124
学問救世 ………………………………153

鹿児島教育博物館 ……………122, 124	岐阜市歴史博物館 …………………341
鹿児島県商品陳列所 ………………123	岐阜提灯 ……………………………341
（鹿児島県）歴史館 ………………158	客観的郷土教育 ……………………140
笠懸野岩宿文化資料館 ……………312	客観的郷土教育論 …………………150
価値変革キャンペーン ……………349	キャビネット・ナチュラリスト ……20
学校教育 ……………………146, 405	救済保護事業 ………………………256
学校教育博物館 ……………………123	九州沖縄連合共進会 ………………122
神奈川県立歴史博物館 ……………311	驚異 …………………………18, 38, 111
金沢勧業博物館 ……………………120	教育委員公選 ………………………271
歌舞伎 ………………………………336	教育基本法 …………………………292
花木真写 ………………………………19	教育郷土化 ……………………………96
鎌田共催会郷土博物館 ……………156	教育博物館 ……………84, 86, 125
上車塚 …………………………………28	教育品研究会 …………………………90
上郷青年会通俗博物館 ……………128	教育部 …………………………………66
上灘尋常小学校郷土室 ……………140	教育普施ノ方案報告書 ………………67
カルチャーセンター ………………301	教育令 ……………………………85, 124
川越市立博物館 ……………………336	教学聖旨 ………………………………87
環境保護 ……………………………317	教化総動員運動 ……………………246
環境問題 ……………………………322	教化動員実施案 ……………………246
勧工場 …………………………………73	行幸 ……………………………………63
韓国併合記念館 ……………………133	暁斎絵日記 …………………………335
観古美術会 ……………………………78	暁斎記念美術館 ……………………335
観覧者の心得 …………………………69	行財政改革 …………………………219
企業 …………………………………219	教授の統合中心としての郷土科研究 ‥95
企業メセナ …………………………269	共進会 ………………………………122
聴くアプローチ ……………………356	郷土 …………………………145, 308
紀元二千六百年記念事業 …………130	郷土愛 ………………………138, 143
奇石会 …………………………………17	郷土科 ……………………92, 93, 94
寄贈 ……………………………339, 355	郷土館 ………………………………152
北近江秀吉博覧会 …………………314	郷土教育 ……………………………148
北見郷土館 …………………………160	郷土教育の歴史 ……………………139
北見郷土博物館 ……………………160	郷土教育連盟 …………………139, 147
記念館 ………………………………134	郷土教育論 …………………………138
記念艦三笠 …………………………133	郷土研究 ………………………152, 171
記念事業 ……………………………218	郷土研究会 ……………………168, 217
記念室 ………………………………134	郷土研究施設費 ……………………143
記念タトウ …………………………368	郷土研究と郷土教育 …………170, 172
寄付金 ………………………………313	郷土思想の涵養と其の方法 ………137
岐阜県郷土館 ………………………158	郷土室 ………96, 139, 140, 148, 151

事項索引 415

京都市立記念動物園 …………………131
京都の博覧会 …………………………113
郷土博物館 ………137, 144, 145, 148,
　149, 150, 151, 153, 154, 156, 176,
　299
郷土博物館建設の陳情書 ……………278
京都博覧会 ……………………………115
教法利害ノ沿革報告書 ………………66
金印 ……………………………………40
金鯱 ……………………………………40
（宮内省）博物館 …………………80, 82
国友鉄砲の里資料館 …………………321
国友町 …………………………………320
熊野速玉大社宝物館 …………………113
訓育教育 ………………………………93
慶賀写真草 ……………………………22
芸術部 …………………………………65
月刊民藝 ………………………………193
小泉八雲記念館 ………………………137
行為変革キャンペーン ………………349
講演会 …………………………………98
興業館 …………………………………122
工業教育 ………………………………87
公共心 …………………………………233
工芸 ……………………………………187
工芸技術 ………………………………111
皇室行事 ………………………………131
公設民営 ………………………………219
行動変革キャンペーン ………………349
興風会 …………………………………358
興風会館 ………………………249, 358
興風会図書館 …………………222, 257
高齢者 …………………………………353
古器旧物 ………………………………40
古器旧物調査 …………………………110
古器旧物の保存 ………………………38
古器旧物保護 …………………………52, 75
古器旧物保存ノ布告 …………………40, 50
古器旧物保護 …………………………39

国宝 ……………………………………80, 190
国民教化 ………………………………236
国民精神総動員 ………………………254
国民精神総動員千葉地方実行委員会
　………………………………………254
国立博物館 ……………………190, 219
古社寺調査 ……………………………52
古社寺保存法 …………………75, 80, 112
個人資産 ………………………………219
御大典記念衛生参考館 ………………135
御大典記念宝物館 ……………………135
御大礼記念博覧会 ……………………192
国家官僚 ………………………………62
子供たち ………………………………352
「個」の確立 ………168, 217, 219, 292,
　296, 300, 322
五百介図 ………………………………19
コミュニケーション
　………………………217, 298, 311, 403
娯楽 ……………………………………73
コレクション …………………………188

さ

埼玉県師範学校郷土館 ………………139
財団法人 ………………187, 190, 219
財団法人興風会 ………………………249
財団法人興風会三十年署誌 …………265
財団法人興風会十五周年略誌 ………249
祭礼 ……………………………………30
サウス・ケンジントン博物館 ………58
山陰徴古館 ……………………………168
山陽記念館 ……………………………137
寺院宝物館 ……………………………112
シヴィル ………………………………304
滋賀県立琵琶湖博物館
　………………………310, 316, 396
時局室 …………………………………132
事実 ……………179, 182, 217, 219, 293
史跡名勝天然記念物 …………………129

史跡名勝天然記念物保存協会 …………129
史跡めぐり ………………………………343
自然遺産 …………………………………297
実科 …………………………………92, 93
児童博覧会 …………………………………75
至徳会 ……………………………………224
信濃山岳会 ………………………………159
シビィック ………………………………304
市民意識 ……………………………322, 402
下車塚 ………………………………………28
社会教育 ……………………………101, 291
社会教育局 ………………………………245
社会教育法 …………………………292, 300
社会教化 ………………………222, 223, 250
社会貢献 …………………………………219
社会事業活動 ……………………………249
社会集団 …………………………………217
社会的プロダクト ……………………349, 350
ジャルダン・デ・プランテ ………46, 47
集古館 ………………………………………49
集古館建設の議 ……………………………49
収集 …………………………………………19
蒐集物 ……………………………………175
蒐集物目安 ………………………………175
収納箱 ……………………………………341
修復 ………………………………………340
住民コンサート「山中直治の童謡と谷内
　六郎ふるさとの四季」 ……………386
住民参加 …………………………………310
修養団体 …………………………………234
主情的郷土教育 ……………………139, 182
主情的郷土教育論 ………………………149
出品目録草稿 ………………………………39
小学生の調べたる上伊那川島村郷土誌
　………………………………………182
小学理科教科書 ……………………………91
小学校教則大綱 ……………………………92
小学校令 ……………………………………92
小学校令施行規則 …………………………92

小学校令の改正 ……………………………92
商工省 ……………………………………187
尚古集成館 ………………………………156
招魂社 …………………………………31, 37
常識の開発 ………………………………129
正倉院 ………………………………………52
正倉院宝物 ………………………………111
常置教育的観覧施設状況 ………………128
少年職業紹介事業 ………………………250
消費文化 ………………………………72, 75
嘗百社 ………………………………………34
商品陳列所 …………………………………73
情報公開 ………218, 219, 294, 323, 378
情報操作 ……………………………218, 393
醬油産業 …………………………………222
殖産興業 ……36, 54, 56, 69, 70, 120,
　218, 222
続日本後記 …………………………………28
植物園 ………………………………………23
書籍館 ………………………………………44
市立長浜城歴史博物館 …………………312
新郷土教育の原理と実際 ………………140
神宮徴古館 ………………………………113
親験目睹 ……………………………………18
神社宝物館 ………………………………112
尋常小学に於ける實科教授法 ……………94
壬申検査 ………………………………52, 109
信任 ………………………………………396
人文系博物館 ……………………………326
信頼 …………………………………294, 395
スカンセン ………………………………187
杉並区立郷土博物館 ……………………310
生活改善運動 ……………………………242
生活改善展覧会 ……………………………99
生活改善同盟会 …………………………100
生活の科学化 ……………………………100
青年団 ………………………………227, 228
青年補習教育を適当に実施する方法
　………………………………………227

舎蜜局	35
西洋事情	47
石鏃	28
石亭諸考	29
石器人工説	28, 29
石器天降説	28
選挙啓蒙運動	273
千秋社	248
専修大学	192
戦勝記念館	131
戦勝記念博覧会	131
浅草寺	336
戦利品	81, 225
戦利品展覧会	131
ソーシャル・マーケティング理論	346
総合的な学習	379
宗吾記念館	137
即位記念	128
測量究理器械	37

た

第一次資料	178
第一回内国勧業博覧会	68, 117
大英博物館	49
大学南校	35
大学南校上申書	36
（大学南校）物産会	37
第五回内国勧業博覧会	71
第三回全国博物館大会	144
泰西本草名疏	24
大政翼賛会	258
大戦と科学展覧会	99
大典記念	134, 156
大東急文庫	335
第二回万国博覧会	34
第二次資料	178
第四回内国勧業博覧会	73
大礼記念帝室博物館復興翼賛会	135
台湾館	169

高市郡教育博物館	131
太宰府神社	109
（田中芳男）経歴談	25, 35
地域主義	395
地域情報	298
千葉県野田町戦利品展覧会	82, 225
地方改良運動	232, 233
地方自治	234
地方分権	400
調査研究	326
調査旅行	182
朝鮮の友に贈る書	185
朝鮮民族美術館	192
直観	184
直観教育	94
直観教授	92
地理教授	93
通俗教育	125, 134, 242
通俗教育館	97, 100
通俗教育研究会	126
通俗教育調査委員会	97
通俗教育ノ改善	242
通俗展覧会	98
通俗博物館	96, 128
土淵村郷土誌	171
津和野町郷土館	156
帝国博物館	78, 81
天産物	37
天王寺公園	131
天覧	37
東京勧業博覧会	74
東京教育博物館	86, 87, 88, 98
東京高等師範学校付属東京教育博物館	89
東京高等師範学校付属小学校	94, 173
東京国立博物館	44, 336
東京市郷土資料仮陳列所	158
東京大学	35, 79
東京大正博覧会	74, 98

東京帝国大学 …………………………81
東京帝国大学人類学教室 ……………169
東京帝室博物館 …………81, 131, 134
東京博物館 ……………………………83
東京博物館創立ノ報告 ………………65
東郷元帥旧書斎 ………………………136
道斎物産会 ……………………………16
東都薬品会 ……………………………16
道府県市立商品陳列所規程 …………122
同物異名 ………………………………21
動物園 …………………………………69
登録博物館 ……………………223, 290
遠野郷土館 …………146, 167, 192, 217
遠野物語 ………………………………169
徳川美術館 ……………………………188
特別展『よみがえる 山中直治 童謡の
　世界』…………………………………359
特命全権大使米欧回覧実記 ……57, 59
独立行政法人 …………………………219
豊島区郷土資料館 ……………………310
図書館 …………………………………146
図書室 …………………………………98
友の会活動 ……………………………311

な

内外医科器械 …………………37, 38
内国絵画共進会 ………………………332
内国勧業博覧会 ………………70, 332
内務省 …………………………61, 227
内務省（卿）年報 ……………………117
長崎県立長崎図書館 …………………130
長崎市立長崎博物館 …………………130
長崎市立博物館 ………………………160
長崎博物館 ……………………………160
長浜城 …………………………………313
名古屋城 ………………………………157
名古屋博物館 …………………………121
名古屋博覧会 …………………………109
ナショナリズム ………………79, 112, 129

那須国造碑 ……………………………28
奈良の筋道 ……………………………52
奈良博覧会 ……………………………110
奈良博覧会社 …………………………110
成田山霊光館 …………………………336
日常生活の合理化 ……………………100
日露戦役記念館 ………………………133
日露戦争 ………………………82, 96
日清戦争 ………………………………81
日本画 …………………………………79
日本海海戦記念館 ……………………133
日本考古学人類学史 …………………29
日本弘道会野田支部 …………………223
日本産物志 ……………………………26
日本常民文化研究所 …………………174
日本植物誌 ……………………………22
日本博物館沿革要覧 …………………157
日本博覧会 ……………………………73
日本美術行政に関する提言 …………79
日本民藝館 ……183, 187, 189, 192, 219
日本民藝協会 …………………………192
日本民藝美術館設立趣意書 ……185, 192
日本民藝品展 …………………………192
日本民族学会 …………………174, 176
日本民族学会附属博物館 ……………176
二六クラブ ……………………………276
人形百話 ………………………………328
認知変革キャンペーン ………………348
根津美術館 ……………………………188
農商務卿（省）報告 …………………118
（農商務省）博物館 …………………112
農民史 …………………………………153
乃木記念館 ……………………………136
乃木神社宝庫 …………………………136
野口英世記念館 ………………………137
野田市郷土博物館
　………………223, 277, 318, 327, 347
野田市郷土博物館設立準備会 ………283
野田醬油株式会社 ……………248, 285

野田市立中央小学校合唱部 ……367, 372
野田盛況史 ………………223, 224, 225
野田地方文化団体協議会
　……………………222, 269, 300
野田読書会 …………………239, 258
野田文化協会 ……………………263
野田文学会 ………………………265
野田戊申会 ………………………234
野田戊申会簡易図書館 …………236
野田町 ……………………………222
野田町処女会 ……………………231
野田町青年団 ……………………229
野田町文化祭 ……………………274

は

梅園画譜 …………………………22
廃仏毀釈 …………………………49
ハイマート・クンデ ………93, 96
白鶴美術館 ………………………188
博物学 ……………………………18
博物学之所務 ………………46, 48
博物館 ……………………………189
博物館機能循環論 ………………343
博物館機能論 ……………………344
博物館事業促進会 ……135, 144, 157
博物館創設ノ報告書 ……………68
博物館法 ……………………292, 346
博物局・博物館・博物園・書籍館建設之
　案 ……………………………46
博物図 ……………………………19
博覧会 ……………………………218
函館天神社 ………………………116
ハコモノ …………………………295
パトロネージュ ………181, 187, 195
蕃書調所 …………………………24
半日閑話 …………………………31
美学 …………………………185, 217
東村山ふるさと歴史館 ……310, 312
美術学校 …………………………80

美術館 ……………………………188
美術真説 …………………………79
常陸国風土記 ……………………28
平塚市博物館 ……………………310
広島県博物館 ……………………121
品評会 ……………………………122
福岡博物館 …………………121, 124
福祉 ………………………………351
武江産物志 ………………………20
富士博物館 ………………………157
物産会 …………………………16, 218
物産会（和歌山）………………116
物産学 …………………………24, 26
物産方 ……………………………24
物産博覧会（三重）……………118
物類品隲 …………………………16
府立教育博物館 …………………124
フロラ・ヤポニカ（日本植物誌）……24
文化的遺産 ………………………297
文芸誌「砂丘」…………………239
文明論之概略 ………………192, 323
分類 ………………………………19
法教部 ……………………………66
報徳思想 …………………………136
報徳二宮神社宝物殿 ……………136
宝物調査 …………………………75
鳳来寺山自然科学博物館 ………210
法隆寺夢殿 ………………………75
保健衛生事業 ……………………257
戊申詔書 ………………………96, 232
北方博物館 ………………………187
ボランティア ………218, 311, 322
本草会 ……………………………16
本草学 ……………………………16
本草綱目啓蒙 ……………………20
本草図譜 …………………………20
本邦郷土博物館施設促進ノ最適切ナル方
　策 ……………………………144

ま

勾玉考 …………………………………30
マスコミ ………………………………342
町田久成略伝 ………………………50, 77
まちづくり ………223, 270, 295, 304, 306, 407
松江中学校 ……………………………124
松方コレクション ……………………336
松戸市立博物館 ………………………309
松本紀念館 ………………………133, 159
松本市立博物館 ………………………159
松本尋常高等小学校 …………………132
松山市郷土館 …………………………158
松山市武器陳列所 ……………………158
ミキモトホール ………………………342
三国北通俗博物館 ……………………129
見世物 …………………………30, 37, 69
見世物研究 ……………………………30
宮城県博覧会 …………………………119
宮城博覧会 ……………………………109
宮崎神宮徴古館 ………………………112
見るアプローチ ………………………355
民意 ……………………………………219
民具 ……………………………………175
民具収集 …………………………175, 177
民具問答集 ……………………177, 179, 181
民藝運動 ………………………184, 187, 188
民藝館 …………………………………192
民藝館の生立 …………………………186
民藝館・民藝協會消息及び寄附報告
　…………………………………………187
民衆娯楽事業 …………………………257
民族学研究 ……………………………180
民俗品 …………………………………175
民力涵養運動 …………………………242
民力涵養ノ五大要綱 …………………243
明治三十七・八年戦役紀念館 ………132
明治辛未物産目録 ……………………37

眼に訴へる教育機関 …………………145
モースコレクション …………………336
目八譜 …………………………………22
物見遊山 ………………………………69
文部省 ……………………………38, 187, 227
文部省博物局 …………………38, 44, 83
（文部省）博覧会 ……………38, 39, 44

や

薬品会 …………………………………16
瘠我慢の説 ………………………192, 323
弥彦神社宝物館 ………………………113
山口県立教育博物館 …………………129
山下門内博物館 ……………………56, 64
（山下門内博物館）明治6年・7年の博覧会 ……………………………………56
山中直治童謡曲集 ……………………377
山中直治童謡コンサート ……………366
湯島聖堂 ………………………………38

ら

来館者評価 ……………………362, 374, 389
理科教育 ………………………………92
理科教育の歴史 ………………………91
理科教授 …………………………90, 93
理科教授法 ………………………91, 94
理科教授法講義 ………………………91
理科教授法講習会 ……………………91
陸海軍部 ………………………………67
陸軍省 …………………………………81
立教大学 ………………………………180
龍池会 …………………………………78
旅順要塞戦記念品陳列場 ……………133
臨時教育会議 …………………………241
臨時全国宝物取調局 …………………75, 80
留守政府 ………………………………60
歴史教授 ………………………………93
列品淘汰の訓令 ………………………88
列品分類 ………………………………64

老人福祉事業…………351
老人ホーム移動博物館………371
碌山館…………188
六百介図…………19

わ

若者連…………226

人 名 索 引

あ

青木豊…………116
秋葉啓子…………369
朝倉無声…………30
足立正…………168
阿部茂兵衛…………110
天野貞祐…………273
網野善彦…………181
新井重三…………144
新井白石…………28
荒木田久老…………29
有栖川宮熾仁…………78
有田芳男…………330
有賀喜左衞門………180, 181, 193, 194
池松武之亮…………268, 273
井沢長秀…………28
石原円吉…………210
磯野直秀…………19
磯萍水…………331
一木喜徳郎…………235
市山盛雄…………207, 276, 284
一志茂樹…………206
伊藤圭介…………22, 23, 25, 30, 34, 39, 109
伊藤寿朗…………205, 208
伊藤博文…………57, 62, 79
伊藤文吉…………199
井上馨…………77
井上光夫…………110
伊能嘉矩…………169, 170
岩井兼三郎…………55

岩口石蔵…………250
岩倉具視…………57, 62
岩崎灌園…………20
岩崎均史…………328, 336
岩本陽児…………58
上田穣…………17
内川隆志…………139, 151
内田政雄…………39, 52
大枝流芳…………19
大木喬任…………46, 62
大久保利通…………57, 61
大隈重信…………53, 60, 62, 234
大倉喜八郎…………188, 234
大河内存真…………109
大田南畝…………31
大塚清史…………341
大西伍一…………140
大場磐雄…………168
大場秀章…………25
大原孫三郎…………186
岡倉天心…………75
岡崎英輔…………137
沖禎介…………136
尾木直樹…………404
荻原碌山…………188
小田内通敏…………137, 144
尾高豊作…………139, 147, 150
小田倉一…………273
小野蘭山…………19, 20

か

海後宗臣…………138, 139, 144

柏木政矩 …………………………39
勝海舟 …………………………224
勝文斎 …………………………327
勝麟太郎 …………………………25
加藤有次 …………………………344
金井浩 …………………………149
金子堅太郎 …………………………73
金子繁 …………………………213
嘉納治兵衛 …………………………188
鎌田勝太郎 …………………………156
河井寛次郎 …………………………185
河鍋暁斎 …………………………335
河鍋楠美 …………………………335
川原慶賀 …………………………22
木内石亭 …………………………17, 28
菊池幽芳 …………………………72
北野浩之 …………………………356
木戸孝允 …………………………57, 83
木村蒹葭堂 …………………………17
木村捨三 …………………………333
清野謙次 …………………………29
九鬼隆一 ………………75, 77, 78, 81
クック …………………………18
国友昌三 …………………………321
窪田雅之 …………………………132
久米栄左衛門 …………………………156
久米邦武 ……………………57, 58, 59
黒瀬義門 …………………………81
郷誠之助 …………………………135
郷田實 …………………………402
河野敏鎌 …………………………85
河野齢蔵 …………………………159
古賀謹一郎 …………………………25
近衛文麿 …………………………254
五代目菊五郎 …………………………332
後藤和民 …………………………172, 308
後藤守一 …………………………153
コトラー …………………………348
小林すみ江 …………………………331

小俣文宣 …………………………385
小松原英太郎 …………………………126
古谷津順郎 …………………………263
今和次郎 …………………………176

さ

斎藤忠 …………………………29
斎藤信夫 …………………………356
佐伯啓思 …………………………304
坂本太郎 …………………………205
佐倉宗吾 …………………………137
佐々木克 …………………………63
佐々木喜善 …………………………169
佐藤真 …………………………265
佐藤道信 …………………………332
佐野眞一 …………………………183, 211
佐野常民 ………………53, 60, 62, 65, 78
澤崎眞彦 …………………………356
澤柳政太郎 …………………………235
三条実美 …………………………83
三遊亭円朝 …………………………341
シーボルト ………………21, 22, 23, 30
椎名仙卓 ………………83, 124, 125
志賀直哉 …………………………183
芝染太郎 …………………………133
渋沢栄一 …………………………135, 173
渋沢敬三 ……………173, 192, 211, 213
島田充房 …………………………19
司馬遼太郎 …………………………302
首藤保之助 …………………………168
白井毅 …………………………91
白鳥庫吉 …………………………176
菅原教造 …………………………75
杉本行雄 …………………………211
スコット …………………………84
鈴木英二 …………………………236, 265
鈴木重男 …………………………167, 192
鈴木重三 …………………………328
関根智三郎 …………………………238

仙田政雄	258

た

ダーウィン	22
高木敏雄	171
高橋隆博	110
高橋文太郎	176
高村光雲	70
滝和亭	338
竹内利美	182
田中彰	59, 61, 67
田中角栄	204
田中義一	245
田中則雄	270
田中不二麿	83, 85
田中琢	78, 80, 112
田中芳男	25, 34, 35, 38, 55, 60
棚橋源太郎	89, 90, 97, 126, 135, 144, 145, 149, 173, 299
田原総一朗	393
田村明	304
田村藍水	16
段木一行	81
千野甫	100
對比地勇	379
坪井正五郎	169
鶴田総一郎	343
手打明敏	250
手島精一	86
土井康弘	26
徳川昭武	34, 173
徳川光圀	28
徳富蘇峰	235
戸邊岩吉	234
富本憲吉	185
ドラッカー	219, 317

な

内藤正人	333
中堀均	213
中村藤一郎	263
名和靖	90
西村茂樹	223
西山夘三	305
蜷川式胤	39, 52, 110
二宮尊徳	136
布谷知夫	311
根津嘉一郎	188
根本崇	319, 381
乃木希典	135
野口雨情	378
野口英世	137
野本忠夫	381

は

梅園毛利元寿	22
ハセリウス	187
服部雪斎	23, 39
濱田庄司	185, 187
樋口勘次郎	91
樋口清之	207, 223, 270, 278, 283
久原甫	126
ビスマルク	61
平賀源内	16
平田東助	232
平松守彦	308
平山成信	145
フェノロサ	75, 79
深井佐吉	234
深津釣霞	268
福沢諭吉	47, 192, 323
藤武喜兵衛	158
藤田圭雄	353
伏見猛弥	139
ブレイク	184
ペスタロッチ	92
朴庵	338
保坂清	79

ホワイト …………………………………20
本間義人 ………………………………305

ま

牧口常三郎 ……………………………95
増田勝彦 ………………………………340
益田香遠 ………………………………40
股野琢 …………………………………82
町田久成 ……39, 46, 48, 49, 56, 60,
　　　　　75, 77, 110
松尾儀助 ………………………………55
真野常雄 ………………………………139
丸山伸彦 ………………………………339
水尾比呂志 ……………………………184
水谷豊文 ………………………………22
水野常吉 ………………………………90
三井八郎右衛門 ………………………132
峯地光重 …………………………139, 140
箕作秋坪 ………………………………86
三村寿八郎 ……………………………132
宮沢賢治 ………………………………186
宮原兎一 ………………………………139
宮本馨太郎 ……………180, 326, 344
宮本常一 ………182, 195, 206, 213
武蔵石寿 ………………………………22
武者小路実篤 …………………………183
茂木克己 ………………………………327
茂木啓三郎 ……………………224, 225
茂木佐平治 ……………………………223
茂木七左衛門 …………………224, 249
木喰上人 ………………………………185
本宮寛子 ………………………………381

森有礼 …………………………………88
森村市左衛門 …………………………235
モルレー ………………………………84

や

安村敏信 ………………………………337
矢田部良吉 ……………………………86
柳田国男 ……………152, 169, 170, 193
柳楢悦 …………………………………183
柳宗悦 ………………………183, 192, 219
山住正己 ………………………………88
山田徳兵衛 ……………………………328
山中直治 ……………………………301, 347
山本珠美 ………………………………99
山本爲三郎 ……………………………195
山本亡羊 ………………………………16
横須賀薫 ………………………………139
吉田弟彦 ………………………………149
吉野正治 ………………………………305
吉見俊哉 ……………………52, 73, 74
吉文字屋浄貞 …………………………19
予楽院近衛家熙 ………………………19

ら

頼山陽 …………………………………137
ライト …………………………………199
リンネ …………………………………21
ロベルト ………………………………348

わ

若林虎三郎 ……………………………91
ワグネル ……………………………54, 65

著者略歴

金山喜昭（かなやまよしあき）

一九五四年十一月六日生まれ

学歴
國學院大學文学部史学科卒業、法政大学大学院人文科学研究科日本史学専攻博士課程単位満了

現職
野田市郷土博物館館長補佐、法政大学文学部・東京都立大学人文学部非常勤講師（博物館学）

著書・論文
『地域博物館のソーシャル・マーケティング戦略』（ミュゼ）、『学ぶ心を育てる博物館』共著（ミュゼ）、『地震災害と博物館』國學院大學博物館学紀要第二〇号、「四代勝文斎と押絵細工」月刊文化財第三四〇号、「鹿児島県博物館史」國學院大學博物館学紀要第一五号、「博物館における死者の展示」同第一三号ほか

日本の博物館史

二〇〇一年七月二十九日　第一刷
二〇〇二年二月　八　日　第二刷

著　者　金　山　喜　昭

発行所　慶　友　社

〒一〇一-〇〇五一
東京都千代田区神田神保町二-四八
電　話　〇三-三二六一-一三六一
FAX　〇三-三二六一-一三六九
印刷＝亜細亜印刷株式会社
製本＝協栄製本株式会社

©Kanayama Yoshiaki 2001.Printed in Japan
ISBN 4-87449-036-0　C3021

古代王権と武蔵国の考古学

増田逸朗著／8,200円

土師器・須恵器・埴輪の編年、古墳の年代・築造順序、古墳群の形成過程などから、古墳時代の祭祀と首長権の構造を分析

徳山村民俗誌 ―ダム水没地域社会の解体と再生

田中宣一著／16,000円

湖底に沈む徳山村の50年間の様々な変化、ダム建設問題の経緯と閉村時の人々の動静、移転後の新たな地での社会生活等を中心に考察

近世日本蜑人(アマ)伝統の研究

田辺悟著／6,500円

近世における蜑人(海士・海女)の存在を明白にとらえ、わが国における蜑人を実証的に把握。文部省出版助成図書

水田をめぐる民俗学的研究

安室知著／16,000円

水田は漁労や狩猟、畑作などの生業にも利用されてきた。水田利用の実態とその歴史的意義を探求。文部省出版助成図書

日本海漁業と漁船の系譜

赤羽正春著／7,300円

日本海各地から北海道開発の移住船として、また北洋漁業に活躍したカワサキ船の技術的系譜の調査記録。文部省出版助成図書

鍛冶の民俗技術 増補版

朝岡康二著／6,000円

中国・東南アジア・インド・欧州の鉄器と比較、日本の技術の特色を捉え、壮大な鉄器文化論を構成、物質文化研究に新境地を拓く

日本の鉄器文化 －鍛冶屋の比較民俗学

朝岡康二著／11,650円

材料鉄の循環利用、廃鉄器を再生利用する仕組に着目し、技術的担い手の鍛冶屋の技術を集成分析して鉄器文化の一面を考察

背負梯子の研究

織野英史著／14,286円

日本各地の存在する背負い梯子の型、寸法、材質等を細部にわたり記録、韓国・中国へと伝播の源を訪ねる。文部省出版助成図書

中国四川農村の家族と婚姻
―長江上流域の文化人類学的研究

蕭紅燕著／10,000円

族譜の保存と再編や祖先祭祀、分家と老親扶養、擬制的親子関係、通婚圏、妻方居住婚、婚姻観の変容等を分析、考察

定家『明月記』の天文記録
―古天文学による解釈

斎藤国治著／10,000円

藤原定家の日記の中から天文現象の記事を拾いあげ、それらを「古天文学」計算によって数理的に検証。天文学・文学・歴史研究に必携の書

マタギを追う旅 －ブナ林の狩りと生活

田口洋美著／3,800円

映画を撮るために入ったマタギの里で、狩りに同行し、単なる調査では聞き出せない話や、山に生きる人々の暮らしを記録

マタギ －森と狩人の記録

田口洋美著／3,800円

山に生きる人々が語る、その歴史、信仰、伝承、生活、自然、そして猟のこと。自然の摂理のなかで生きてきたマタギの心と暮らしを辿る

秋田マタギ聞書

武藤鉄城著／3,800円

昭和初期の秋田マタギから直接採集した談話、狩猟の体験談を記録。また各種の史料からマタギに関する箇所を抄出したマタギ史料を付す。

仙台マタギ鹿狩りの話

毛利総七郎／只野淳著／2,000円

仙台藩にあった青葉流マタギの本流は鹿狩りにあるとする著者は、鹿笛、狩猟法、マタギの俗信と鹿まつりなど、興味深い逸話を語る。

環境の文化誌 －地域文化の形成

岩井宏實著／6,000円

奈良大和、大坂摂津、河内、和泉を中心に、四国、瀬戸内、日本海とミクロな視点から日本文化と日本人の生活の多様性を考察

雲南の生活と技術

C.ダニエルス・渡部武編／9,800円

激変する中国社会の影響を受けつつ、なお、雲南に独自の生活を築く少数民族の特色と現状を探求。中国辺境文化の理解にかかせない一級資料

雲南少数民族伝統生産工具図録

渡部武著／8,000円

各部族ごとに使用する伝統的な生産道具類は消滅の運命をたどっている。それらの資料を採寸・図・写真に撮り、詳細な解説を付す

黄金の四角地帯 －シャン文化圏の歴史・言語・民族

新谷忠彦編／9,000円

ビルマ・タイ・ラオスの国境付近を「黄金の三角地帯」とよび、その三角地帯と雲南を結ぶ地域の多民族交流圏をシャン文化圏と呼ぶ

四川の考古と民俗

C.ダニエルス・渡部武編／9,000円

未だ伝統的な生業・生活の残る四川は、考古遺跡が多いことでも知られている。最新の考古資料と伝統農業、農具、生活空間の調査の報告書

西南中国伝統生産工具図録

渡部武・渡部順子著／9,000円

西南中国の農・工・漁具・織物等、人々の暮らしの中で生き続ける伝統生産工具を詳細な図と豊富な写真で語る四年間の調査実績の成果

祭りの原理

吉野裕子著／3,398円

日本人の信仰の中枢にある「性」と、大嘗祭に代表される「仮屋群」を二大テーマとして、日本人がいだき描いた宇宙観・世界観を解明

増補 十五夜綱引の研究

小野重朗著／4000円

各地に残る十五夜綱引と、関連する民俗を選び、その古形をさぐり、綱引が稲作を占うだけでなく、龍神送りであることを考察

よそおいの民俗誌 －化粧・着物・死装束

国立歴史民俗博物館編／3000円

様々な視点から服飾の歴史と諸相の変化を辿る。佐原眞・村田孝子・大原美子・中村ひろ子・朝岡康二・榎陽介・井之本泰・柳平則子

鎌倉の禅寺散歩

竹貫元勝著／2,500円

鎌倉武士と禅・北条政権と禅宗の地などといわれるように、禅文化とともに豊かな自然がある古都鎌倉の魅力を紹介するハンドブック

鑑賞 愛の詩

西岡光秋著／2,500円

北原白秋・宮沢賢治・萩原朔太郎・谷川俊太郎・新川和江等、著名な詩人と作品を鑑賞し、詩のつくり方を学ぶ。愛の心の育て方読本